조정민 목사와 함께 읽는 요한계시록

사후대책

사후대책

지은이 | 조정민
초판 발행 | 2019. 12. 24
7쇄 발행 | 2023. 4. 18
등록번호 | 제1988-000080호
등록된 곳 | 서울특별시 용산구 서빙고로65길 38
발행처 | 사단법인 두란노서원
영업부 | 2078-3352   FAX | 080-749-3705
출판부 | 2078-3331

책값은 뒤표지에 있습니다.
ISBN 978-89-531-3659-5 03230

독자의 의견을 기다립니다.
tpress@duranno.com   www.duranno.com

두란노서원은 바울 사도가 3차 전도여행 때 에베소에서 성령 받은 제자들을 따로 세워 하나님의 말씀으로 양육하던 장소입니다.
사도행전 19장 8-20절의 정신에 따라 첫째 목회자를 돕는 사역과 평신도를 훈련시키는 사역, 둘째 세계선교(TIM)와 문서선교(단
행본·잡지) 사역, 셋째 예수문화 및 경배와 찬양 사역, 그리고 가정·상담 사역 등을 감당하고 있습니다. 1980년 12월 22일에 창립된
두란노서원은 주님 오실 때까지 이 사역들을 계속할 것입니다.

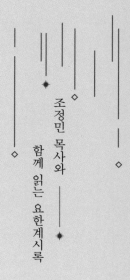

조정민 목사와 함께 읽는 요한계시록

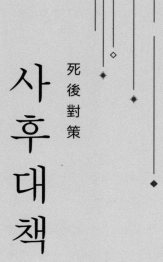

死後對策

사후대책

마지막 시대,
노후대책보다 급한
인생 최고의 준비

두란노

모든 인생은 끝을 대비해야 한다

책을 손에 드는 사람들은 대개 제목과 목차에 시선을 집중합니다. 이어서 서문을 훑어보고 후기가 있으면 마지막 페이지를 한눈에 살펴봅니다. 결코 책을 다 읽었다, 다 이해한다고 말할 순 없겠지만, 책이 의도하는 바를 짐작할 수 있습니다. 성경은 어떨까요? 먼저 그 두께와 무게에 큰 부담이 됩니다. 요즘은 더 하겠지요. 누가 이토록 두텁고 무거운 책, 깨알 같은 활자로 가득한 책을 읽으려 하겠습니까?

더구나 목차를 아무리 살펴봐도 한눈에 드러나는 메시지를 발견하기가 어렵습니다. 서두에 해당하는 창세기 앞부분은 오늘날의 사고 체계와는 맞지 않고, 후기에 해당할 것 같은 요한계시록은 왜 붙여 놓았는지 종잡을 수가 없습니다. 그런데 내 결심으로는 읽을 수 없는 책이 읽히는 때가 있습니다. 이것이야말로 영적인 사건입니다. 일생일대의 사건입니다. 하나님이 눈을 뜨게 하신 것이고, 귀를 열어젖혀 주신 것입니다. 그럼에도 불구하고 성경을 끝까지 변함없는 긴장으로 읽어 내기란 쉽지 않습니다.

이렇게 하면 어떨까요? 하나님이 써 내려가신 이야기의 끝을 먼저 보는 것입니다. 그러고 나서 그 이야기를 머릿속에 넣고, 처음으로 거슬러 올라가 보는 것입니다. 무엇보다 이야기의 마지막이 너무 흥미진진하고, 인생의 사후세계를 펼쳐 보여 준다는 사실에 충격을 받을 것입니다. 성경에 관한 호기심을 억누르기 어려워질 것이고 더 자세히 읽고 싶다는 생각이 들 뿐만 아니라 성경 전체 줄거리에 더 큰 흥미를 느끼게 될 것입니다.

요한계시록 강해 설교를 시작하면서 이미 책으로 펴낼 때 제목으로 삼아야 할 네 글자가 선명하게 떠올랐습니다. "사후대책"(死後對策). 사람들은 노후대책을 더 많이 생각합니다. 그러나 순서가 바뀌었습니다. 사후대책이 먼저라야 합니다. 예수님은 사후대책 없이 노후대책을 마련하는 사람이 어리석다고 말씀하십니다. 곡식을 쌓아둘 곳이 없으니 더 큰 곳간을 지어야겠다고 계획을 세우는 부자에게 "어리석은 자여 오늘 밤에 네 영혼을 도로 찾으리니 그러면 네 준비한 것이 누구의 것이 되겠느냐"(눅 12:20)라고 말씀하신 것을 기억하십시오.

사실, 성경은 사후대책을 위한 책입니다. 따라서 죽음이 끝이라고 생각하는 사람은 죽을 각오를 하고 읽어도 읽기 어려운 책이 성경입니다. 그러나 죽고 사는 것이 내 손에 달린 문제가 아님을 조금이나마 깨달은 사람이라면, 성경에 끌리게 마련입니다. 내가 이 땅에 오기 훨씬 전, 이 땅과 하늘이 존재하게 된 시초부터 이 땅과 하늘이 사라진 이후를 기록한 성경에 어떻게 관심을 안 가질 수 있겠습니까?

인생에게 시작과 끝은 풀리지 않는 의문입니다. 뜻밖에 무시무종(無始無終)이라는 모호한 대답에 솔깃해하는 사람이 적지 않습니다. 그러나 성경은 모호하지 않습니다. 분명합니다. 시작과 끝이 있다고 말합니다. 하나님은 모든 인생에게 끝을 대비하라고 명령하십니다. 요한계시록은 마지막을 위한 사후대책의 완결편입니다. 다만 다소 이해하기 어려운 부분들에 관한 사전 지식을 더한다면, 사후대책을 위한 발걸음은 한결 가벼울 것입니다.

제게 한 가지 소망이 있습니다. 기쁨과 소망으로 성경을 읽는 소리가 이 땅 곳곳에 울려 퍼지는 것입니다. 온 세계 열방 가운데서 들려오는 것입니다. 사탄은 무엇보다 성도가 성경을 읽지 못하고, 성경을 깨닫지 못하게 하는 일에 열심을 다합니다. 사탄은 성경을 읽고 깨닫고자 하는 사람들을 곁길로 인도하기 위해 열심을 다합니다. 그래서 수많은 이단들, 특히 계시록을 곡해하는 이단들을 사방에 덫을 치듯 펼쳐 놓습니다. 《사후대책》이 그 덫을 피하도록 돕는 작은 지도가 되기를 바랍니다.

《사후대책》이라는 책 제목과 내용에 흠이 없을까 저자보다도 더 많이 고심하고 조언해 준 두란노 가족에게 사랑과 존경을 담아 감사를 드립니다. 세 차례에 걸친 계시록 설교를 흥미롭게 경청해 준 베이직교회 형제자매들에게도 더

할 수 없이 감사합니다.

　마지막 때가 더 가까워졌습니다. 이 땅의 시간도 끝을 향해 더 빠른 속도로 달려가고 있습니다. 참으로 이 시대를 함께 사는 모든 이들이 "사후대책"에 마음을 쏟기를 기도합니다.

2019년 12월

죽음 너머의 시간에 접속되어 새 하늘과 새 땅을 소망하며

조정민

Part 1

짧은 고난, 긴 영광

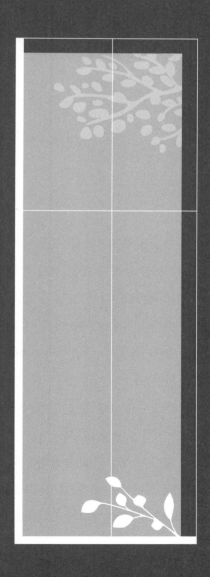

01.

알파와
오메가

✳ 계 1:1-8

요한계시록이 쓰였던 당시 초대교회가 직면했던 로마의 핍박과 유혹은 지금 우리가 받는 것에 비할 바가 아니었습니다. 날마다 수많은 순교자가 피를 흘렸지만, 그들은 결코 꺾이지 않았습니다. 계시록은 교회가 어려울 때마다 위로의 말씀이 되어 왔고, 세상의 유혹과 핍박으로 신앙이 흔들릴 때마다 믿음을 굳건하게 세우는 힘을 주었습니다.

마치 세상에 패한 듯이 낙심과 절망이 엄습할 때도 요한계시록은 우리가 반드시 승리할 것을 말합니다. 오늘날 우리가 요한계시록 말씀을 다시 읽어야 하는 이유입니다.

계시는 상상이나 몽상과는 다릅니다. 우리가 잘 아는 C.S. 루이스(C.S. Lewis)의 《나니아 연대기》(The Chronicles of Narnia)나 톨킨(J.R.R. Tolkien)의 《반지의 제왕》(The Lord Of The Rings) 같은 판타지 소설은 인간의 상상력으로 만들어진 창작물입니다. 그러나 계시는 인간의 머리에서 나오는 것이 아니라, 사람의 지혜로는 알 수 없는 진리를 하나님이 친히 드러내 주시는 것입니다. 하나님은 닫힌 커튼을 열어젖히듯 예수님을 통해 구원의 섭리와 계획을 보여 주시고, 교회를 통해 구원의 섭리를 이루어 가십니다.

요한계시록은 아마도 성경 66권 중에서 읽기에 가장 부담스러운 책일 것입니다. 그만큼 이해하기 어렵기 때문입니다. 그러나 성경을 창세기부터 읽기 시작하듯이 반드시 요한계시록까지 읽어야 끝마쳤다고 할 수 있습니다. 누가 영화를 볼 때 처음만 보고 끝을 보지 않겠습니까? 또 처음을 모르는데 어떻게 끝을 제대로 이해할 수 있겠습니까? 성경은 창세기와 요한계시록이 수미상관을 이루어 앞과 뒤가 서로 분명히 조응하는 책입니다.

성경을 읽다 보면, 처음부터 씨앗처럼 주제가 하나씩 뿌려져 있는 것을 알 수 있습니다. 창세기에서 세상의 시작과 인간의 타락을 봅니다. 그러다가 요한계시록에 이르면 하나님이 타락한 세상을 구원하시고 만물을 회복하시리라는 놀라운 구속의 계획을 보게 됩니다.

어른들도 이해하기 어려운 진리를 어린아이들이 직관적으로 명확히 깨닫는 일을 더러 봅니다. 어린아이들은 오히려 계시록을 쉽게 이해합니다. 그림책처럼 느끼기 때문입니다. 주제도 금방 파악합니다. 계시록을 다 읽고 난 아이가 책을 덮으며 아빠에게 이렇게 말했다고 합니다.

"아빠, 예수님이 이기신대요!"

맞습니다. 바로 이 얘깁니다. "예수님이 이기신다"가 계시록의 주제이자 결론입니다.

요한계시록의 주제에 관해 많은 학자가 연구하고, 많은 목회자가 설교해 왔지만, 압축하여 간단하게 요약하자면 "역사를 주관하시는 하나님이 예수 그리스도를 통해서 역사를 완성하신다"는 것입니다.

핍박의 끝이 있으니 담대하라

예수 그리스도의 계시라 이는 하나님이 그에게 주사 반드시 속히 일어날 일
들을 그 종들에게 보이시려고 그의 천사를 그 종 요한에게 보내어 알게 하신
것이라 계 1:1

요한계시록은 사도 요한이 소아시아 일곱 교회에 쓴 편지로 "예수 그리
스도의 계시라"로 시작합니다. 요한이 직접 제목을 붙인 셈입니다. 요한계
시록으로 불리지만, 사실은 예수님의 계시임을 뜻합니다.

요한계시록에서 두 가지 사실을 확실히 알 수 있습니다. 첫째, 앞으로
"반드시" 일어날 일이 있다는 사실입니다. 지난 2천 년간 별일 없이 살아왔
는데 무슨 일이 있겠느냐며 묻겠지만, 어떤 일이 반드시 일어날 것입니다.

시작이 있으면 끝이 있게 마련입니다. 반드시 종말이 있을 것입니다. 개
인에게도 종말이 있고, 회사나 나라에도 있습니다. 영원하신 하나님 한 분
외에는 모두 시작과 끝이 있습니다. 어떤 종교인들은 무시무종(無始無終)의
세계관을 주장합니다. 시작도, 끝도 없다는 것입니다. 수레바퀴가 끊임없이
구르듯이 세계는 윤회한다고 말합니다. 그러나 윤회는 영원한 방황입니다.
세상은 무시무종의 세계가 아닙니다. 시작이 있었으니 반드시 종말이 있을
것입니다.

계시록은 종말에 이르기까지 핍박이 있을 것이라고 말합니다. 예수님도
핍박을 받으셨는데, 예수님을 따르는 자들에게 어찌 핍박이 없겠습니까? 그
러나 우리는 핍박의 끝을 알기에 그것을 이겨 낼 담대함을 얻습니다.

끝을 아는데 무엇이 두렵습니까? 끝을 알면 편안한 마음으로 역사를 돌
아볼 수 있습니다. 요한계시록을 읽고 나면, 성경의 어느 부분을 읽더라도

끝을 알고 보는 셈이 됩니다. 마치 드라마의 끝을 보고 나서 처음부터 다시 보기를 하면 전체가 일목요연하게 이해되듯이, 요한계시록이라는 결론을 알고 성경을 다시 읽으면 어디를 읽더라도 끝을 향해 달리는 하나님의 구원의 역사를 이해하게 됩니다. 각각의 이야기가 전체 역사의 어느 시점에 있는가를 확연히 알게 된다는 뜻입니다. 그러니 요한계시록이 우리에게 얼마나 큰 위로와 소망을 주는지 모릅니다.

요한계시록이 알려 주는 두 번째 사실은 "속히 일어날 일"이 있다는 것입니다. "속히 일어날 일"이란, 예수 그리스도의 사역을 통해 구속 계획의 성취가 이미 시작되었을 뿐만 아니라 지금도 계속되고 있다는 것입니다. "속히"는 성취의 시간이 임박했다는 것보다는 말씀의 성취가 이미 시작되었다는 데 초점이 맞춰져 있습니다.

따라서 계시록은 단순히 미래를 예언하는 책이 아니라 그리스도의 오심과 그리스도의 부활에 근거해서 분명하고도 확실한 미래를 보여 주는 기록입니다.

지금은 세상이 너무나 크고 웅장하며 거창하고 화려해 보입니다. 세상 앞에 선 자기 자신은 작게만 느껴질 수 있습니다. 그러나 요한계시록을 읽어 보십시오. 세상의 끝이 어떻게 될지를 볼 수 있습니다. 당장 그리스도인들이 핍박받고, 교회가 환난 가운데 있을지라도 장차 어떻게 영광스럽게 완성될지를 보게 될 것입니다.

그러므로 기대와 소망을 품고 계시록을 읽어야 합니다. 계시록에 등장하는 일곱 인, 일곱 대접, 일곱 나팔 등 환난과 관련된 환상들이 굉장히 우울하고 암울하게 다가올지 모르지만, 이것들은 하나님을 대적하고 거부하는 이 세상에 닥칠 심판입니다. 그러니 우리가 두려워할 이유가 없습니다. 되레 심판 끝에 임할 새 예루살렘, 즉 새 하늘과 새 땅을 소망하고, 완성된 교회의 모습을 기대하며 기쁨으로 바라봐야 할 것입니다.

에클레시아를 바라보라

예수님이 누구신가에 관한 분명한 그림과 교회가 어떤 모습이어야 하는가에 관한 정확한 그림은 요한계시록에서 찾아볼 수 있습니다.

1517년 10월 31일, 마르틴 루터(Martin Luther)가 면죄부 판매에 항의하여 비텐베르크성 교회 정문에 〈95개조 의견서〉(Anschlag der 95 Thesen)를 붙임으로써 종교 개혁의 불씨가 지펴졌습니다. 당시 로마 교황청은 성 베드로 대성당의 건축 자금을 조달하기 위해 고육책으로 면죄부를 팔았습니다. 면죄부 판매에 반대하며 나섰던 종교 개혁의 슬로건은 "오직 성경, 오직 은혜, 오직 믿음"이었습니다.

종교 개혁자들은 교황청에 반기를 들었다는 이유로 '반대자'를 뜻하는 프로테스탄트(Protestant)로 불리게 되었고, 이것이 곧 개신교를 일컫는 말이 되었습니다. 그러나 프로테스탄트라는 이름은 적절치 않습니다. 반대하기 위해 저항한 것이 아니라 잘못된 길을 가다가 제 길로 돌이킨 것이기 때문입니다.

교회의 바른 이름은 무엇입니까? 주님이 친히 불러 주셨던 단 하나의 이름밖에는 없습니다. 바로 "에클레시아"(ecclesia)입니다. '밖으로 불러낸 사람들'이라는 뜻입니다. 어디에서 불러낸 것입니까? 하나님은 율법으로 옥죄던 유대교에서 백성을 불러내셨고, 거대한 종교 권력이 된 로마 교황청에서 그리스도인들을 불러내셨습니다. 지금은 어디에서 불러내십니까? 어느새 500년 전의 교황청을 닮아 버린 타락한 교회들에서 불러내십니다. 즉 에클레시아란 겹겹이 덧칠된 종교에서 불러낸 사람들을 의미합니다.

　에클레시아는 예수 그리스도를 통해 완성될 초자연적이고 초월적인 삶을 위해 부름받은 사람들입니다. 이 부르심은 그 자체로 희망입니다. 왜냐하면 예수 그리스도를 통해 부르심이 이미 성취되었고, 지금도 계속해서 성취되고 있기 때문입니다. 예수님은 우리를 끊임없이 불러내십니다. 변질되고 타락한 종교에서 탈출하고, 종교적 가식을 벗으라고 말씀하십니다. 날마다 우리에게 종교 개혁을 요구하시는 것입니다. 교회의 진정한 이름인 에클레시아의 기초는 예수님이며, 예수님이 에클레시아의 머리이십니다.

　요한계시록은 처음부터 끝까지 예수님 중심, 교회 중심입니다. 심판의 대홍수에서 표류하게 될 세상과 구원의 방주가 될 교회, 이 둘 사이의 긴장과 대립의 이야깁니다. 비록 교회는 여전히 불완전하지만, 종국에 소멸할 것은 교회가 아니라 세상입니다.

　날마다 주님이 이루시고 곧 완성하실 교회를 마음에 품기를 바랍니다. 그래야 세상 교회의 이런저런 모습에 흔들리지 않습니다. 그래야 어떤 핍박을 받아도 견딜 수 있습니다.

　종교 개혁 후 500년이 지난 21세기 교회는 엄청난 도전에 직면해 있습니다. 평화와 화합이라는 명목 아래 모든 종교를 통합하자는 운동이 일고 있습니다. 어떤 신을 믿든지 제대로 믿기만 하면 구원을 받을 수 있다고 주장합니다. 그러니 굳이 종교를 강요할 필요가 있느냐고 말합니다. 얼핏 들으면 좋은 말 같습니다.

　그러나 진리의 세계에서는 있을 수 없는 얘깁니다. 기독교도와 무슬림이 하나 될 수 있습니까? 국제 테러 조직인 이슬람국가(Islamic State, IS)와 힌두교가 하나 될 수 있습니까? 점치고 굿하는 무속 신앙을 통해서 구원받을 수 있습니까?

평화와 화합을 앞세운 종교 통합 운동에 많은 교회가 혼란에 빠졌고, 교회들 간에 대립과 갈등이 일고 있습니다. 이 때문에 목회자들과 성도들이 날마다 넘어지고 있습니다. 하지만 예수님의 평화는 종교 통합을 통해 임하는 것이 아닙니다.

이 어두운 혼란의 시대에 우리는 어디를 바라봐야 합니까? 우리가 바라볼 곳은 이 땅의 교회나 종교 기관들이 아닙니다. 우리를 부르신 예수님을 바라보고, 불러낸 사람들이 모인 진정한 교회인 에클레시아를 바라봐야 합니다.

소명 때문에 사는 것이다

사도 요한은 밧모섬에서 하나님을 향한 열망과 핍박받는 교회를 위한 애틋한 마음으로 간절하게 기도했습니다. 그런 그에게 하나님이 "반드시 속히 일어날 일들"에 관한 "예수 그리스도의 계시"를 보여 주십니다(계 1:1).

요한은 도미티아누스(Domitianus) 황제 시대에 밧모섬으로 유배되었습니다. 네로(Nero) 황제 이후로 그리스도인에게 가해지는 핍박이 갈수록 심해졌는데, 제2의 네로로 불리는 도미티아누스 황제는 제정신이 아니었습니다. 로마 제국의 모든 시민은 황제의 형상 앞에 절하며 "카이사르는 큐리오스다", 즉 "황제는 주님이시다"라고 고백하도록 명령했습니다. 요한은 황제의 명령을 거부하여 밧모섬에 유배되었습니다.

당시 밧모섬은 정치적·종교적 이유로 체포된 죄수들이 유배되던 곳이었습니다. 에베소 남서쪽 90킬로미터쯤에 위치한 에게해의 작은 섬으로 남북 길이 16킬로미터, 동서 길이 9킬로미터로 면적이 40제곱킬로미터쯤 됩니다. 지금도 약 2,500여 명의 주민이 살고 있습니다. 지표가 대부분 화성암으로 이루어진 불모지이지만, 전망이 매우 아름다운 곳입니다. 섬의 중심지인 호라 마을에는 요한 수도원이 있고, 사도 요한이 계시록을 썼다는 요한의 동굴과 그가 최초로 사용했다고 전해지는 세례 터가 있습니다.

사도 요한은 예수님의 제자들 가운데 가장 오래 살았던 인물입니다. 다른 제자들은 순교했습니다. 베드로는 십자가에 거꾸로 매달려 죽었고, 야고보는 헤롯왕에게 처형당했습니다. 안드레, 빌립, 바돌로매도 다 십자가형을 받았고, 마태와 도마는 각각 에티오피아와 인도에서 창에 찔려 죽은 것으로 전해집니다. 가룟 유다가 아닌 다른 유다와 또 작은 야고보와 시몬도 모두 순교했습니다. 요한만이 유일하게 아흔 살이 넘게 살았습니다. 운이 좋았던 것일까요? 요한만 순교하지 못한 것일까요? 아닙니다. 그는 가장 오랜 기간에 걸쳐 순교한 제자입니다.

요한이 오래 살았던 이유는 그에게 사명이 남아 있었기 때문입니다. 바로 계시록을 기록하는 사명입니다.

> 요한은 하나님의 말씀과 예수 그리스도의 증거 곧 자기가 본 것을 다 증언하였느니라 **계 1:2**

저는 터키 갑바도기아 지역에 있는 데린쿠유 지하도시(Derinkuyu Underground City)를 방문했던 때를 잊지 못합니다. 로마의 카타콤에 비할 바가 아닙니다. 동굴로 이어진 지하도시입니다. 약 5천 명이 그 속에서 살았습니다. 땅 위로는 사람 한 명 들어갈 만한 구멍이 뚫려 있는데, 그 아래로 지하 30미터까지 파고 내려간 것입니다. 아직까지 완전히 발굴되지 않았고, 바닥까지의 깊이도 측정되지 않았습니다. 개미굴처럼 연결되어 있는데, 그 안에 교회와 학교와 심지어 침례탕까지 지어 놓았습니다. 태어나서 한 번도 세상

밖으로 나와 보지 못한 채 동굴 안에서만 살다가 죽은 사람들도 있습니다. 오직 믿음을 지키기 위해 세상과 단절된 삶을 살았던 것입니다. 그들 삶의 목적은 오직 하나, 믿음을 증거하는 것이었습니다.

오늘날 쾌락과 풍요에 물들어 있는 세대는 죽었다 깨어나도 이해할 수 없는 삶입니다. 인생의 목적이나 사명을 모르는 사람은 도저히 이해할 수 없는 삶입니다. 이것이 신앙입니다. 신앙이란 믿음으로 위를 바라보는 것입니다. 그들은 푸른 하늘을 마음껏 볼 수 없는 깊은 땅속에서도 손바닥만 한 하늘을 올려다보며 영원한 곳을 그리워했습니다. 오직 믿음 하나로 위를 바라봤습니다.

믿음의 사람은 언제나 어느 때나 어느 곳에서든 위를 바라보는 삶을 삽니다. 왜입니까? 위에서 부르심을 받았기 때문입니다. 하늘로부터 소명을 받았기 때문입니다. 땅에서 살지만, 소명은 땅의 것이 아닙니다. 땅의 삶을 살아도 땅의 것에 매이지 않고, 땅의 시간에 갇히지 않습니다. 그러므로 살고 죽는 것이 땅의 것에 달려 있지 않습니다. 소명에 따라 살다가 소명을 이루고 떠나는 것이 믿음의 삶입니다.

예수님이 디베랴 호수에서 베드로에게 "네가 젊어서는 스스로 띠 띠고 원하는 곳으로 다녔거니와 늙어서는 네 팔을 벌리리니 남이 네게 띠 띠우고 원하지 아니하는 곳으로 데려가리라"(요 21:18)고 말씀하시고, 그에게 "나를 따르라"고 하셨습니다. 그러자 베드로가 뒤에 있던 요한을 가리키며 "이 사람은 어떻게 되겠사옵나이까?"(요 21:21) 하고 물었습니다. 예수님은 "내가 올 때까지 그를 머물게 하고자 할지라도 네게 무슨 상관이냐 너는 나를 따르라"(요 21:22)고 대답하셨습니다. 이때 아마도 예수님은 '베드로, 너는 끝까지 베드로답구나' 하고 생각하며 웃음 띤 얼굴로 말씀하셨을 것 같습니다.

각자의 소명이 다릅니다. 오래 살고 못 살고의 차이가 아닙니다. 어떤 소명을 받았느냐의 차이입니다. 저는 이제 60대 후반에 접어들었습니다. 예수님보다 배나 산 셈입니다. 왜 여태 제가 살고 있습니까? 제 일 때문이 아닙니다. 예수님이 하실 일이 남아 있기 때문이라고 믿습니다. 남들 다 은퇴할 나이에 왜 저 같은 사람을 불러서 교회를 시작하게 하십니까? 볼일이 있으시기 때문입니다.

소명 때문에 살다가 소명이 끝나면 죽는 것입니다. 요한의 소명은 마지막까지 하나님의 말씀과 그리스도의 증거를 다 증언하는 것이었습니다. 만약 그가 일찍 순교했더라면 계시록뿐 아니라 영적으로 깊고 넓은 요한복음도 없었을 것입니다.

붙드는 말씀이 있어야 성령 충만해진다

요한은 자신의 기록이 "예수 그리스도의 계시"(1절)요 "하나님의 말씀과 예수 그리스도의 증거"(2절)라고 말하더니 3절에서는 그것을 "예언의 말씀"으로 표현합니다.

> 이 예언의 말씀을 읽는 자와 듣는 자와 그 가운데에 기록한 것을 지키는 자는 복이 있나니 때가 가까움이라 계 1:3

계시가 궁극적인 방향과 큰 그림이라면 예언의 말씀은 계시의 설명서와도 같습니다. 예언의 말씀은 이미 성취된 것도 있고 장차 성취될 것도 있습니다. 요한은 이 "말씀을 읽는 자와 듣는 자"가 다 복이 있지만 중요한 것은 "지키는 자"들임을 강조합니다.

당시 유대인 회당에는 두루마리 성경이 있어서 유대 출신의 초대 교인들은 그곳에 모여 다섯 명에서 일곱 명씩 돌아가며 말씀을 봉독했다고 합니다. 두루마리 성경을 늘 펼쳐서 읽는 것입니다. 요한계시록도 요한이 일곱 교회에 보내는 회람 형식의 편지입니다. 그래서 아마도 여러 봉독자가 예배 때마다 이 계시록을 읽었을 것입니다. 그렇게 읽는 자와 듣는 자가 한자리에 있었습니다.

성경이 말하는 복이란 어떤 것입니까? 경제적으로 부유해지는 것이나 명성이 높아지는 것이 복이 아닙니다. 시편 기자는 "복 있는 사람은 악인들의 꾀를 따르지 아니하며 죄인들의 길에 서지 아니하며 오만한 자들의 자리에 앉지 아니하고 오직 여호와의 율법을 즐거워하여 그의 율법을 주야로 묵상"(시 1:1~2)한다고 말합니다. 요한은 "기록한 것을 지키는 자"가 복이 있다고 말합니다.

키르케고르(Kierkegaard)는 진리를 배우면서도 진리에 사로잡히지 않는 사람을 "거대한 성을 지어 놓고 정작 그 옆 오두막집에 사는 사람"이라고 불렀습니다. 하나님의 말씀을 읽고 듣지만, 지키지 않는 자는 사실 그보다 더한 사람입니다. 백지수표를 받아 들고서도 흘깃 보고는 창문의 구멍을 막는 바람막이 종이로 썼다가 결국 한겨울에 얼어 죽고 만 사람과도 같습니다. 도무지 가치를 모르는 사람입니다.

> 요한은 아시아에 있는 일곱 교회에 편지하노니 이제도 계시고 전에도 계셨고 장차 오실 이와 그의 보좌 앞에 있는 일곱 영과 **계 1:4**

요한이 전통적인 방식으로 교회들에 안부를 전합니다. "일곱 교회", "일곱 영" 등 일곱이라는 숫자가 앞으로 계속 나올 것입니다. 일곱은 완전함과 충만함을 뜻합니다. 하나님이 천지를 창조하시고, 일곱째 날에 하시던 모든 일을 그치고 안식하셨습니다(창 2:2). 일곱은 모자람이 없는 완전한 숫자입니다. 실제로 요한이 에베소, 서머나, 버가모, 두아디라, 사데, 빌라델비아, 라오디게아 등 일곱 교회에 편지를 보냈지만, 이것은 이 시대뿐 아니라 다가오는 모든 세대의 모든 교회에 보내는 편지입니다.

여기서 하나님의 중요한 이름과 함께 속성이 소개됩니다. 하나님은 어떤 분이십니까? "이제도 계시고 전에도 계셨고 장차 오실 이"이십니다. 하나님은 과거, 현재, 미래의 구분이 없으신 분입니다. 출애굽기 3장 14절의 "나는 스스로 있는 자"(I am who I am)나 요한복음 15장의 "나는 – 이다"로 번역되는 헬라어 "에고 에이미"(ἐγώ εἰμί)가 바로 시제가 없으신 하나님의 이름입니다. 하나님은 전에도 계셨고 지금도 계시고 장차 오실 분입니다. 하나님의 현존, 임재야말로 모든 것의 기초입니다. 하나님이 여기 계신 것을 믿습니까? 하나님이 나와 함께 계심을 믿습니까? 이 믿음이 곧 구원입니다. 이것을 아는 것이 영생입니다.

성령님은 어떤 분이십니까? 요한은 성령님을 하나님의 "보좌 앞에 있는 일곱 영"으로 소개합니다. "일곱 영"은 성령을 가리키는 표현입니다.

선지자 스가랴는 성령님을 하나님의 일곱 눈에 비유합니다.

> 작은 일의 날이라고 멸시하는 자가 누구냐 사람들이 스룹바벨의 손에 다림줄이 있음을 보고 기뻐하리라 이 일곱은 온 세상에 두루 다니는 여호와의 눈이라 하니라 슥 4:10

여기서도 "일곱"은 성령님의 완전하심을 뜻하며 모든 교회를 위해 일하시는 데 부족함이 없으심을 뜻합니다. 교회의 문제는 대부분 성령님이 일하시도록 내어 드리지 못해서 생깁니다. 사람이 성령의 뜻을 거스르면 문제가 일어납니다. 교회의 주인은 하나님이고, 교회의 머리는 예수님이며, 교회의 운행은 성령님이 하십니다. 성도는 지체입니다. 말씀으로 전해지는 명령을 각 지체가 잘 수행할 때 교회가 온전한 모습을 드러냅니다.

사탄은 어떻게든 방해하는 훼방꾼입니다. 사람의 생각이나 결심으로는 사탄을 이길 수 없습니다. 교회가 돈이 많거나 사람이 많거나 조직이 탄탄하거나 훌륭한 양육 체계가 있다고 해서 잘되는 것이 아닙니다. 각 사람이 성령으로 충만해야 이길 수 있습니다.

성령 충만의 길은 무엇입니까? 말씀을 날마다 먹는 것입니다. 자기 생각이 아닌 하나님의 말씀을 붙드는 것입니다. 하루하루 붙드는 말씀이 있어야 성령 충만해집니다. 말씀으로 힘을 얻어야 충만해집니다. 성령으로 힘을 얻는 것은 비교할 수 없는 유익입니다.

이기신 예수를 바라보라

사도 요한은 성부 하나님, 성령 하나님에 이어 성자 예수님을 알려 줍니다. 통상적으로 성부 성자 성령의 순서로 소개하는데, 요한은 예수님을 더 자세히 묘사하려고 나중에 기록했습니다.

> 또 충성된 증인으로 죽은 자들 가운데에서 먼저 나시고 땅의 임금들의 머리가 되신 예수 그리스도로 말미암아 은혜와 평강이 너희에게 있기를 원하노라 우리를 사랑하사 그의 피로 우리 죄에서 우리를 해방하시고 그의 아버지 하나님을 위하여 우리를 나라와 제사장으로 삼으신 그에게 영광과 능력이 세세

토록 있기를 원하노라 아멘 **계 1:5~6**

예수님은 말씀의 "충성된 증인"이십니다. 말씀이 육신이 되어 태어나신 분입니다. 사람은 말씀대로 온전히 살아내지 못합니다. 그렇다고 실망하지 마십시오. 말씀대로 살려고 애쓰기는 하지만, 누가 온전하게 살아낼 수 있습니까? 정도의 차이가 있을 뿐 완전한 사람은 없습니다.

평소에 예수님은 "너희가 듣는 말은 내 말이 아니요 나를 보내신 아버지의 말씀"(요 14:24)이라고 말씀하셨습니다. 사람은 그럴 수 없습니다. 사람은 다른 사람에게서 들은 것도 말하고, 아버지께 듣지 않은 것도 전합니다. 심지어 들은 것도 제대로 전하지 못할 수도 있습니다. 그러나 예수님은 100프로 충성된 증인이십니다.

또한 예수님은 "죽은 자들 가운데에서 먼저" 나신 분입니다. 시간대가 아니라 순서를 표현한 것입니다. 처음 부활하셨다는 뜻입니다.

> 그러나 이제 그리스도께서 죽은 자 가운데서 다시 살아나사 잠자는 자들의 첫 열매가 되셨도다 사망이 한 사람으로 말미암았으니 죽은 자의 부활도 한 사람으로 말미암는도다 아담 안에서 모든 사람이 죽은 것같이 그리스도 안에서 모든 사람이 삶을 얻으리라 **고전 15:20~22**

예수님은 부활의 첫 열매가 되셨습니다. 그럼으로써 예수님과 믿음으로 하나 되는 사람들이 부활의 다음 열매로 결실하게 되었습니다.

요한이 예수 그리스도의 "은혜와 평강이 너희에게 있기를 원하노라"고 인사합니다. 당시 유대 사람들은 편지를 쓸 때 발신자를 먼저 밝히고, 수신자를 나중에 기록하곤 했습니다. 바울 서신을 비롯하여 모든 서신서에는 은혜와 평강을 구하는 인사가 있습니다.

우리는 예부터 "식사하셨습니까?" 하고 인사하곤 했습니다. 영국처럼 날씨가 안 좋은 곳에서는 "오늘 날씨가 좋네요"라는 뜻으로 "굿모닝"(Good morning) 인사를 합니다. 이처럼 인사에는 제일 관심사가 담겨 있기 마련입니다.

초대교회 사람들에게는 무엇이 가장 필요했겠습니까? 자신이 죄인임을 고백한 그리스도인들에게 필요한 인사는 "은혜와 평강이 있을지어다"입니다. 자격 없는 사람에게 주어지는 게 은혜 아닙니까? 죄인들에게 죄를 묻지 않고 주어지는 것이 은혜 아닙니까? 그리고 평강은 은혜 가운데서만 누릴 수 있습니다.

예수님은 "우리를 사랑하사 그의 피로 우리 죄에서 우리를 해방하시고 그의 아버지 하나님을 위하여 우리를 나라와 제사장으로" 삼으셨습니다. 베드로는 "택하신 족속이요 왕 같은 제사장들이요 거룩한 나라요 그의 소유가 된 백성"(벧전 2:9)으로 표현하기도 했습니다.

이 편지의 시대적 배경을 생각해 봐야 합니다. 요한이 밧모섬에 유배된 동안에 많은 성도가 날로 심해지는 핍박을 당하고 있었습니다. 지금의 북한이나 IS의 지배하에 들어간 무슬림 땅과도 같았습니다. 그들에게 무슨 희망이 있었겠습니까? 예배드릴 때마다 눈물을 흘렸을 것입니다. 자기 생애 마지막 예배가 될 수도 있기 때문입니다. 때로는 너무나 극심한 고난과 핍절 속에서 하나님이 과연 살아 계신가 하는 의심이 들기도 했을 것입니다.

오늘날에도 그런 어려움 가운데 처한 사람이 있습니까? 그렇다면 예수님을 바라봐야 합니다. 이 땅의 왕들이나 권세자들이 아닌 만왕의 왕, 주님을 바라봐야 합니다. 그래야 위안을 받고, 다시 힘을 얻을 수 있습니다. 예수 그리스도께서 십자가에서 "다 이루었다"(요 19:30)고 하신 말씀을 기억하십시오. 십자가에서 쏟으신 그 피가 나를 모든 죄와 더러움과 두려움에서 해방시키심을 선포해야 합니다. 그래야 비로소 은혜에 잠기고, 평강에 젖어 들 수 있습니다. 그러면 어떤 것도 우리가 주 안에서 하나 되는 것을 막지 못합니다. 우리 입술에서 "우리 승리하리라"(We shall overcome)라는 노래가 절로 흘러나올 것입니다.

> 볼지어다 그가 구름을 타고 오시리라 각 사람의 눈이 그를 보겠고 그를 찌른 자들도 볼 것이요 땅에 있는 모든 족속이 그로 말미암아 애곡하리니 그러하리라 아멘 계 1:7

"구름"은 하나님의 영광, 하나님의 임재를 뜻합니다. 예수님의 탄생은 몇몇 사람들만이 목격했습니다. 그러나 다시 오실 때는 누구나 주님을 보게 될 것입니다. 그럼으로써 "땅에 있는 모든 족속이 그로 말미암아 애곡"하게 될 것입니다. 이것은 모든 족속이 닥칠 심판을 두려워하며 애곡한다는 뜻으로 볼 수도 있지만, 주님이 다시 오실 때에 모든 사람이 나아와 가슴을 치고 슬퍼하며 돌이키게 될 것으로 해석하는 것이 마땅할 것입니다.

> 주 하나님이 이르시되 나는 알파와 오메가라 이제도 있고 전에도 있었고 장차 올 자요 전능한 자라 하시더라 계 1:8

하나님이 누구신지를 이처럼 분명하게 말씀하신 적이 없습니다. "알파와 오메가"는 헬라어 첫 자와 마지막 자입니다. 알파벳의 A와 Z인 것입니다. 하나님은 시작이자 끝이시라는 뜻입니다. 하나님을 믿는 것은 이것을 아는 데서부터 시작됩니다. 하나님을 아는 것은 믿음에서 비롯됩니다.

왜 계시의 말씀을 마음에 담아야 합니까? 왜 예언의 말씀을 마음에 새겨야 합니까? 우리가 가야 할 길이 결코 순탄하지만은 않기 때문입니다. 세상이 갈수록 더 좋아지지는 않을 것이기 때문입니다.

"이제도 계시고 전에도 계셨고 장차 오실" 전능하신 하나님이 우리의 과거와 현재와 미래를 다스리신다는 것을 믿으십시오. 사도 요한이 봤던 놀라운 환상과 계시를 읽음으로써 이 시대에 닥쳐오는 유혹과 핍박을 넉넉히 이길 힘을 얻을 수 있습니다. 하나님은 모자람이 없이 넉넉히 이기시는 분임을 배우기 때문입니다.

끝을 알면, 견디기가 어렵지 않습니다. 결과를 알면, 마음을 졸이지 않습니다. 믿음 덕분에 모든 것을 견디고, 앎 덕분에 끝까지 갈 수 있습니다.

02.

예수님의
모습

*계 1:9-20

엄청난 핍박과 환난에 부딪힐 때면, "도대체 주님은 어디에 계시는가? 하나님은 우리 기도를 들으시는가?" 하는 의문이 들곤 합니다. 때론 낙담하여 좌절하기도 합니다. 그러나 그때도 예수님은 여전히 가장 가까이 계십니다. 비록 주님의 음성이 들리지 않더라도 가장 고통스러운 순간에 주님은 우리를 홀로 내버려 두지 않으신다는 사실을 기억하십시오. "나를 따르라"는 예수님의 명령은 우리 전부를 요구하시는 것이며, 성령을 보내 주심은 우리 삶을 주관하시겠다는 뜻입니다.

우리는 프랜시스 쉐퍼(Francis A. Schaeffer) 목사의 이야기를 경청할 필요가 있습니다.

"성경과 교회사를 통해 배울 수 있는 교훈, 성령이 일하실 때는 한 사람의 존재 전체를 사용하시며, 그리스도인이 상당한 대가를 치러야 한다는 점이다. 성령이 크게 일하실수록 개인이 치러야 할 대가와 피곤함도 커진다. 우리가 생각하는 것과는 정반대다. 사람들은 성령이 일하시기를 간구하며 부르짖지만, 막상 일하시기 시작하면 언제나 피로와 눈물과 싸움이라는 엄청난 대가가 뒤따른다는 사실을 종종 잊는다."

제자들은 예외 없이 이 같은 일을 겪었습니다. 사도 요한의 생애 또한 이 사실을 증언합니다. 밧모섬에서 사도 요한은 곳곳에서 들려오는 환난 소식에 심란한 하루하루를 보냈습니다. 그가 왜 밧모섬에 있습니까? 그는 일곱 교회에 보내는 편지에서 자신이 어떻게 해서 밧모섬에 오게 되었는지를 밝히며 환상 중에 받은 메시지를 전합니다.

예수의 환난에 동참하는 기쁨

나 요한은 너희 형제요 예수의 환난과 나라와 참음에 동참하는 자라 하나님의 말씀과 예수를 증언하였음으로 말미암아 밧모라 하는 섬에 있었더니 계 1:9

사도 요한은 환난 가운데 있는 그리스도인들을 향하여 "나 요한은 너희 형제"라고 선언합니다. 그는 이미 아흔을 훌쩍 넘긴 호호백발의 노인인데, 아들뻘 손자뻘 되는 이들을 '내 형제'로 부르고 있습니다. 믿음 안에서는 누구나 서로에게 형제자매입니다. 우리는 무슨 취미나 사업 때문에 교회에 모인 사람들이 아닙니다. 믿음 안에서 한 형제이기에 고난을 함께 겪고, 함께 견디며 하나님 나라를 향해 나아갑니다.

로마 황제 중 도미티아누스는 가장 잔혹한 황제로 꼽히며, 기독교를 엄청나게 박해했습니다. 그래서 순교자들이 계속해서 나왔습니다. 당시에 하나님을 믿는 백성은 양자택일의 길밖에 없었습니다. 인간을 경배하고 예배하며 그를 '나의 주, 나의 하나님'이라고 부를 것인가, 아니면 타협하지 않고 진정한 나의 주, 나의 하나님을 경배할 것인가입니다.

세상이 바뀌었지만 예나 지금이나 본질은 달라지지 않았습니다. 내가 누구를 주인으로 모시고 사는가의 문제는 인생 전체의 싸움입니다. 여전히 나 자신을 왕으로 섬길 수도 있고, 내 자식을 왕처럼 떠받들 수도 있고, 내가 가진 부와 명예를 하나님처럼 모실 수도 있습니다.

요한은 자신을 형제들과 함께 "예수의 환난과 나라와 참음에 동참하는 자"로 소개합니다. 사실 그 자신이 환난을 겪었고, 겪고 있습니다. 그가 밧모섬에 유배된 것은 흉악한 죄를 저질렀거나 잘못을 했기 때문이 아닙니다. "나의 주(큐리오스)는 로마 황제(카이사르)가 아니라 오직 한 분 예수님"이시라고 고백한 탓에 겪는 환난입니다. 침묵할 수 없어서 다른 사람들에게도 고백하며 믿음을 전하다가 겪는 환난입니다. "예수의 환난"에 동참한 것입니다.

지난 2천 년간 이 고백 때문에 목숨을 잃은 사람이 수천만 명입니다. 왜 그들은 이 고백을 혼자만의 것으로 묻어 두지 못합니까? 왜 침묵하지 못합니까? 크게 두 가지 이유를 들 수 있습니다.

첫째, 진리의 고백이기 때문입니다. 세상의 무엇도 누구도 나의 주인이 될 수 없다는 사실, 오직 예수님만이 나의 하나님, 나의 주라는 사실이 진리이기 때문입니다. 그분이 나의 생명이요 내 인생의 길이시기 때문입니다. 이 사실을 감출 수 없고 속일 수 없습니다. 그래서 목숨을 거는 겁니다. 거짓을 위해 목숨을 거는 사람은 없습니다. 몇 사람이 거짓에 속아서 그럴 수 있고, 어쩌다가 많은 사람이 속을 수도 있습니다. 그러나 모든 시대에 걸쳐 계속해서 많은 사람이 진리 아닌 것에 속아서 목숨을 내놓는 일은 없습니다.

둘째, 무한의 가치를 발견했기 때문입니다. 만약 자기 통장에 돈이 별로 없다면, 다른 사람의 필요에 관심을 가질 여유가 없을 것입니다. 그런데 셀수 없이 많은 돈이 들어온다면 어떻게 되겠습니까? 다른 사람의 필요를 돌아보게 될 것입니다. 그들이 느끼는 가난과 결핍의 고통을 살필 여유가 생겼기 때문입니다. 이처럼 하나님을 만난 사람은 자기 필요를 채우는 데만 급급하지 않고, 다른 사람의 필요나 공동체의 필요에 관심을 기울입니다.

하나님의 백성은 부족함에 시달리지 않습니다. 조바심을 내거나 자신을 스스로 괴롭히지 않습니다. 그럼으로써 인내를 발휘합니다. 모든 것을 견디며 기다리는 힘이 있습니다. 요한은 하나님의 백성으로서 예수님 때문에 겪는 환난을 인내하고 있습니다.

사실 사도 요한이 편지를 쓰고 있는 이때는 다른 사도들은 대부분 순교한 뒤였습니다. 어차피 순교할 바에는 되도록 고통을 짧게 겪고 빨리 떠나는 편이 나을 것입니다. 그런데 요한은 오래도록 순교의 길을 걷고 있습니다. 날마다 순교하는 그의 마음을 읽어야 합니다. 그는 다른 제자들보다 훨씬 오랫동안 이 땅에 머물렀지만, 결코 편치 않은 시간을 보냈을 것입니다. 각지에서 들려오는 환난 소식에 우울한 날이 많았을 것입니다.

그럼에도 불구하고 그는 날마다 예수님을 의지합니다. 성모 마리아의 품에 안겨 있는 강보에 싸인 아기 예수님이나, 가시 면류관을 쓰고 고개를 떨어뜨린 채로 십자가에 못 박혀 있는 예수님이 아닙니다. 죽음에서 부활하여 승리하신 예수님, 하늘에 올라 보좌에 앉으신 예수님을 의지합니다. 우리도 날마다 예수님이 우리와 동행하고 계심을 깨달아야 합니다.

다윗은 광야의 고난을 어떻게 이겨 냈을까요? 그는 "여호와는 나의 목자시니 내게 부족함이 없으리로다"(시 23:1)라고 고백합니다. 하나님이 함께하시니, 하나님이 나의 목자가 되시고 아버지가 되시니 부족할 것이 없다는 것입니다.

저도 다윗과 같은 해방감을 맛봤습니다. 저는 평생 부족감에 시달리며 살아왔습니다. 어려서부터 아버지의 얼굴을 제대로 못 보고 자란 탓에 사랑 결핍에 시달렸습니다. 집에서 늘 야단맞느라 인정 결핍에도 시달렸습니다. 경제적으로나 학업 면에서나 건강 면에서 무엇 하나 풍성하거나 만족스러운 것이 없었습니다. 그런 제가 나이 마흔일곱에 하나님을 처음으로 "아버지"라 부르면서 모든 결핍에서 벗어날 수 있었습니다. 조바심이 사라지고, 결핍감에서 벗어나면서 신기하게도 인내심과 절제력이 생겨났습니다. 저는 하나님이 누구신지를 알고, 어떤 분이신지를 깨닫는 일은 인생에서 어떤 것과도 비교할 수 없는 큰 사건임을 체험했습니다.

"예수의 환난과 나라와 참음에 동참"하는 것은 요한이 하고 싶다고 할 수 있고, 하기 싫다고 피할 수 있는 일이 아니었습니다. 하나님의 말씀과 예수 그리스도를 전하는 일은 선택 사항이 아니라 소명이기 때문입니다.

사실 소명은 일이 아니라 삶입니다. 하나님의 사랑을 받는 것이 일입니까? 하나님을 사랑하는 것이 일입니까? 하나님이 나를 사랑하신다는 사실을 누군가에게 알려 주는 것이 일입니까? 나를 사랑하시는 하나님이 당신도 사랑하신다는 것을 알려 주는 것이 일입니까?

사도 요한은 일을 하다가 유배된 것이 아닙니다. 예수님을 사랑하며 살다가 환난을 겪었고, 그렇게 환난을 인내하며 살고 있는 것입니다.

성령의 능력이 견딜힘이다

하나님의 백성이 환난 가운데 있으면, 반드시 예수님이 견딜힘을 주시는데, 이 힘이 바로 성령의 능력입니다.

주의 날에 내가 성령에 감동되어 내 뒤에서 나는 나팔 소리 같은 큰 음성을 들으니 계 1:10

사도 요한이 언제 성령에 감동되었다고 말합니까? "주의 날에"입니다. 성경에서 처음 등장하는 표현입니다. 복음서에서는 "안식 후 첫날"로 표현되던 날이 여기서 비로소 "주의 날", 즉 '주일'로 불리기 시작합니다(참조, 마 28:1; 막 16:2; 눅 24:1; 요 20:1). 이후로 지금까지 우리는 주일이라는 용어를 쓰고 있습니다.

주의 날에 요한에게 어떤 일이 일어났습니다. 그는 성령에 감동되었다고 말합니다. 성령에 감동되었다는 것은 성령에 사로잡혔다는 뜻입니다. 이 구절을 헬라어 원어로 보면, "엔 프뉴마티"(ἐν πνεύματι)라고 쓰여 있습니다. "성령 안에 있을 때"라는 뜻입니다. 영어 성경은 "I was in the Spirit on the Lord's day"(KJV)로 번역되어 있습니다. 모든 성경이 성령의 감동으로 기록되었듯이, 계시록은 성령에 이끌리어 성령 안에서 본 환상을 기록한 책입니다.

이 같은 표현은 계시록 곳곳에서 찾아볼 수 있습니다.

내가 곧 성령에 감동되었더니 보라 하늘에 보좌를 베풀었고 그 보좌 위에 앉으신 이가 있는데 계 4:2

곧 성령으로 나를 데리고 광야로 가니라 내가 보니 여자가 붉은빛 짐승을 탔는데 그 짐승의 몸에 하나님을 모독하는 이름들이 가득하고 일곱 머리와 열 뿔이 있으며 계 17:3

성령으로 나를 데리고 크고 높은 산으로 올라가 하나님께로부터 하늘에서 내

헬라어 원어로는 "성령에 감동되었다"나 "성령으로 나를 데리고" 모두 "엔 프뉴마티"가 쓰였습니다. 헬라어 전치사 "엔"은 주로 "(무엇) 안에"로 번역되지만 "함께"로 번역해도 문제가 없습니다. 즉 "성령과 함께 있을 때"나 "성령에 사로잡혔을 때"나 "성령에 감동되었을 때" 등 여러 가지로 해석할 수 있습니다.

사도 바울도 언젠가 환상 가운데 자신이 성령에 이끌려 하늘로 들려 올라가는 것을 경험한 적이 있습니다.

> 내가 그리스도 안에 있는 한 사람을 아노니 그는 십사 년 전에 셋째 하늘에 이끌려 간 자라(그가 몸 안에 있었는지 몸 밖에 있었는지 나는 모르거니와 하나님은 아시느니라) 고후 12:2

여기서 바울은 자신을 "그"로 표현합니다. 그는 자신이 그리스도 안에 있다고 말합니다. 그러나 그는 자신이 몸 안에 있었는지 몸 밖에 있었는지 알지 못한다고 말합니다. 몸이 곧 자신이라면 이런 표현은 말이 안 될 것입니다. 몸은 자신의 일부에 불과하므로 몸 안에 있을 수도 있고 몸 밖에 있을 수도 있다는 말 아닙니까?

구약의 다니엘도 이런 환상을 이미 기록해 놓은 바 있습니다.

> 내가 또 밤 환상 중에 보니 인자 같은 이가 하늘 구름을 타고 와서 옛적부터 항상 계신 이에게 나아가 그 앞으로 인도되매 그에게 권세와 영광과 나라를 주고 모든 백성과 나라들과 다른 언어를 말하는 모든 자들이 그를 섬기게 하

였으니 그의 권세는 소멸되지 아니하는 영원한 권세요 그의 나라는 멸망하지 아니할 것이니라 … 지극히 높으신 이의 성도들이 나라를 얻으리니 그 누림이 영원하고 영원하고 영원하리라 **단 7:13~14, 18**

성령 안에서 보는 놀라운 환상을 한 곳만 더 찾아보겠습니다. 에스겔 선지자가 성령 안에 있을 때 일어난 사건입니다.

여호와께서 권능으로 내게 임재하시고 그의 영으로 나를 데리고 가서 골짜기 가운데 두셨는데 거기 뼈가 가득하더라 나를 그 뼈 사방으로 지나가게 하시기로 본즉 그 골짜기 지면에 뼈가 심히 많고 아주 말랐더라 그가 내게 이르시되 인자야 이 뼈들이 능히 살 수 있겠느냐 하시기로 내가 대답하되 주 여호와여 주께서 아시나이다 또 내게 이르시되 너는 이 모든 뼈에게 대언하여 이르기를 너희 마른 뼈들아 여호와의 말씀을 들을지어다 주 여호와께서 이 뼈들에게 이같이 말씀하시기를 내가 생기를 너희에게 들어가게 하리니 너희가 살아나리라 **겔 37:1~5**

에스겔은 환상을 통해 죽음의 골짜기에 널려 있는 해골들이 척척 붙어서 살이 오르고 피가 통하고 생명이 소생하는 것을 봤습니다. 현실 세계에서는 일어날 수 없는 일입니다. 그러나 성령 안에서는 가능합니다.

성령님은 우리를 하나님이 원하시는 곳으로 데려가십니다. 성령님은 하나님이 보여 주고 싶어 하시는 것을 우리가 볼 수 있도록 하십니다. 성령님은 하나님이 하고 싶으신 말씀을 우리가 대신 전할 수 있게 도우십니다. 그럴 때 우리 눈이 열렸다고 말하고, 귀가 열렸다고 말하고, 입이 열렸다고 말합니다.

사도 요한은 성령 안에 있을 때 갑자기 등 뒤에서 나팔 소리 같은 음성이 들려왔다고 말합니다. 당시 나팔 소리는 세 가지 경우에 울리곤 했습니다. 전쟁을 알리거나 왕의 임석을 알리거나 큰 잔치가 시작됨을 알릴 때였습니다. 이때 요한이 들은 나팔 소리는 분명 왕이 오셨음을 알리는 소리였을 것입니다.

왕의 귀환

"큰 음성"이 사도 요한에게 말합니다.

> 이르되 네가 보는 것을 두루마리에 써서 에베소, 서머나, 버가모, 두아디라, 사데, 빌라델비아, 라오디게아 등 일곱 교회에 보내라 하시기로 계 1:11

본문은 당시 소아시아(지금의 터키) 지역에 있던 일곱 교회를 지목하고 있지만, 사실 모든 교회를 뜻합니다. 그때뿐 아니라 장차 올 교회들도 포함합니다. 로마 제국의 탄압과 박해로 이미 많은 그리스도인이 순교했습니다. 곧 오실 것만 같던 예수님은 종무소식입니다. 게다가 배교자들이 속출하니, 교회는 이런저런 모양으로 몸살을 앓고 있었습니다. 외부로부터 받는 박해는 차라리 견딜 수 있지만, 안으로 파고드는 이단들의 거짓 주장과 거짓 교리가 오히려 더 뼈아프게 하는 상황이었습니다.

그때 교회들에 희망을 전할 사람은 사도 요한뿐이었을 것입니다. 예수님이 디베랴 호수에서 베드로에게 "내가 올 때까지 그(요한)를 머물게 하고자 할지라도 네게 무슨 상관이냐"(요 21:22)라고 말씀하셨으므로, 사도 요한이 살아 있는 동안에 예수님이 다시 오시리라고 믿는 성도들도 있었을 것입니다. 무엇보다도 요한 자신이 주님을 날마다 갈망했을 것입니다. 그래서 주의 날, 주일 예배를 누구보다 더 간절히 드렸을 것입니다.

"주의 날"은 주님의 부활을 기뻐하는 날입니다. 부활절에만 예수님의 부활을 기억할 게 아닙니다. 주일은 부활하신 주님과 함께하는 날입니다. 그런데 바로 그 "주의 날"에 주님이 요한에게 나타나신 것입니다. 요한이 얼마나 감격했을까요? 다시 오신 예수님을 뵌 듯했을 것입니다.

구약의 선지서 열일곱 권을 보면, 하나님이 선지자를 세우실 때 말씀으로 임하여 소명을 주시는 것을 볼 수 있습니다. 계시록에서 사도 요한이 주님의 음성을 듣는 것도 이와 같지 않습니까? 그런 의미에서 보면, 요한계시록은 마지막 선지서라고도 할 수 있습니다. 하나님이 요한을 선지자로 불러 세우시는 것입니다.

주님의 음성을 들은 요한이 몸을 돌이켜 바라봅니다. 요한 앞에 모습을 드러내신 예수님은 대체 어떤 모습일까요?

> 몸을 돌이켜 나에게 말한 음성을 알아보려고 돌이킬 때에 일곱 금 촛대를 보았는데 촛대 사이에 인자 같은 이가 발에 끌리는 옷을 입고 가슴에 금띠를 띠고 그의 머리와 털의 희기가 흰 양털 같고 눈 같으며 그의 눈은 불꽃같고 그의 발은 풀무불에 단련한 빛난 주석 같고 그의 음성은 많은 물 소리와 같으며 그의 오른손에 일곱 별이 있고 그의 입에서 좌우에 날 선 검이 나오고 그 얼굴은 해가 힘 있게 비치는 것 같더라 계 1:12~16

십자가에 못 박히셨을 때의 모습과는 전혀 다릅니다. 구약의 다니엘 선지자가 묘사한 내용과 비슷합니다. 성경은 처음부터 끝까지 예수님에게 초점이 맞춰져 있습니다. 구약의 모든 예언이 예수님을 통해 성취되었고, 성취되고 있고, 장차 완성되리라는 것이 성경의 큰 줄거리가 아닙니까? 요한이 본 환상은 구약 말씀의 성취를 보여 줍니다.

다니엘서 10장을 보십시오.

> 그때에 내가 눈을 들어 바라본즉 한 사람이 세마포 옷을 입었고 허리에는 우바스 순금 띠를 띠었더라 또 그의 몸은 황옥 같고 그의 얼굴은 번갯빛 같고 그의 눈은 횃불 같고 그의 팔과 발은 빛난 놋과 같고 그의 말소리는 무리의 소리와 같더라 단 10:5-6

얼마나 비슷합니까? 다니엘서 7장에서도 이와 비슷한 묘사를 찾아볼 수 있습니다.

> 내가 보니 왕좌가 놓이고 옛적부터 항상 계신 이가 좌정하셨는데 그의 옷은 희기가 눈 같고 그의 머리털은 깨끗한 양의 털 같고 그의 보좌는 불꽃이요 그의 바퀴는 타오르는 불이며 단 7:9

성경은 하나님의 신성을 이처럼 묘사하고 있습니다.

요한은 "일곱 금 촛대" 사이에 주님이 "발에 끌리는 옷을 입고 가슴에 금띠를 띠고" 계신 모습을 봤습니다. "발에 끌리는 옷"이란 무엇입니까? 제사장들이 입는 옷을 가리킵니다. 예수님이 대제사장으로서의 소명과 역할을 감당하고 계심을 나타냅니다. 예수님의 신분과 소명을 묘사한 것입니다. "가슴에 금띠"는 왕의 복장입니다. 예수님은 영원한 대제사장이요 만왕의 왕이십니다.

예수님의 모습을 본 요한이 얼마나 큰 힘을 얻고, 위로를 받았겠습니까? 주님의 음성을 한 번 듣기만 해도 인생이 바뀌는데, 그 모습을 뵈었으니 사도 요한은 낙심할 이유가 없습니다. 더 이상 세상이 무섭지 않고, 사람이 두렵지 않을 것입니다.

요한이 묘사한 예수님의 모습에 주목하십시오. 주님은 "머리와 털의 희기가 흰 양털 같고 눈 같으며 그의 눈은 불꽃같고 그의 발은 풀무불에 단련한 빛난 주석 같고 그의 음성은 많은 물 소리와" 같았습니다. 제 머리도 흰 양털같이 셌으면 좋겠습니다. 주님은 불꽃같은 눈으로 우리 중심을 꿰뚫어 보시고, 많은 물 소리 같은 음성으로 말씀하십니다. 에스겔 선지자도 많은 물 소리와도 같은 주의 음성을 들었습니다. 고대에는 전쟁에서 이기면 적장들의 목을 밟고 서곤 했습니다. 이때 빛나는 주석처럼 힘 있는 발로 밟고 서야 원수의 숨을 단번에 끊을 수 있었습니다.

계시록에 묘사된 살아 계신 예수님의 모습에 주목해야 합니다. 죽음을 이기고 부활하여 승천하신 예수님의 모습을 바라보십시오. 우리는 두려운 사람을 묘사할 때 어떻게 표현합니까? "촌철살인의 입과 지면을 꿰뚫는 섬광 같은 시선과 전신에서 내뿜는 카리스마…"와 같은 말로 묘사하지 않습니까? 요한은 자신이 할 수 있는 한 최선을 다해 예수님이 어떤 분이신지를 묘사하고 있습니다. "하늘과 땅의 모든 권세를"(마 28:18) 받으신 예수님이 대제사장과 왕의 모습으로 사도 요한에게 오셨습니다. 그가 본 것은 전지자의 얼굴이요 전능자의 형상입니다.

세상의 어둠을 이기는 힘

사도 요한은 예수님을 가까이에서 지켜봤던 제자입니다. 예수님의 어머니 마리아와 요한의 어머니 살로메가 자매였으니 요한과 예수님은 이종 사촌지간입니다. 특히 요한은 예수님의 사랑을 많이 받았습니다. 최후의 만찬 때는 예수님의 품에 비스듬히 기대어 있기도 했습니다. 그렇다면 예수님을 다시 뵈었으니 그 품에 와락 안겨야 하지 않겠습니까? 그런데 그가 보인 반응은 평소와 달랐습니다.

> 내가 볼 때에 그의 발 앞에 엎드러져 죽은 자같이 되매 그가 오른손을 내게 얹고 이르시되 두려워하지 말라 나는 처음이요 마지막이니 계 1:17

때로는 철없어 보일 정도로 예수님을 친근하게 대했던 요한이 예수님의 발 앞에 엎드려 "죽은 자"처럼 되었습니다. 이제까지 본 적이 없는 예수님의 모습을 봤기 때문입니다. 이것은 예배자의 모습입니다. 원래 예배란 죽은 자같이 엎드리는 시간입니다. 죽는 경험을 하는 것입니다. 이사야는 하나님을 뵙고 "화로다 나여 망하게 되었도다"(사 6:5)라고 고백했으며, 느헤미야는 "하늘의 하나님 여호와 크고 두려우신 하나님이여"(느 1:5)라고 했습니다. 어릴 때는 오직 나를 사랑해 주시기만 하는 하나님을 만나지만, 철들면 하나님이 크고 두려우신 분임을 깨닫습니다.

예수님이 요한에게 오른손을 얹고 "나는 처음이요 마지막"이라고 말씀하십니다. 주님은 "알파와 오메가"가 되시는 분입니다. 또한 성자 예수님은 성부 하나님과 성령님과 한 분이십니다. 우리 인생의 주인이자 역사의 주관자이신 예수님이 십자가 사건을 친히 언급하십니다.

곧 살아 있는 자라 내가 전에 죽었었노라 볼지어다 이제 세세토록 살아 있어 사망과 음부의 열쇠를 가졌노니 계 1:18

전에 죽었지만 지금은 살아 있다고 말씀하십니다. 어느 쪽이 진실입니까? 둘 다 진실입니다. 부활이 진실이라는 말씀입니다. 죽었지만 세세토록 사는 것, 죽었는데 죽지 않는 것, 죽었는데 영원히 사는 것, 이것이 부활이요 생(生)입니다.

우리가 무엇을 믿고 이렇게 담대하게 살아갑니까? 예수님을 믿기 때문입니다. "나는 부활이요 생명이니 나를 믿는 자는 죽어도 살겠고 무릇 살아서 나를 믿는 자는 영원히 죽지 아니하리니"(요 11:25~26)라고 하신 말씀이 그대로 이루어졌고, 이루어질 것을 믿는 것입니다.

예수님이 사도 요한에게 자신이 나타난 이유를 밝히십니다.

그러므로 네가 본 것과 지금 있는 일과 장차 될 일을 기록하라 계 1:19

계시록은 이 세 가지를 기록한 책입니다. 요한은 자신이 성령 안에서 본 것과 지금 일어나고 있는 일들과 장차 완성될 교회에 관해 기록했습니다. 예수님은 십자가에서 죽으심으로써 교회를 탄생시키셨고, 바로 그것을 위해 이 땅에 오셨습니다. 이제는 교회를 완성하기 위해 다시 오실 것입니다. 그러므로 그리스도인에게는 예수님이 머리 되신 교회 공동체를 이루어야만 하는 소명이 있음을 기억하십시오.

사도 요한이 보니 예수님은 오른손에 일곱 별을 들고 일곱 금 촛대 사이에 서 계셨습니다. 이 "일곱 별"과 "일곱 금 촛대"가 무엇인지를 예수님이 친히 말씀해 주십니다.

네가 본 것은 내 오른손의 일곱 별의 비밀과 또 일곱 금 촛대라 일곱 별은 일곱 교회의 사자요 일곱 촛대는 일곱 교회니라 계 1:20

첫째, 촛대는 어둠을 밝히는 빛을 상징합니다. 등대의 목적은 암초를 피하게 하는 것이고, 촛대의 목적은 어둠을 피하게 하고, 세상 죄를 드러내는 것입니다. 세상은 빛을 피합니다. 빛이 오면 얼굴을 가립니다. 죄인들이 수갑을 차거나 포승줄에 묶이면 얼굴을 가리듯이 말입니다. 금 촛대는 교회를 가리킵니다.

둘째, 예수님이 금 촛대, 곧 교회 사이를 다니십니다. 예루살렘 성전의 성소에는 금 촛대 외에는 다른 불이 없습니다. 이 불빛이 꺼지면 교회는 세상보다 더 어둡고 혼란스러울 것입니다. 예수님이 교회 사이를 다니며 지켜주시지 않으면 교회에는 짙은 어둠이 내릴 것입니다. 따라서 금 촛대 사이에 계신다는 것은 예수님이 교회를 주관하신다는 뜻입니다.

셋째, 예수님은 일곱 별이 "일곱 교회의 사자"라고 말씀하십니다. 여기서 "사자"는 헬라어로 앙겔로스(ἄγγελος)인데, 영어로는 엔젤(angel)로 번역되는 '천사'입니다. 그러나 당시 교회의 감독자, 즉 목회자로 보기도 합니다. 앙겔로스는 예수님의 메시지를 전달하는 메신저입니다.

다니엘서에도 별 이야기가 나옵니다.

지혜 있는 자는 궁창의 빛과 같이 빛날 것이요 많은 사람을 옳은 데로 돌아오게 한 자는 별과 같이 영원토록 빛나리라 단 12:3

성경은 "많은 사람을 옳은 데로 돌아오게" 하는 자는 별처럼 영원히 빛날 것이라고 말합니다. 주님의 "오른손의 일곱 별"은 수많은 사람을 진리의 길로 인도한 자들이 주님 손안에 있음을 의미합니다.

하늘과 땅의 모든 권세를 가지신 예수님을 오늘 만나십시오. 그 음성을 오늘 들으십시오. 교회가 사도 요한이 만났던 주님을 만나고, 사도 요한이 들었던 주님의 음성을 들어야 세상의 어둠을 이깁니다. 그래야 이 세상의 부패를 이깁니다. 그래야 세상의 환난과 고난 속으로 담대히 걸어 들어갈 수 있습니다.

예수님이 이미 이기셨기 때문에 걷는 길입니다. 그러니 기죽지 마십시오. 고개를 숙이지 마십시오. 진정한 겸손은 교만하지도 않고, 비굴하지도 않습니다. 계시록은 그러한 능력을 우리에게 주기 위해 주님이 마련하신 기막힌 선물입니다.

03.

성령을
들으라

＊계 2:1-11

　　온갖 상징으로 가득한 요한계시록은 해석하기 어려운 책으로 알려져 있지만, 사실은 그렇지 않습니다. 구약의 지식과 배경을 알고 보면, 계시록은 한 편의 그림책처럼 보일 것입니다. 앞서 주님은 요한에게 "네가 본 것과 지금 있는 일과 장차 될 일을 기록하라"(계 1:19)고 명령하셨습니다.

　　사도 요한은 오른손에 일곱 별을 쥐고 일곱 교회에 관해 말씀하시는 예수님을 봤고, 자신이 "본 것"을 기록했습니다. 그리고 이제 "지금 있는 일"을 기록할 것입니다. 당시 교회들에 어떤 일이 일어나고 있는지를 주님이 요한에게 분명히 말씀해 주십니다. "장차 될 일"들도 들려주실 것입니다.

　　요한은 자신이 보고 들은 것을 그대로 기록했을 뿐입니다. 그러니 우리도 그대로 받아들이면 됩니다. 지레 겁먹을 필요가 없습니다. 믿음으로 읽으면 창세기가 전부 이해되듯이 너무나도 명료한 메시지를 담고 있는 요한계시록 역시 어렵지 않게 읽을 수 있습니다. 지나치게 복잡하게 해석하면 도리어 곁길로 빠지고, 결국 이단으로 흘러갈 수 있습니다. 그렇게 해서 진리의 길에서 멀어진 사람들이 많습니다.

요한계시록은 예수님이 이 땅에 세우신 교회의 본질과 천상에 있는 교회의 원형에 관한 말씀입니다. 교회는 예수님이 친히 다스리십니다. 예수님이 요한에게 일곱 교회에 보내는 메시지를 말씀해 주십니다.

일곱 교회에 관한 흥미로운 사실 한 가지는, 당시 로마 제국은 광대한 도로망을 바탕으로 역참 제도를 운영하여 주요 도시마다 우체국 역할을 하는 곳을 두었는데, 이들 교회가 바로 이 하나로 연결되는 도로망 위에 있었다는 점입니다.

각 도시가 약 50~60킬로미터씩 떨어져 있었으니 에베소에서 출발하여 라오디게아까지 가는 데 대략 340킬로미터쯤 되었습니다. 그리고 라오디게아에서 에베소로 직행하는 거리가 약 160킬로미터로 가장 멀었습니다. 한 바퀴를 돌면 그 거리가 500킬로미터쯤 되는 것입니다. 만약에 사도 요한이 일곱 교회를 순회하며 감독했다면, 열흘 정도 걸렸을 것으로 추정할 수 있습니다.

그런데 왜 하필 일곱 교회입니까? 사실 일곱 교회 말고도 주변에 많은 교회가 있었습니다. 라오디게아 교회 옆에는 골로새 교회와 히에라폴리스 교회도 있었습니다. 그런데도 일곱 교회를 택하신 이유는 지리적인 특성도 있지만, 숫자 일곱이 '완전'을 뜻하기 때문입니다. 즉 일곱 교회란 모든 교회를 뜻합니다. 당시 교회만이 아니라 시대를 뛰어넘어서 이 땅에 존재하는 모든 교회를 가리키는 것입니다. 그러므로 우리는 계시록 말씀을 역사적인 것으로만 이해할 게 아니라 이 시대 교회에 주시는 메시지로 받아들여야 합니다.

믿음은 지켰으나 처음 사랑을 버렸다

일곱 교회에 주시는 메시지는 에베소 교회를 시작으로 전달됩니다.

> 에베소 교회의 사자에게 편지하라 오른손에 있는 일곱 별을 붙잡고 일곱 금
> 촛대 사이를 거니시는 이가 이르시되 계 2:1

먼저 에베소라는 도시에 관해 알아볼 필요가 있습니다. 에베소는 지금의 터키 서부 지역으로 로마 제국에서 로마, 시리아의 안디옥, 알렉산드리아에 이어 네 번째로 큰 항구 도시였습니다. 인구가 25만 명 이상이었으며 동서 교역의 중심지이자 자유 도시였습니다. 자유 도시란 로마 군대가 주둔하지 않고 총독이 정기적으로 순회하면서 재판을 여는 등 자치로 운영하던 도시를 의미합니다.

매년 5월 아데미 축제가 열렸는데, 오늘날 올림픽에 맞먹는 큰 행사였다고 합니다. 아데미는 그리스 신화에 등장하는 여신 아르테미스를 가리킵니다. 당시 에베소는 아데미 신앙의 중심지였는데, 세계 7대 불가사의 중 하나로 꼽히는 아데미 신전이 그곳에 있었습니다. 신전 바닥 면적이 가로세로 약 55미터에 115미터로 쾰른 대성당보다 1.5배나 컸습니다. 직경 2미터의 흰 대리석 기둥이 127개나 되었으며 신전 뜰에는 한 번에 5만 명이 들어갈 수 있었다고 합니다. 그런데 축제 때마다 성창이라 불리는 수천 명의 여사제들이 아데미 신상 앞에서 춤추며 음란한 행위를 했다고 알려집니다.

사도 바울이 2차 전도 여행 중 에베소에서 전도할 때 은장색들이 소동을 일으킨 것도 바로 이 아데미 신상 숭배 때문이었습니다. 그 이후에 바울과 디모데와 사도 요한이 그곳에서 계속 목회함으로써 바른 신학 위에 에베소

교회가 세워졌습니다.

이 편지의 수신자는 "에베소 교회의 사자", 즉 목회자이고, 보내는 이는 "오른손에 있는 일곱 별을 붙잡고 일곱 금 촛대 사이를 거니시는" 예수님입니다. 교회는 예수님이 거니시는 곳이요 목회자는 예수님의 손에 붙들린 사람입니다. 주님은 목회자를 굳게 붙잡으십니다. 지키신다는 뜻입니다. 목회자는 교회의 사자입니다. 사자란 메시지를 전하는 자입니다. 자기 메시지가 아니라 들은 대로 전하는 자입니다. 예수님의 메시지를 전해야 사자이고, 예수님이 드러나야 교회라고 할 수 있습니다.

에베소 교회에 주시는 말씀을 들어보십시오. 먼저 칭찬의 말씀을 주십니다.

> 내가 네 행위와 수고와 네 인내를 알고 또 악한 자들을 용납하지 아니한 것과 자칭 사도라 하되 아닌 자들을 시험하여 그의 거짓된 것을 네가 드러낸 것과 또 네가 참고 내 이름을 위하여 견디고 게으르지 아니한 것을 아노라 **계 2:2~3**

> 오직 네게 이것이 있으니 네가 니골라 당의 행위를 미워하는도다 나도 이것을 미워하노라 **계 2:6**

에베소 교회가 가장 잘한 것은 이단과 사이비가 교회에 발붙이지 못하게 한 일입니다. 그들은 열심도 있고 인내할 줄도 알았습니다. 이만하면 흠잡을 데가 없는 교회입니다.

당시 상황에서는 바른 신학과 바른 교리를 지켜 내기가 쉽지 않았습니다. 이단이 끊임없이 생겨났고, 자칭 사도라고 하는 자들이 교회를 찾아오곤 했습니다. 에베소 교회가 그들을 정확히 분별해 낼 수 있었던 것은 교회를 개척한 사도들 덕분입니다. 바울과 디모데와 사도 요한 같은 바른 지도자들의 가르침으로 교회가 든든히 세워졌고, 성도들은 거짓 사도나 사이비 지도자들을 쉽게 가려낼 수 있었습니다.

무슨 일이건 기초가 중요한 법입니다. 기초부터 잘못 배우면 배울수록 문제고, 기초가 튼튼하면 배울수록 성장합니다. "무릇 있는 자는 받아 풍족하게 되고 없는 자는 그 있는 것까지 빼앗기리라"(마 25:29)는 말씀은 바로 이 영적 세계의 기초와 직결되어 있습니다.

예수님도 미워하신다고 한 '니골라 당'은 어떤 자들이었을까요? 그들은 교리를 곡해했던 대표적인 이단 무리입니다. 버가모 교회에 보내는 편지에도 이들이 등장합니다(계 2:14~15). 이들은 음란한 에베소에서 세상과 타협하여 복음이 아닌 것들로 믿음을 더럽힘으로써 복음의 본질에서 벗어났습니다.

에베소가 타락하기에 얼마나 좋은 환경이었습니까? 그런 곳에서 믿음을 지킨다는 것이 얼마나 어려운 일인지를 주님이 아십니다. 주님은 그들이 주님의 이름을 위해 견디고 게으르지 않았으며 주님이 미워하시는 행위를 미워한 것을 아셨습니다. 이런 점에서 에베소 교회는 칭찬받을 만했습니다.

그러나 너를 책망할 것이 있나니 너의 처음 사랑을 버렸느니라 계 2:4

예수님은 바른 교리를 지킨 에베소 교회에도 책망할 것이 있다고 말씀하십니다. 칭찬과 격려의 말씀 뒤에 주시는 책망입니다. 잘한 일도 있지만, 분명히 고쳐야 할 것도 있다고 말씀하십니다. 우리는 자기 잘못은 스스로 깨닫지 못합니다. 처음부터 책망받으면 기가 죽을 텐데, 먼저 칭찬하신 뒤에 책망해 주시니 감사할 따름입니다. 일곱 교회에 보내는 편지는 모두 이 같은 형식으로 쓰였습니다. 저는 주님이 우리에게 격려뿐 아니라 책망도 주시는 것이 너무 감사합니다.

주님은 그들이 잃어버린 것이 있다고 말씀하십니다. 그게 뭡니까? '처음 사랑'입니다. 처음 사랑이란 주님의 사랑을 깨닫고 처음으로 주님께 고백한 사랑을 말합니다. 예수님은 교회를 사랑하시고, 성도들은 예수님을 사랑합니다. 그런데 그 사랑을 저버렸다는 것입니다.

교회는 바른 신학과 바른 교리 위에 세워져야 합니다. 바른 신앙이 없으면 교회가 될 수 없고, 되어서도 안 됩니다. 그러나 바른 신앙을 지나치게 강조하다가 사랑을 잃어버리는 일이 있어서는 안 됩니다. 열 가지가 잘못되어도 별문제가 아닌 경우가 있고, 한 가지만 잘못되어도 전체가 문제 되는 경우가 있습니다. 예수님이 에베소 교회에 지적하신 이 문제는 단순히 한 가지 문제가 아닙니다. 왜냐하면 교회의 본질에 관한 문제이기 때문입니다.

한국 교회는 새벽부터 밤늦게까지 열심히 기도하는 것으로 유명합니다. 눈에 불을 켜고 이단을 감시하며 싸우기도 합니다. 그러나 숱한 교리 논쟁으로 너무 많은 교단과 교파와 제도가 생겨났습니다. 급기야 교회가 그것들에 침식당하는 일이 벌어지고 있습니다. 오늘날 많은 교회가 교리 논쟁이나 신학적 논쟁에 빠짐으로써 처음 사랑을 잃어버린 안타까운 상황에 처해 있습니다. 그럼으로써 성도들이 교회를 빠져나가고, 청소년들이 교회를 기피합니다. 설상가상으로 타 종교나 이단들은 교세를 확장해 가고 있습니다. 에베소에 주시는 책망은 곧 우리에게도 해당합니다.

복음이란 "예수님이 당신을 사랑하신다"는 소식입니다. 자격 없는 사람, 죄에 찌든 사람, 형편없는 사람도 사랑하신다는 소식입니다. 예수님의 폭포수 같은 사랑이 쏟아질 때, 그 밑에 서 있기만 해도 모든 죄를 씻을 수 있다는 기쁜 소식입니다. 그 사랑으로 사람이 변합니다.

그런데 이제는 교회가 떠나는 성도들을 붙들기 위해 세상의 방법을 동원해야 할 지경에 이르렀습니다. 마케팅 기법을 도입하고, 세속 문화와 코드를 맞춰 봅니다. 철학과 심리학의 도움을 받기도 하고, 정치학과 경제학에서 길을 찾기도 합니다. 그러나 본질에서 점점 더 멀어질 뿐입니다. 왜 그렇습니까? 처음 사랑을 잃었기 때문입니다.

사랑할 때는 문제가 없습니다. 집이 좁아도 괜찮고, 차가 작아도 문제없습니다. 퇴근이 늦어도 괜찮고, 약속에 늦어도 너그럽습니다. 그런데 사랑이 식으면 모든 것이 문제가 되기 시작합니다. 짜증이 늘고 분노가 꿈틀거립니다. 단 한 가지도 그냥 넘어갈 수 없게 됩니다. 지금의 우리 모습이 아닙니까?

어쩌다가 이렇게 되었습니까? 교리와 신학에 몰두하여 잘잘못만 따지다가 신앙의 균형을 잃어버린 것입니다. 사랑해서 시작한 일 때문에 사랑을 놓쳐 버렸습니다. 사랑하면서 가야 할 길을 사랑을 잃어버리면서까지 너무 열심히 간 탓입니다.

"빨리 가려면 혼자 가고, 멀리 가려면 같이 가야 한다"는 아프리카 속담이 있습니다. 신앙은 하나님 앞에 홀로 서는 일이지만, 영생은 먼 길입니다. 같이 가는 신앙 공동체가 있어야 합니다. 예수님 한 분만으로도 족하지만, 예수님은 신앙을 지키기 위해선 교회가 반드시 필요하다고 말씀하십니다. 교회는 오직 사랑 위에서만 구원의 통로가 됩니다. 예수님이 이것을 온몸으로 가르쳐 주셨습니다.

사도 바울은 그리스도인에게 사랑이 없으면 아무 소용이 없고, 아무 유익도 없다는 것을 깨달았습니다.

내가 사람의 방언과 천사의 말을 할지라도 사랑이 없으면 소리 나는 구리와 울리는 꽹과리가 되고 내가 예언하는 능력이 있어 모든 비밀과 모든 지식을 알고 또 산을 옮길 만한 모든 믿음이 있을지라도 사랑이 없으면 내가 아무 것도 아니요 내가 내게 있는 모든 것으로 구제하고 또 내 몸을 불사르게 내줄지라도 사랑이 없으면 내게 아무 유익이 없느니라 **고전 13:1~3**

우리는 기도 안 하는 것보다는 형식적으로라도 하는 것이 낫고, 구제 안 하는 것보다는 위선적으로라도 하는 것이 낫고, 금식을 아예 안 하는 것보다는 금식을 드러내 자랑하는 게 낫다고 여깁니다. 그러나 예수님은 그렇게 생각하시지 않습니다. 형식주의와 위선에 빠진 자들보다 오히려 "나중 된 자"(마 20:16)들이 먼저 천국에 들어가게 될 것이라고 지적하십니다.

그러므로 어디서 떨어졌는지를 생각하고 회개하여 처음 행위를 가지라 만일 그리하지 아니하고 회개하지 아니하면 내가 네게 가서 네 촛대를 그 자리에서 옮기리라 **계 2:5**

가슴 아픈 경고의 말씀입니다. 이 땅의 모든 교회를 향한 말씀이기도 합니다. 처음 사랑, 즉 주님을 향한 사랑과 이웃을 향한 사랑을 잃어버린다면, 주님이 촛대를 옮기겠다고 말씀하십니다. "촛대"란 진리의 빛 아닙니까? 교회에 빛이 사라지면, 무슨 수로 본질을 알아볼 수 있겠습니까? 촛대가 제구실을 못하면 그 자리에 둘 이유가 없습니다.

주님이 촛대를 옮기셨는데도 그것을 모른 채 촛대를 움켜쥐고 있는 경우가 있습니다. 주님은 떠나셨는데, 사람만 남아 있는 교회가 있을 수 있습니다. 예수님의 일을 한다고 하면서도 사람들에게 화내고, 예수님께도 짜증 낼 때가 있습니다. 본말이 뒤바뀐 것입니다. 예수님을 섬긴다는 사람이 오히려 예수님께 종주먹을 들이댈 수도 있습니다. 정말 어처구니없는 일입니다. 이런 일이 벌어지면 돌이켜야 합니다.

예배란 무엇입니까? 전도와 선교와 구제가 무엇입니까? 사랑하기 때문에 하는 일들입니다. 사랑을 전할 때 택할 방법은 오직 하나, 사랑으로 하는 것입니다. 미움에 사랑을 실을 수는 없습니다. 자기 자랑에 사랑을 담을 수는 없습니다. 거짓과 위선으로 사랑을 포장할 수는 없습니다. 사랑은 오직 사랑에만 담깁니다.

주님이 "처음 행위"로 돌아가라고 말씀하십니다. 평생 예수님을 사랑하겠다고 마음먹었던 그 자리로 돌아가라는 것입니다. 이것이 회개입니다. 본질에서 벗어나지 않도록 날마다 성찰하며 다시 "처음 사랑"과 "처음 행위"로 돌아가는 것이 바른 신앙입니다.

> 귀 있는 자는 성령이 교회들에게 하시는 말씀을 들을지어다 이기는 그에게는
> 내가 하나님의 낙원에 있는 생명나무의 열매를 주어 먹게 하리라 **계 2:7**

어느 식도락가가 천국에 가면 뭘 먹게 될지 걱정했다고 합니다. 걱정할 것 없습니다. 거기도 먹을 것이 있습니다. 선악을 알게 하는 나무의 과실과는 차원이 다른 생명나무의 과실을 먹게 될 것입니다. 생명나무 열매는 영생하게 하는 열매입니다. 에덴동산에서 아담과 하와가 먹었어야 했던 열매입니다. 그들은 생명나무 열매 대신 선악과를 먹고 말았지만, 성령이 교회에 하시는 말씀을 듣고 말씀으로 세상을 이기는 성도들에게는 생명나무 열매가 상급으로 주어질 것입니다.

예수님이 우물가에서 사마리아 여인과 만나실 때 제자들이 먹을 것을 가져와서 드시라고 권했습니다. 그런데 예수님은 "내게는 너희가 알지 못하는 먹을 양식이 있느니라"(요 4:32)고 말씀하셨습니다. 하나님의 뜻을 행하는 것과 그 뜻을 온전히 이루는 것을 의미하신 것입니다. 예수님이 드시는 것

은 생명나무 열매입니다. 하나님의 일을 하는 사람은 생명나무 열매를 먹습니다. 선악과를 먹으면 날마다 죽어 가지만, 생명과를 먹으면 날마다 살아납니다.

"귀 있는 자는 성령이 교회들에게 하시는 말씀"을 들어야 합니다. 주님은 왜 우리에게 성령을 보내셨을까요? 교회를 위해서입니다. 교회가 교회일수 있는 까닭은 예수님이 보내신 성령님 덕분입니다. 예수님은 "내가 떠나가는 것이 너희에게 유익"(요 16:7)이라고 말씀하셨습니다. 왜입니까? 그래야 "보혜사 곧 아버지께서 내 이름으로 보내실 성령"(요 14:26)이 오시기 때문입니다. 성령이 오심으로써 비로소 교회가 되었습니다. 성령의 말씀을 들을 때 교회가 교회다워집니다.

환난을 견디고 끝까지 믿음을 지키다

에베소 교회에 이어서 편지를 받은 두 번째 교회는 서머나 교회입니다.

> 서머나 교회의 사자에게 편지하라 처음이며 마지막이요 죽었다가 살아나신
> 이가 이르시되 계 2:8

서머나는 에베소와 견줄 만큼 큰 도시였습니다. 에베소에서 북쪽으로 64킬로미터 정도 떨어진 곳에 있는 인구 20만의 아름다운 도시였습니다. 예수님이 서머나 교회의 사자에게 메시지를 보내십니다. 주님을 "처음이며 마지막이요 죽었다가 살아나신 이"로 소개합니다. "처음이며 마지막"은 1장에서도 소개되었던 이름입니다. 처음이자 마지막이신 분은 하나님밖에 없습

니다. 죽었다가 살아나신 이는 예수님밖에 없습니다. 예수님이 곧 하나님이십니다. 이 고백이야말로 모든 신앙 고백의 뿌리입니다.

사도 베드로의 첫 신앙 고백을 기억합니까? "주는 그리스도시요 살아 계신 하나님의 아들이시니이다"(마 16:16)입니다. 사람의 아들은 사람에게서 나고, 하나님의 아들은 하나님에게서 나옵니다. "육으로 난 것은 육이요 영으로 난 것은 영"(요 3:6)이라는 뜻입니다.

> 내가 네 환난과 궁핍을 알거니와 실상은 네가 부요한 자니라 자칭 유대인이라 하는 자들의 비방도 알거니와 실상은 유대인이 아니요 사탄의 회당이라
>
> 계 2:9

서머나 교회는 에베소 교회와 여러모로 대비되었습니다. 에베소 교회만큼 유명하지 않았고, 비교도 안 될 만큼 턱없이 작고 가난했습니다. 서머나는 무역 항구가 있는 부요한 도시였지만 상대적으로 교회는 그리스도인이라는 이유로 고난 가운데서 가난을 겪었습니다. 게다가 이방인들보다 동족인 유대인들이 더 모질게 대했습니다. 이들은 상인 조합인 길드에 속해서 그리스도인을 탄압하는 데 앞장섰습니다. 서머나 교회의 성도들은 유대인들의 고소에 시달렸고, 쫓겨 다니며 괴롭힘을 당했습니다. 주님은 비방하는 유대인들을 "사탄의 회당"이라 부르십니다.

서머나는 황제 숭배와 우상 숭배에 앞장서는 도시였습니다. 티베리우스 황제의 신전을 짓기 위해 다른 도시들과 경쟁했고, 유치에 성공하여 신전이 지어지자 그리스도인 박해가 더 심해졌습니다. 유대인들은 상권을 보호받기 위해서 황제 숭배에 타협했습니다. 그들은 일 년에 한 번 신전에서 "황제는 주님이시다"(카이사르는 큐리오스다)라고 선언하기만 하면 증명서를 발급받

을 수 있었지만 끝까지 거부한 그리스도인들은 박해를 받아야 했습니다.

서머나 교회의 감독이었던 폴리캅(Polycarp)은 황제를 주님으로 인정하면 목숨만은 살려 주겠다는 서머나 총독의 회유를 단호하게 거절했다고 합니다. "86년을 살아오는 동안에 주님은 단 한 번도 나를 배신하신 적이 없는데, 어떻게 내가 주님을 배신하겠습니까?"라고 당당하게 맞선 그는 화형에 처해짐으로써 서머나의 열두 번째 순교자가 되었습니다.

예수님은 서머나 교회 성도들이 겪는 "환난과 궁핍"을 안다고 말씀하십니다. 세상살이가 힘든 것은 알아주는 사람이 없기 때문입니다. 알아주기를 바라는 만큼 분주하게 일하고, 알아주는 사람이 많아질수록 더 바빠집니다. 그런데 아무리 바빠져도 기쁨이 없고, 알아주는 사람이 많아져도 마음속 깊은 곳까지 채워지지가 않습니다. 이상한 일입니다. 그러나 하나님이 알아주시면 한순간에 충만해집니다. "내가 안다." 주님의 이 한 마디에 모든 아픔이 사라집니다. 우리 안의 슬픔과 분노와 억울함과 원망과 온갖 시비가 사라집니다.

> 너는 장차 받을 고난을 두려워하지 말라 볼지어다 마귀가 장차 너희 가운데에서 몇 사람을 옥에 던져 시험을 받게 하리니 너희가 십 일 동안 환난을 받으리라 네가 죽도록 충성하라 그리하면 내가 생명의 관을 네게 주리라 **계 2:10**

예수님이 "장차 받을 고난"에 관해 말씀하십니다. 그들이 겪는 환난과 궁핍을 아신다면서도 없애 주겠다는 말 대신에 "두려워하지 말라"고 말씀하십니다. 환난이 계속될 것입니다. 그들 중 몇 명은 옥에 던져질 것입니다. 그럼에도 불구하고 "죽도록 충성하라"고 말씀하십니다. 설혹 순교하게 될지라도 믿음을 지키라는 당부의 말씀입니다.

주님은 좁은 길을 넓게 만들어 주시지 않습니다. 좁은 길을 곧게 하실 뿐입니다. 마찬가지로 우리 앞에 놓인 고난을 없애 주시지는 않습니다. 다만 두려움에 떨지 않고 평안을 누릴 수 있도록 해 주실 뿐입니다.

서머나 교회는 환난과 궁핍 가운데서도 장차 받을 고난을 대비해야 했습니다. 그러나 그들은 고난을 잘 견뎌 왔으며 앞으로도 잘 견뎌 갈 것입니다. 고난은 사랑으로만 이길 수 있습니다. 주님을 향한 뜨거운 사랑이 있다면 고난을 견뎌 낼 수 있을 것입니다. 아마도 서머나 교회는 에베소 교회가 잃어버렸던 처음 사랑을 계속 간직해 왔을 것입니다.

주님은 이미 환난 중에 있는 사람들에게 아직 "십 일 동안" 받을 환난이 있다고 말씀하며 죽도록 충성하면 "생명의 관"을 주겠노라고 약속하십니다. 정말로 감옥에서 열흘만 견디면 됩니까? 여기서 열흘은 고난이 '한시적'이라는 뜻으로 쓰인 말입니다. 길지 않은 시간이라는 의미입니다. 그 후에는 생명의 관, 곧 영생의 면류관을 받게 될 것입니다. 이 약속을 믿어야 합니다.

왜 이 약속을 믿고 고난의 가시밭길을 끝까지 가야 합니까?

> 귀 있는 자는 성령이 교회들에게 하시는 말씀을 들을지어다 이기는 자는 둘째 사망의 해를 받지 아니하리라 **계 2:11**

"둘째 사망"이 있기 때문입니다. 육신의 죽음이 끝이 아닙니다. 생명의 면류관을 받지 못하면 두 번 죽습니다. 몸이 죽는 것은 잠시뿐이고, 영생과 영벌의 심판대 앞에 서서 판결을 받아야 합니다.

예수님은 "누구든지 사람 앞에서 나를 시인하면 나도 하늘에 계신 내 아버지 앞에서 그를 시인할 것"(마 10:32)이라고 약속하셨습니다. 예수님을 인정한 사람은 "둘째 사망의 해"를 받지 않을 것입니다. 예수님은 "나는 부활이요 생명이니 나를 믿는 자는 죽어도 살겠고 무릇 살아서 나를 믿는 자는 영원히 죽지 아니하리니"라고 약속하며 "이것을 네가 믿느냐"라고 물으셨습니다(요 11:25~26). 예수님을 믿으려면 온전히 믿어야 합니다. 자신이 이해하는 것만 믿는 것은 믿음이 아닙니다.

한경직 목사님의 임종이 가까워지자 후배들이 찾아와 물었습니다. "목사님, 우리는 어떻게 목회해야 합니까?" 그러자 목사님이 한마디로 답하셨습니다. "예수님 잘 믿으세요." 신앙이란 한마디로 예수님을 믿는 믿음입니다.

비록 고난이 계속되어도 죽도록 충성하여 이겨 내면 영원한 불 못에 던져지는 둘째 사망은 겪지 않을 것입니다. 어느 쪽을 택하겠습니까? 현재의 고난입니까, 영원한 고난입니까? 예수님은 오늘도 말씀하십니다. "귀 있는 자는 성령이 교회들에게 하시는 말씀을 들을지어다!" 이 땅에는 에베소 교회 같은 곳도 있고, 서머나 교회 같은 곳도 있습니다. 어떤 교회건 잊지 말아야 할 말씀입니다.

왜 주님은 교회에 말씀하십니까? 왜 주님은 교회는 건물이 아닌 사람이라고 말씀하십니까? 왜 교회에 다니는 것보다 자신이 교회가 되는 것이 더 중요합니까? 왜 우리는 죽을힘을 다해 불신자들을 교회 공동체로 초청해야 합니까? 교회가 구원의 방주이기 때문입니다. 둘째 사망의 해를 받지 않을 하나님의 백성이 곧 교회이기 때문입니다.

계시록에는 시대를 넘어서, 초대 교회 때부터 지금까지 교회사를 통틀어 모든 교회에 해당하는 하나님의 기준과 권면이 담겨 있습니다. 일곱 교회에 주시는 칭찬과 책망의 말씀 가운데서 자신에게 들려주시는 음성을 분별하여 받아들이십시오. 그리고 잃어버린 처음 사랑을 회복하고, 장차 고난이 닥칠지라도 주님의 사랑으로 넉넉히 이기게 해 달라고 기도하십시오.

일곱 교회 중에서 책망받지 않은 교회는 서머나 교회와 빌라델비아 교회 두 곳밖에 없습니다. 서머나 교회가 무슨 대단한 일을 한 것도 아닙니다. 그저 환난과 궁핍을 견디고, 예수님을 끝까지 믿은 것밖에 없습니다. 그러나 그것으로 충분합니다.

04.

믿음을
지키라

✴ 계 2:12-29

예수님은 모든 사람을 사랑하시지만, 모든 사람에게 말씀하시지는 않습니다. 예수님은 귀 있는 자들에게 말씀하십니다. 예수님은 부활하신 후에도 아무나 찾아가지 않으셨고, 많은 말씀을 주지도 않으셨습니다. 저 같으면 괘씸한 사람부터 찾아가서 혼쭐을 낼 텐데, 예수님은 그렇게 하지 않으셨습니다. 제자들을 찾아가셨고, 제자들을 다시 일으켜 세우셨습니다.

예수님은 로마 황제나 총독이나 신전 책임자들에게 말씀하시지 않고, 에베소 교회와 서머나 교회에 말씀하셨습니다. 교회를 핍박하는 자들에게 지옥을 보여 주고, 당장 핍박을 멈추라고 다그치실 만도 한데, 예수님은 그렇게 하지 않으십니다.

에베소 교회에는 처음 사랑을 회복하라고 말씀하시고, 서머나 교회에는 고난을 두려워하지 말고 죽도록 충성하라고 말씀하십니다. 이런 주님의 방법이 이해됩니까? 십자가의 깨달음이 있어야 이해될 것입니다. 주님은 지금도 세상이 아닌 교회에 말씀하고 계십니다. 지극히 사랑하기에 교회에 말씀하시는 것입니다.

주님은 에베소 교회와 서머나 교회에 이어 버가모 교회에 말씀을 주십니다. 버가모는 높은 언덕에 세워진 도시로 제우스 신전과 함께 뱀이 휘감은 지팡이로 상징되는 의술의 신 아스클레피오스(Asclepius)를 기리는 신전이 있었습니다. 게다가 아우구스투스(Augustus) 황제의 신전을 시작으로 트라야누스(Trajanus), 칼리굴라(Caligula) 등 황제들의 신전이 차례로 세워짐으로써 황제 숭배의 중심지가 되었습니다. 버가모는 로마 제국의 주요 행정 도시 중 하나로 총독이 독자적으로 재판권을 행사하는 자유 도시였습니다. 이 때문에 버가모 사람들은 자신들이 '정의의 검'을 쥐고 있다고 스스로 자랑했다고 합니다.

또한 버가모에는 당시 세계 최대를 자랑했던 알렉산드리아 도서관에 이어 두 번째로 큰 도서관이 있었는데, 장서가 20만여 권에 달했다고 합니다. 두루마리 책이었으니 그 부피가 얼마나 컸겠습니까? 급기야 당대 최고 인문학자로 칭송받던 알렉산드리아 도서관의 관장 아리스토파네스(Aristophanes)를 데려오려다가 도서관 전쟁이 일어나기도 했습니다. 그 때문에 이집트는 버가모에 파피루스를 수출하지 못하도록 금했는데, 오히려 버가모 도서관 학자들이 파피루스를 대체할 양피지를 발명하는 계기가 되었습니다.

종이를 뜻하는 영어 단어 페이퍼(paper)가 이집트의 파피루스(Papyrus)에서 나왔듯이, 양피지를 뜻하는 영어 단어 파치먼트(parchment)는 버가모를 가리키는 라틴어 페르가메나(Perga-mena)의 원형인 헬라어 '페르가메네'에서 유래했습니다. 이렇듯 버가모는 우상 숭배의 중심지요 세상 문화가 꽃피던 곳이었습니다.

사탄의 소굴 속 교회

버가모 교회의 사자에게 편지하라 좌우에 날 선 검을 가지신 이가 이르시
되 네가 어디에 사는지를 내가 아노니 거기는 사탄의 권좌가 있는 데라 네
가 내 이름을 굳게 잡아서 내 충성된 증인 안디바가 너희 가운데 곧 사탄이
사는 곳에서 죽임을 당할 때에도 나를 믿는 믿음을 저버리지 아니하였도다
계 2:12~13

버가모 교회에 말씀하시는 예수님은 "좌우에 날 선 검을 가지신 이"로
소개됩니다. 버가모 사람들은 정의의 검을 자랑하지만, 예수님은 양날이 날
카로운 검을 들고 계신다는 뜻입니다. "좌우에 날 선 검"이란 말씀을 가리킵
니다. "하나님의 말씀은 살아 있고 활력이 있어 좌우에 날 선 어떤 검보다도
예리하여 혼과 영과 및 관절과 골수를 찔러 쪼개기까지 하며 또 마음의 생
각과 뜻을 판단"(히 4:12)한다고 했습니다. 말씀 앞에서는 아무것도 가릴 수
없고 숨길 수도 없습니다.

주님은 버가모 교회가 있는 곳과 그곳이 어떤 곳인지를 안다고 말씀하
십니다. 우리는 우리가 살고 있는 곳을 잘 안다고 생각하지만, 사실은 잘 모
릅니다. 세상을 잘 안다고 생각하지만, 실은 세상에 관해 아는 것이 없습니
다. 우상으로 가득한 세상을 알아채지 못합니다. 그러나 주님은 버가모가 어
떤 곳인지를 잘 알고 계십니다.

버가모는 "사탄의 권좌"가 있는 곳이라고 말씀하십니다. 사탄의 소굴이
라는 뜻입니다. 하나님의 보좌가 있으면 하나님 나라, 사탄의 권좌가 있으면
사탄의 나라입니다. 그만큼 버가모가 우상 숭배의 중심지였다는 뜻입니다.

그런 곳에서 버가모 교회는 예수님의 이름을 굳게 붙잡았습니다. 이것이

믿음입니다. 예수 그리스도의 이름과 말씀을 굳게 붙잡는 이가 그리스도인입니다. 사탄의 소굴 한가운데 있더라도 말씀을 붙잡으면 두렵지 않습니다. 두렵지 않아야 이깁니다.

사람들의 이름을 아무리 많이 기억해야 봐야 마지막 순간에는 하나도 소용없습니다. 마당발로 유명하던 어떤 분이 제게 이런 고백을 한 적이 있습니다. "막상 위기를 만나니 도와주는 사람이 아무도 없더군요." 도와줄 사람이 아무도 없을 때에도 예수님은 우리 곁에 계십니다. 그리스도인은 예수님을 아는 사람이요 그 말씀을 붙잡고 살아가는 사람들입니다.

버가모 같은 곳에서는 예수님의 이름을 굳게 잡다가 순교를 당할 수도 있습니다. 안디바가 그랬습니다. 안디바는 안티파트로스라는 이름의 줄임말인데, '아버지를 대신한 자'라는 뜻입니다. 헤롯 대왕의 아들 헤롯 안디바를 떠올리면 이해하기 쉬울 것입니다. 버가모 교회의 안디바는 교회 감독이나 중요한 지도자였을 것으로 추측됩니다. 전승에 따르면, 그는 놋으로 만든 황소 안에 갇혀서 불에 타 죽었다고 합니다. 믿음을 지키다가 순교한 것입니다.

순교자는 교회에 두 가지를 선물합니다. 첫째, 성도들의 신앙이 진짜인지 가짜인지를 구별해 줍니다. 죽음 앞에서 믿음의 옥석이 가려지는 것입니다. 참 신앙이 없는 사람들은 순교자의 죽음 앞에서 확연히 물러섭니다.

둘째, 순교는 믿음을 굳건히 세워 줍니다. 대충 믿던 사람도 순교자의 죽음 앞에서는 믿음을 새롭게 다짐하게 됩니다. "아! 저렇게 믿는 것이로구나" 하고 깨닫게 되는 것입니다. 순교자가 걸은 길은 믿음의 기준이 됩니다. 순교에 이른 믿음이 온 교회의 믿음을 정결하고도 새롭게 합니다. 순교자의 피로 교회가 성결하게 됩니다.

믿음은 굳건했으나 세상과 타협했구나

예수님은 순교자를 낼 정도로 든든한 믿음 위에 섰던 버가모 교회가 흔들리는 것을 아셨습니다. 박해나 고난 때문이 아닙니다. 외부로부터 닥친 어려움이나 두려움 때문이 아닙니다. 문제는 안에서 생겨났습니다.

그러나 네게 두어 가지 책망할 것이 있나니 거기 네게 발람의 교훈을 지키는 자들이 있도다 발람이 발락을 가르쳐 이스라엘 자손 앞에 걸림돌을 놓아 우상의 제물을 먹게 하였고 또 행음하게 하였느니라 **계 2:14**

발람의 교훈을 지키는 자들이 있다고 말씀하십니다. 발람은 성경에 등장하는 거짓 선지자들 중에서 1호라고 할 수 있습니다. 민수기 22장을 보면, 광야 생활을 마치고 가나안 땅으로 진격해 가는 이스라엘 백성이 여리고성 건너편 모압 평지에 이릅니다. 이것을 본 모압 왕 발락이 겁에 질려서 그들을 멸망시킬 방도를 찾습니다. 당시 이름난 선지자 발람을 돈으로 유혹하지만, 처음에는 하나님의 음성을 듣고 넘어가지 않았습니다. 그러다 돈에 끌려 이스라엘 백성을 저주하려고 제사를 세 번이나 드렸지만, 세 번 다 실패하고 오히려 축복합니다.

문제는 그다음입니다. 발람이 돈 욕심을 버리지 못하고, 결국 꾀를 내어 발락을 돕습니다. 모압 여인들을 미인계에 동원한 것입니다. 모압 여인들이 자기 신들에게 제사할 때에 이스라엘 백성을 초청하여 함께 먹고 마시고 우상에 절하게 하고 음행에 빠지게 했습니다. 그 일로 하나님이 진노하시어 2만 4천 명의 백성이 죽습니다. 광야에서 40년간 하나님과 동행하며 믿음을 지켰던 이들이 가나안 땅으로 들어가는 길목에서 마지막 순간에 무너지고

만 것입니다.

사탄은 우리 약점을 너무 잘 압니다. 우리가 어디서 넘어질지 우리 자신보다도 더 잘 알고 있습니다. 사람은 넘어진 곳에서 넘어지고, 실수한 데서 또 실수하기 마련입니다. 애굽에서 탈출한 이스라엘 백성이 가장 그리워했던 것은 애굽 음식이었고, 애굽의 음란한 문화였음이 드러납니다. 결국 돈과 성이 이스라엘의 약점이었던 것입니다.

토속 신앙이나 이단은 결국 성적인 문제에 걸려 넘어집니다. 해외여행에서든 책에서든 음란한 조각상이나 그림들로 가득한 신전을 본 적이 있을 것입니다. 우상 숭배와 음행이 밀접하게 관련되어 있기 때문입니다. 몸이 타락하는 것이나 영혼이 타락하는 것은 한 가지입니다. 영혼이 타락하지 않았는데, 몸이 타락할 것 같습니까? 또 몸을 성결하게 지키지 않는데, 영혼이 깨끗하게 지켜질 것 같습니까? 왜 술과 담배를 멀리하라고 하겠습니까? 왜 음란한 것들을 보지 말라고 하겠습니까? 영의 건강을 지키기 위해서입니다.

주님은 버가모를 사탄의 소굴로 보셨습니다. 그런 곳에서 주님의 거룩한 신부로 살기가 목숨을 걸 만큼 힘들었을 것입니다. 그래서 안디바와 같은 순교자가 나왔습니다. 그러나 순교자가 나온 교회에도 "발람의 교훈을 지키는 자"들이 있었습니다.

이렇듯 교회에는 전혀 다른 성향의 사람들이 한데 모여 있습니다. 순교자가 있다고 해서 저절로 좋은 교회가 되는 것이 아닙니다. 알게 모르게 다른 복음을 따르는 자들이 있을 수 있기 때문입니다. 어느 교회에나 있을 수 있는 일입니다. 주님이 버가모 교회에 하신 말씀을 우리도 새겨들어야 합니다.

이와 같이 네게도 니골라 당의 교훈을 지키는 자들이 있도다 계 2:15

니골라는 안디옥 출신의 헬라인으로 유대교를 따르다가 개종한 인물로서 초대 교회에서 구제와 봉사를 위해 제비뽑기로 뽑힌 일곱 집사 가운데 한 명이었습니다(행 6:5). 그는 잘 믿다가 실족했던 것으로 보입니다. "니골라 당"은 심각한 이단은 아니지만, 현실과 적당히 타협하고 살아가는 무리를 가리킵니다. 하나님을 부인하거나 예배를 드리지 않는 것이 아닙니다. 그러나 세상을 멀리하고 살 필요가 있느냐며 좋은 게 좋은 것 아니겠느냐는 말로 어지럽힙니다. 하나님이 세상 만물을 우리에게 주셨는데, 하나님이 주신 것을 즐기는 게 무슨 문제냐고 합니다. 이런 유혹에 넘어가는 게 문제입니다.

우리는 세상 속에서 살고 있고, 세상 속에서 살아가야 합니다. 그렇다고 해서 세상과 적당히 타협하며 살아도 되는 것은 아닙니다. 우리는 세상을 바꾸도록 부름받은 사람들이기 때문입니다. 우리는 죄인은 포용하지만, 죄를 용납하지는 않습니다. 우리는 음란한 사람들이든 동성애자들이든 만날 수 있지만, 그들의 행음을 용납해서 만나는 것은 아닙니다. 세상 사람들과 더불어 살지만, 그들을 닮아 갈 필요는 없습니다. 우리는 사귐을 통해 그들을 거룩으로 초대합니다.

오늘날 교회가 들어야 할 뼈아픈 지적입니다. 불신자들을 전도하기 위해 예배에 여러 가지 문화적 요소를 도입하곤 합니다. 그러나 거룩한 복음이라는 본질을 놓쳐 버린다면, 교회는 세상과 별다를 바 없는 곳이 되고 맙니다. 세상 사람들을 이해하는 것도 중요하고, 그들을 전도하는 것도 매우 중요합니다. 그러나 사람을 얻기 위해서 본질을 놓친다면, 결국 다 잃게 될 것입니다. 믿음을 끝까지 지키느냐가 관건입니다.

회개하라, 돌이키라

주님이 일곱 교회에 주시는 말씀이 우리에게 중요한 이유는 우리도 그들과 마찬가지로 이리저리 흔들리며 살아가기 때문입니다. 주님은 좌충우돌하는 우리에게 단호하게 말씀하십니다.

> 그러므로 회개하라 그리하지 아니하면 내가 네게 속히 가서 내 입의 검으로 그들과 싸우리라 계 2:16

예수님의 무기는 무엇입니까? "입의 검", 곧 말씀입니다. 예수님은 무력이나 완력으로 싸우지 않으십니다. 폭력배는 주먹으로 뜻을 관철하고, 권력자들은 힘으로 제압합니다. 이처럼 세상은 목적을 위해 수단과 방법을 가리지 않습니다. 그러나 주님은 마치 한 가지 방법밖에는 없는 듯이 일하십니다. 사람이 회개하지 않을지라도 폭력을 휘두르시지 않습니다. 다만 말씀하실 뿐입니다. 말씀하시고, 그 말씀이 이루어질 때까지 기다리십니다. "여자의 후손이 뱀의 머리를 상하게"(창 3:15) 할 때까지 기다리셨고, 지금도 구원받는 백성의 수가 찰 때까지 기다리십니다.

하지만 주님은 말씀이라는 검으로 심판하시는 분이기도 합니다. 말씀에 순종하지 않으면, 심판받게 될 것입니다. 말씀을 듣고도 순종하지 않는다면, 그 대가를 치러야 합니다. "내가 거룩하니 너희도 거룩할지어다"(레 11:45)라고 말씀하셨는데, 거룩하게 살지 않으면 심판을 받게 될 것입니다.

그래서 주님은 끊임없이 경보를 울려 주십니다. 마치 아침에 일찍 일어나려고 맞추어 놓은 알람이 일정한 간격으로 계속 울리듯이 몇 번이건 계속해서 죄에서 돌이키라고 말씀하십니다. 예민한 사람은 알람이 울리기도 전에 일어나고, 긴장한 사람은 알람이 울리는 즉시 일어납니다. 그러나 정신이 해이한 사람은 알람 소리가 들려도 무시한 채 그대로 잡니다. 안 일어나는 것이 심판입니다. 약속을 지키지 않아서 관계가 깨어지는 것이 심판입니다.

주님은 버가모 교회에 줄 상급이 있다고 말씀하십니다.

> 귀 있는 자는 성령이 교회들에게 하시는 말씀을 들을지어다 이기는 그에게는 내가 감추었던 만나를 주고 또 흰 돌을 줄 터인데 그 돌 위에 새 이름을 기록한 것이 있나니 받는 자 밖에는 그 이름을 알 사람이 없느니라 **계 2:17**

상급은 뜻밖에도 "만나"와 "흰 돌"입니다. 가나안에 들어가면서부터 그쳤던 만나, 법궤 안에 두었지만 사라져 버린 만나를 다시 주겠다고 말씀하십니다. 만나는 하나님이 직접 내려 주셨던 하늘의 양식입니다. 만나가 그친 데는 이유가 있고, 만나가 사라진 데도 이유가 있습니다. 예수님이 만나를 감추셨던 것입니다. 때가 되면 다시 주실 것입니다.

"흰 돌" 위에는 새 이름이 적혀 있는데, 받는 사람만이 압니다. 당시 흰 돌은 재판에서 무죄나 승리를 선고할 때 쓰였습니다. 흰 돌을 받으면 무죄 석방을 의미합니다. 또한 연회에서는 입장권으로 쓰이기도 해서 흰 돌이 있어야 연회석에 앉을 수 있었습니다. 새 이름이 적힌 흰 돌은 버가모의 음란한 연회에 들어갈 입장권이 아니라 하늘 잔치에 들어갈 입장권입니다. 누구이름이 적혀 있겠습니까? 믿음을 지킨 사람들의 이름입니다. 끝까지 믿음을 지키는 사람들에게 주님이 주시는 약속입니다.

또한 흰 돌은 대제사장의 판결 흉패 안에 두었던 우림과 둠밈을 가리킵니다. 대제사장은 중대한 일이 있을 때마다 '빛과 완전'이란 뜻의 우림과 둠밈을 가슴에서 꺼내 하나님의 뜻을 물었습니다.

만나와 흰 돌은 하나님이 말씀으로 주시는 생명, 곧 구원을 의미합니다. 주님은 믿음을 지키는 우리에게 구원을 주시겠다고 약속하십니다.

이세벨의 무리를 치리하라

주님이 일곱 교회 중 네 번째 두아디라 교회에 말씀을 주십니다. 두아디라는 버가모에서 남동쪽으로 64킬로미터 떨어진 곳에 있는 비교적 작은 도시로 에베소나 서머나 같은 항구 도시는 아니지만, 중요한 내륙 상업 도시였습니다. 두아디라에는 다른 도시보다 상인 조합이 많았습니다. 양털, 세마포, 가죽 산업이 번창했고, 특히 나염 산업이 발달하여 자색 염료가 유명했습니다. 사도행전 16장에 등장하는 자색 옷감 장사 루디아가 바로 두아디라 출신입니다.

> 두아디라 교회의 사자에게 편지하라 그 눈이 불꽃같고 그 발이 빛난 주석과 같은 하나님의 아들이 이르시되 내가 네 사업과 사랑과 믿음과 섬김과 인내를 아노니 네 나중 행위가 처음 것보다 많도다 계 2:18~19

계시록에서 "하나님의 아들"이란 표현은 여기서만 쓰였는데, 두아디라 교회에 말씀하시는 예수님은 "눈이 불꽃같고 그 발이 빛난 주석과 같은" 모습입니다. 불꽃같은 눈은 살피지 못하는 것이 없고, 무엇이든 놓치는 법이 없습니다. 빛난 주석 같은 발로 걸으면 얼마나 위용스럽겠습니까?

주님은 먼저 이 교회를 칭찬하십니다. 두아디라 교회의 "사업과 사랑과 믿음과 섬김과 인내"를 지켜봤다고 말씀하십니다. 사업이란 그들의 행위를 일컫는 말입니다. 그들이 하는 모든 일과 행동, 즉 삶을 말하는 것입니다. 사람들의 말과 행동을 보면, 처음에는 순수해도 시간이 가면 갈수록 변질되는 것을 발견합니다. 사랑도 그렇고, 믿음도 그렇고, 섬김도 그렇고, 인내도 그렇습니다. 대부분 예전만 못하고, 처음만 못하게 됩니다. 그런데 두아디라 교회는 달랐습니다. 그들의 신앙이 처음보다 더 좋아지고 있습니다. 날로 더 열심입니다.

하지만 이 교회에도 처음 사랑을 지키지 못하고, 버가모 교회 성도들처럼 넘어지는 사람들이 있었습니다.

> 그러나 네게 책망할 일이 있노라 자칭 선지자라 하는 여자 이세벨을 네가 용납함이니 그가 내 종들을 가르쳐 꾀어 행음하게 하고 우상의 제물을 먹게 하는도다 또 내가 그에게 회개할 기회를 주었으되 자기의 음행을 회개하고자 하지 아니하는도다 계 2:20~21

버가모 교회는 니골라 당이 흔들더니, 두아디라 교회에서는 "자칭 선지자라 하는 여자 이세벨"이 문제를 일으키고 있습니다. 이세벨이라는 이름은 열왕기상에 등장하는 아합왕의 아내를 떠올리게 합니다. 구약의 이세벨은 시돈왕 엣바알의 딸로 가증스러운 우상 숭배자이자 성경 역사상 가장 잔인하고 타락한 여인으로 꼽힙니다. 아합은 아내에게 휘둘려 악한 왕의 대명사가 되었습니다. 아합과 이세벨은 하나님을 예배하는 선지자들을 죽이고, 이방신 바알을 숭배하고, 아세라에게 제사하는 제사장들을 거느렸으며, 이세벨은 갈멜산에서 엘리야 선지자를 통해 역사하시는 하나님을 체험하고도 엘리야를 죽이겠다고 위협했습니다.

두아디라 교회에 나타난 이세벨도 그와 같았습니다. 신전의 성창 출신이

거나 교회 지도자의 아내였을 것으로 추측되는 이세벨이 미모와 화려한 언변으로 선지자 행세를 하기 시작한 것입니다. 선지자란 하나님으로부터 직접 계시를 받는 사람을 가리킵니다. 이세벨은 자신이 하나님께 직통 계시를 받았다고 주장했고, 하나님의 종들은 그에 휘말리고 말았습니다. 급기야 이세벨이 시키는 대로 행음하고 우상의 제물을 먹기에 이릅니다. 이세벨 한 사람 때문에 온 교회가 흔들렸습니다.

교회사를 보면, 직통 계시를 받았다고 주장하는 사람들이 나타날 때마다 교회가 홍역을 치러 왔습니다. 하나님은 누구에게나 말씀하실 수 있습니다. 그러나 아무나 알아듣는 것은 아닙니다. 성경대로 말하는지 분별해야 합니다.

그러나 주님은 이세벨에게 회개할 기회를 주셨습니다. 그런데도 이세벨은 돌이키지 않습니다. 하나님이 돌이키라고 말씀하시는데도 순종하지 않고 고집부리면 어떻게 되겠습니까?

> 볼지어다 내가 그를 침상에 던질 터이요 또 그와 더불어 간음하는 자들도 만일 그의 행위를 회개하지 아니하면 큰 환난 가운데에 던지고 또 내가 사망으로 그의 자녀를 죽이리니 모든 교회가 나는 사람의 뜻과 마음을 살피는 자인 줄 알지라 내가 너희 각 사람의 행위대로 갚아 주리라 두아디라에 남아 있어 이 교훈을 받지 아니하고 소위 사탄의 깊은 것을 알지 못하는 너희에게 말하노니 다른 짐으로 너희에게 지울 것은 없노라 다만 너희에게 있는 것을 내가 올 때까지 굳게 잡으라 계 2:22~25

여기서 "침상"은 환자나 죽은 자를 옮기는 들것이나 병상을 뜻합니다. 예수님은 이세벨이 끝까지 회개하지 않으면, "그의 자녀"가 죽게 되리라고 경고하십니다. 여기서 "그의 자녀"란 그녀를 광적으로 따르는 영적인 자녀들을 가리키는 말입니다. 이세벨과의 관계를 끊지 못하는 종들은 어떻게 되겠습니까? 큰 환난을 겪게 될 것입니다. 이로써 주님이 성적인 방종과 음란을 어떻게 다루시는지를 보게 될 것입니다. 또한 주님은 믿음의 행위뿐 아니라 그 동기를 살피시는 분임을 알게 될 것입니다. 믿음이라고 다 믿음이 아니고, 좋은 믿음으로 시작했다고 해서 저절로 끝까지 믿음이 지켜지는 것도 아닙니다. 늘 마지막까지 살피며 분별해야만 합니다.

오늘날에도 이세벨 같은 거짓 선지자들은 흔히 광명의 천사로 가장합니다. 구제와 장학 사업에 많은 돈을 씁니다. 오죽하면 이단 장학생이라는 말이 생겨났겠습니까? 그들은 정치계, 문화계를 비롯하여 각계에 인맥을 구축합니다. 그러나 그들은 결국 파멸을 향해 가고 있습니다.

주님이 단호하게 지적하시는 이유는 교회를 말씀 위에 든든히 세우시기 위해서입니다. 주님은 교회 안에서 벌어지는 잘못된 일들에 침묵하지 않고 치리하십니다. 오늘날 교회가 놓치고 있는 것이 바로 치리입니다. 예수님이 친히 치리해 주실 것이라고 말하며 미룹니다. 그러나 교회는 두 가지 기능을 다해야 합니다. 사랑과 수고로 인내하며 믿음으로 교회를 지켜 내는 것도 중요하지만, 니골라 당이나 발람이나 이세벨 같은 불순한 무리가 교회를 뒤흔들 때 단호하게 치리할 수 있어야 합니다.

그러나 예수님은 "사탄의 깊은 것"에 물들지 않은 사람들에게는 "다른 짐"을 지우지 않겠다고 말씀하십니다. 그들의 힘든 삶에 더 큰 부담을 주시지 않겠다는 뜻입니다. 주님은 우리에게 짐을 지우려 오신 분이 아닙니다. 오히려 "수고하고 무거운 짐 진 자들아 다 내게로 오라 내가 너희를 쉬게 하리라"(마 11:28)라고 말씀하십니다.

그러므로 우리가 할 것은 믿음을 지키는 일뿐입니다. 주님이 다시 오실 때까지 우리에게 있는 것을 굳게 붙잡아야 합니다. "사탄의 깊은 것" 따위에 현혹될 게 아니라 이미 가지고 있는 것을 굳게 잡아야 합니다. 성경이 유일한 지도입니다.

> 이기는 자와 끝까지 내 일을 지키는 그에게 만국을 다스리는 권세를 주리니 그가 철장을 가지고 그들을 다스려 질그릇 깨뜨리는 것과 같이 하리라 나도 내 아버지께 받은 것이 그러하니라 내가 또 그에게 새벽 별을 주리라 귀 있는 자는 성령이 교회들에게 하시는 말씀을 들을지어다 계 2:26~29

만약 예수님이 십자가에 달려 죽으신 것이 끝이었다면, 이런 말씀을 들을 수 없었을 것입니다. 주님은 승천하시기 전에 제자들에게 "하늘과 땅의 모든 권세를"(마 28:18) 받았노라고 분명히 말씀하셨습니다. "이기는 자"와 끝까지 예수님의 일을 "지키는 자"에게는 "만국을 다스리는 권세"와 함께 새벽별을 주실 것입니다.

끝까지 믿음을 지키기 위해서는 성령이 교회에 하시는 말씀을 들어야 합니다. 성경과 성령은 나뉘지 않습니다. 성령의 음성은 성경으로 검증되고, 성경은 성령의 조명으로 깨달아집니다. 그러므로 성경을 먼저 읽으십시오. 그러면 성령의 음성이 들릴 것입니다. 말씀대로 살고, 세상에 물들지 마십시오. 방주 안으로 세상 물이 들어오지 않게 막으십시오. 세상과 사이좋게 지내기는 하나 무턱대고 어울리지는 않는 화이부동(和而不同)의 지혜가 필요합니다. 세상을 두려워하지 마십시오. 세상이 우리를 두려워해야 합니다. 세상을 부러워하지 마십시오. 세상이 우리를 부러워해야 합니다. "그 눈이 불꽃 같고 그 발이 빛난 주석과 같은 하나님의 아들"이 우리를 지켜보십니다.

05.

이기는 자의 상

✳ 계 3:1-13

_____

교회는 예수님의 몸이며 성도는 예수님과 한 몸입니다. 그런데 칭찬받는 교회가 있는가 하면, 책망받는 교회도 있습니다. 같은 부모에게서 태어나 함께 자랐어도 칭찬받는 자녀가 있는가 하면, 야단맞는 자녀가 있듯이 말입니다. 대부분 칭찬과 꾸지람을 모두 받게 마련이지만, 유독 나무랄 데 없이 잘하는 자녀가 있고, 허구한 날 말썽만 부리는 자녀도 있습니다. 교회도 마찬가집니다. 날마다 구원받는 사람들이 늘어나는 교회가 있고, 날이면 날마다 싸우거나 이단에 속아 넘어가는 교회도 있습니다. 그러나 교회들을 함부로 판단할 수는 없습니다.

타락과 구원을 가르는 결정적 질문은 무엇입니까? "누구의 말을 듣고, 누구의 말을 믿을 것인가?"입니다. 아담과 하와는 하나님의 말씀을 저버리고 뱀의 말을 들음으로써 죽음의 길을 선택했습니다. 하나님 대신 사탄의 말에 귀를 기울이고 그 뜻에 따르는 것이 타락입니다. 구원이란 그 타락으로부터 빠져나오는 것입니다. 우리를 구원하기 위해 예수님이 오셨고, 예수님의 처방은 교회입니다. 인간은 교회를 통해 하늘의 뜻을 이 땅에서 이루는 피조물로 회복될 것입니다. 교회는 하늘과 땅을 잇는 중간자 역할을 하고, 이 땅에 존재하지만 하늘에 기원을 둔 하늘 공동체입니다.

계시록 말씀을 통해 교회가 무엇을 경계해야 하는지를 배웁니다. 에베소 교회는 바른 신학을 고수하고 이단을 분별해 냈지만, 처음 사랑을 잃었습니다. 서머나 교회는 환난과 궁핍을 겪었지만 더 큰 고난도 기꺼이 감당할 믿음을 지녔습니다. 버가모 교회는 순교자를 배출했지만 세상 유혹에 넘어졌고, 두아디라 교회는 사랑과 섬김과 인내를 보였지만, 거짓 선지자의 꾐에 넘어갔으며 두 교회 모두 음란의 유혹을 뿌리치지 못했습니다.

그러나 주님은 교회가 회개하고 돌이키면 상급을 주겠다고 말씀하십니다. 신앙의 길에서는 늘 대역전이 가능합니다. 주님은 패자들에게 끊임없이 기회를 주십니다. 일곱 번을 일흔 번까지라도 용서하고 받아 주십니다.

죽은 교회여, 이 상황이 얼마나 급박한가!

다섯 번째 교회는 사데 교회입니다. 사데는 트몰루스 산맥의 능선을 뒤로한 산봉우리 위에 세워진 도시입니다. 남쪽을 제외한 삼면이 모두 450미터 높이의 벼랑에 둘러싸여 있어서 당시 소아시아에서 가장 안전한 난공불락의 도시였습니다. 도시를 관통하는 팍톨루스강에서 채취되는 사금이 유명했으며 그 덕분에 경제적으로 부유했습니다. 그러나 바사왕 고레스의 침공으로 BC 546년에 함락되었고, BC 218년에는 안티오코스 3세에게 또다시 함락되었습니다. BC 17년에 끔찍한 지진으로 황폐해졌을 때, 티베리우스 황제의 원조와 5년간 세금 감면 혜택을 받음으로써 복구되기도 했습니다. 지리적으로 사데 교회는 일곱 교회의 중앙에 자리하고 있습니다.

> 사데 교회의 사자에게 편지하라 하나님의 일곱 영과 일곱 별을 가지신 이가 이르시되 내가 네 행위를 아노니 네가 살았다 하는 이름은 가졌으나 죽은 자로다 계 3:1

주님은 사데 교회를 곧바로 책망하십니다. "살았다 하는 이름"을 가졌다는 말은 왕성하게 활동한다는 평가를 받고 있다는 뜻입니다. 사람들은 사데 교회를 보고 좋은 교회라고 고개를 끄덕였을 것입니다. 그러나 예수님은 죽은 교회라고 말씀하십니다. 겉으로는 부흥하는 듯이 보일지 몰라도 사실은 죽어 가고 있다고 말씀하신 것입니다. 무서운 말씀입니다. 사람의 평가와 예수님의 평가가 정반대입니다.

교회마다 예수님의 묘사가 다른데, 사데 교회에는 "하나님의 일곱 영과 일곱 별을 가지신" 예수님이 메시지를 주십니다. 예수님의 영과 예수님의 별이 있어야 살아있는 교회입니다. 또한 성령이 운행하시는 교회라야 살아있는 교회입니다. 사람이 경영하면 기업이고, 사람의 생각대로 움직이면 비즈니스입니다. 매주 헌금을 계산하고, 예산과 결산을 맞춰 보느라 바쁘다면 그것은 사역이 아니라 사업인 것입니다. 성령님은 재정으로 일하시지 않습니다.

또한 교회에서는 예수님의 말씀, 즉 복음이 선포되어야 합니다. 사람이 많이 모이고 모두가 바삐 움직이며 교회가 유명해졌다고 해서 살아있는 교회가 아닙니다. 성령이 운행하시고, 말씀이 살아있어야 교회입니다. 부산스럽게 움직여도 그게 모두 사람의 일이라면 무슨 소용 있습니까? 새 생명을 잉태하고 양육하는 것과 상관없는 일을 한다면 무슨 의미가 있습니까?

교회는 오직 성령의 능력으로 교회다워지고, 성도는 오직 말씀의 능력으로 변화됩니다. 교회의 본질은 성령과 말씀의 능력으로 성도의 삶에 변화를 일으키는 데 있습니다. 사람이 성령으로 거듭나는 것, 성도가 말씀으로 거룩해지는 것이야말로 진정한 교회의 능력입니다.

교회는 말씀으로 성도들을 가르치지만 학교가 아니고, 가난한 이웃을 구제하는 데 힘쓰지만 빈민 구호 단체는 아닙니다. 아름다운 예배를 드리지만 공연 단체가 아니며 선교사를 파송하고 후원하지만 선교 단체는 아닙니다. 무엇보다도 교회는 예수님의 몸입니다. 성도가 물과 성령으로 거듭나는 세례 공동체이며, 말씀의 검으로 세상을 이기는 말씀 공동체이고, 하나님 앞에 죽은 자같이 엎드리는 예배 공동체입니다. 교회를 움직이는 힘은 예수님의 생명과 사랑입니다.

예수님이 죽은 자같이 된 사데 교회에 말씀하십니다.

> 너는 일깨어 그 남은 바 죽게 된 것을 굳건하게 하라 내 하나님 앞에 네 행위의 온전한 것을 찾지 못하였노니 그러므로 네가 어떻게 받았으며 어떻게 들었는지 생각하고 지켜 회개하라 만일 일깨지 아니하면 내가 도둑같이 이르리니 어느 때에 네게 이를는지 네가 알지 못하리라 **계 3:2~3**

아직 죽지 않고 남아 있는 자들, 그러나 죽게 생긴 이들을 굳건하게 하라고 말씀하십니다. 그루터기가 아직 남아 있다고 말씀하신 것입니다. 예수님을 좋아하는 팬은 많지만, 예수님을 따르기 위해 기꺼이 대가를 치르는 제자는 소수입니다. 팬은 자기 마음이 기준이지만, 제자는 스승이 기준입니다. 예수님은 늘 소수에 집중하셨습니다. 그 베푸시는 기적을 보고 수많은 사람이 주님을 따랐지만, 주님의 눈은 전심으로 주님을 사랑하고 따르고자 하는 몇몇 사람들에게 집중되어 있었습니다. 바로 그 몇몇 사람들을 통해 하나님 나라를 세우는 것이 주님의 방법 아니었습니까? 사데 교회에 얼마라도 제자가 남아 있다면 그들을 굳건하게 지키는 것이 그들이 해야 할 일이었습니다.

그러므로 그들은 주님께 어떻게 듣고 배웠는지를 스스로 기억해야 합니다. 그리고 그것을 지켜 회개해야 합니다. 그렇지 않으면 언제일지 모르게 갑자기 오셔서 징벌하실 것입니다. 재림을 말씀하신 것이 아닙니다. 그러나 머지않아 그들에게 징벌이 임할 것입니다. 사데 교회는 이 상황이 얼마나 급박한지를 알아야 합니다.

주님은 남은 자를 주목하신다

그러나 사데에 그 옷을 더럽히지 아니한 자 몇 명이 네게 있어 흰옷을 입고 나와 함께 다니리니 그들은 합당한 자인 연고라 계 3:4

사데 교회에 "옷을 더럽히지 아니한 자 몇 명"이 있다고 말씀하십니다. 거꾸로 말하면, '옷을 더럽힌 많은 사람'이 있다는 뜻입니다. 그들은 말씀 대신에 엉뚱한 것을 붙들고 씨름하다가 자기 옷을 더럽힌 사람들입니다. 옷을 더럽히지 않은 사람들이 입을 "흰옷"은 거룩한 옷, 즉 칭의를 뜻합니다. 거룩과 성결은 교회의 본질입니다. 우리는 날마다 칭의로 옷 입고 주님과 동행해야 합니다.

교회를 둘러보면, 눈에 띄지 않게 조용히 기도하고 소리 없이 섬기며 빛도 그림자도 없이 살아가는 성도들이 있습니다. 활발하게 사역하며 주변에 빛을 던지는 성도들만 의미 있는 것은 아닙니다. 주님이 말씀하십니다. "내가 네 행위를 알고, 네 중심을 안다."

우리는 세상에 감동을 주려고 사역하는 것이 아닙니다. 주님을 감동케 해 드리면 그만입니다. 교회는 세상의 주목을 받을 필요가 없습니다. 많은 일을 하느라 분주할 필요도 없습니다. 주님이 아시면 그것으로 족합니다. 우리 안에 주님을 향한 사랑이 흘러넘치고, 주님이 당부하신 대로 서로 사랑한다면, 많은 일을 하지 않고 큰 건물을 짓지 않아도 세상 사람들이 우리가 주님의 제자인 것을 알게 될 것입니다.

> 이기는 자는 이와 같이 흰옷을 입을 것이요 내가 그 이름을 생명책에서 결코 지우지 아니하고 그 이름을 내 아버지 앞과 그의 천사들 앞에서 시인하리라 귀 있는 자는 성령이 교회들에게 하시는 말씀을 들을지어다 계 3:5~6

"이기는 자"는 누구입니까? 옷을 더럽히지 않은 성도들입니다. 말씀을 놓지 않고 지킨 성도들입니다. 그들은 다 흰옷을 입은 천국 백성이 될 것입니다. 우리가 날마다 주님의 거룩한 신부로 빚어져 갈 때, 분명히 이기는 자에 속하게 될 것입니다. 예수님이 우리 이름을 생명책에서 결코 지우지 않으실 것입니다. 이것이 바로 우리가 바라는 것 아닙니까? 생명책에 기록되어 지워지지 않는 것이 우리 목적 아닙니까?

그러나 모세의 기도를 떠올리기 바랍니다. 그가 시내산에서 십계명을 받는 사이에 이스라엘 백성은 금송아지를 만들어 그것에 예배했습니다. 모세는 백성을 위해 "이제 그들의 죄를 사하시옵소서 그렇지 아니하시오면 원하건대 주께서 기록하신 책에서 내 이름을 지워 버려 주옵소서"(출 32:32) 하고 속죄 기도를 드렸습니다. 생명책에서 내 이름이 지워질지라도 교회가 다시 살아나기를 간절히 바라는 마음으로 기도한다면 주님이 우리 기도를 들어 주시지 않겠습니까?

사람들은 서로 믿음을 평가합니다. 왜 교회에서 아무 일도 하지 않느냐고 꾸짖거나 교회를 그토록 오래 다니고도 왜 아무 직분도 받지 못했느냐고 비아냥거리기도 합니다. 그러나 사람들의 평가는 중요하지 않습니다. 예수님이 하나님과 천사들 앞에서 "착하고 충성된 종"(마 25:23)의 이름을 인정해 주실 것입니다. 그러니 사람의 말이 아닌 주님의 말씀을 듣고 따라야 합니다.

귀 있는 자들은 성령님이 교회에 주시는 말씀에 귀 기울여야 합니다. 말씀을 듣게 하신 주님이 그 말씀을 기쁘게 지켜 나갈 힘과 능력을 부어 주실 것입니다.

주의 이름을 부인하지 않는 믿음

일곱 교회 중에 여섯 번째 교회는 빌라델비아 교회입니다.

> 빌라델비아 교회의 사자에게 편지하라 거룩하고 진실하사 다윗의 열쇠를 가지신 이 곧 열면 닫을 사람이 없고 닫으면 열 사람이 없는 그가 이르시되
> **계 3:7**

빌라델비아는 "형제의 사랑"이란 뜻입니다. 왕에게 동생이 있었는데, 신하들이 동생을 부추겨 왕위를 찬탈하도록 노력했지만 동생이 끝까지 형제

애를 지켰다고 해서 붙은 이름입니다. 일곱 교회가 있던 도시들 가운데 가장 작고 연약했습니다.

이 도시는 교통과 지진으로 유명했습니다. 소아시아 동쪽 중부 고원지대로 들어가는 문 역할을 하는 전략 요충지였습니다. 그래서 주님이 열쇠로 열어야 하는 문에 빗대어 말씀하십니다. 그러나 지진대 위에 자리하고 있어서 지진이 자주 발생했는데, 특히 AD 17년 대지진 때는 도시가 잿더미가 되기도 했습니다. 기둥이 튼튼하면 지진에도 집이 무너지지 않습니다. 그래서 주님은 "이기는 자"를 기둥에 비유하십니다.

빌라델비아 교회에 말씀하시는 예수님은 "거룩하고 진실하사 다윗의 열쇠를 가지신 이 곧 열면 닫을 사람이 없고 닫으면 열 사람이 없는" 분으로 묘사됩니다. "다윗의 열쇠"는 이사야서 22장에 등장합니다.

> 그날에 내가 힐기야의 아들 내 종 엘리아김을 불러 네 옷을 그에게 입히며 네 띠를 그에게 띠워 힘 있게 하고 네 정권을 그의 손에 맡기리니 그가 예루살렘 주민과 유다의 집의 아버지가 될 것이며 내가 또 다윗의 집의 열쇠를 그의 어깨에 두리니 그가 열면 닫을 자가 없겠고 닫으면 열 자가 없으리라
>
> **사 22:20~22**

히스기야왕 때 국고를 맡았던 셉나가 공금을 횡령하여 자기 묘실을 호화롭게 만들었다가 파직되고, 힐기야의 아들 엘리아김에게 "다윗의 집의 열쇠"가 넘겨졌습니다. 그 열쇠를 가진 사람만이 금고 문을 열거나 닫을 수 있었습니다.

"열면 닫을 자가 없고 닫으면 열 자가 없다"는 말은 메시아를 나타내는 표현인데, 이사야서 곳곳에서 이런 표현을 발견할 수 있습니다. 예수님은

"다윗의 열쇠"를 가졌습니다. 다윗의 왕권으로 상징되는 영원한 우주적 통치권이 주님께 있다는 뜻입니다.

신약성경에 구약성경이 1,600여 군데나 인용되었다는 사실에 주목해야 합니다. 어떤 학자는 구약의 표현이 3,600여 군데에 스며들어 있다고 말하기도 합니다. 우리가 구약을 읽고, 구약의 배경을 알아야 하는 이유입니다. 구약의 언약이나 표현들이 신약에 그대로 인용되고 있고, 또 줄거리를 이루고 있기 때문입니다. 결국 구약과 신약은 다른 책이 아닙니다. 구약에서부터 신약까지 예수님이 어떻게 계시되어 왔으며, 그 계시된 약속과 표현이 어떻게 이루어지고 성취되었는가를 봐야 합니다.

> 볼지어다 내가 네 앞에 열린 문을 두었으되 능히 닫을 사람이 없으리라 내가 네 행위를 아노니 네가 작은 능력을 가지고서도 내 말을 지키며 내 이름을 배반하지 아니하였도다 계 3:8

빌라델비아 교회는 서머나 교회와 함께 오로지 칭찬만 들은 교회입니다. 이 교회가 칭찬받은 이유가 무엇입니까? 많은 일을 해서가 아닙니다. 빌라델비아 교회는 큰 교회도 아니었고, 일곱 교회 중에서 가장 가난했습니다. 그런데 이 작고 연약한 교회가 예수님의 말씀을 지키며 그 이름을 배반하지 않았던 것입니다.

사실 칭찬이든 책망이든 다 사랑해서 주시는 말씀입니다. 그걸 알면 실망하지 않습니다. 우리도 아무에게나 쓴소리를 하진 않습니다. 관심이 있어야 하고, 남다른 관계라야 할 수 있습니다. 관계가 깊지 않으면 오히려 좋은 얘기만 합니다. 사람도 이런데 하물며 하나님은 어떠시겠습니까? 주님이 주시는 칭찬이나 책망은 모두 사랑입니다.

예수님은 빌라델비아 교회 앞에 열린 문을 두었다고 말씀하십니다. 그 문을 닫을 사람이 없을 것입니다. 교회는 예수님께 나아가는 문입니다. 어떤 교회는 예수님을 향한 문은 닫아 버리고 엉뚱한 문을 열어 놓기도 합니다. 그러나 빌라델비아 교회의 문은 아무도 닫을 수 없습니다.

어느 목회자의 아들이 간증하는 것을 들었습니다. 그의 아버지는 정말 작은 시골 교회에서 평생 목회하셨습니다. 어릴 때는 그런 아버지가 조금 원망스럽기도 했다고 합니다. '왜 우리 아버지는 큰 교회 목사님들처럼 많은 사람들 앞에서 설교하지 못하시나? 왜 평생 시골에서 겨우 몇 명에게만 설교하실까? 교회를 다른 데로 옮기면 되지 않을까?' 하는 생각도 자주 했다고 합니다. 그런데 어른이 되고 나서는 아버지를 존경하게 되었답니다. 아버지가 평생 말씀대로 사는 모습을 본 것입니다. 그래서 그는 아버지를 떠올리며 자신도 예수님의 말씀대로 살려고 애쓴다고 말했습니다.

예수님께는 작은 능력이나 큰 능력이나 문제 되지 않습니다. 예수님 앞에서는 다섯 달란트나 두 달란트나 한 달란트가 중요하지 않습니다. 문제는 신실함입니다. 예수님은 우리에게 능력껏 큰일을 해내라고 다그치지 않으십니다. 오히려 예수님이 보시는 큰일이란 말씀을 지키는 일이고, 예수님이 보시는 좋은 믿음은 예수님의 이름을 부인하지 않는 믿음입니다. 그리고 이 믿음에 보상해 주십니다.

예수님이 원하시는 것은 주님의 말씀을 지키고, 주의 이름에 걸맞게 사는 것입니다. 말씀을 알아야 말씀대로 살 수 있고, 예수님을 알아야 예수님의 이름을 배반하지 않을 수 있습니다.

이기는 자가 기둥이다

보라 사탄의 회당 곧 자칭 유대인이라 하나 그렇지 아니하고 거짓말하는 자
들 중에서 몇을 네게 주어 그들로 와서 네 발 앞에 절하게 하고 내가 너를 사
랑하는 줄을 알게 하리라 계 3:9

우리가 믿음을 지킬 때, 주님이 반드시 주시는 선물이 있습니다. 바로 사
랑입니다. "내가 너를 사랑하는 줄을 알게 하리라." 사랑을 깨닫게 하시는 것
이 가장 큰 선물입니다. 스티브 잡스가 죽음의 문턱에서 남긴 마지막 글이
유명합니다. 그의 결론은 "가족을 사랑하고 배우자를 사랑하고 친구들을 사
랑하는 것을 귀하게 여기라"입니다. 어릴 때는 장난감 선물을 좋아하고, 미
성숙할 때는 돈을 좋아합니다. 그러나 성숙해지면 그런 것들보다는 사랑을
최고의 선물로 꼽습니다.

예수님은 "자칭 유대인"이라 하는 자들이 빌라델비아 교회를 찾아와 절
하게 하실 것입니다. 그들은 입만 열면 거짓을 말하는 사탄의 무리입니다.
그런 자들이 교회로 돌아온다는 것입니다. 한마디로, 죽었다 깨어나도 교회
에 다니지 않을 것 같은 사람들이 교회로 찾아온다는 말씀입니다.

계시록이 기록될 당시에 교회는 흩어져 살던 유대인들에게서 가장 큰
핍박을 받았습니다. 이권을 잃지 않기 위해 로마 제국의 현실과 타협하고,
황제와 우상까지도 숭배하던 유대인들이 박해에 앞장섰습니다. 그런데 그
들 가운데 몇몇이 교회를 찾아와 절하게 될 것이라고 말씀하신 것입니다.
이것이 선물입니다.

천하보다 귀한 영혼이 주님께 돌아오는 것보다 더 큰일이 어디 있겠습
니까? 그가 세례를 받고 거듭나는 것보다 더 큰 선물이 어디 있겠습니까?

그가 주님의 말씀을 듣고, 주님의 말씀을 지키며 주님의 이름을 높이는 것을 보는 것보다 더 큰 증거가 어디 있겠습니까?

저는 이 말씀이 얼마나 위로가 되고 기쁜지 모릅니다. 도무지 돌아올 것 같지 않던 사람들을 예수님께로 인도하는 것보다 더 큰 기쁨이 어디 있겠습니까? 추수감사절 때 감사 헌금을 드릴 게 아니라 추수한 영혼을 올려 드려야 하지 않겠습니까? 돌아온 둘째 아들과 잔치를 벌여야 하지 않겠습니까?

주의 말씀을 지키고, 주의 이름을 배반하지 않은 사람들에게 주어지는 보상은 또 있습니다.

> 네가 나의 인내의 말씀을 지켰은즉 내가 또한 너를 지켜 시험의 때를 면하게 하리니 이는 장차 온 세상에 임하여 땅에 거하는 자들을 시험할 때라 내가 속히 오리니 네가 가진 것을 굳게 잡아 아무도 네 면류관을 빼앗지 못하게 하라
>
> 계 3:10~11

"인내의 말씀"은 견디라는 말씀으로 볼 수도 있지만, 흔들리지 않도록 하는 말씀, 확고부동하게 우리를 세우는 말씀이란 뜻도 있습니다. 이 말씀을 지키면, "시험의 때"를 견딥니다. "면하게 하리니"로 번역되었지만, 실은 "견딜힘을 주신다"는 의미입니다. 시험을 이겨 낼 힘을 주신다는 뜻입니다. 말씀대로 살아갈 힘과 예수님의 이름을 부인하지 않을 힘을 주시는 것입니다.

시험은 면제되지 않습니다. 우리 모두에게 시험과 환난이 닥칠 것입니다. 그러나 주님이 우리를 그 시험으로부터 지켜 주실 것입니다. 어쩌면 시험은 이미 시작되었는지도 모릅니다. 신학적으로 보면, 예수님이 십자가를 지심으로써 종말의 시대가 시작되었고, 심판이 시작되었습니다. 환난이 끝없이 이어질 것입니다. 마지막 환난이 닥칠 때까지 우리는 계속해서 고난을

겨을 것입니다. 그러나 우리가 주님의 말씀을 붙들면, 그 말씀이 우리를 붙드는 것을 경험하게 될 것입니다.

"네가 가진 것을 굳게 잡아 아무도 네 면류관을 빼앗지 못하게 하라"는 말씀은 우리가 "가진 것"을 굳게 잡으면 면류관을 빼앗기지 않을 것이라는 뜻입니다. 사도 바울은 "누가 우리를 그리스도의 사랑에서 끊으리요 환난이나 곤고나 박해나 기근이나 적신이나 위험이나 칼이랴"(롬 8:35)라고 고백했습니다. 우리는 면류관을 빼앗기지 않을 것입니다. 주님의 사랑에서 절대로 끊어지지 않을 것입니다. 이 말씀이 빌라델비아 교회 성도들에게 얼마나 큰 위로가 되었겠습니까?

> 이기는 자는 내 하나님 성전에 기둥이 되게 하리니 그가 결코 다시 나가지 아니하리라 내가 하나님의 이름과 하나님의 성 곧 하늘에서 내 하나님께로부터 내려오는 새 예루살렘의 이름과 나의 새 이름을 그이 위에 기록하리라 귀 있는 자는 성령이 교회들에게 하시는 말씀을 들을지어다 계 3:12~13

빌라델비아는 지진이 잦은 곳이었습니다. 기초가 튼튼하고 기둥이 튼튼해야 집이 무너지지 않습니다. 하나님이 누구를 기둥으로 삼으십니까? 큰일 하는 사람일까요? 큰 능력을 가진 사람일까요? 아닙니다. "이기는 자"입니다. 유혹을 이기고, 시험을 이기고, 고난을 이기는 사람을 기둥으로 삼으십니다.

빌라델비아는 기둥에 이름 새기기를 좋아했습니다. 티베리우스, 베스파시아누스 등 로마 황제가 지진 난 도시를 지원해 줄 때마다 기둥에 황제의 이름을 새겨 기념했습니다.

주님은 이기는 자를 기둥으로 삼아 그 기둥에 세 가지 이름을 새기실 것입니다. 하나님의 이름과 새 예루살렘의 이름과 예수님의 이름입니다. 영원한 이름입니다. 로마 황제의 이름이 부럽지 않습니다. 귀 있는 사람은 성령이 교회에 주시는 말씀을 듣고 소망을 품어야 할 것입니다.

06.

미지근한
신앙

✦ 계 3:14-22

예수님이 소아시아 일곱 교회에 보낸 편지는 교회를 향한 예수님의 변함없는 사랑을 보여 줍니다. 예수님은 교회를 위해 오셨고, 교회를 위해 성령을 보내 주셨으며, 친히 교회의 기초와 머리가 되셨습니다.

소아시아의 일곱 교회 이름은 당시 지명을 따라 붙은 이름입니다. 그 이름 대신에 지금 이 땅에 있는 교회들 이름을 불러가면서 읽는다면 더 실감이 날 것입니다. 어떤 분들은 이 교회들에 대한 예수님의 칭찬과 책망을 들으면서 과연 우리 교회는 어떤 이야기를 들을지 생각해 보았을 것입니다. 어떤 분은 일곱 교회 이름 대신에 자기 이름을 넣어서 읽었을 수도 있습니다. 그러면 아마도 예수님의 더 준엄한 음성을 들었을 것입니다.

벌거벗었는지 점검하라

라오디게아는 '백성의 정의'라는 뜻입니다. BC 3세기에 안티오코스 2세가 아내 라오디게의 이름을 따서 지은 도시입니다. 이 도시에는 유명한 세 가지가 있습니다. 첫째, 금융입니다. 라오디게아는 금융업이 발달해 돈이 많았습니다. 대지진이 났을 때, 로마가 복구 지원을 제안했지만 거절할 만큼 부유했습니다. 둘째, 옷입니다. 검은색 양모가 유명해 의류 산업이 발달했습니다. '트리미타'라는 옷이 특산품이어서 에베소를 거쳐 유럽으로 수출되었습니다. 트리미타 때문에 라오디게아라는 이름 대신 트리미타리아(Trimitaria)라고 불릴 정도였습니다. 세 번째로는, 의과대학과 함께 의약품, 특히 귀약과 안약이 유명했습니다. 브루기아 가루로 불렸던 안약은 안질에 특효약이어서 큰 수익원이었습니다. 라오디게아가 이처럼 돈이 많고 안정된 도시였기에 교회에도 큰 영향을 끼쳤습니다.

신약성경에 라오디게아 지명이 일곱 번 나옵니다. 골로새서와 요한계시록입니다. 라오디게아 교회를 위해 애쓴 사람이 에바브라입니다. 에바브라는 히에라볼리, 골로새, 라오디게아 세 교회를 섬겼습니다.

> 그리스도 예수의 종인 너희에게서 온 에바브라가 너희에게 문안하느니라 그가 항상 너희를 위하여 애써 기도하여 너희로 하나님의 모든 뜻 가운데서 완전하고 확신 있게 서기를 구하나니 그가 너희와 라오디게아에 있는 자들과 히에라볼리에 있는 자들을 위하여 많이 수고하는 것을 내가 증언하노라
> **골 4:12-13**

바울이 로마에 온 에바브로와 함께 골로새 교회에 문안하면서 그가 골

로새 교회와 라오디게아 교회와 히에라볼리 교회를 위해 힘써 기도한다는 소식을 전합니다. 그리고 이 골로새 교회를 위한 편지를 라오디게아 교회에서도 읽게 하라고 부탁합니다. 그리고 라오디게아 교회에 보낸 편지가 있는데 그 편지도 골로새 교회가 함께 읽으라고 합니다. 당시 사도의 서신은 이런 식으로 인근 교회들에게 회람되었습니다.

> 이 편지를 너희에게서 읽은 후에 라오디게아인의 교회에서도 읽게 하고 또 라오디게아로부터 오는 편지를 너희도 읽으라 골 4:16

그러나 바울이 라오디게아 교회에 쓴 편지 내용은 전해지지 않습니다. 사본이 남았다면 라오디게아서라는 편지가 바울 서신서에 포함되었을 것입니다. 이 편지가 전해지지 않은 것도 라오디게아 교회가 지닌 문제와 관련이 있을 것이라고 추측할 수 있습니다. 아마도 이 편지를 필사해서 회람할 열의가 없었거나 원본이건 사본이건 보존해야 한다는 의지가 부족했던 것이겠지요. 물론 추측입니다.

바울은 디모데전서에서 돈을 경계할 것을 권면한 바 있습니다. 이것을 통해서 부자 교회 라오디게아에 보낸 편지의 내용을 짐작해 봅시다.

> 부하려 하는 자들은 시험과 올무와 여러 가지 어리석고 해로운 욕심에 떨어지나니 곧 사람으로 파멸과 멸망에 빠지게 하는 것이라 돈을 사랑함이 일만 악의 뿌리가 되나니 이것을 탐내는 자들은 미혹을 받아 믿음에서 떠나 많은 근심으로써 자기를 찔렀도다 딤전 6:9-10

네가 이 세대에서 부한 자들을 명하여 마음을 높이지 말고 정함이 없는 재물에 소망을 두지 말고 오직 우리에게 모든 것을 후히 주사 누리게 하시는 하나님께 두며 선을 행하고 선한 사업을 많이 하고 나누어 주기를 좋아하며 너그러운 자가 되게 하라 딤전 6:17-18

라오디게아 교회는 아마도 재물에 대한 욕심과 태도에 기인한 미지근한 신앙 때문에 예수님의 책망을 받았을 것입니다.

예수님의 자기소개

라오디게아 교회의 사자에게 편지하라 아멘이시요 충성되고 참된 증인이시요 하나님의 창조의 근본이신 이가 이르시되 계 3:14

예수님은 자신을 "아멘"으로 소개하십니다. 아멘은 긍정입니다. '예스'입니다. 우리는 주님께서 말씀하시면 듣고 동의하는 표현으로 아멘을 생각하지만, 계시록에서는 아멘을 하나님을 지칭하는 말로 쓰고 있습니다. 예수님은 하나님의 '아멘'이자 '예스'입니다. 하나님은 반드시 '노'라고 해야 할 우리들에게 예수님 때문에 '예스'라고 하십니다. 예수님은 우리와 하나님의 관계를 회복하기 위해 오셨고, 그걸 다 이루셨습니다. 그리고 우리가 하나님의 초청과 말씀에 아멘이 되도록 하셨습니다. 예수님의 사역을 이보다 간결하게 표현할 수 없고, 구원의 본질을 이보다 간명하게 얘기할 수 없습니다. 우리가 "아멘" 하는 이유는 예수님 때문입니다. 이사야서에서 아멘의 하나님을 확인할 수 있습니다.

이러므로 땅에서 자기를 위하여 복을 구하는 자는 진리의 하나님을 향하여 복을 구할 것이요 땅에서 맹세하는 자는 진리의 하나님으로 맹세하리니 이는 이전 환난이 잊어졌고 내 눈앞에 숨겨졌음이라 보라 내가 새 하늘과 새 땅을 창조하나니 이전 것은 기억되거나 마음에 생각나지 아니할 것이라

사 65:16-17

"진리의 하나님"이 곧 아멘의 하나님입니다. "진리"로 번역한 원어가 "아멘"입니다. 위의 말씀을 아멘의 하나님으로 고쳐 읽으면 "이러므로 땅에서 자기를 위하여 복을 구하는 자는 아멘의 하나님을 향하여 복을 구할 것이요 땅에서 맹세하는 자는 아멘의 하나님으로 맹세하리니"가 됩니다. 아멘의 하나님은 새 창조의 하나님입니다. 예수님의 "아멘"은 오늘날 우리 입에 익어 거의 습관적으로 "아멘"이라고 말하는 화답 이상입니다. 아멘은 하나님이 어떤 분이신가에 대한 고백입니다. 우리가 아멘이라고 할 때, 제대로 알건 모르건 이 의미가 담겨 있습니다. "모든 것을 회복하시고 새롭게 하시는 하나님을 제가 믿습니다. 이전 것은 다 지나가고 이제 제가 새것이 되었습니다"라는 중심의 고백이 담겼습니다.

예수님은 또 "충성되고 참된 증인"입니다. 증인은 증언하는 존재입니다. 증인 때문에 모든 것의 본질이 드러납니다. 왜 예수님입니까? 예수님 때문에 하나님이 증거되기 때문입니다. 예수님은 이 땅에 아멘으로 오셨지만, 이 땅에서 거절당하고 인간에게 배신당하셨습니다. 그리고 증인의 삶을 사셨습니다. 여기서의 '증인'은 순교자를 뜻하는 '마르티스'입니다. 예수님은 하나님 나라의 증인이 되셨고, 하나님을 증거했기 때문에 그런 모습으로 십자가에 달리셨습니다.

그렇지만 예수님은 창조의 근본이십니다. '근본'으로 번역한 헬라어 단

어는 '아르케'입니다. '처음', '시초'라는 뜻입니다. "태초에 말씀이 계시니라"(요 1:1)고 할 때의 "태초"가 아르케입니다. 태초는 일정한 시간 범위 안의 시작과 끝이라는 개념과 달리 영원에서 비롯된 개념입니다. 아르케는 또한 '근본 원인, 모든 존재의 제일 원인, 모든 것의 기본 원리'를 뜻합니다.

예수님은 만물의 제일 원인이십니다. 사도 요한은 요한복음 서두에서 헬라 철학이 탐구하던 이 아르케가 로고스이자 곧 예수님이라고 선언합니다. 따라서 예수님이 창조의 근본이라는 말은 예수님이 창조의 시작이자 원인이라는 의미입니다. 왜 삼위일체 하나님입니까? 성부 성자 성령이 창조의 동역자로서 아르케, 곧 제일 원인이시기 때문입니다.

무엇 때문에 예수님이 라오디게아 교회에 자기소개로 말씀을 시작하십니까? 이 교회 신앙의 출발점이 예수님에게서 벗어났기 때문입니다. 소유가 넉넉해지면서 편안하고 안락한 삶에 안주했기 때문입니다. 신앙의 기초가 예수님이 아닌 나의 소유로 변질된 것입니다. 일종의 중산층 영성으로 변질되었습니다.

너! 차갑든지, 뜨겁든지

예수님이 길이요 근본이요 증인이십니다. 다른 어떤 것도 신앙의 기초가 될 수 없습니다. 예수님은 라오디게아 교회가 어쩌다가 예수님을 놓쳤으며, 놓친 결과 어떤 신앙으로 변하였는지를 말씀하며 책망하십니다.

> 내가 네 행위를 아노니 네가 차지도 아니하고 뜨겁지도 아니하도다 네가 차든지 뜨겁든지 하기를 원하노라 **계3:15**

히에라볼리에서는 뜨거운 온천수가 흘렀고, 그 옆에 있는 골로새에서는 찬 시냇물이 흘렀습니다. 라오디게아는 용수가 부족해서 두 도시에서 물을 끌어왔는데 그 물이 라오디게아까지 오면 미지근해져서 마시면 토할 것 같았습니다. 주님은 당시 라오디게아 물맛을 빗대어서 이같이 말씀하신 것입니다.

라오디게아 교회의 문제는 이 물처럼 "차지도 아니하고 뜨겁지도 아니"한 신앙입니다. 달리 표현하면, 라오디게아 교회의 신앙은 죽도 밥도 아닙니다. 어중간한 신앙이란 있을 수 없습니다. 차든지 뜨겁든지 분명해야 합니다. 믿든지 안 믿든지 태도를 분명히 밝혀야 합니다. 반쯤 믿는 그런 믿음은 없습니다. 알아듣는 만큼만 믿고 이해하는 만큼만 믿는다는 것도 예수님을 믿는 믿음이 아닙니다. 그건 내 신념이며 자기 확신입니다. 라오디게아 교회가 이런 말을 듣는 이유는 신앙의 근본적인 태도 때문입니다.

라오디게아 교회는 이단의 공격을 받거나 대단한 핍박을 받지 않았습니다. 능력이 없던 교회도 아니었습니다. 서머나 교회는 많은 핍박을 받았지만 이겨냈습니다. 빌라델비아 교회는 눈에 띨 만한 능력이 없었지만, 말씀대로 살아냈습니다. 라오디게아 교회는 돈도 있고 사람도 있고 능력도 있었지만 본질이 빠졌습니다. 바로 예수님이 계시지 않았습니다. 또한 신앙생활에 가장 중요한 열심이 없었습니다. 한마디로 예수님께 올인하지 않았습니다.

예수님은 나에게 올인하셨는데 나는 어떻게 해야 합니까? 예수님이 두려운 말씀을 하십니다.

네가 이같이 미지근하여 뜨겁지도 아니하고 차지도 아니하니 내 입에서 너를 토하여 버리리라 계 3:16

이 교회가 이단에 빠진 것도 아니고 핍박에 무릎을 꿇은 것도 아니지만 예수님이 토해 버리겠다고 하십니다. 그대로 번역하면 "내가 지금 토하기 직전"이라고 말씀하신 것입니다. 겉으로는 음식이 먹음직스럽고 맛있을 것 같아 입에 넣었어도 상한 맛을 느끼면 우리는 바로 뱉어냅니다. 지금 라오디게아 교회의 신앙이 이런 상태라는 말입니다. 왜 이런 상태에 빠졌습니까?

네가 말하기를 나는 부자라 부요하여 부족한 것이 없다 하나 네 곤고한 것과 가련한 것과 가난한 것과 눈먼 것과 벌거벗은 것을 알지 못하는도다 계 3:17

부족한 것이 없는 부자 교회가 되었기 때문입니다. 라오디게아 교회는 돈이 많았고 사람도 많았고 행정도 매끄러웠습니다. 마치 순항하는 배와 같았습니다. 성도들은 주일을 지켰고 헌금도 넘쳤습니다. 겉보기에 아무 문제가 없습니다. 사데 교회와 비슷합니다. 예수님은 사데 교회가 살았다고 하나 죽은 교회라고 하셨습니다. 사역이 많고 분주한데 예수님 없이 바쁘다는 것입니다. 라오디게아 교회 성도들은 스스로 부족한 것이 없다고 생각하지만, 예수님은 '아무것도 없는 교회'라고 하십니다. 사람이 보는 것과 예수님이 보시는 것은 대부분 반대입니다.

교회를 다니기만 했지 무엇을 위해 부름을 받았는지 어디로 보냄을 받았는지 전혀 종잡지 못하고 있다면 곤고한 것입니다. 편하게 교회에 왔다 갔다만 할 뿐 기억하는 말씀 한 절 없고, 나한테 말씀하시는 예수님을 한 번도 경험하지 못했다면 눈먼 신앙입니다. 인도받을 말씀이 없으니 누가 무슨 말을 하면 이리저리 흔들리는 것입니다.

예수님은 라오디게아 교회가 벌거벗었다고 말씀하십니다. 건물을 번듯하게 지었을지 모르지만 모든 수치를 다 드러냈기 때문입니다. 구원을 받았는지 받지 않았는지도 확실하지 않고 하나님이 계신지 안 계신지도 늘 불안한 신앙입니다. 세상 걱정과 염려에서 벗어난 적이 없으며 심지어 세상 사람보다 더 불안해하고 걱정한다면 그는 벌거벗은 것입니다. 사실상 바른 믿음이 전혀 없는 사람입니다.

> 에브라임이 말하기를 나는 실로 부자라 내가 재물을 얻었는데 내가 수고한 모든 것 중에서 죄라 할 만한 불의를 내게서 찾아낼 자 없으리라 하거니와 호 12:8

부자들은 '내 능력으로 애쓰고 수고해서 돈 벌었지 죄짓고 불법으로 돈 벌었나?' 하고 생각합니다. 주님은 이렇게 생각하는 마음의 태도를 미지근한 신앙의 모델로 보십니다. '주님, 제가 주일 예배도 드렸고 봉사도 열심히 하는데 얼마나 더 해야 합니까? 이만하면 되지 않았습니까?' '주님, 저는 누구보다 헌금을 많이 했고 열심히 살았습니다. 주님이 저를 구원하셨지만, 제가 그렇게 열심을 다하지 않았다면 여기까지 오지 못했을 것입니다'라고 생각한다면 그것이 미지근한 신앙입니다.

주님을 갈급히 찾았던 마음, 주님을 붙들면 모든 것이 좋았던 그 마음을 잃어버리고 자기 공을 조금이라도 주장한다면, 주님은 미지근한 신앙으로 여기십니다. 우리는 단 하나도 우리의 힘과 능으로 여기까지 오지 않았습니다. 그래서 여전히 하나님 앞에 자랑할 것 없고 내세울 것 없는 가난한 심령이어야 합니다.

우리는 하나님 앞에서 겸손해야 하고, 첫 마음을 잃지 말아야 합니다. "주님, 하루살이 신앙입니다. 주님 말씀을 먹지 못하면 저는 죽은 목숨입니다"라고 하는 것이 올바른 신앙입니다. 습관처럼 교회 나오고, 습관처럼 기도하고, 습관처럼 성경 읽지만, 그것이 전부라면 그것이야말로 미지근한 신앙의 전형입니다.

우리는 아무 자격 없지만 구원받았습니다. 그렇다고 감격해서 마냥 늘어져 미지근해진다면 주님이 토해 버리겠다고 말씀하십니다. 감격하고 또 감격하고, 감동하고 또 감동하고, 기쁘고 또 기뻐서 "제가 주님을 위해서 더 할수 있는 일은 없습니까?" 하고 고백하는 것, 그게 올바른 신앙입니다.

이 시대 교회가 변질되고 타락해 가는 것은 배가 부르고 등이 따뜻해졌기 때문입니다. 배부르고 등 따뜻한 것이 복입니까? 아닙니다. 애굽에서 배불리 사는 게 복입니까? 아닙니다. 바로가 주는 고기와 과일을 먹는다고 그게 복이겠습니까? 광야에서 먹을 것이라고는 만나밖에 없어도 주님이 내려주시는 것 먹고 하나님과 함께 그 광야를 걸어가는 게 복입니다.

어떤 삶이든 주님과 함께하지 않는 것, 주님에 대한 사랑이 식어버리는 것, 미지근해지는 것이 화근입니다.

고난을 통과한 믿음이라야 이긴다

이제 예수님의 처방을 듣습니다.

> 내가 너를 권하노니 내게서 불로 연단한 금을 사서 부요하게 하고 흰옷을 사서 입어 벌거벗은 수치를 보이지 않게 하고 안약을 사서 눈에 발라 보게 하라
>
> 계 3:18

첫째, 순금을 사라고 하십니다. 가졌다고 하나 불면 다 날아갈 재물이나 또 제대로 정련되지 않은 금은 소용없습니다. 그런 믿음은 고난이 오면 흔

적도 없이 사라질 것입니다. 고난을 통과한 믿음이라야 이깁니다. 고난을 거친 믿음이라야 고난을 두려워하지 않습니다.

부도 그렇습니다. 가난이 두렵지 않은 사람이 부자 아닙니까? 가진 것을 잃을까 봐 항상 두려워하는 사람은 부자가 아닙니다. 돈 벌 걱정을 하면 아직 가난한 것이고, 돈을 어떻게 쓸까 생각하는 사람이 부자입니다.

페이스북의 최고 경영자인 마크 저커버그(Mark Zuckerberg)는 아직 30대인데 번 돈을 어떻게 쓸까를 많이 생각하는 것을 보니 진짜 부자 맞습니다. 저는 우리가 제대로 돈 쓸 생각을 하기 때문에 하나님이 지갑을 채워 주시게 되기를 바랍니다.

둘째, 흰옷을 사서 입고 벌거벗은 수치를 보이지 말라고 하십니다. 흰옷은 성결함과 거룩함의 상징으로 그리스도인의 정체성을 의미합니다. 세상 사람들이 사는 방식과 다른 삶입니다. 연말에 다들 먹고 마시며 즐긴다고 함께 흥청망청 살지 않는 것입니다. 우상 숭배와 음란이 아무리 만연하더라도 문화라는 이름으로 타협하지 않는 것입니다. 사람들이 그리스도인 때문에 불편해하면서도 말조심하게 되는 것이 정상입니다. 빛 때문에 어둠이 불편해도 어쩔 수 없습니다. 그리스도인 한 사람 때문에 좌중의 대화가 단순한 농담이나 음담패설로 흘러가지 않게 되는 것입니다.

셋째, 안약을 사서 눈에 바르라고 하십니다. 그 유명한 브루기아 가루 안약을 만들어서 남의 눈병만 치료할 것이 아니라 라오디게아 교회 성도들이 안약을 사서 발라 눈 뜨라고 하십니다. 영적인 분별력을 가지라는 것입니다. 본다고 하나 못 보고 있는 교회를 향한 질책입니다. 맹인이 맹인을 인도하는데 대한 경종입니다. 말씀이 없어 분별하지 못하는 교회에 대한 경책입니다.

'순금을 사라, 흰옷을 사라, 안약을 사라'는 말씀은 이 시대 교회를 향한 메시지입니다. 물질의 풍요에 젖어 예수님에 대한 간절함을 잃은 교회라면 이런 말씀을 듣지 않겠습니까?

성경 통독을 마친 가족들과 예배를 드린 적이 있습니다. 성경을 읽다가 은혜받은 이야기를 여러 명이 눈물로 간증했습니다. 예배는 말씀을 살아 낸 고통의 얘기와 말씀을 살고 있는 기쁨의 얘기로 가득했습니다. 교회에 다닌 지 아직 일 년도 안 된 자매가 아이들과 가정예배 드리는 것이 너무 기쁘다는 얘기를 들려주었습니다. 그 가정을 보고 예수 안 믿는 한 가정이 같이 성경 읽겠다고 왔다는 것입니다.

새신자나 마찬가지인 형제들이 찬양을 인도하고, 자매들이 간증하고 또 떡을 떼며 교제하면서 서로가 결코 차지 않은, 뜨거운 신앙을 확인했습니다. 목회자가 준비한 예배에 그냥 참여하는 것이 아니라 스스로 정성을 다해 예배를 준비하기에 누리는 은혜요 감격입니다.

> 무릇 내가 사랑하는 자를 책망하여 징계하노니 그러므로 네가 열심을 내라 회개하라 **계 3:19**

"책망하여 징계"한다는 것은 드러내서 바로잡겠다는 뜻입니다. 사랑하면 그냥 못 본 체 지나가지 않습니다. 예수님은 죽은 교회, 아무것도 없는 교회를 외면하실 수가 없으십니다. 열심을 내고 회개하라고 간절히 당부하십니다. 신앙은 열심을 낼 만한 일입니다. 좋아하는 운동이나 취미에 열심을 내는 사람이 많습니다. 골프 치러 다니는 사람이 시간을 얼마나 정확하게 지킵니까? 티오프 시간에 딱 맞춰 가는 사람이 어디 있습니까? 웬만하면 한두 시간 전에 가서 그린도 살펴보고 퍼팅도 해 보고, 스윙 리듬을 점검합니다. 그런 열심이 있으면 골프 실력이 남들보다 빨리 늡니다.

신앙도 그렇습니다. 지체들과 함께 성경 통독하고 또 혼자 따로 읽고 궁금한 내용은 이런저런 책을 찾아보는 분들, 아침 예배를 1년이고 2년이고 계속하는 분들은 평생 열심을 내지 않는 사람과 전혀 다른 신앙인의 모습으로 변해 갑니다.

저는 성경 통독반 가족들에게서 놀라운 간증을 많이 듣습니다. 성경 통독을 하면서부터 성경에 관한 관심과 이해가 달라졌다고 합니다. 처음 읽을 때는 고작 한두 개의 단어가 눈에 띄었는데, 두 번째 읽자 문장이 눈에 들어오고, 세 번째 읽자 흐름이 보이더라는 간증도 들었습니다. 또 성경을 읽으면서 비로소 설교 말씀이 들리기 시작했다는 성도도 있었습니다. 과연 하나님이 어떻게 눈을 열어서 무엇을 새롭게 깨닫게 할 것인지 기대하고 있습니다.

그런데 이 열심은 어디서 비롯된 것입니까? 세상에서 열심히 살던 것과 같은 열심입니까? 아닙니다. 세상에서의 열심은 나를 향하고 나를 위한 열심입니다. 그러나 신앙의 열심은 회개에서 비롯됩니다. 나를 향해 질주하던 데서 돌이켜 예수님을 향해 걷기 시작하는 새로운 열심입니다. 세상 지식을 향해 줄달음치던 열심을 성경 말씀을 향해 쏟기 시작하는 것입니다. 그 열심은 성령의 열심입니다. 말씀에 대한 열심이고, 말씀대로 살려고 하는 열심입니다. 그러니 열심을 내십시오. 보상은 생각보다 큽니다. 육체의 훈련은 잠시 유익이고, 말씀을 통한 경건의 훈련은 영원한 유익입니다.

예수님이 내 안에 계셔야 이긴다

볼지어다 내가 문밖에 서서 두드리노니 누구든지 내 음성을 듣고 문을 열면 내가 그에게로 들어가 그와 더불어 먹고 그는 나와 더불어 먹으리라 계 3:20

지금 교회의 주인이신 예수님이 라오디게아 교회 문밖에 서 계십니다. 한 흑인이 미국 교회에 흑인이라는 이유로 들어가지 못해 문밖에서 눈물을 흘리며 서 있었습니다. 분해서가 아니라 교회가 어떻게 이럴 수 있는가 통탄했기 때문입니다. 그때 예수님이 나타나서 위로해 주셨습니다. "울지 말게. 나도 이 교회에 못 들어가서 이렇게 자네와 함께 문밖에 서 있다네."

예수님이 못 들어가시는 교회가 있습니다. 이 시대에도 라오디게아 교회가 있습니다. 교회 문은 문고리가 밖에 달려 있지 않고 안에 달려 있습니다. 때문에 안에서 열지 않으면 밖에서 들어갈 방법이 없습니다. 교회는 건물이 아니라 사람입니다. 교회 문은 사람의 마음 문이기 때문입니다. 사람의 마음을 밖에서 열 수 있습니까? 그가 스스로 마음 문을 열어야 누구든 들어갈 수 있는 법입니다.

예수님은 문밖에 그냥 서 계시지 않고 계속해서 노크하십니다. 많은 사람들이 단번에 열어 주지 않고 문밖에 오래 세워 둡니다. 예수님이 포기하지 않고 문을 두드리고 기다리신 덕분에 다들 예배드리게 되었습니다. 내가 잘나서 여기 있는 것이 아닙니다. 신앙심과 성품이 좋다고 해서 교회 되지 않습니다. 내가 예수님께 문을 열어 드리고 그분이 내 안에 들어오셔야 비로소 교회가 되는 것입니다. 교회는 예수님이 내 안에 계시면서 나와 함께 먹고 마시는 삶입니다. 신앙은 예수님과의 식탁 교제입니다.

그리스도인은 왕의 식탁에 초대받은 자입니다. 다윗왕이 둘도 없는 친구 요나단의 아들을 찾고 보니 두 다리를 저는 장애인입니다. 블레셋과의 전쟁 중에 유모가 이 아이를 안고 도망가다 떨어뜨려 불구가 된 것입니다. 유대인은 장애인을 왕궁에 초대하는 법이 없습니다. 그러나 다윗왕은 두 다리를 못 쓰는 요나단의 아들 므비보셋을 자기 아들들과 함께 식탁에 앉히고 평생 식탁을 함께하겠다고 약속합니다(삼하 9:1-13). 하나님은 그런 다윗을 얼마나 사랑하셨을까요.

예수님은 우리를 왕의 식탁에 초대해 주십니다. 볼품없고 자격 없는 우리를 전혀 개의치 않고 초대해 주십니다. 그런데 이 초대를 거절하는 사람들이 있습니다. 나 같은 사람만 초대하는 것이 아니라 이 사람 저 사람 다 초대하는 것이 마음에 들지 않아서 거부합니다. 또는 입장권이 비싸면 갈까 했는데 무료라서 기분이 나빠 안 오겠다는 사람도 있습니다. 왜 나같이 바쁜 사람이 그런 데 가야 하느냐고, 시간 날 때까지 기다리라는 사람도 있습니다. 그럼에도 예수님은 인간의 거절에 돌아서지 않습니다. 인내심이 많으십니다. 문을 박차거나, 부수거나, 뜯어버리고 들어오는 법도 없으십니다. 초대장을 들고 문밖에서 문을 열어 줄 때까지 정중하게 노크하십니다. 끝까지 기다리시다가 우리가 문을 열어 주기만 하면 만면에 웃음을 띠고 식탁을 차리십니다.

> 이기는 그에게는 내가 내 보좌에 함께 앉게 하여 주기를 내가 이기고 아버지
> 보좌에 함께 앉은 것과 같이 하리라 귀 있는 자는 성령이 교회들에게 하시는
> 말씀을 들을지어다 **계 3:21-22**

예수님의 음성을 듣고 문을 여는 사람이 이깁니다. 예수님이 내 안에 들어오셔야 이길 수 있습니다. 이긴다는 것은 분명히 싸움이 있으며, 질 수도 있는 싸움이라는 의미입니다. 어떻게 하면 이깁니까? 예수님을 밖에 세워 두고 혼자 힘으로 싸우면 백전백패합니다. 반면에 예수님이 내 안에 계시면 백전백승입니다. 이 싸움은 사람의 힘으로 이길 수 없습니다. 혈과 육의 싸움이 아니라 정사와 권세와 하늘에 있는 악의 영들과의 싸움이기 때문에 예수님과 함께 싸워야 이깁니다. 말씀의 검으로 싸워야 합니다.

예수님도 혼자 싸우지 않으셨습니다. 성령에 이끌리어 광야로 가서 마귀의 시험을 받으셨으나 성령의 검, 하나님의 말씀으로 이기셨습니다.

사탄은 오늘도 소아시아 일곱 교회를 공격했던 동일한 세 가지 무기로 교회를 공격합니다. 이단과 박해와 유혹입니다. 이단과 박해는 비교적 식별하기 쉽습니다. 그러나 유혹은 분별이 어렵습니다. 세상의 사조와 문화로 침투해 오는 유혹은 이겨 내기 어렵습니다.

지금 교회는 우는 사자처럼 달려드는 세력들에 둘러싸여 있습니다. 사람의 힘으로 버틸 수 없는 압력입니다. 이단은 때를 가리지 않고 달려들고, 온갖 유혹은 잠시도 우리를 내버려 두지 않습니다. 예수님을 내 안에 모시고 말씀의 식탁에 앉아 날마다 그 말씀을 먹지 않으면 이길 방도가 없습니다. 말씀으로 이단을 이기고, 말씀으로 유혹을 이기고, 말씀으로 다가오고 있는 박해의 시대를 이기십시다.

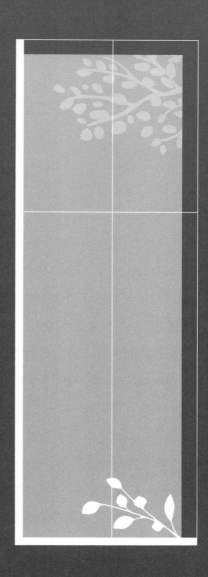

07.

하늘 위의
보좌

*계 4:1-11

사도 요한은 가장 고통스러운 시간에 가장 놀라운 경험을 했습니다. 예수님을 보았고 예수님의 말씀을 들었고 예수님이 계신 곳을 보았습니다. 예수님은 우리가 희망에 가득 차 있을 때는 모습을 잘 드러내시지 않습니다. 예수님은 우리가 가장 낮아질 때, 모든 일이 틀어져 절망할 때, 우리가 죽은 자같이 될 때 모습을 드러내십니다.

사도 요한이 지중해의 척박한 땅 밧모섬에 유배 중입니다. 백 세를 바라보는 고령의 나이에 무슨 희망이 있겠습니까? 아마도 죽음만을 기다렸을 것입니다. 그러나 요한은 이때 그를 부르시는 음성을 들었고, 하늘의 예배가 드려지는 하나님의 성전에 초대를 받았습니다. 모세 인생에 모든 희망이 사라졌을 때 하나님이 찾아오셨듯이, 사도 요한은 교회에 대한 모든 소망이 끊어진 것 같을 때 이 모든 환상을 보게 됩니다.

하늘 보좌에 앉으신 이가 진짜 왕이구나

이 일 후에 내가 보니 하늘에 열린 문이 있는데 내가 들은 바 처음에 내게 말
하던 나팔 소리 같은 그 음성이 이르되 이리로 올라오라 이후에 마땅히 일어
날 일들을 내가 네게 보이리라 하시더라 **계 4:1**

요한이 일곱 교회에 대한 말씀을 다 들었습니다. 요한은 금 촛대 사이를
다니시는 예수님을 분명히 보았습니다. 자신이 섬겼던 소아시아의 일곱 교
회들이 어떤지 다 알고 계시는 주님의 음성을 들었습니다. '정말 불꽃처럼
보고 계시는구나. 어떤 것도 감출 수 없구나' 느꼈을 것입니다. 요한은 교회
들에게 하시는 칭찬과 책망을 다 기록했습니다. 그리고 다시 환상을 통해
하늘에 열려 있는 문을 보게 됩니다. 이미 들었던 음성이 들립니다. 나팔 소
리 같은 뚜렷한 음성입니다. "이리로 올라오라."

초대의 목적은 앞으로 무슨 일이 있을지 보여 주겠다는 것입니다. 암울
한 현실 속에서 한 줄기 빛으로 다가온 초현실입니다. 아무리 어렵고 캄캄
해도 예수님의 음성을 들으면 견딜 수 있습니다. 초현실의 경험은 현실의
경험을 뛰어넘는 힘입니다. 초현실의 환상은 현실의 현상을 초극하는 능력
입니다.

요한이 가장 먼저 본 것은 하늘의 "열린 문"입니다. 앞서 빌라델비아 교
회에 열린 문을 두셨습니다. 예수님의 말씀을 지키고 예수님의 이름을 배신
하지 않는 믿음의 사람들에게는 열린 문이 있습니다. 요한은 지금 열린 문
을 통해 하늘을 봅니다.

벧엘에서 야곱은 하늘 문이 열리고 천사가 왕래하는 것을 보았습니다.
에스겔 선지자는 그발 강가에서 하늘이 열린 것을 보았습니다. 예수님이 요

단강에서 세례를 받으실 때 하늘 문이 열리고 성령이 비둘기같이 내렸습니다. 사도 요한이 극심한 고통 가운데서 절망할 수밖에 없을 때, 하나님은 그를 불러 하늘 보좌를 보여 주십니다.

유대인은 하늘을 세 개 층으로 이해했습니다. 첫째 하늘에는 구름이 떠다니고, 둘째 하늘에는 창문이 있으며, 그 위에 셋째 하늘이 있다고 생각했습니다. 바로 하나님이 천사들과 함께 거하시는 곳입니다. 그래서 둘째 하늘의 문이 열리면 삼층천을 볼 수 있다고 여겼습니다. 지금 음성이 들리고 이 문을 통해 올라오라고 하십니다. 몸이 간 것이 아니라 성령의 감동으로 올라갑니다. 사도 바울은 삼층천을 다녀오고 나서 "내가 몸 안에 있었는지 몸 밖에 있었는지 모르겠다"고 고백했습니다.

그런데 요한더러 왜 올라오라고 하십니까? 직접 보고 기록하도록 하기 위해서입니다. 예수님은 처음부터 그 소명을 알려 주셨습니다.

그러므로 네가 본 것과 지금 있는 일과 장차 될 일을 기록하라 계 1:19

요한이 기록해야 할 일은 이미 본 것과 지금 일어나고 있는 일과 앞으로 일어날 일입니다. 계시록 4장부터는 장차 될 일, 앞으로 일어날 일에 대한 기록입니다.

하나님의 말씀을 들려주고 환상을 보여 주신 목적이 무엇입니까? 첫째, 증인이 되라는 것입니다. 혼자만 알고 천기누설을 하지 말라고 얘기하시지 않습니다. 성경은 반드시 앞으로 일어날 일을 알려 주십니다. 성경은 장차 될 일의 기록입니다. 또한 그렇게 예언했던 말씀이 성취된 기록입니다. 둘째, 끝을 알고 견디라는 것입니다. 끝을 알면 문제는 더 이상 문제가 아닙니다.

> 내가 곧 성령에 감동되었더니 보라 하늘에 보좌를 베풀었고 그 보좌 위에 앉
> 으신 이가 있는데 계 4:2

"성령에 감동되었더니"라는 것은 성령 안에 있다는 말입니다. 성령 안에 있어야 영적인 일이 보이고 들리고 깨달아집니다. 성경 말씀이 꿀처럼 달게 여겨지는 것은 성령 안에서만 가능한 일입니다. 성령 안에서만 세상 일을 영적인 시각에서 보고 해석할 수 있습니다. 요한이 성령 안에서 본 것은 무엇입니까? 하늘의 보좌입니다. 보좌는 왕좌입니다.

땅에도 보좌가 있습니다. 당시 로마 황제의 보좌입니다. 보좌에 앉아 모든 것을 다스리고 통치합니다. 로마 황제는 자신을 신격화하여 신이라 부르도록 했습니다. 로마 제국의 모든 신민은 그 보좌가 가장 높은 곳인 줄 알았습니다. 그래서 로마 황제를 신으로 부르는 데 동의했습니다. 황제를 신으로 대접해 주고 현실의 이익과 목숨을 지킨 것입니다.

이때 그리스도인에게는 땅의 보좌가 전부가 아니라는 구체적인 증거가 필요합니다. 요한의 시대에, 그리고 앞서 에스겔의 시대에 그 환상이 주어진 까닭은 당시의 절망적인 상황과 무관하지 않습니다. "보좌를 베풀었고"는 보좌를 새로 놓은 것이 아니라 보좌가 이미 놓여 있었다는 말입니다.

요한이 지금 보고 있는 것은 하늘 위의 보좌입니다. 땅의 보좌와 비교할 수 없이 높은 곳에 있습니다. 그는 어떤 생각이 들었을까요? 땅의 보좌가 가장 높은 보좌가 아니라는 생각 그리고 하늘 보좌에 앉으신 이가 진짜 왕이라는 생각 아니겠습니까?

이 세상은 누가 왕이냐의 싸움입니다. 누가 보좌에 앉을 것이냐의 다툼입니다. 쉽게 말해서 자리 쟁탈전입니다. 세상은 보좌가 권세이고 권력이고 권위라고 생각합니다. 어떻게든 그 자리를 차지하려고 싸웁니다. 주님 다시

오실 때까지 이 자리싸움은 계속될 것입니다.

요한이 지금 지극히 높은 곳에 있는 하늘 위의 보좌와 그 보좌에 앉으신 이를 봅니다. 얼마나 두렵고 떨렸을까요? 또 얼마나 감동했을까요? 죽을 것만 같은 상황, 죽음이 늘 눈앞에 아른거리는 이때 그는 이 세상을 다스리는 이가 로마 황제가 아니라 하나님임을 확인합니다. 모든 권세가 황제의 보좌가 아니라 하늘 보좌에서 나오는 것임을 두 눈으로 직접 확인합니다. 일순간에 두려움이 사라지고 한순간에 죽음을 넘어섭니다.

하나님을 본 자는 죽음을 맞는 것이 아니라 죽음의 죽음을 경험합니다. 하나님에 대한 경외감은 세상에 대한 긍휼함을 낳습니다. 하나님을 두려워하면 세상이나 사람이 커 보이지 않습니다. 하나님이 살아 계시다는 것을 확인하면 하나님을 모르는 사람들이 불쌍하게 여겨집니다.

놀라운 하늘의 세계

요한은 하늘 위의 보좌와 그 보좌에 앉으신 이를 보았습니다. 어떤 모습입니까?

> 앉으신 이의 모양이 벽옥과 홍보석 같고 또 무지개가 있어 보좌에 둘렸는데 그 모양이 녹보석 같더라 **계 4:3**

요한은 뜻밖에도 보좌에 앉으신 이의 형상은 설명하지 않고, 대신에 그분의 아름다움을 묘사합니다. 하나님은 인간의 언어로 설명할 수 있는 분이 아닙니다. 요한은 보석의 색깔로 표현할 뿐입니다. 가까스로 빛깔로 표현해 놓은 것을 다 해석하려는 시도는 때로 위험하거나 무모합니다. 사실 해석하라고 눈앞에 보여 주신 것이 아닙니다. 해석이 필요한 것은 해석할 수 있도록 말씀하시거나 해석을 도와주는 말씀을 더하십니다. 보여 주신 것은 보라고, 느끼라고, 전하라고 주신 것입니다.

여기 나온 보석들은 대제사장의 흉패에도 담겼던 보석들입니다. 열두 가지 보석 중에 벽옥, 홍보석, 녹보석이 등장합니다. 벽옥은 푸른 빛 나는 고운 옥이고, 홍보석은 루비, 녹보석은 에메랄드를 이릅니다. 보석의 빛깔과 형태로 하나님의 속성을 설명하기도 합니다. "벽옥"은 하나님의 거룩과 정결을, "홍보석"의 붉은 빛깔은 심판과 공의를, 그리고 "녹보석"의 푸른 빛은 은혜와 자비로 해석됩니다. 그러나 이러한 해석에 매달릴 필요는 없습니다.

"무지개"는 노아를 통해 하나님이 온 인류와 맺으신 언약의 상징입니다. 다시 물로 심판하시지 않을 것이며 그 약속을 반드시 지키시겠다는 보증입니다.

> 또 보좌에 둘려 이십사 보좌들이 있고 그 보좌들 위에 이십사 장로들이 흰옷을 입고 머리에 금관을 쓰고 앉았더라 **계 4:4**

요한이 또 보게 된 것은 보좌를 둘러싼 자리들입니다. 그 자리는 모두 스물넷입니다. 그 의자에 앉은 장로들은 왕 같은 제사장들로서 모두 흰옷을 입었고 머리에는 왕관을 썼습니다. 그리고 그들은 함께 예배를 드리고 있습니다. 다윗왕이 성전에서 섬길 제사장들을 24반열로 나눈 것에서 근거해서 "이십사 장로"라고 하기도 하고, 이스라엘의 열두 지파와 예수님의 열두 사도를 합치면 스물넷이므로 신구약 시대를 통틀어 교회 전체의 대표라고 보기도 합니다. 즉 하나님의 백성을 대표하고, 전체 교회의 성도를 대표한다고 볼 수 있습니다. 그러나 중요한 것은 이들 스물네 장로는 교회가 하늘에 존재한다는 것을 보여 주고 있다는 점입니다. 완성된 교회는 그리스도와 함께 연합된 천상의 존재입니다. 바울이 골로새 교회에 그 사실을 알려 줍니다.

> 그러므로 너희가 그리스도와 함께 다시 살리심을 받았으면 위의 것을 찾으라 거기는 그리스도께서 하나님 우편에 앉아 계시느니라 위의 것을 생각하고 땅의 것을 생각하지 말라 이는 너희가 죽었고 너희 생명이 그리스도와 함께 하나님 안에 감추어졌음이라 우리 생명이신 그리스도께서 나타나실 그때에 너희도 그와 함께 영광 중에 나타나리라 골 3:1~4

그리스도인이 거듭나면 위의 것을 찾기 시작합니다. 땅의 자리에 대한 욕심이 사라지고 하늘 위의 보좌에 대한 경외감에 사로잡힙니다. 미리 죽는 죽음과 더불어 새 생명이 자라나는 경험도 합니다. 그리고 그 생명이 그리스도와 연합되어 있음을 알게 됩니다. 그 생명이 하늘 위의 보좌에서 계속 흘러드는 것을 깨닫습니다. 그 보좌는 온 우주를 다스리는 통치의 보좌, 구원과 심판의 보좌입니다. 그 보좌에서 구원이 시작되고 또한 그 보좌에서 심판이 시작됩니다. 그 보좌가 바로 구원과 심판의 권능입니다.

> 보좌로부터 번개와 음성과 우렛소리가 나고 보좌 앞에 켠 등불 일곱이 있으니 이는 하나님의 일곱 영이라 계 4:5

"번개와 음성과 우렛소리"는 무엇입니까? 하나님의 나타나심입니다. 하나님의 현현(Theophany), 하나님의 등장입니다. 하나님이 시내산에 내려오셔서 십계명을 반포하시는 모습을 봅시다.

셋째 날 아침에 우레와 번개와 빽빽한 구름이 산 위에 있고 나팔 소리가 매우 크게 들리니 진중에 있는 모든 백성이 다 떨더라 출 19:16

뭇 백성이 우레와 번개와 나팔 소리와 산의 연기를 본지라 그들이 볼 때에 떨며 멀리 서서 출 20:18

출애굽 때 나타나신 모습이나 계시록에 나타나신 하나님의 모습은 같습니다. 그러나 목적이 다릅니다. 지금은 심판하러 오십니다. 앞으로 일곱 인, 일곱 나팔, 일곱 대접 심판 때, 곧 종말의 심판 때에 계속해서 이 번개와 음성과 우레가 나타날 것입니다(계 8:5, 11:19, 16:18).

번개와 음성과 우레, 그리고 큰 우박과 지진 같은 것이 보좌로부터 나온다는 것은 첫째, 종말적 심판이 하나님의 보좌로부터 시작되는 하나님의 통치 행위라는 것을 알려 줍니다. 둘째, 종말적 심판의 사건이 이미 하늘에서 일어나고 있다는 것을 보여 줍니다. 하늘의 사건은 선행 사건입니다. 하늘에서 먼저 징조가 있습니다. 그리고 땅에서 그 일들이 실제로 일어납니다. 두 사건은 사실상 시간을 초월한 병행 사건입니다. 그러므로 셋째, 이 세상에는 반드시 종말적 사건이 일어날 것입니다.

"보좌 앞에 켠 등불 일곱"에서 일곱 등불은 성전에 있는 '일곱 등잔을 가진 금 촛대'입니다. 땅의 성전에 일곱 등잔이 있었듯이 하늘 성전에도 일곱 등불이 있습니다. 스가랴서 4장에서는 일곱 등잔이 여호와의 눈이라고 했지만, 계시록 4장은 일곱 등불이 성령님이라고 분명히 밝힙니다. 그리고 스가랴서 4장의 일곱 등불이 새 성전을 건축하게 되듯이 일곱 영이신 성령님이 보좌에 앉으신 분의 통치와 구속 계획을 수행하게 될 것임을 알려 줍니다.

보좌 앞에 수정과 같은 유리 바다가 있고 보좌 가운데와 보좌 주위에 네 생물이 있는데 앞뒤에 눈들이 가득하더라 그 첫째 생물은 사자 같고 그 둘째 생물은 송아지 같고 그 셋째 생물은 얼굴이 사람 같고 그 넷째 생물은 날아가는 독수리 같은데 네 생물은 각각 여섯 날개를 가졌고 그 안과 주위에는 눈들이 가득하더라 그들이 밤낮 쉬지 않고 이르기를 거룩하다 거룩하다 거룩하다 주 하나님 곧 전능하신 이여 전에도 계셨고 이제도 계시고 장차 오실 이시라 하고 **계 4:6~8**

먼저 보좌 앞에 있는 "수정과 같은 유리 바다"는 무엇일까요?

그 생물의 머리 위에는 수정 같은 궁창의 형상이 있어 보기에 두려운데 그들의 머리 위에 펼쳐져 있고 **겔 1:22**

에스겔이 묘사한 "수정 같은 궁창"과 요한이 보고 있는 "수정과 같은 유리 바다"는 같습니다. 이것은 보좌와 다른 네 생물 사이에 놓인 분리막과 같습니다. 보좌는 궁창 위에 있고, 네 생물은 궁창 아래에 있습니다. 모든 것은 궁창 아래에서 움직입니다. 아무리 보좌 가까이 있다고 해도 궁창을 뛰어넘을 수 없습니다. 이 궁창은 보좌에 앉으신 분의 지극하심과 거룩하심을 보여 주는 것입니다. 창세기 1장 7절에도 궁창 위의 물과 궁창 아래의 물로 나뉘어 있던 것을 봅니다.

"수정과 같은 유리 바다"는 솔로몬 성전에서 놋으로 만든 바다의 본입니다. 이 바다는 제사장들이 성소에 들어가기 전에 손발 씻을 물을 담아 놓은 큰 그릇입니다. 이 놋 바다가 성소 안과 성소 밖 마당을 구별하듯이 수정 같은 유리 바다는 보좌에 앉으신 분과 피조물을 구별하는 역할을 합니다.

경이로운 하늘 예배

이제 네 생물을 보십시다. 에스겔은 바벨론에 포로로 잡혀갔다가 그발 강가에서 선지자로 부름을 받고 환상을 보았습니다. 그가 본 환상 가운데에도 역시 보좌를 모신 네 생물이 있습니다.

> 그 얼굴들의 모양은 넷의 앞은 사람의 얼굴이요 넷의 오른쪽은 사자의 얼굴이요 넷의 왼쪽은 소의 얼굴이요 넷의 뒤는 독수리의 얼굴이니 그 얼굴은 그러하며 그 날개는 들어 펴서 각기 둘씩 서로 연하였고 또 둘은 몸을 가렸으며 영이 어떤 쪽으로 가면 그 생물들도 그대로 가되 돌이키지 아니하고 일제히 앞으로 곧게 행하며 또 생물들의 모양은 타는 숯불과 횃불 모양 같은데 그 불이 그 생물 사이에서 오르락내리락하며 그 불은 광채가 있고 그 가운데에서는 번개가 나며 그 생물들은 번개 모양같이 왕래하더라 **겔 1:10~14**

에스겔이 본 네 생물의 얼굴은 사면이 있습니다. 앞은 사람의 얼굴이고 오른쪽은 사자 얼굴이고 왼쪽은 소이고 뒷면은 독수리 얼굴입니다. 그리고 날개는 넷입니다. 에스겔 10장에서는 이 네 생물의 이름을 '그룹'이라고 부르는데 하나님을 모시고 있는 천사들입니다. 이사야 선지자도 보좌에 앉으신 하나님을 봅니다. 이사야는 하나님을 모시는 천사들이 '스랍'이라고 알려 줍니다.

> 웃시야 왕이 죽던 해에 내가 본즉 주께서 높이 들린 보좌에 앉으셨는데 그의 옷자락은 성전에 가득하였고 스랍들이 모시고 섰는데 각기 여섯 날개가 있어 그 둘로는 자기의 얼굴을 가리었고 그 둘로는 자기의 발을 가리었고 그 둘로

는 날며 서로 불러 이르되 거룩하다 거룩하다 거룩하다 만군의 여호와여 그
의 영광이 온 땅에 충만하도다 하더라 사 6:1~3

에스겔이 본 '그룹'과 이사야가 본 '스랍', 그리고 요한이 본 '네 생물'은
같은 존재로서 보좌를 섬기는 천사들입니다. 스랍은 성전에서 하나님을 찬
양하는 천사들이고, 그룹은 하나님의 친위대와 같은 성격을 가진 천사들로
서 하나님의 손발과 같은 존재입니다. 하나님의 보좌 주위에 천사들이 있다
는 사실은 성막과 성전에서도 알 수 있습니다. 지성소에 있는 언약궤의 뚜
껑은 하나님의 보좌를 상징합니다. 그 이름을 '은혜의 보좌'라고 하고 '시은
좌' 또는 '속죄소'라고 부릅니다. 이 은혜의 보좌 양옆으로 두 그룹이 날개를
펴서 언약궤를 덮고 있는 모양으로 함께 붙어 있습니다.

네 생물의 얼굴인 사자, 소, 독수리, 사람은 무엇을 나타낼까요? 각 영역
을 대표하는 존재들입니다. 사자는 동물의 왕이고, 소는 가축 중의 가축이
고, 독수리는 새들의 첫째고, 사람은 모든 피조물의 으뜸입니다. 따라서 네
생물은 모든 피조물을 대표합니다.

이들 네 생물의 날개에 안팎으로 눈이 가득한 것은 무슨 까닭입니까? 모
든 일을 다 보고 있다는 겁니다. 세상만사를 꿰뚫어 보고 있다는 것입니다.
이들의 역할은 무엇입니까? 보좌에 앉으신 분께 예배드리는 것을 돕습니다.
천상 예배의 모습을 봅니다. 이들은 제 생각대로 움직이거나 제멋대로 활동
하지 않습니다. 반드시 하나님의 뜻을 좇아 움직입니다. 하나님의 말씀에 대
한 지극한 통찰과 순종이 우리에게도 필요할 것입니다.

그 생물들이 보좌에 앉으사 세세토록 살아 계시는 이에게 영광과 존귀와 감
사를 돌릴 때에 이십사 장로들이 보좌에 앉으신 이 앞에 엎드려 세세토록 살

아 계시는 이에게 경배하고 자기의 관을 보좌 앞에 드리며 이르되 우리 주 하나님이여 영광과 존귀와 권능을 받으시는 것이 합당하오니 주께서 만물을 지으신지라 만물이 주의 뜻대로 있었고 또 지으심을 받았나이다 하더라

계 4:9-11

네 생물들이 먼저 예배를 인도합니다. 하나님께 영광과 존귀와 감사를 돌립니다. 이십사 장로들이 하나님 앞에 엎드려 자기의 관을 벗어 경배를 드립니다. 예배란 내게 씌어주신 왕관을 다시 주님께 벗어 드리는 것입니다. 경배란 내게 주신 것을 내가 감당할 수 없다는 감사의 고백입니다. 이 고백은 하나님이 주님이라는 고백입니다. 모든 제국의 신민이 "황제가 주님이시다" 하고 외쳐야 살아남는 시대에 요한은 하늘의 보좌, 천상의 예배, 장로들의 경배를 봅니다. 그 입술에서 나오는 선언입니다.

"하나님이여, 영광과 존귀와 권능을 받으시는 것이 합당합니다. 모든 만물을 친히 지으셨고 이 모든 만물이 주의 뜻 안에 있습니다." 이 얘기를 듣는 요한의 심장이 심히 고동쳤을 것입니다. 그렇습니다. 인간 황제가 그런 영광을 받을 자가 아닙니다. 인간이 하나님 앞에서 왕관을 쓰고 있을 수 없습니다. 그런 외침이 요한 안에서 터져 나오지 않았겠습니까? 밧모섬에서 드리는 주일 예배 때 요한이 보고 있는 하늘의 예배입니다. 얼마나 감격적일까요? 얼마나 마음이 뜨거워졌을까요? 이 순간 하나님이 데려가시기를 소망하지 않았을까요?

이게 진정한 예배입니다. 이런 마음이 참된 예배의 순간에 드는 마음입니다. 우리의 예배는 어떻습니까? 하나님이 진정 내 인생의 주인이라는 고백이 있습니까? 모든 영광과 존귀와 권능을 주님이 받으시기에 합당하다는 고백이 있습니까? 내가 세상에서 쓰고 온 왕관을 벗어서 주님 발 앞에 내려놓았

습니까? 아니면 왕관을 씌워 달라고 떼쓰던 기도 제목이라도 내려놓았습니까? 세상에서 부러워하고 두려워하던 모든 것들이 마음 가운데서 사라지고 수정 같은 유리 바다를 보듯 맑고 청명한 보좌 주변을 봅니까? 모든 감사가 흘러넘칩니까? 감사하다는 말 외에 달리 할 말이 없어 눈물만 흘립니까?

이렇게 하늘에 완성된 교회가 있고, 그곳에서 드리는 말할 수 없이 거룩하고 아름다운 예배가 있습니다. 그렇기에 우리도 그 예배를 흠모하며 이 땅에서도 예배를 드리는 것입니다. 우리도 이런 예배를 드려야만 합니다. 그래야 살아나서 세상으로 돌아가 이길 수 있습니다.

구원의 목적은 바로 예배드리는 데 있습니다. 일평생 자신을 하나님처럼 여기던 사람들이 비로소 나의 주, 나의 하나님을 발견하고 내가 쓰고자 했던 왕관을 주님 발아래 내려놓고 주님을 찬양하고 예배드리는 것이 우리를 구원하신 목적입니다. 그 예배드림이 하나님을 모르는 사람에게 전해지는 것이 전도이며, 하나님을 예배할 줄 모르는 땅 가운데 예배가 드려지도록 하는 것이 선교입니다.

계시록은 두려운 책이 아니라 소망의 책입니다. 종말론으로 겁주는 책이 아닙니다. 끝을 알고 현재를 살도록 믿음을 돕는 책입니다. 끝까지 완주하기를 바랍니다. 예배의 감격을 회복합시다. 예배를 드릴 때마다 내가 이미 죽었다는 것을 고백하고, 이제는 내 안에 오직 예수 그리스도만이 사심을 고백합시다.

08.

사자와
어린양

✦ 계 5:1-14

예배는 오직 하나님께 드리는 것입니다. 창조주 하나님을 경배하고, 각자 머리에 썼던 관을 보좌 앞에 벗어 드리는 것입니다. 예배는 또 구원자이신 예수님을 경배하고, 그분의 발 앞에 엎드리는 것입니다. 예배는 인도자이신 성령님을 경배하고, 그분 안에서 잠잠히 바라보는 것입니다.

그런데 예수님이 왜 구주가 되시는지, 왜 그분께 경배를 드려야 하는지 그 이유를 정확히 압니까? 사도 요한이 보았던 하늘 보좌의 비밀을 통해 우리는 예수님께 예배를 드려야 하는 까닭을 분명히 알게 됩니다.

하나님이 통곡소리를 들으신다

> 내가 보매 보좌에 앉으신 이의 오른손에 두루마리가 있으니 안팎으로 썼고
> 일곱 인으로 봉하였더라 계 5:1

하나님의 오른손에 두루마리가 들려 있습니다. 안팎으로 씌어 있는 책으로 일곱 인으로 완전히 봉했습니다. 누구도 그 봉인에 손댈 수 없고 또 봉인된 두루마리를 펼 수도 없습니다. 당시 봉인된 문서는 전권을 가진 자 외에는 개봉할 수 없었습니다. 왜 봉인합니까? 비밀이기 때문입니다. 지금도 국가 기밀문서는 봉인됩니다. 극비 문서는 정해진 몇 사람 외에는 아무도 접근할 수 없습니다.

> 또 보매 힘 있는 천사가 큰 음성으로 외치기를 누가 그 두루마리를 펴며 그
> 인을 떼기에 합당하냐 하나 하늘 위에나 땅 위에나 땅 아래에 능히 그 두루마
> 리를 펴거나 보거나 할 자가 없더라 계 5:2~3

사도 요한이 처한 상황을 한 번 더 기억해야 합니다. 소아시아의 교회를 비롯해 당시 모든 교회가 다 바람 앞의 등불 같았습니다. 안으로는 이단과 세상의 유혹이 침투해 들어오고 있고, 밖으로는 억압과 핍박이 성도들을 짓눌렀습니다. "하나님, 언제까지 이런 상황을 보고 계십니까?" 요한의 마음 가운데 이런 질문이 계속되었을 것입니다. 그때 하늘 보좌를 보았고 보좌에 앉으신 분의 찬란함을 보았습니다. 그다음 한눈에 들어온 것이 두루마리 책입니다. '저 책에 모든 비밀이 담겼구나. 두루마리가 펼쳐지면 모든 것이 밝혀지겠구나' 직감했을 것입니다. 천사의 음성이 들립니다. "누가 두루마리를

펴기에 합당한가? 누가 인을 떼기에 합당한가?" 아무도 대답하지 않습니다. 요한이 주위를 둘러봅니다. 네 생물도 잠잠하고 스물네 장로도 잠잠합니다.

요한의 마음이 불붙는 것 같았을 것입니다. '누가 두루마리를 받아야 하지 않을까.' '누가 받아서 저 인을 떼야 하지 않을까.' '기록된 비밀이 선포되어야 하지 않을까.' '대체 누가 저 두루마리를 받아서 인을 뗄 수 있을까!' 그는 마치 선고를 앞둔 피고의 마음처럼 절박했을 것입니다.

> 그 두루마리를 펴거나 보거나 하기에 합당한 자가 보이지 아니하기로 내가 크게 울었더니 장로 중의 한 사람이 내게 말하되 울지 말라 유대 지파의 사자 다윗의 뿌리가 이겼으니 그 두루마리와 그 일곱 인을 떼시리라 하더라 계 5:4~5

요한이 울음을 터뜨립니다. 요한이 누구 때문에 웁니까? 교회 때문에 웁니다. 교회 때문에 눈물 흘리는 성도들이 있습니다. 정확하게 표현하자면, 교회인 성도들이 성도들인 교회를 위해 통곡하는 일이 있습니다.

스펄전 목사는 우리가 통곡의 자리를 건너지 않으면 하나님의 보좌로 나아갈 수 없다고 말합니다. 이스라엘 백성이 벧엘로 올라가기 위해서는 반드시 보김의 자리, 즉 통곡의 자리를 통과해야 했듯이 모든 성도는 구원의 자리, 구원의 보좌 앞으로 나아가기 위해서 이런 눈물의 자리를 건너가야 합니다. "주님, 애가 탑니다. 이 통곡하는 마음을 살펴 주십시오. 저희 눈물을 기억해 주십시오. 저희 눈물을 눈물병에 담아 주십시오." 하는 통곡이 있어야 합니다. 사실 통곡이 없는 메마른 신앙이 문제 아닙니까? 언제 눈물을 흘렸습니까? 날마다 하나님께 예배드리면서 이 땅을 향한 눈물과 통곡이 있기를 바랍니다. 저는 그 눈물이 하나님께 계수되는 눈물이라고 믿습니다.

그런가 하면 성도들인 교회의 눈물을 외면하고 제도인 교회, 건물인 교회를 지키겠다고 눈을 부릅뜬 사람들이 있습니다. 이단들이 침투해 교회를 분열과 갈등으로 몰아가고 끝내 교회를 절벽 아래로 떠미는 일이 있습니다. 교회의 아픔과 소망을 외면하는 교회의 기득권층이 교회를 내쫓는 일도 있습니다.

그러나 요한처럼 눈물짓는 성도들이 있습니다. 큰 소리로 통곡하는 성도들이 있습니다. 하나님이 이 통곡의 소리를 들으십니다. 그리고 언약을 기억하십니다.

요한의 울음소리에 한 장로가 울지 말라고 위로를 전합니다. 세상은 눈물을 쏙 빼는 곳입니다. 웃고 있는 사람도 뒤통수를 쳐서 울게 만드는 곳입니다. 그래서 세상에 슬픔과 애통이 많습니다. 그러나 보좌가 있는 곳은 슬픔과 애통이 위로받고 탄식과 눈물이 그치는 곳입니다. 한 장로가 요한을 달랩니다. 그리고 소식을 전합니다. 굿뉴스, 복음입니다. "유대 지파의 사자 다윗의 뿌리가 이겼다. 그분이 두루마리와 일곱 인을 떼실 것이다." 안심케 하는 말씀입니다. 세상 뉴스는 들으면 불안하고 불편하지만 복음은 사람을 안심시키고 평안케 합니다. 그럼 유대 지파의 사자는 누굽니까? 그리스도입니다. 이스라엘이 그토록 기다려 온 메시아입니다. 창세기에 나오는 메시아 족보에 기록된 이름입니다.

유다는 사자 새끼로다 내 아들아 너는 움킨 것을 찢고 올라갔도다 그가 엎드리고 웅크림이 수사자 같고 암사자 같으니 누가 그를 범할 수 있으랴 규가 유다를 떠나지 아니하며 통치자의 지팡이가 그 발 사이에서 떠나지 아니하기를 실로가 오시기까지 이르리니 그에게 모든 백성이 복종하리로다 **창 49:9~10**

야곱이 임종에 앞서 아들 유다에게 들려준 예언의 말씀입니다. 유다 지파를 통해 그리스도가 오실 것이라는 예언입니다. 유다 지파를 사자로 상징한 것은 사자가 동물의 왕이기 때문입니다. 예수 그리스도는 이 예언대로 유다 지파에서 태어나셨습니다. 그리스도의 족보는 이사야 선지자가 다시 예언을 통해 확인합니다.

> 이새의 줄기에서 한 싹이 나며 그 뿌리에서 한 가지가 나서 결실할 것이요
> 사 11:1

> 그날에 이새의 뿌리에서 한 싹이 나서 만민의 기치로 설 것이요 열방이 그에게로 돌아오리니 그가 거한 곳이 영화로우리라 사 11:10

이새는 다윗왕의 아버지입니다. 유다 지파 이새의 뿌리에서 한 싹이 나서 인류의 깃발이 될 것이고 열방이 구원에 이를 것입니다. 그리스도는 다윗의 후손으로 오실 것입니다. 사자와 같을 것입니다. 승리의 상징입니다. 그래서 유대인은 오랫동안 유다 지파의 사자와 이새의 뿌리로 오실 메시아를 기다렸습니다. 유대인이 대망했던 메시아는 다윗왕처럼 이방 나라를 모두 정복하고 이방의 압제에서 이스라엘을 해방시켜 주는 존재였습니다. 그들이 그토록 기다렸던 메시아는 강력한 왕권을 가진 왕이었습니다. 그들이 그토록 오랫동안 기다렸던 메시아는 결코 십자가에서 벌거벗겨진 채 못 박혀 죽은 시골 목수 출신의 예수는 아니었습니다.

그러나 유대인도 헬라인도 믿고 싶지 않았던 사실이 드러났습니다. 예수님이 메시아입니다. 십자가에 매달렸을 때는 몰랐습니다. 무덤에 시신을 안치했을 때는 몰랐습니다. 그러나 부활하신 예수님을 만난 제자들로 인해 모든 것이 달라지기 시작했습니다.

제자들이 부활의 사실을 전파하면서부터 모든 것이 반전되었습니다. 예수님이 부활하셨다는 이야기를 하는 자들의 입을 막기 위해 유대인과 로마인이 할 수 있는 모든 일을 하고 있습니다. 고발과 고문과 살해와 박해가 이어지고 있습니다. 과연 이런 상황 속에서도 예수님을 구주라고 계속 증거해야 하는지 의심과 회의가 가끔 들지 않겠습니까? 이때 사도 요한이 환상을 본 것입니다.

두루마리를 아무도 펼 수 없을 것 같아서 통곡하는 요한을 향해 한 장로가 알려 줍니다. 우선 결론부터 말해 줍니다. 예수님이 분명한 메시아라는 사실을 확인해 줍니다. 예수님이 바로 그 유다 지파의 사자요 이새의 뿌리에서 나오신 분으로 모든 것을 이기셨다고 알려 줍니다.

더딜지라도 반드시 응하리라

현실은 아무리 보아도 로마가 이긴 것 같습니다. 교회와 세상을 놓고 보면 언제나 세상이 이긴 것 같습니다. 이 시대의 암울한 현실을 보십시오. 어느 하나 성한 곳이 없이 부패하고 타락한 현실을 보십시오. 강대국 중심의 질서와 거대한 다국적기업이 국가마저 좌우하는 현실을 보십시오. 하박국 선지자의 고민도 바로 그와 같은 것이었습니다.

여호와여 내가 부르짖어도 주께서 듣지 아니하시니 어느 때까지리이까 내가 강포로 말미암아 외쳐도 주께서 구원하지 아니하시나이다 어찌하여 내게 죄악을 보게 하시며 패역을 눈으로 보게 하시나이까 겁탈과 강포가 내 앞에 있고 변론과 분쟁이 일어났나이다 합 1:2~3

현실을 보십시오. 지금 눈앞에 전개되고 있는 이 악한 세상을 보십시오. 아무리 부르짖어도 듣지 않으시는데 언제까지입니까? 매일같이 폭력이 난무하고 여성들이 겁탈당합니다. 지도층은 날마다 헛된 말로 다투고 싸웁니다. 악한 자들은 거짓말을 밥 먹듯 하고 약한 자들을 수시로 견딜 수 없는 상황으로 내몹니다. 이 현실 속에 어떻게 하나님의 공의를 말할 수 있습니까? 세상에 이토록 악이 만연하고 있는데 어떻게 하나님의 사랑을 말할 수 있습니까? 하나님의 대답입니다.

> 여호와께서 내게 대답하여 이르시되 너는 이 묵시를 기록하여 판에 명백히 새기되 달려가면서도 읽을 수 있게 하라 이 묵시는 정한 때가 있나니 그 종말이 속히 이르겠고 결코 거짓되지 아니하리라 비록 더딜지라도 기다리라 지체되지 않고 반드시 응하리라 합 2:2

가슴이 터질 것 같은 하박국 선지자에게 하나님께서 이 묵시를 기록하라고 하십니다. 언제 어느 때건 읽을 수 있도록 계시의 말씀을 기록하라는 것입니다. 하나님은 정한 때에 반드시 이 말씀대로 종말이 닥칠 것이라고 알려 주십니다. 계시의 말씀이 거짓이 아님을 두 눈으로 보게 될 것이라고 말씀하십니다. 비록 더딘 것 같을지라도 종말은 반드시 있을 것이니 기다리라는 말씀입니다.

에스겔도 요한에 앞서 이 두루마리 책과 두루마리의 일부 내용을 보았습니다.

> 내가 보니 보라 한 손이 나를 향하여 펴지고 보라 그 안에 두루마리 책이 있더라 그가 그것을 내 앞에 펴시니 그 안팎에 글이 있는데 그 위에 애가와 애

곡과 재앙의 말이 기록되었더라 **겔 2:9~10**

에스겔이 보았던 두루마리 안팎에는 애가와 애곡과 재앙의 말이 기록되어 있습니다. 하나님은 아무도 모르게 심판하시지 않습니다. 모두 알 수 있도록 선지자의 입을 통해 경고하십니다. 노아를 통해 홍수 심판에 대비하도록 하셨고, 아브라함을 통해 소돔과 고모라의 심판을 미리 알리셔서 롯과 두 딸이 피할 수 있도록 하셨습니다. 하나님은 다니엘에게도 환난과 구원에 대해 말씀하시고 이 마지막 때의 말을 지키고 글을 봉하라고 하셨습니다.

> 그때에 네 민족을 호위하는 큰 군주 미가엘이 일어날 것이요 또 환난이 있으리니 이는 개국 이래로 그때까지 없던 환난일 것이며 그때에 네 백성 중 책에 기록된 모든 자가 구원을 받을 것이라 땅의 티끌 가운데에서 자는 자 중에서 많은 사람이 깨어나 영생을 받는 자도 있겠고 수치를 당하여서 영원히 부끄러움을 당할 자도 있을 것이며 지혜 있는 자는 궁창의 빛과 같이 빛날 것이요 많은 사람을 옳은 데로 돌아오게 한 자는 별과 같이 영원토록 빛나리라 다니엘아 마지막 때까지 이 말을 간수하고 이 글을 봉함하라 많은 사람이 빨리 왕래하며 지식이 더하리라 … 그가 이르되 다니엘아 갈지어다 이 말은 마지막 때까지 간수하고 봉함할 것임이니라 많은 사람이 연단을 받아 스스로 정결하게 하며 희게 할 것이나 악한 사람은 악을 행하리니 악한 자는 아무것도 깨닫지 못하되 오직 지혜 있는 자는 깨달으리라 **단 12:1~4, 9~10**

마지막 때는 사람들의 왕래가 빨라지고 지식이 급속히 늘어납니다. 왕래가 빨라진다는 말의 원뜻은 '사람들이 사방으로 돌아다닌다', '이리저리 돌아다닌다'입니다. 그리고 '아는 것이 많아진다'는 말입니다. 마지막 때 악한 자는 열심히 다니며 자신이 다 안다고 생각하겠지만, 전혀 깨닫지 못합니다. 반면에 지혜 있는 자, 하나님을 경외하는 자, 예수를 그리스도로 영접하고 믿는 자는 마지막 때를 깨달을 것입니다.

왜 세상이 예수를 부인합니까? 예수님이 그리스도이심을 전할 때, 왜 그토록 듣기를 싫어합니까? 자기 죄와 악이 드러나기 때문입니다. 심판이 있다는 사실을 받아들이고 싶지 않기 때문입니다. 빛이 오면 어둠이 쫓겨나야 하기 때문입니다. 그래서 끝까지 거부합니다.

죽음으로 죽음을 이겼다

내가 또 보니 보좌와 네 생물과 장로들 사이에 한 어린양이 서 있는데 일찍이 죽임을 당한 것 같더라 그에게 일곱 뿔과 일곱 눈이 있으니 이 눈들은 온 땅에 보내심을 받은 하나님의 일곱 영이더라 계 5:6

요한이 울음을 그치고 보니 천사와 장로 사이에 어린양이 있습니다. 일찍이 죽임당한 양으로서 "일곱 뿔과 일곱 눈"이 있습니다. 일곱은 완전함을 뜻하는 숫자입니다. 뿔은 언제나 권세를 뜻합니다. 어린양을 보니까 모든 권세를 가졌습니다. "일곱 뿔"의 권세는 하늘과 땅의 모든 권세입니다. 예수님이 왜 그리스도이십니까? 하늘과 땅의 모든 권세를 가지신 분이기 때문입니다.

마태복음 28장을 보면 예수님이 아직도 부활을 의심하는 제자들에게 이 사실을 알려 주셨습니다. 땅끝까지 증인이 되라고 명령하시면서 반드시 우리가 기억해야 할 사실을 알려 주신 것입니다. 모든 권세가 로마 황제에게 있는 것이 아니라 예수님께 있다는 것을 각인시켜 주셨습니다.

"일곱 눈"은 모든 것을 다 아신다는 뜻입니다. 예수님은 다 아십니다. 예수님은 한밤에 찾아온 니고데모가 거듭나야 한다는 것도 아시고, 수가성 우물가 여인이 지금 함께 살고 있는 남자가 여섯 번째 남자라는 것도 아시고, 가룟 유다가 헌금에 손을 대고 있으며 자신을 팔게 될 것이라는 사실도 아셨습니다.

예수님은 다 아시지만 다 말씀하시지 않습니다. 예수님은 알고 당하시지 모르고 당하시지 않습니다. 우리는 모르고 속고 당하지만, 예수님은 그렇지 않습니다. 우리가 착각하는 것이 있습니다. 나는 나를 잘 알고 있지만 예수님은 나를 다 모를 것이라는 생각입니다. 그 반대입니다. 나는 나에게 잘 속지만, 예수님은 나를 잘 아셔서 나에게 속지 않습니다.

어린양이신 예수님이 우리의 모든 것을 다 안다는 사실과 예수님께 모든 권세가 있다는 사실이 좀처럼 믿기지 않습니까? 사자는 힘이 있지만 양에게 무슨 힘이 있겠느냐는 생각이 듭니까? 그러나 우리는 유월절과 유월절의 어린양을 기억합니다. 이스라엘 백성이 출애굽 한 것은 애굽과 싸워 이긴 군사력 때문이 아닙니다. 사자와 같은 담력 때문이 아닙니다. 오직 유월절 어린양의 죽음 때문입니다. 어린양의 피를 문지방에 발랐기 때문입니다.

사자는 승리의 동물이지만 양은 죽음의 동물입니다. 왜 죽임당한 어린양이 구원입니까? 죽음으로 죽음을 이기셨기 때문입니다. 십자가의 죽음을 통해서 승리하셨기 때문입니다. 예수님은 유다 지파의 사자이지만, 어린양 제물로 그 피를 제단에 뿌리셨습니다.

그리스도께서는 장래 좋은 일의 대제사장으로 오사 손으로 짓지 아니한 것 곧 이 창조에 속하지 아니한 더 크고 온전한 장막으로 말미암아 염소와 송아지의 피로 하지 아니하고 오직 자기의 피로 영원한 속죄를 이루사 단번에 성

소에 들어가셨느니라 **히 9:11~12**

십자가는 세상의 눈으로 보면 완전한 패배이지만 하나님의 눈으로 보면 승리입니다. 사람의 눈으로 보면 사탄의 권세가 이긴 것 같습니다. 하나님의 눈으로 보아야 달리 보입니다. 십자가로 사탄의 권세가 무너지는 것이 보입니다.

교회가 세상을 어떻게 이깁니까? 사자처럼 세상을 찢고 우렁찬 소리로 포효해서 겁을 주어 이기는 것이 아닙니다. 세상과 죽도록 싸우고 피 터지게 싸워서 이기는 것이 아닙니다. 교회는 세상을 어린양의 피로 이깁니다. 십자가의 죽음으로 이깁니다. 십자가의 부활로 이깁니다. 십자가는 죽음을 이긴 죽음이고 죽음을 이긴 부활입니다. 그런데 그 십자가의 의미가 계시록을 통해 다시 한번 분명해졌습니다. 예수님이 죽으심으로 봉인된 유언은 자격을 갖게 되었습니다.

유언은 유언한 자가 죽어야 되나니 유언은 그 사람이 죽은 후에야 유효한즉 유언한 자가 살아 있는 동안에는 효력이 없느니라 **히 9:16~17**

우리는 십자가의 보혈과 죽음과 부활의 의미를 정확히 몰랐지만, 이 봉인을 떼기 위한 피가 반드시 뿌려져야 했습니다. 그래야 언약과 유언이 효력을 발하는 놀라운 비밀이 감추어져 있었던 것입니다. 유언을 유언 되게 하고 유언의 약속이 지켜지게 하기 위한 것이었습니다.

예수님은 이 땅에서 모든 소명을 마치고 하늘 보좌에 오르셔서 인을 떼기에 합당한 자가 되셨습니다. 그 두루마리는 예수님만이 떼실 수 있습니다.

그 어린양이 나아와서 보좌에 앉으신 이의 오른손에서 두루마리를 취하시니라 그 두루마리를 취하시매 네 생물과 이십사 장로들이 그 어린양 앞에 엎드려 각각 거문고와 향이 가득한 금 대접을 가졌으니 이 향은 성도의 기도들이라 계 5:7~8

어린양 예수님이 창조주 하나님의 오른손에서 드디어 두루마리 책을 넘겨받으십니다. 바로 이 순간이 전권 위임의 순간이고 주전(BC)과 주후(AD)로 확연히 갈라지는 순간입니다. 바로 이 순간이 메시아 위임의 순간입니다. 이것이 십자가의 의미입니다.

우리가 앞으로 계시록을 계속 읽어 가면서 혼동해서 안 되는 것은 시간의 개념입니다. 우리는 시간을 평면적으로 이해합니다. 과거 현재 미래로 흘러가는 시간 개념입니다. 그러나 계시록에서는 모든 시간이 동시적입니다. 마치 메모리칩에 모든 사건과 시간이 기록된 것과 같은 개념입니다. 그래서 십자가는 현재의 사건입니다. 그래서 십자가의 효력은 현재적입니다. 그래서 저와 여러분은 구원받았고 구원받고 있고 완성된 구원에 이미 이르러 있습니다. 그래서 흔들리지 않고 가는 것입니다.

어린양 예수님이 두루마리 책을 넘겨받으심으로 하나님의 구속 계획은 성취되었습니다. 이제 예수님은 하나님 보좌 우편에서 모든 통치권을 행사하시는 왕으로서 하나님 나라를 이루고 완성하고 계십니다. 이 두루마리 책을 넘겨받으심으로 종말적인 하나님 나라가 시작된 것입니다.

"향이 가득한 금 대접"은 무엇입니까? 그 향은 다름 아닌 성도들의 기도입니다. 향기로운 기도는 무엇입니까? 하나님 나라가 이 땅 가운데 와야 한다는 기도, 하나님의 뜻이 하늘에서 이루어진 것처럼 이 땅에서도 이루어져야 한다는 거룩한 기도들이 거룩한 금 대접에 담겼을 것이고, 그 기도는 향이 되어 하나님께 올려드리는 아름다운 예물이 되었을 것입니다. 또한 고난

받는 성도들의 기도가 향입니다. 예배에는 언제든지 성도들의 기도가 있습니다. 성도들의 기도는 땅에 떨어지지 않고 분향처럼 하늘에 올라가 금 대접에 담깁니다.

시편 기자도 분향하듯이 기도를 드렸습니다.

> 나의 기도가 주의 앞에 분향함과 같이 되며 나의 손 드는 것이 저녁 제사같이 되게 하소서 시 141:2

계시록 8장에 보면 성도들의 기도가 향연과 함께 천사의 손에서 하나님 앞으로 올라가는 장면이 나옵니다. 그리고 성도들의 기도가 드려지고 천사가 제단의 불을 담은 향로를 땅에 쏟기 시작하면 재앙이 시작됩니다.

> 또 다른 천사가 와서 제단 곁에 서서 금 향로를 가지고 많은 향을 받았으니 이는 모든 성도의 기도와 합하여 보좌 앞 금 제단에 드리고자 함이라 향연이 성도의 기도와 함께 천사의 손으로부터 하나님 앞으로 올라가는지라 천사가 향로를 가지고 제단의 불을 담아다가 땅에 쏟으매 우레와 음성과 번개와 지진이 나더라 계 8:3~5

우리가 다시 듣게 되는 것은 새 노래, 새 찬양입니다. 그 찬양의 가사를 듣습니다.

> 그들이 새 노래를 불러 이르되 두루마리를 가지시고 그 인봉을 떼기에 합당하시도다 일찍이 죽임을 당하사 각 족속과 방언과 백성과 나라 가운데에서 사람들을 피로 사서 하나님께 드리시고 그들로 우리 하나님 앞에서 나라와

제사장들을 삼으셨으니 그들이 땅에서 왕 노릇 하리로다 하더라 **계 5:9~10**

네 생물과 이십사 장로들의 찬양이 시작됩니다. 계시록 4장과 5장에는 모두 다섯 번의 찬양이 울려 퍼집니다. 하나님 아버지께 두 번의 찬양, 어린양 예수님께 두 번의 찬양, 그리고 모든 피조물이 하나님과 예수님께 다섯 번째 찬양을 드립니다.

그러면 성령 하나님은 찬양의 대상에서 빠집니까? 성령 하나님은 보좌 앞의 일곱 등불로서 성부 하나님의 통치 대행자이시고, 어린양 예수님의 일곱 뿔과 일곱 눈으로서 구속 사역의 대행자이십니다. 성령 하나님은 보좌에 앉으신 분과 어린양이 찬양과 예배를 받으시도록 네 생물과 스물네 장로들과 천사들과 모든 피조물을 감동케 하시는 분입니다. 성령 하나님이 일하시지 않으면 찬양과 예배가 드려지지 않습니다. 성령 하나님은 모든 찬양과 예배의 코디네이터입니다. 따라서 예배를 받으시기에 합당하신 분은 성부 성자 성령 삼위일체 하나님입니다.

어떤 경우에도 사람이 예배를 받는 일은 없습니다. 그래서 예배를 기획하고 예배를 관찰하고 예배를 감독하다 자칫 예배를 받는 입장에 서는 일이 없어야 합니다.

예수님은 우리를 피로 사셔서 하나님 앞에 세우십니다. 그리고 우리를 제사장으로 세우시고, 땅에서는 왕 노릇 하도록 하십니다. 베드로가 이 사실에 감격했습니다.

그러나 너희는 택하신 족속이요 왕 같은 제사장들이요 거룩한 나라요 그의 소유가 된 백성이니 이는 너희를 어두운 데서 불러내어 그의 기이한 빛에 들어가게 하신 이의 아름다운 덕을 선포하게 하려 하심이라 **벧전 2:9**

찬양은 예배받으시기에 합당한 분께 드리는 우리의 반응입니다. 우리 입술은 찬양을 위한 도구요 예수님을 증거하는 도구입니다. 우리 입술은 어둠에서 빛으로 옮기신 이의 아름다운 덕을 선포하는 도구입니다. 그것만 하기에도 우리 시간은 부족합니다. 누가 이런 찬양을 해야 합니까?

> 내가 또 보고 들으매 보좌와 생물들과 장로들을 둘러선 많은 천사의 음성이 있으니 그 수가 만만이요 천천이라 큰 음성으로 이르되 죽임을 당하신 어린양은 능력과 부와 지혜와 힘과 존귀와 영광과 찬송을 받으시기에 합당하도다 하더라 내가 또 들으니 하늘 위에와 땅 위에와 땅 아래와 바다 위에와 또 그 가운데 모든 피조물이 이르되 보좌에 앉으신 이와 어린양에게 찬송과 존귀와 영광과 권능을 세세토록 돌릴지어다 하니 네 생물이 이르되 아멘 하고 장로들은 엎드려 경배하더라 계 5:11~14

이 예배가 눈앞에 선해야 합니다. 이 예배를 사모해야 합니다. 우리도 이런 예배를 드려야 합니다. 하나님의 하나님 되심 때문에 예배를 드려야 합니다. 예수님의 예수님 되심 때문에 예배를 드려야 합니다. 하나님의 창조주 되심, 예수님의 구속주 되심 때문에 예배를 드리는 것입니다. 내 기도가 응답되어서 예배드리는 것이 아닙니다. 내 기도가 응답되지 않아서 예배의 자리를 떠나는 것이 아닙니다. 우리가 찬양하는 까닭은 병들었건 건강하건 가난하건 부유하건 유명하건 무명이건 그런 조건 때문이 아닙니다. 그분이 누구신지를 알기 때문에 찬양하고 그분이 합당하시기 때문에 예배를 드리는 것입니다. 지금 이 순간 천하 만민과 천지 만물이 모두 하나님을 예배해야 합니다. 물이 바다를 덮음같이 온 세상에 찬양이 흘러넘쳐야 합니다.

09.

인 심판의
비밀

✳ 계 6:1-17

계시록 6장부터는 심판 이야기가 시작됩니다. 심판은 누구에게나 부담입니다. 그러나 안심하십시오. 심판은 하나님과의 관계가 회복된 사람, 그리스도의 피로 의롭게 된 사람들에게 들이닥칠 얘기가 아닙니다. 이스라엘 백성이 출애굽 할 때 열 가지 재앙이 닥쳤어도 그들에게는 구원 사건이었습니다. 그 재앙들은 바로의 불순종에 대한 심판으로서 애굽인들에게 파도처럼 몰아닥쳤습니다.

예수님의 심판은 어떻겠습니까? 예수님이 더욱 양 떼를 보호하려고 하시지 않겠습니까? 선한 목자가 자신에게 맡겨진 양 한 마리라도 잃으시겠습니까? 앞으로 보게 될 심판의 모습들은 그래서 우리에게 긍휼한 마음을 불러일으킬 것이고, 연약한 믿음을 더욱 굳게 할 것이고, 졸고 있는 믿음을 흔들어 깨울 것입니다. 봉인된 두루마리를 넘겨받으신 예수님이 첫 번째 인을 떼십니다. 비밀이 벗겨지는 순간입니다.

이기고 또 이기려고 하는 자들

> 내가 보매 어린양이 일곱 인 중의 하나를 떼시는데 그때에 내가 들으니 네 생물 중의 하나가 우렛소리같이 말하되 오라 하기로 이에 내가 보니 흰말이 있는데 그 탄 자가 활을 가졌고 면류관을 받고 나아가서 이기고 또 이기려고 하더라 계 6:1~2

보좌 앞에 있던 네 생물 중 하나가 쩌렁쩌렁한 목소리로 부릅니다. "오라!" 마치 무대 위로 부르는 감독 같습니다. 작가의 시나리오에 따라 감독이 연출하는 것과 같습니다. 제1막 1장의 각본입니다. 백마 탄 자가 등장합니다. 그는 세상 권세를 가진 자입니다.

로마 시대에 백마 탄 자는 전쟁이 끝나고 승전 퍼레이드를 벌일 때 늘 등장했습니다. 당시 활은 오늘날의 미사일과 같은 무기인데, 로마 신화에 등장하는 아폴로는 늘 활을 들고 나타납니다. 로마 황제 중에서도 그 흉내를 내느라 활을 들고 다닌 자가 있었습니다. 그 시대 사람들은 활을 가진 자들이 재난을 가져온다고 여겨 두려워했습니다.

백마 탄 자는 또 면류관을 썼습니다. 여기서의 면류관은 헬라어로 '스테파노스'라고 하는 운동 경기에서 이겼을 때 쓰는 관입니다. 그는 기를 쓰고 싸워서 이기겠다고 전쟁을 일으킵니다. 이길 수 있을까요? 못 이깁니다. 어떤 왕국이나 제국도 끝까지 전쟁에 이기지 못합니다.

백마 탄 자를 그리스도로 해석하는 사람들이 있지만, 앞뒤가 안 맞습니다. 예수님이 인을 떼고 나서 다시 백마 타러 가셨을 것 같지 않습니다. 그리고 그리스도께서 "오라" 하는 네 생물의 명령을 따르시는 분입니까? 19장에 백마 타고 나오시는 분은 예수님이 맞지만, 여기는 아닙니다. 여기는 오히려 세상에서 왕 노릇 하며 그리스도 흉내를 내는 적그리스도를 말합니다.

예수님은 마태복음 24장에서 마지막 때에 일어날 일들을 말씀해 주셨습니다. 먼저 스스로를 그리스도라 주장하는 존재들의 미혹이 극심해진다는 것입니다. 사도 요한은 예수님이 가르쳐 준 적그리스도의 환상을 보았다고 해석하는 것이 마땅합니다. 그리고 우리 예수님은 이기고 또 이기려고 하는 것이 아니라 단번에 이기십니다. "내가 세상을 이겼다"고 선포하신 분입니다.

여기서 우리는 두 가지 사실을 확인합니다. 첫째는 세상의 어떤 권세를 가진 자도 어린양이 인을 떼고 허락해야 무대에 오를 수 있다는 사실입니다. 메신저가 명령에 따라서 오라고 해야 올 수 있고 가라고 해야 갈 수 있습니다. 앞서 우리는 빌라델비아 교회에 말씀하시는 음성을 들었습니다. 하나님이 열면 닫을 자가 없고 닫으면 열 자가 없습니다. 우리 눈에는 사람이 제멋대로 결정하고 움직이는 것 같지만, 아닙니다. 악한 자가 등장하는 것도 각본에 있어야 하고 감독이 캐스팅해야 하며 등장할 때가 되어야 무대에 오르는 것입니다.

그러면 사람은 꼭두각시 인형입니까? 물론 아닙니다. 배우에게 애드립을 허락하듯이 주어진 역할 가운데 운신의 폭이 있고 여백이 있습니다. 악역도 배역입니다. 그런데 주어진 악역 이상을 하면 어떻게 됩니까? 그 악역을 잘못 수행한 죄로 심판받습니다. 하나님이 이스라엘 백성을 심판하는 도구로 앗수르와 바벨론 같은 이방 나라들을 쓰셨습니다. 그러나 그 이방 나라들이 이스라엘에게 지나치게 행했을 때 이들도 심판받았습니다.

판사와 검사는 많은 경우 악역을 맡습니다. 그러나 지독하게 굴 필요가 있습니까? 누군가에겐 교도관도 악역입니다. 그러나 죄수들을 학대할 필요가 있습니까? 지나치면 반드시 그 악이 제 머리로 돌아갑니다. 저는 믿는 자들이 악역을 맡게 되지 않기를 바랍니다. 그러나 피할 수 없는 역할이라면 최소한의 역할이기를 바랍니다.

요셉은 죄수로 감옥 갔다가 간수장 신임을 얻어서 간수 보조 역할을 했습니다. 그에게 뜻밖의 권력이 주어졌지만, 그는 그 권력을 휘두르지 않았고 도리어 죄수들을 섬겼습니다. 오히려 그들에게서 세상을 배웠고 애굽을 배웠습니다. 그리고 바로의 측근이었던 정치범들에게서는 바로의 왕궁과 애굽의 정치 경제를 배웠습니다. 그는 거기서 맺은 정치범과의 인연으로 바로 앞에 서게 됩니다. 애굽 총리 되는 길이 자신을 모함해서 감옥 가게 한 보디발의 아내로부터 시작되고, 감옥에서 만난 왕의 술 따르는 관원 꿈을 해몽해 주다가 열립니다.

기억하십시오. 인생은 언제나 역설입니다. 신앙은 언제나 역설입니다. 끝은 시작일 뿐입니다. 죽는 길이 사는 길입니다. 낮아지는 것이 높아지는 것입니다. 나중 된 자가 먼저 됩니다. 그래서 역지사지(易地思之)해야 하고 전화위복(轉禍爲福)을 내다보아야 하고 일희일비(一喜一悲)하지 말아야 합니다. 선한 마음을 가지려면 끝까지 선해야 하고, 섬기는 자가 되려면 끝까지 섬기는 자가 되어야 합니다. 약한 자 앞에서 군림하고 강한 자 앞에서 섬겨야 소용없습니다. 그러나 모든 사람을 섬기면 모든 사람이 인맥입니다. 그 인맥은 결국 하늘에 닿아 있습니다.

하나님이 어떤 사람을 보내 우리를 연단하시는지 우리는 다 모릅니다. 연단의 목적은 변함없는 성품입니다. 그 성품 빚느라 고난이 주어집니다. 성품이 바르게 빚어질 수만 있다면 모든 고난은 유익입니다. 그리고 고난의 과정에 만난 모든 사람이 하나님의 사람임을 깨닫습니다.

교회 직분에 특히 유념해야 합니다. 섬기고 낮아지라고 주신 직분입니다. 그런데 가만 보면 장로나 권사 되기 전까지 괜찮던 분이 직분 받고 이상해지는 경우가 있습니다. 전도사 때는 괜찮았는데 목사 되고 달라지는 사람이 있습니다. 교회 성도가 오십 명 백 명일 때는 괜찮았는데 천 명 만 명 되면 달라지는 목사들이 있습니다. 가난할 때는 좋았는데 돈 벌고 나빠지는 관계가 있습니다. 하나님의 시험에 낙방한 것입니다. 사탄의 유혹에 걸려든 것입니다. 그러면 다시 바벨론으로 끌려갑니다.

물론 악역을 맡은 자, 심판 도구가 된 나라들도 조심해야 합니다. 이스라엘을 징벌하느라 악역을 맡았던 이방 나라들은 한결같이 쇠퇴했습니다. 애굽은 고대 근동에서 아주 강력한 국가였지만 쇠퇴를 막지 못했습니다. 앗수르가 등장해서 영원할 것 같았지만 바벨론에게 망합니다. 한때 천하무적이던 바벨론은 메대(페르시아)에게 망합니다. 페르시아는 헬라에게 덜미를 잡혔고, 헬라는 알렉산더 대왕 사후에 넷으로 나뉘었다가 로마 제국에 자리를 내주고 맙니다. 이제 로마가 영원할 것 같습니다. 팍스 로마나(Pax Romana), 로마의 평화체제는 난공불락처럼 보입니다. 그 로마는 이기고 또 이기려고 국가의 모든 역량을 다했습니다. 그러나 로마 제국도 4백여 년 만에 결국 둘로 쪼개집니다.

끝까지 승리자가 되겠다고 죽을힘을 다하는 세상에서 평화란 전쟁의 휴식 기간입니다. 인간의 전쟁 역사 기록을 보면 지난 3천 4백 년 동안 약 8천 번의 평화협정이 체결되었지만 깨어지지 않은 협정은 없었습니다. 평화 협정의 효력이 평균 10년이 안 됩니다. 평화가 오래 지속되지 않는 이유를 아시지요? 이기고자 하는 자들이 줄을 섰기 때문입니다. 지고는 못 사는 자들이 각성제를 먹고 밤잠을 쫓아가며 와신상담(臥薪嘗膽)하고 절치부심(切齒腐心)합니다. 이기고 이겨도 흡족하지 않은 자들이 수없이 많습니다. 어떻게 이런 곳에 평화가 가능합니까?

그래서 영원한 절대 강자는 없습니다. 2차대전 이후 세계 평화를 주도해 온 팍스 아메리카나도 잠시였습니다. 미소 냉전 체제가 와해되기 무섭게 중국이 러시아의 공백을 메우고 있습니다. 일본은 빠른 걸음으로 다시 재무장의 길로 접어들었습니다.

평화주의자들의 노력에 찬물을 끼얹자는 것이 아닙니다. 그러나 분명한 현실은 이 땅에서 인간이 염원하는 평화는 결코 영원하지 않다는 것입니다. 성경에 의하면, 하나님은 악이 만연한 땅의 질서를 흔들기 위해 때때로 전쟁을 허락하십니다. 또한 세상이 거짓 평화에 취하는 것을 내버려 두지 않으십니다. 때로 의로운 자들의 신원을 위해 그리고 공의의 회복을 위해서도 전쟁이라는 극약을 처방하십니다. 그러나 허락받은 자, 허락받은 국가도 위기의 기로에 섭니다.

> 그들이 화석류나무 사이에 선 여호와의 천사에게 말하되 우리가 땅에 두루 다녀 보니 온 땅이 평안하고 조용하더이다 하더라 여호와의 천사가 대답하여 이르되 만군의 여호와여 여호와께서 언제까지 예루살렘과 유다 성읍들을 불쌍히 여기지 아니하시려 하나이까 이를 노하신 지 칠십 년이 되었나이다 하매 여호와께서 내게 말하는 천사에게 선한 말씀, 위로하는 말씀으로 대답하시더라 내게 말하는 천사가 내게 이르되 너는 외쳐 이르기를 만군의 여호와의 말씀에 내가 예루살렘을 위하며 시온을 위하여 크게 질투하며 안일한 여러 나라들 때문에 심히 진노하나니 나는 조금 노하였거늘 그들은 힘을 내어 고난을 더하였음이라 슥 1:11~15

스가랴가 환상을 보았습니다. 하나님이 보낸 자들이 붉은 말, 자주 말,

흰말을 타고 다니다 천사에게 보고합니다. "땅이 두루 평안합니다." 보고 받은 천사가 하나님께 묻습니다. "그런데 언제까지 이 평화를 허락하실 것입니까?" 이 물음에 대한 하나님의 대답을 천사를 통해 다시 스가랴가 전해 듣습니다. 하나님께서 자신들이 이룬 평화에 흠뻑 젖어 있는 나라들에 진노하셨다는 것입니다. 이유는 하나님이 이스라엘에 조금 노했는데 심판자 노릇을 한 나라들이 이스라엘을 징벌한 도가 지나쳤다는 것입니다. 하나님은 징역형을 명하셨는데 재판장이 자기 마음대로 사형을 선고하고 집행한 것입니다. 무슨 말입니까? 인간의 도를 넘은 탐욕과 분노가 자초하는 고난들이 있다는 것입니다. 이기고 또 이기려고 하는 자들이 부르는 환난이 있습니다.

전쟁과 죽음의 시작

둘째 인을 떼실 때에 내가 들으니 둘째 생물이 말하되 오라 하니 이에 다른 붉은 말이 나오더라 그 탄 자가 허락을 받아 땅에서 화평을 제하여 버리며 서로 죽이게 하고 또 큰 칼을 받았더라 계 6:3~4

두 번째 인을 떼십니다. 둘째 생물이 다시 또 다른 말 탄 자를 부릅니다. "붉은 말"이 등장하고 "그 탄 자"는 먼저 땅의 화평을 없앱니다. 이 붉은 말을 탄 자가 화평을 제했다는 것은 전쟁이 시작됐다는 말입니다. 전쟁은 그냥 일어나지 않습니다. 전쟁은 하나님께서 세상을 심판하는 한 가지 방편이라는 사실을 알려 줍니다. "허락을 받아"라는 것은 소극적인 번역이고 원뜻은 명령에 가깝습니다. 화평을 제하면 즉시 살육이 일어납니다. "큰 칼"을 받았으니 쓰지 않을 리가 없습니다. 힘이 있는데도 쓰지 않는다면 성인(聖人)

입니다. 땅에 있는 자들은 힘이 없어도 힘 있는 행세를 합니다. 힘이 있으면 누군가를 돕기보다는 해칩니다.

사실 평화란 하나님의 손길이 인간의 분노를 억제하고 있는 시간입니다. 우리는 그 손길이 보호의 손길, 방패의 손길, 피난처의 손길임을 압니다. 하나님이 그 손길을 거두겠다고 하시면 봇물 터지듯이 갈등이 폭발합니다. 마치 용암이 분출하듯, 먹장구름이 장대비가 되듯, 열어젖힌 판도라 상자에서 모든 악함이 쏟아지듯 인간이 감당할 수 없는 재앙과 환난이 몰아닥치는 것입니다.

왜 하나님께 엎드립니까? 왜 하나님 앞에 무릎을 꿇습니까? 왜 우리가 기도하면서 내 기도 제목 젖혀 놓고 나라와 민족을 위해 기도해야 합니까? 우리가 하나님의 은혜의 손길을 붙들지 않으면, 그래서 보호의 손길이 떠나면 상상할 수 없는 상황이 벌어질 것이기 때문입니다.

> 셋째 인을 떼실 때에 내가 들으니 셋째 생물이 말하되 오라 하기로 내가 보니 검은 말이 나오는데 그 탄 자가 손에 저울을 가졌더라 내가 네 생물 사이로부터 나는 듯한 음성을 들으니 이르되 한 데나리온에 밀 한 되요 한 데나리온에 보리 석 되로다 또 감람유와 포도주는 해치지 말라 하더라 **계 6:5~6**

셋째 인이 떨어질 때는 "검은 말"이 나옵니다. 그리고 검은 말을 탄 자는 손에 저울을 들었습니다. 밀과 보릿값이 폭등했습니다. 밀 한 되 보리 석 되 값이 근로자 하루 품삯입니다. '되'로 번역한 '코이닉스'는 장정의 하루치 식량에 해당하고 실제 양은 약 반 되입니다. 식량 가격 폭등으로 다들 근근이 입에 풀칠을 하거나, 가족이 많다면 굶주려야 한다는 얘깁니다. 전쟁은 반드시 기아를 부릅니다.

"감람유와 포도주는 해치지 말라"는 말은 언뜻 이해가 안 됩니다. 그래서 감람유와 포도주를 이스라엘 백성을 뜻하는 것으로 보고 그들을 남겨 두라는 말로 해석하는 경우도 있고, 또 감람유나 포도주 같은 것은 꿈도 꾸지 말라고 번역한 경우도 있습니다. 그러나 이 말씀은 하나님이 기근 중에도 긍휼을 잊지 않으신다는 것을 보여 주는 말입니다.

> 넷째 인을 떼실 때에 내가 넷째 생물의 음성을 들으니 말하되 오라 하기로 내가 보매 청황색 말이 나오는데 그 탄 자의 이름은 사망이니 음부가 그 뒤를 따르더라 그들이 땅 사분의 일의 권세를 얻어 검과 흉년과 사망과 땅의 짐승들로써 죽이더라 계 6:7~8

넷째 인 재앙에 등장하는 말은 청황색입니다. 죽음의 색입니다. 살아 있는 사람의 피부는 분홍빛이 돌지만, 임종이 가까우면 창백해지고 죽음이 진행되면 청황색으로 변합니다. 말 탄 자의 이름도 '죽음'입니다. 죽음 뒤로 음부가 따릅니다. 구약에서는 '스올'이라고 부르고 신약에서는 '하데스'로 부르는 이 죽은 자들의 장소가 죽음 뒤에서 어른거립니다. 이 죽음의 권세가 땅의 4분의 1을 휩쓸어 버립니다. 전쟁으로 흉년이 닥칠 뿐만 아니라 죽음이 온 땅을 휩쓸고 땅의 짐승들이 여기에 가세합니다. 만약 이 땅에 있는 인간 4분의 1이 죽는다면 그 숫자가 얼맙니까? 17억 명 이상이 죽는다는 얘기 아닙니까? 그야말로 생지옥이고 아비규환입니다.

여기까지 진행된 심판을 보면 마음이 좋지 않습니다. 그러나 이 심판 얘기는 현재 세상이 겪고 있는 심판이기도 하지 않습니까? 심판은 타락한 인류 역사를 통해 계속되고 있는 비극적인 현실입니다. 지금도 인류의 4분의 1 정도는 극빈 상태에 있고 제대로 먹지 못해 죽어 가고 있습니다. 또한 인류는 수많은 질병의 문제를 여전히 해결하지 못하고 있습니다. 한 가지 불치병을 극복했다고 말하는 순간 또 다른 질병과 더 무서운 질병들이 생겨나고 있습니다. 신약의 개발 속도보다 늘 새로운 질병의 발병 속도가 앞지릅니다. 하나님이 은혜로 이 질병이나 전염병이 창궐하는 것을 억제하고 계시지만 인간의 죄성은 언제 어느 때 이 모든 것을 한순간에 불러들일지 모릅니다. 대량 살상 무기만으로도 인류 전체를 수십 번 죽이고 남는데 계속 비밀리에 준비하는 생화학전은 도대체 누구의 계획입니까?

반드시 갚아 주리라

다섯째 인 심판의 무대는 땅에서 하늘로 옮겨집니다. 어린양이 다섯 번째 인을 떼자 순교자들의 영혼이 하늘 성전 제단 아래에서 하나님께 자신들의 원수를 언제 갚아 주실 것인지를 물으며 기도합니다. 하나님은 순교자의 수가 차기까지 조금 더 기다리라고 응답하십니다.

> 다섯째 인을 떼실 때에 내가 보니 하나님의 말씀과 그들이 가진 증거로 말미암아 죽임을 당한 영혼들이 제단 아래에 있어 큰 소리로 불러 이르되 거룩하고 참되신 대주재여 땅에 거하는 자들을 심판하여 우리 피를 갚아 주지 아니하시기를 어느 때까지 하시려 하나이까 하니 각각 그들에게 흰 두루마기를 주시며 이르시되 아직 잠시 동안 쉬되 그들의 동무 종들과 형제들도 자기처럼 죽임을 당하여 그 수가 차기까지 하라 하시더라 계 6:9~11

순교자들은 왜 죽임을 당합니까? 하나님의 말씀을 지키고 예수님에 대한 증거를 포기하지 않았기 때문입니다. 사탄은 끝까지 믿음을 굳게 지키는 교회를 박해하고 심지어 살해합니다. 하나님은 이런 불의를 지켜보기만 하십니까? 아닙니다. 공의의 하나님은 반드시 순교자들의 기도를 들으십니다. 개인적인 복수를 해 달라는 기도가 아니라 공의를 회복해 달라는 마땅한 간구이기 때문입니다.

성도들이 억울한 일을 당하면 어떻게 기도해야 합니까? 사실 시편에 자주 나오는 '원수 갚아 달라'는 기도는 죄악에 대한 하나님의 징벌을 요구하는 것이고 하나님의 공의가 이루어지도록 청원하는 기도입니다. 하나님이 우리 개인에게는 왜 원수 갚지 말라고 하십니까? 우리가 원수 갚는 일로는 공의가 회복되지 않기 때문입니다. 악을 악으로 갚아서는 선이 이루어지지 않기 때문입니다. 선하신 분은 오직 하나님 한 분이고, 선과 악을 정확히 분별하는 분은 오직 하나님 한 분입니다. 그래서 사도 바울이 권면합니다.

> 내 사랑하는 자들아 너희가 친히 원수를 갚지 말고 하나님의 진노하심에 맡기라 기록되었으되 원수 갚는 것이 내게 있으니 내가 갚으리라고 주께서 말씀하시니라 **롬 12:19**

예수님이 말씀하십니다. 불의한 재판관과 가난한 과부의 비유를 통해 어떤 결말이 날 것인지 말씀해 주십니다.

> 하물며 하나님께서 그 밤낮 부르짖는 택하신 자들의 원한을 풀어 주지 아니하시겠느냐 그들에게 오래 참으시겠느냐 내가 너희에게 이르노니 속히 그 원한을 풀어 주시리라 그러나 인자가 올 때에 세상에서 믿음을 보겠느냐 하시니라 **눅 18:7~8**

문제는 우리의 믿음입니다. 속히 원한을 풀어 주신다더니 언제까지 기다리라는 말이냐고 하소연합니다. 예수님 오실 때 믿음을 지키고 있는 것이 관건입니다. 내가 믿음 줄 놓지 않는 것이 핵심입니다. 그 믿음을 지키기 위해 우리는 오늘 순교자들의 기도에 응답하시는 말씀을 들어야 합니다. 하나님은 순교자들의 기도가 응답되는 최후의 심판까지 잠시 동안 쉬라고 하십니다. 순교자의 수가 찰 때까지가 그 잠시의 시간입니다. 그래서 이 말을 '빨리 그 숫자를 채우기 위해 순교하러 가야 한다'고 해석하는 무리가 있습니다. 그러나 이 말의 뜻은 거꾸로 '세상의 악이 찰 때까지'를 뜻합니다. 순교자가 생기는 것은 세상이 악을 쌓는 일입니다. 순교는 세상의 핍박을 받는 교회의 본질을 일컫는 표현입니다.

주기철 목사님의 다큐멘터리 〈일사각오〉를 본 적이 있습니다. 일제의 신사참배를 끝까지 거부하다 끝내 순교하신 목사님의 생애를 보면서 많은 분들이 눈물을 흘렸을 것입니다. 일제가 민족말살정책의 하나로 신사참배를 강요한 것은 1935년부터인데, 제일 먼저 각급 학교 학생들에게 신사참배를 강요했습니다. 평양 숭실중학교, 숭의여학교와 같은 기독교계 학교들이 이를 거부하다 폐교되었습니다. 다음은 교회에 강요했습니다. 천주교는 로마 교황청의 결정에 따라 신사참배에 응했고, 감리교도 이를 받아들였습니다. 장로교도 총회의 찬성 결의를 통해 결국 굴복했습니다. 이런 상황에서도 홀로 끝까지 타협을 거부한 주기철 목사님의 〈일사각오〉를 보면서 저는 로마제국의 탄압과 핍박을 떠올렸습니다.

순교자들의 수가 차기까지 최후 심판이 늦어진다는 것은 이처럼 순교자들이 하나님의 구속 계획을 완성하는 데 중요한 역할을 한다는 것을 보여줍니다. 사실 교회는 순교 위에 세워졌고 순교로 지켜졌고 순교로 완성됩니다. 교회의 본질이 순교입니다. 교회는 본질적으로 순교적이어야 하고 순교자적 정신으로 살아가는 성도들입니다. 초대 교회 교부였던 터튤리안은 "교회는 순교자의 피를 먹고 자라는 나무"라고 했습니다. 스데반이 처음으로 순교한 이후 사도 야고보가 순교했고, 예수님의 사도들이 다 순교자의 길을 걸었습니다. 지금도 해마다 10만 명이 넘는 성도들이 예수 믿는다는 한 가지 이유로 순교하고 있습니다.

다섯 번째 인 심판의 의미는 두 가지입니다. 먼저 하나님의 공의의 심판은 순교자들의 기도에 대한 응답이고, 의로운 백성의 원수를 갚아 주시는 사건입니다. 또한 최후의 심판 시기는 하나님 주권에 속해 있다는 것을 보여 줍니다. 그 시간은 오직 하나님만이 아십니다. 다만 그 시간이 지금 지연되고 있다는 것을 알려 주고 있습니다. 최후의 심판 때까지 순교자들의 영혼은 잠시 쉬는 시간을 갖고 있습니다.

최후 심판 예고

이제 여섯째 인입니다. 천재지변입니다. 최후 심판의 예고입니다.

> 내가 보니 여섯째 인을 떼실 때에 큰 지진이 나며 해가 검은 털로 짠 상복같이 검어지고 달은 온통 피같이 되며 하늘의 별들이 무화과나무가 대풍에 흔들려 설익은 열매가 떨어지는 것같이 땅에 떨어지며 하늘은 두루마리가 말리는 것같이 떠나가고 각 산과 섬이 제자리에서 옮겨지매 계 6:12~14

최후 심판의 전조는 여섯 가지 현상들입니다. 큰 지진이 나고, 해가 검어지고, 달이 피 같아지고, 하늘의 별이 떨어지고, 하늘이 두루마리처럼 말려서 사라지고, 산과 섬이 제자리에 있지 않고 움직입니다. 예수님이 이미 알려 주셨습니다.

> 이는 그때에 큰 환난이 있겠음이라 창세로부터 지금까지 이런 환난이 없었고 후에도 없으리라 마 24:21

이와 같은 재난을 만난 사람들은 어떻게 됩니까?

> 땅의 임금들과 왕족들과 장군들과 부자들과 강한 자들과 모든 종과 자유인이 굴과 산들의 바위틈에 숨어 산들과 바위에게 말하되 우리 위에 떨어져 보좌에 앉으신 이의 얼굴에서와 그 어린양의 진노에서 우리를 가리라 그들의 진노의 큰 날이 이르렀으니 누가 능히 서리요 하더라 계 6:15~17

당시 "땅의 임금들"은 로마 황제를 섬기는 봉신 왕들입니다. 오늘날 각국 대통령이나 수상쯤 됩니다. 왕족은 오늘날 고위직에 해당할 것이고, "장군들, 부자들, 강한 자들"은 상류층을 나타내고, "종들과 자유인들"은 일반 국민입니다. 모든 사람이 두려움에 떱니다. 그리고 땅 위에서 그토록 강한 권세와 많은 것을 자랑하던 사람들이 굴과 산들 바위틈에 숨습니다. 그러나 숨어도 두려움을 이기지 못해 산과 바위를 향해 외칩니다. 차라리 머리 위에 떨어져 죽게 해달라고 부르짖습니다.

> 이스라엘의 죄 곧 아웬의 산당은 파괴되어 가시와 찔레가 그 제단 위에 날 것이니 그때에 그들이 산더러 우리를 가리라 할 것이요 작은 산더러 우리 위에 무너지라 하리라 호 10:8

하나님을 대적하던 자들은 심판이 임할 때 너무나 두려워 오히려 죽기를 간절하게 구합니다. 그들은 죽으면 끝이라고 생각하지만 착각입니다. 죽는다고 하나님의 진노를 피할 수는 없습니다. 누가 이 진노 앞에 능히 설 수 있습니까? 그러나 믿는 자들에게 고난은 있지만 심판은 해당되지 않습니다. 믿음때문에 고난과 환난이 찾아오지만 안심하십시오, 장차 다가올 영광과 비교할 수 없습니다. 믿는 자라고 해서 고난이 면제되지는 않지만, 심판은 면제됩니다. 이것이 바로 예수님을 믿는 이유이며 우리가 기뻐하는 이유입니다.

10.

십사만
사천 명

계 7:1-17

예수님은 이 땅에 십자가를 지러 오셨습니다. 그러나 십자가가 최종 목적은 아닙니다. 십자가 위에 교회를 세우는 것이 목적입니다. "뜻이 하늘에서 이루어진 것같이 땅에서도"(마 6:10) 이루어지게 하려고 세우신 것이 교회입니다. 교회는 예수님이 이 땅에 오셔서 새로 택하신 하나님의 백성을 구별하기 위해 부르기 시작하신 이름입니다. 사실상 소멸해 버린 이스라엘 열두 지파 대신에 열두 제자를 세우셔서 그들을 교회라 부르셨습니다. 그러나 이 땅의 교회는 아직 미완성입니다. 예수님은 미완의 교회를 지켜보십니다.

주님은 핍박과 박해로 흔들리는 교회를 보시면서 사도 요한을 통해 성도들에게 천상의 완성된 교회를 보여 주십니다. 새 하늘과 새 땅에 있는 교회를 보여 주시며 이 땅의 교회들이 장차 어떻게 천상의 교회와 하나가 되어 갈 것인지를 눈앞에 펼쳐 보이십니다.

소아시아의 일곱 교회처럼 이런저런 문제를 안고 있는 미완의 교회들 중에서 이 땅의 어려움을 이겨 내는 교회들은 궁극적으로 마지막 심판을 견뎌 내고 완성된 교회로 편입될 것입니다. 이 땅의 교회들은 지금 시험을 치르는 중입니다. 정확히 말하면, 전투 중입니다. 그러나 장차 승리하여 천상의 교회가 될 것입니다.

앞서 우리는 인 심판을 두려운 시선으로 바라봤습니다. 그리고 심판 가운데 절규하는 목소리를 들었습니다.

> 그들의 진노의 큰 날이 이르렀으니 누가 능히 서리요 계 6:17

"대체 누가 하나님의 진노 앞에 설 수 있습니까?" "도대체 누가 하나님의 심판을 견딜 수 있습니까?"라는 부르짖음입니다. 누구의 목소리입니까? 세상에서 모든 것을 누리던 자들이 심판 날에 죽기를 갈망하며 소리치는 외침입니다.

그러나 아직 마지막 대환난은 임하지 않았습니다. 아직은 최악이 아닙니다. 사도 요한은 눈앞에 펼쳐진 환상을 바라봅니다. 마치 그들의 절규에 답하시듯 주님은 하나님의 심판을 벗어난 천상의 교회를 보여 주십니다.

인치심을 받은 자

7장은 심판 가운데 던져진 "누가 능히 서리요?"라는 질문에 대한 답입니다.

이 일 후에 내가 네 천사가 땅 네 모퉁이에 선 것을 보니 땅의 사방의 바람을

붙잡아 바람으로 하여금 땅에나 바다에나 각종 나무에 불지 못하게 하더라

계 7:1

"땅의 사방"이란 동서남북을 가리킵니다. 계시록이 기록될 당시에는 땅이 평평하다고 믿었습니다. 먼바다를 나가면 땅끝을 볼 수 있다고 믿었던 시대입니다. "네 천사가 땅 네 모퉁이에" 섰다는 것은 천사들이 온 땅을 두루 지킨다는 뜻입니다.

"네 천사"가 사방에서 부는 바람을 붙잡고 있습니다. 바람은 상반된 이미지를 가졌습니다. 부드러운 바람은 생기를 맛보게 하지만, 폭풍이나 광풍은 재앙입니다. 천사들이 잠시 붙잡아 둔 바람은 곧 세상에 닥칠 심판을 의미합니다.

미국 중남부 지역에서 일어나는 강력한 회오리바람을 토네이도(tornado)라고 합니다. 1925년 3월, 미국 역사상 최악의 토네이도가 미주리주를 시작으로 일리노이주와 인디애나주를 덮쳤습니다. 3시간 반 동안 총 352킬로미터를 이동하면서 695명의 사망자와 2,027명의 부상자를 냈다고 합니다. 초속 90미터만 넘어도 자동차 크기의 구조물이 100미터 이상 움직이니 지붕이 날아가고 나무가 뿌리째 뽑히는 일은 다반사입니다. 바람의 위력 앞에 인간은 무력하기만 합니다.

저도 바다에서 큰바람을 만난 적이 있습니다. 1981년 초에 남극해로 가는 길에 인도양에서 사이클론(cyclone)을 만나 죽을 고비를 넘겼습니다. 2,700톤급 어선을 타고 있었는데, 광풍에 맞서 배가 할 수 있는 일이라곤 간신히 떠 있는 것뿐이었습니다. 침몰하지 않도록 꼬박 사흘 동안 죽을힘을 다해 버텼는데 용케 살아남았습니다. 육지와 교신이 끊기는 바람에 이미 배가 침몰된 것으로 잘못 알려지기도 했습니다. 망망대해에서 거센 바람을 만

나니 그야말로 속수무책이었습니다.

오늘날 하나님을 믿지 않는 사람들은 자연 현상에 관한 경외감마저 잃었습니다. 땅이 꺼지지 않고, 바람이 휩쓸어 가지 않고, 바닷물이 땅을 덮치지 않는 것을 감사하게 여기는 이가 없습니다. 누구도 하나님의 은혜로 생각하지 않습니다. 어느 겨울 아침, 밤새 내린 함박눈으로 하얗게 변한 대지를 보면서도 은혜를 떠올리지 않습니다. 출근길이 막힐까 봐 염화칼슘을 찾아 도로에 흩뿌리기 바쁩니다.

그러나 요한이 목격한 광경은 자연이 여전히 하나님의 주권하에 있음을 확인해 줍니다. 우리의 생존은 오직 하나님의 은혜에 달려 있다는 사실을 상기시킵니다.

예수님이 갈릴리 바다에서 큰 광풍을 만났을 때 바람을 꾸짖으시고, 바다더러 "잠잠하라, 고요하라" 하고 명령하신 일을 떠올려 보십시오. 이 장면을 믿음이 없는 사람이 읽으면, "미쳤구나! 이런 걸 기록해 놓으니 누가 성경을 믿겠어?" 하고 혀를 끌끌 찰 것입니다. 그러나 믿음의 눈으로 보면 어떻습니까? 문제 될 게 아무것도 없습니다. 예수님이 어떤 분이신데, 바람을 꾸짖지 못하겠습니까? 물 위를 걸으셨다는 사실도 의심하지 않습니다. "태양아 너는 기브온 위에 머무르라 달아 너도 아얄론 골짜기에서 그리할지어다"(수 10:12)라는 명령에 해가 머물고, 달이 머물렀다는 사실도 믿습니다.

세상 사람들은 우리 믿음을 불편해하고, 비이성적이라며 비웃습니다. 자기 경험과 감정에 기초한 믿음은 그들의 조소에도 한순간에 무너지지만, 예수님께 기초한 믿음은 흔들리지 않습니다. 말씀에 뿌리내린 신앙은 흔들리지 않습니다.

또 보매 다른 천사가 살아 계신 하나님의 인을 가지고 해 돋는 데로부터 올라와서 땅과 바다를 해롭게 할 권세를 받은 네 천사를 향하여 큰 소리로 외쳐 이르되 우리가 우리 하나님의 종들의 이마에 인치기까지 땅이나 바다나 나무들을 해하지 말라 하더라 **계 7:2~3**

요한이 들으니 천사들이 땅의 바람을 붙들고 있는 데는 이유가 있습니다. 또 다른 천사가 나타나 네 천사를 향해 "하나님의 종들의 이마에 인치기까지" 기다리라고 명령합니다. 이 천사는 네 천사가 맡은 일을 중단시킬 권한이 있는 존재입니다. 그래서 혹자는 이 천사를 천사장 미가엘로 보기도 하고 예수님으로 해석하기도 하지만, 앞뒤에 분명한 설명이 없을 때에는 무리하게 해석할 필요가 없습니다.

에스겔서를 보면, 예루살렘성이 적에게 함락될 때 구원받을 사람들에게 인을 치는 모습이 나옵니다.

여호와께서 이르시되 너는 예루살렘 성읍 중에 순행하여 그 가운데에서 행하는 모든 가증한 일로 말미암아 탄식하며 우는 자의 이마에 표를 그리라 하시고 그들에 대하여 내 귀에 이르시되 너희는 그를 따라 성읍 중에 다니며 불쌍히 여기지 말며 긍휼을 베풀지 말고 쳐서 늙은 자와 젊은 자와 처녀와 어린이와 여자를 다 죽이되 이마에 표 있는 자에게는 가까이하지 말라 내 성소에서 시작할지니라 하시매 그들이 성전 앞에 있는 늙은 자들로부터 시작하더라 **겔 9:4~6**

"표 있는 자"는 살 것입니다. "표"나 "인"은 같은 의미입니다. 당시에 "인을 친다"는 것은 어떤 의미였을까요? 세 가지를 생각해 볼 수 있습니다.

첫째, 소유권의 표시입니다. 인, 즉 도장에는 소유자의 이름이 새겨져 있었습니다. 도서관에 비치된 책들을 보면, 도장이 찍혀 있습니다. 대출해 갈 수는 있지만, 마음대로 가질 수는 없습니다. 반드시 반납해야 합니다. 도서관의 소유이기 때문입니다.

둘째, 보호의 표시입니다. 편지를 봉인하면, 수신자 외에는 누구도 열어봐서는 안 됩니다. 옛날에는 집에서 부리는 노예나 종에게 주인이 낙인을 찍곤 했습니다. 소유권을 표시하는 동시에 그를 보호할 책임이 주인에게 있음을 나타내는 것입니다. 아가서에서 술람미 여인이 솔로몬에게 이렇게 청합니다. "너는 나를 도장같이 마음에 품고 도장같이 팔에 두라"(아 8:6). 사랑하는 솔로몬에게 속하여 보호받기를 원한다는 뜻입니다.

셋째, 사실 증명의 표시입니다. 날인은 곧 보증을 의미합니다. 요즘은 서명이 일반적이지만, 예전에는 모든 서류에 이름을 쓰고 그 옆에 도장을 찍어야 했습니다. 서류에 적힌 내용을 증명하고 보증한다는 뜻입니다.

그리스도인이란 그리스도께서 인(印)치신 사람들입니다. 예수님이 값 주고 사셔서 성령으로 인을 친 사람들입니다. 사도 바울도 자신이 인치심을 받은 사실을 알았습니다.

> 그 안에서 너희도 진리의 말씀 곧 너희의 구원의 복음을 듣고 그 안에서 또한 믿어 약속의 성령으로 인치심을 받았으니 엡 1:13

성령으로 인치심을 받으면 다시는 옛 신분으로 돌아가지 못합니다. 더는 세상 사람으로 살아갈 수가 없습니다. 더 이상 세상에 매이지 않고, 세상 즐거움에 빠지지 않습니다. 왜 그렇습니까?

> 야곱아 너를 창조하신 여호와께서 지금 말씀하시느니라 이스라엘아 너를 지

으신 이가 말씀하시느니라 너는 두려워하지 말라 내가 너를 구속하였고 내가 너를 지명하여 불렀나니 너는 내 것이라 사 43:1

하나님이 "내 것"이라 부르셨기 때문입니다. 구원하심과 인치심을 받으면 세상에서 내 것이 필요 없음을 인정하게 되기 때문입니다. 인치심을 받으면, 내 것을 더하고자 하는 욕심에서 벗어날 수 있습니다. 내 것을 잃을지 모른다는 두려움에서 벗어날 수 있습니다. 이 자유함이 그리스도 안에서 누리는 기쁨의 원천입니다.

소문 무성한 십사만 사천

내가 인침을 받은 자의 수를 들으니 이스라엘 자손의 각 지파 중에서 인침을 받은 자들이 십사만 사천이니 계 7:4

계시록에서 일곱 교회는 하나님의 "종들"(계 1:1)로 불리고, 순교자들은 "그들의 동무 종들"(계 6:11)이라 불립니다. "인침을 받은 자들"은 곧 '하나님의 종들'을 가리키는데, 그 수가 "십사만 사천"이라고 말씀하십니다. 계시록에는 상징과 숫자가 많이 등장하는데, 그 이유는 몰라야 할 사람은 모르고, 알아야 할 사람은 알아야 하기 때문입니다.

십사만 사천은 어떻게 해서 나온 숫자일까요? 고대 유대에는 신비주의 전통의 영향으로 숫자의 상징을 연구하는 수비학(numerology)이 발달했습니다. 숫자마다 뜻이 있다는 것입니다.

히브리인들의 숫자 관념은 독특했습니다. 예를 들어서, 1은 하나님의 숫자입니다. 그래서 초태생과 첫 열매는 다 하나님께 드렸습니다. 2는 증인의 숫자입니다. 두 사람 이상의 증언이 있어야 효력이 있기 때문입니다. 3은 하늘의 숫자입니다. 하나님은 성부와 성자와 성령의 삼위일체이시고, 예수님은 사흘 만에 부활하셨습니다. 4는 땅의 숫자입니다. 동서남북 사방을 가리키므로 온 세상을 뜻합니다.

그래서 하늘의 수 3과 땅의 수 4를 합친 7이 완전수가 됩니다. 그러면 3과 4를 곱한 12는 무엇을 의미하겠습니까? 7과 마찬가지로 완전함, 충만함을 뜻합니다. 그러므로 이스라엘의 열두 지파는 하늘과 땅의 모든 백성을 대표합니다. 구약의 열두 지파는 신약의 교회와 같은 의미입니다.

> 유다 지파 중에 인침을 받은 자가 일만 이천이요 르우벤 지파 중에 일만 이천이요 갓 지파 중에 일만 이천이요 아셀 지파 중에 일만 이천이요 납달리 지파 중에 일만 이천이요 므낫세 지파 중에 일만 이천이요 시므온 지파 중에 일만 이천이요 레위 지파 중에 일만 이천이요 잇사갈 지파 중에 일만 이천이요 스불론 지파 중에 일만 이천이요 요셉 지파 중에 일만 이천이요 베냐민 지파 중에 인침을 받은 자가 일만 이천이라 **계 7:5~8**

이스라엘 열두 지파는 야곱이 네 아내에게서 얻은 열두 아들의 이름입니다. 첫째 아내 레아에게서 여섯 아들이 태어났는데, 르우벤, 시므온, 레위, 유다가 첫째부터 넷째까지고, 아홉째 잇사갈과 열째 스불론이 있습니다. 레아의 동생 라헬이 자기 여종 빌하를 통해 낳은 아들이 다섯째 단과 여섯째 납달리이며, 레아의 여종 실바가 일곱째 갓과 여덟째 아셀을 낳았습니다. 라헬이 열한 번째 아들 요셉과 막내 베냐민을 낳았으므로 합하여 열두 아들이 되었습니다.

열두 아들에서 시작된 열두 지파 가운데 레위 지파는 성막과 성전 봉사를 위해 구별되었으므로 시내산에서 군대를 계수할 때 열외되었습니다. 이 레위 지파를 대신하여 요셉의 두 아들, 므낫세와 에브라임이 포함되어 열두 지파를 이룹니다.

계시록에서는 에브라임 대신에 요셉의 이름이 들어가고, 단 지파가 빠지고 레위 지파가 들어감으로써 열두 지파가 되었습니다. 단 지파는 가나안 정복 때 받은 기업인 레셈 땅을 버리고 라이스로 이주했을 뿐만 아니라 제멋대로 제사장을 세운 탓에 열두 지파에서 제외되었던 것입니다(참조. 수 19:47; 삿 18:27~29).

하지만 계시록이 기록될 당시에 열두 지파는 이미 거의 사라진 상태였습니다. 그러므로 계시록의 열두 지파는 실제 명단이 아니라 새 이스라엘을 의미하며 참 이스라엘로 묘사되는 교회를 뜻합니다. 야고보 사도도 교회에 편지를 보낼 때 "흩어져 있는 열두 지파에게"(약 1:1)라고 표현했습니다. 열두 지파는 곧 교회를 의미합니다.

사도 요한은 지파마다 "인침을 받은 자"의 수를 "일만 이천"으로 기록하고 있습니다. 12,000은 12 곱하기 1,000입니다. 12는 구원받은 공동체, 즉 선민의 수입니다. 10을 세제곱한 1,000은 엄청나게 많은 수를 말합니다. 따라서 십사만 사천은 정확한 수를 가리키는 게 아니라 셀 수 없이 많은 무리를 뜻하는 것입니다. 이 땅에 하나님이 인치신 교회가 그만큼 많다는 뜻입니다.

민수기에서 각 지파를 계수한 것을 한번 살펴보십시오. "이십 세 이상으로 싸움에 나갈 만한"(민 1:3) 남자만 계수했습니다. 가나안 정복을 위해 전쟁을 치를 준비를 한 것입니다. 계시록의 십사만 사천도 마찬가지입니다. 마지막 시대에 영적 전투를 치를 사람들을 꼽은 것입니다. 셀 수 없이 많은 사람이 전투를 치르게 될 것입니다.

구약과 신약의 택함 받은 모든 백성, 곧 구원받은 모든 교회는 하나님의 군대와도 같다는 점에 주목하십시오. 하나님의 백성은 이 땅에서 영적 전쟁을 치르며 살아가야 합니다. 자신이 날마다 영적 전투에 임하는 하나님의 군사라는 점을 잊지 마십시오.

어린양의 피로 승리한다

> 이 일 후에 내가 보니 각 나라와 족속과 백성과 방언에서 아무도 능히 셀 수 없는 큰 무리가 나와 흰옷을 입고 손에 종려 가지를 들고 보좌 앞과 어린양 앞에 서서 계 7:9

이 땅의 전쟁을 치러야 하는 교회들에서 온전한 승리를 거둔 천상의 교회로 초점이 옮겨 갑니다. "각 나라와 족속과 백성과 방언에서" 헤아릴 수 없이 많은 성도가 흰옷을 입고 "보좌 앞과 어린양 앞에" 섰는데, 종려나무 가지를 흔듭니다.

전승에 따르면 이렇습니다. 시리아왕 안티오코스 4세가 유대교를 박해하며 예루살렘 성전 마당에 제우스 신상을 세우고 돼지 피로 제사를 드리게 할 뿐만 아니라 할례까지 금했습니다. 이에 제사장 맛다디아와 그의 아들들이 혁명을 일으켜 20여 년간 저항했습니다. 그리고 BC 164년에 셋째 아들 유다 마카비(Judah Maccabee)가 예루살렘성을 회복했을 때, 온 백성이 흰옷을 입고 나와 종려나무 가지를 흔들었다고 합니다.

흰옷과 종려나무 가지는 승리의 상징입니다. 이는 "아무도 능히 셀 수 없는 큰 무리"가 환난 가운데서도 주눅 들거나 패배하지 않은 백성이라는 뜻입니다.

하나님은 아브라함에게 셀 수 없이 많은 자손이 구원을 받게 되리라고 약속해 주셨습니다. "땅의 티끌"(창 13:16)이나 하늘의 "뭇별"(창 15:5)이나 "바다의 셀 수 없는 모래"(창 32:12)만큼 많은 자손입니다. "각 나라와 족속과 백성과 방언에서 아무도 능히 셀 수 없는 큰 무리"란 하나님이 아브라함에게 주셨던 약속이 성취되었음을 보여 주는 것입니다.

> 큰 소리로 외쳐 이르되 구원하심이 보좌에 앉으신 우리 하나님과 어린양에게 있도다 하니 모든 천사가 보좌와 장로들과 네 생물의 주위에 서 있다가 보좌 앞에 엎드려 얼굴을 대고 하나님께 경배하여 이르되 아멘 찬송과 영광과 지혜와 감사와 존귀와 권능과 힘이 우리 하나님께 세세토록 있을지어다 아멘 하더라 장로 중 하나가 응답하여 나에게 이르되 이 흰옷 입은 자들이 누구며 또 어디서 왔느냐 내가 말하기를 내 주여 당신이 아시나이다 하니 그가 나에게 이르되 이는 큰 환난에서 나오는 자들인데 어린양의 피에 그 옷을 씻어 희게 하였느니라 계 7:10~14

교회는 어떻게 승리합니까? 어린양의 피로 승리합니다. 어린양의 피에 그 옷을 씻어 희게 된 자들이 곧 천상의 교회입니다. 교회가 구원의 완성을 외칠 수 있는 것은 구원이 인간의 일이 아니라 오직 하나님의 선물이기 때문입니다. 구원은 하나님의 은혜입니다.

구원은 우리에게 있지 않습니다. 인간 스스로 구원할 수 있다는 주장이 인도주의로 번역되는 휴머니즘(humanism)입니다. 인도주의라고 하면 좋아 보이지 않습니까? 그러나 인간이 인간을 보살피는 것을 넘어서 구원까지 할 수 있다는 생각은 성경과는 어긋납니다. 구원은 오직 하나님께 있습니다. 값없이 받은 구원에 감격하고 감사하여 누군가를 보살펴 줄 수는 있지만, 누군가를 구원할 능력이 우리에게는 없습니다.

스물네 장로 중의 하나가 "이 흰옷 입은 자들이 누구며 또 어디서 왔느냐"고 묻습니다. 요한이 보고 있는 천상의 교회는 "큰 환난"에서 나왔습니다. 어린양의 십자가 피로 옷을 씻어 희게 된 교회입니다.

한 가지 분명한 것은 이 땅에 있는 교회는 큰 환난 가운데 있다는 사실입니다. 교회를 한번 보십시오. 만사 편안하던가요? 아닙니다. 평안하지만, 편안하지는 않습니다. 매사에 보호를 받던가요? 아닙니다. 주님은 우리 영혼을 지켜 주시지만, 모든 육체의 질병을 고쳐 주시거나 모든 고난을 면제해 주시지는 않습니다. 오히려 우리를 정결케 하시려고 고난을 더하십니다. 콩이 곱게 갈려야 두부가 되듯이 우리 자아가 깨어지고 부서지고 갈려야 좋은 그릇으로 빚어집니다. 순결한 영혼을 빚는 과정이 두부 한 모 만드는 과정보다 쉬울 리가 있겠습니까?

그러나 교회는 궁극적으로 승리합니다. 언젠가 흰옷을 입고 종려나무 가지를 흔들 것입니다. 그 승리는 십자가의 구속 덕분이고, 보좌에 앉으신 하나님의 계획에서 비롯되었습니다. 지금은 비록 교회가 불완전하고 미성숙하지만, 성도들은 천상의 교회를 바라보기에 구원의 성취를 노래할 수 있습니다.

"하나님이 우리를 구원하셨다!" "예수 그리스도는 구원이시다!" 이것이 바로 우리의 신앙 고백 아닙니까? '예수'라는 이름의 뜻이 "하나님(여호와)은 구원이시다"입니다. 예배란 이 이름의 고백을 올려 드리는 것입니다.

모든 눈물을 씻어 주신다

그러므로 그들이 하나님의 보좌 앞에 있고 또 그의 성전에서 밤낮 하나님을
섬기매 보좌에 앉으신 이가 그들 위에 장막을 치시리니 계 7:15

"보좌에 앉으신" 하나님이 천상의 교회에 장막을 치신다는 것은 교회와
함께하신다는 것을 의미합니다. 구약의 성막과 성전은 하나님이 이스라엘
백성과 함께하신다는 임재의 약속이자 동행의 표지였습니다. 천상의 교회
에서 그들은 밤낮 하나님을 섬깁니다. 즉 쉬지 않고 예배를 드립니다.

우리 삶은 두 종류의 섬김, 두 종류의 예배로 나뉩니다. 세상을 섬기거나
하나님을 섬기거나 둘 중의 하나입니다. 세상을 예배하거나 하나님께 예배
를 드리거나 둘 중의 하나입니다. 예수님은 "한 사람이 두 주인을 섬기지"(마
6:24) 못한다고 말씀하셨습니다. 우리는 세상과 하나님을 동시에 섬길 수 없
습니다.

세상을 대표하는 것은 돈입니다. 하나님을 놓치면 돈을 섬기며 예배하게
됩니다. 돈을 섬기고, 돈에 무릎을 꿇으면 어떻게 될까요? 이상하게도 갈수
록 더 목마르고 더 주리게 됩니다. 아무리 많이 가져도 기쁨이 없습니다. 반
대로 하나님을 섬기고, 하나님을 경배하면 어떻게 되겠습니까? 이상하게도
세상이 작아 보이고, 돈이 별것 아닌 것으로 여겨집니다.

그들이 다시는 주리지도 아니하며 목마르지도 아니하고 해나 아무 뜨거운 기
운에 상하지도 아니하리니 계 7:16

세상 살면서 겪는 참기 힘든 고통은 배고픔과 목마름입니다. 뙤약볕에

길을 걸을 때 가장 견디기 힘든 것은 뜨거운 열기입니다. 이것은 바로 이스라엘 백성이 출애굽 한 뒤에 광야에서 겪었던 고통입니다. 가나안 땅에 들어가야 해결될 문제들이었습니다. 인간은 누구나 하나님을 놓치면, 광야에서건 가나안에서건 고통을 겪을 수밖에 없습니다.

하지만 다윗은 사울왕에게 쫓겨 광야를 전전하면서도 늘 하나님과 동행했기에 결핍에 시달리지 않았고, 하나님이 동행하시면 어디나 쉴 만한 물가요 푸른 풀밭이 됨을 깨달았습니다. 사도 요한도 어린양이 목자가 되어 천상의 교회를 쉴 만한 물가로, 곧 생명수 샘으로 인도해 주시는 것을 봅니다.

> 이는 보좌 가운데에 계신 어린양이 그들의 목자가 되사 생명수 샘으로 인도하시고 하나님께서 그들의 눈에서 모든 눈물을 씻어 주실 것임이라 계 7:17

하나님이 에스겔 선지자를 통해 약속하신 말씀이 이루어진 것입니다.

> 내가 한 목자를 그들 위에 세워 먹이게 하리니 그는 내 종 다윗이라 그가 그들을 먹이고 그들의 목자가 될지라 겔 34:23

"내 종 다윗"이 누굽니까? 예수 그리스도십니다. 우리는 세상에서 먹고 살아가지만, 세상이 우리를 먹여 살린다고 생각하지는 않습니다. 회사에서 월급을 받지만, 회사가 우리를 먹여 살린다고 생각하지는 않습니다. 고마움을 몰라서가 아닙니다. 교만해서도 아닙니다. 하나님이 우리를 먹이고 인도하신다고 믿기 때문입니다.

때로는 슬픔에 빠지기도 하고, 고난 가운데 놓이기도 하지만, 그리스도께서 우리 눈물을 닦아 주실 것을 압니다. 주님 앞에서 마음을 털어놓고, 주님 앞에서 눈물을 흘릴 때, 주님이 우리를 위로하시고 회복시키실 것을 압니다. 우리는 고난을 통해 교회로 빚어져 갑니다.

우리는 교회에 관한 생각을 바꿔야 합니다. 내가 출석하는 교회가 내 교회가 아닙니다. 내 교회란 없습니다. 예수님의 교회만 있을 뿐입니다. 이 땅의 불완전한 교회 때문에 실망하지 마십시오. 교회를 비난할 필요가 없습니다. 그것이 교회의 전부가 아니고, 교회의 온전한 모습도 아니기 때문입니다.

교회는 우리가 보는 것보다 훨씬 더 크고, 훨씬 더 아름답고, 훨씬 더 위대합니다. 그리고 영원합니다. 히브리서 11장의 믿음의 선배들을 기억하고, 그들과 함께 천상의 교회에서 예배드릴 날을 꿈꾸십시오. 우리는 세상에서 살지만, 세상의 것이 아닙니다. 우리는 하나님의 소유입니다. 주님이 우리를 인치셨습니다. 그러므로 주님이 우리를 보증하시고, 책임져 주십니다. 그것을 믿는다면 한순간도 두렵지 않게 될 것입니다.

11.

일곱 나팔
재앙

계시록의 흐름을 보면, 6장 뒤에 바로 8장이 와야 순서가 맞습니다. 심판이 진행되는 가운데, 하나님은 여섯 번째 인까지 떼고 나서 잠시 구원에 이르도록 하시는 은혜와 사랑을 보여 주셨습니다. 이제 마지막 일곱 번째 인이 떼어질 시간이 왔습니다.

기도는 사라지지 않는다

일곱째 인을 떼실 때에 하늘이 반 시간쯤 고요하더니 내가 보매 하나님 앞에 일곱 천사가 서 있어 일곱 나팔을 받았더라 또 다른 천사가 와서 제단 곁에 서서 금 향로를 가지고 많은 향을 받았으니 이는 모든 성도의 기도와 합하여

164 _____ Part 2. 돌이킬 최후 기회

보좌 앞 금 제단에 드리고자 함이라 향연이 성도의 기도와 함께 천사의 손으로부터 하나님 앞으로 올라가는지라 계 8:1~4

사도 요한은 "일곱째 인을 떼실 때에 하늘이 반 시간쯤 고요"하더라고 말합니다. 그리고 "하나님 앞에 일곱 천사가" 서 있는데 "일곱 나팔"을 받습니다. 적막감이 느껴집니다.

이 순간은 어쩌면 곧 있을 하나님의 현현을 기다리는 시간이라고 할 수 있습니다. 마지막 재앙이 닥치기 전에 고요한 시간이 우리에게 주어집니다. 이것은 하나님을 기다리는 시간이고, 하나님의 임재가 가까웠다는 사인이며 곧 하나님이 쏟으실 무시무시한 재앙을 앞둔 무거운 침묵의 시간이기도 합니다.

때때로 우리도 이런 부담스러운 침묵의 순간을 경험합니다. 아버지가 아이를 나무랄 때를 생각해 보십시오. 아버지가 이제는 더 이상 묵인하지 않겠다고 말하고 나서 잠시 숨을 고르는 시간과도 같습니다. 회초리를 다듬는 시간입니다. 아이에게는 가장 두려운 순간일 것입니다.

언젠가 시드니에 갔을 때, 교민 한 분이 제게 '사운드 제로'(sound zero)의 정적을 경험해 본 적이 있느냐고 물었습니다. 곰곰 생각해 보니 그런 고요함을 경험해 본 적은 없었습니다. 그가 호주 내륙에 그런 지역이 있다고 알려 주며 자기 내면의 소리를 듣기에는 최적의 장소이니 그곳에서 며칠 동안 안식해 보라고 조언해 주었습니다. 아마도 사막의 교부들이나 수도사들이 찾던 절대 정적이 그곳에 있을 것입니다.

사실, 우리는 너무나 많은 소음 속에 살고 있습니다. 미디어가 발달하면서 소음이 내는 소란도 커졌습니다. 어느새 우리는 깊은 침묵과 정적에서 오는 고요함의 가치를 잃어버렸습니다. 오직 소리만 존재하는 세상이 되고 말았습니다.

침묵할 때 자기 내면에 얼마나 많은 소리가 있는지를 알게 됩니다. 온갖 생각이 바람에 날리는 말갈기처럼 미친 듯이 소란 피우고 있는 것을 깨닫습니다. 생각이 내는 소리를 잠재워야 합니다. 정적이 자리 잡아야 비로소 하나님의 세미한 음성이 들려옵니다. 그래서 침묵은 소리의 절정입니다. 자기 소리를 잠잠하게 하는 것이 바로 침묵입니다.

"반 시간"이라고 하지만, 아마도 영원처럼 길게 느껴졌을 것입니다. 요한은 천지가 한순간에 사라지고 마치 무중력 상태에 놓인 것처럼 느껴졌을 것입니다. 인간은 소리에 너무 길들여진 탓에 침묵 속에 던져지면 세상에서 버림받은 듯한 느낌을 갖게 됩니다. 그리고 자신이 무가치하고 무의미한 존재가 된 듯한 좌절감을 느낍니다. 인간에게 침묵은 부담입니다. 그래서 침묵 속에 오래 머물지 못합니다.

그런데 하나님은 대부분 침묵하십니다. 우리 곁에 잠잠히 머물러 계시며 우리 안에 조용히 내주하십니다. 하나님의 소리는 침묵과 정적입니다. 이 소리 없는 소리야말로 세상을 회복하고 세상을 치유하는 능력의 원천입니다.

물론, 하나님은 말씀하시는 분입니다. 태초부터 하나님은 창조와 구원과 심판을 말씀해 오셨습니다. 하나님의 말씀은 만물의 근원이요 존재 이유이며 존재 목적입니다. 또한 영존하는 생명입니다. 그러나 하나님이 침묵 가운데 말씀하시고, 정적 가운데 형상을 드러내신다는 사실을 기억해야 합니다.

하나님은 왜 대부분의 시간을 침묵하실까요? 언제나 들으시는 분이기 때문입니다. 만물의 소리, 특히 자기 백성의 모든 기도를 들으시기 때문입니다. 하나님은 성도의 기도를 듣기 위해 하늘을 고요하게 만드시는 분입니다.

구약 시대에는 매일 아침저녁 번제를 드렸고, 제사장들은 정해진 시간에 번제단의 불을 담다가 성소의 향단에 향을 피워야 했습니다. 향이 하늘로 오르는 모습은 기도의 상달을 상징합니다.

일곱 천사가 일곱 나팔을 받을 때, "또 다른 천사가 와서 제단 곁에 서서 금 향로를 가지고 많은 향을" 받는데, 하나님의 보좌 앞에 있는 금 제단에 드리기 위해서입니다. 이 향이 "성도의 기도와 함께 천사의 손으로부터 하나님 앞으로" 올라갑니다. 이 광경에 주목하십시오.

하나님을 거부하는 자들이 가장 비웃는 일이 바로 기도입니다. 그들은 기도한다고 뭐가 달라지느냐고 묻습니다. 그들은 예수님이 금식하며 기도하시자 "네가 만일 하나님의 아들이어든 명하여 이 돌들로 떡덩이가 되게 하라"(마 4:3)고 유혹했고, 예수님이 십자가에 달리셨을 때는 "지금 십자가에서 내려올지어다 그리하면 우리가 믿겠노라"(마 27:42) 하고 조롱했으며 예수님이 "나의 하나님, 나의 하나님, 어찌하여 나를 버리셨나이까" 하고 절규하시자 "엘리야가 와서 그를 구원하나 보자" 하고 비웃었습니다(마 27:46, 49).

그러나 그들의 조롱 소리와 상관없이 성도의 기도는 구원과 심판의 역사를 이루어 가는 결정적인 사건입니다. 아브라함의 기도를 기억합니까? 그는 소돔과 고모라를 위해 하나님과 끈질기게 협상했고, 그동안 하나님은 심판을 잠시 미루셨습니다. 모세의 기도를 기억합니까? 하나님이 완악한 이스라엘 백성을 쓸어버리고 새로 시작하겠다고 하시자 하나님께 따지듯이 대들었던 모세의 중보 덕분에 이스라엘 백성이 목숨을 부지했습니다. 골리앗을 향해 달려가며 드린 다윗의 기도를 기억합니까? 다니엘이 시간을 정해 놓고 성전을 향해 드리던 기도를 기억합니까? 예루살렘의 무너진 성벽을 애통해하며 드린 느헤미야의 기도를 기억합니까? 믿음의 사람들이 드린 기도 덕분에 하나님의 백성이 이 땅에서 사라지지 않을 수 있었습니다. 작은 나라 대한민국이 아직 건재한 이유는 선교사들과 믿음의 선배들의 기도 덕분입니다.

기도 소리는 허공 속에 사라지지 않습니다. 향연처럼 오르는 기도는 천사가 어김없이 담아서 하나님 보좌 앞 금 제단에 올려드립니다. 기도하는 사람은 사라져도 기도는 사라지지 않습니다. 상달된 기도는 영원 속에서 반드시 응답됩니다.

지금도 사악한 세력에 의해 목이 잘리거나 불태워지는 그리스도인들이 있습니다. 설마 그들이 죽음의 순간에 올려 드리는 기도가 그냥 허공에 흩어져 버리겠습니까? 우리 믿음에 앞서 하나님의 신실하심이 있습니다.

하나님이 성도들의 기도를 들으시는 이유가 무엇입니까?

> 그 어린양이 나아와서 보좌에 앉으신 이의 오른손에서 두루마리를 취하시니라 그 두루마리를 취하시매 네 생물과 이십사 장로들이 그 어린양 앞에 엎드려 각각 거문고와 향이 가득한 금 대접을 가졌으니 이 향은 성도의 기도들이라 그들이 새 노래를 불러 이르되 두루마리를 가지시고 그 인봉을 떼기에 합당하시도다 일찍이 죽임을 당하사 각 족속과 방언과 백성과 나라 가운데에서 사람들을 피로 사서 하나님께 드리시고 그들로 우리 하나님 앞에서 나라와 제사장들을 삼으셨으니 그들이 땅에서 왕 노릇 하리로다 하더라 계 5:7~10

사도 요한이 환상 속에서 봤듯이, 성도란 어린양이 피로 사서 하나님 아버지께 드린 사람들이고, 주님이 이들을 하나님 앞에서 나라와 제사장으로 삼으셨기 때문에 기도를 들으십니다. 또한 이들의 기도를 통해 구원의 역사를 완성하기로 작정하셨습니다.

기도의 거인이라고 할 수 있는 어떤 이가 놀랄 만한 얘기를 들려주었습니다. "하나님은 성도들의 기도를 듣는 것 외에는 아무 일도 하지 않으신다." 마치 성도들이 기도하지 않으면, 하나님은 하실 일이 없다는 얘기처럼 들립니다. 하나님은 예수님에게 하늘과 땅의 모든 권세를 주셨고, 예수님은 믿음의 사람들에게 하늘과 땅의 모든 권세를 가지신 분의 이름으로 기도할 특권을 주셨습니다. 그리고 기도의 특권을 아는 사람들의 믿음에 반드시 응답하십니다.

끝을 보는 재앙이 임하다

> 천사가 향로를 가지고 제단의 불을 담아다가 땅에 쏟으매 우레와 음성과 번개와 지진이 나더라 일곱 나팔을 가진 일곱 천사가 나팔 불기를 준비하더라
>
> **계 8:5~6**

이스라엘 백성에게 나팔 소리는 하나님의 현현을 의미합니다. 시내산에 하나님이 강림하실 때 나팔 소리가 들렸기 때문입니다(출 19장). 또 전쟁을 의미하기도 합니다. 하나님은 이스라엘 백성에게 "너희 땅에서 너희가 자기를 압박하는 대적을 치러 나갈 때에는 나팔을 크게"(민 10:9) 불라고 명령하셨습니다. 여리고성을 무너뜨린 것도 나팔 소리였습니다(수 6장). 그래서 전쟁의 시작을 나팔로 알리곤 했습니다. 이처럼 나팔 소리는 이스라엘에게 하나님의 현현과 전쟁 개시를 떠올리게 하는 두려운 소리였습니다.

계시록에서 나팔 소리는 하나님의 심판 개시를 의미합니다. 8장에서는 첫 번째부터 네 번째까지 네 번의 나팔 소리가 울려 퍼집니다. 모두 출애굽기의 재앙을 떠올리게 하는 자연에의 심판입니다. 그러나 결국 인간에 대한 간접적인 심판인 것입니다.

첫째 천사가 나팔을 부니 피 섞인 우박과 불이 나와서 땅에 쏟아지매 땅의 삼

분의 일이 타 버리고 수목의 삼분의 일도 타 버리고 각종 푸른 풀도 타 버렸더라 계 8:7

첫 번째 나팔 심판은 애굽에 내려졌던 열 가지 재앙 중에서 일곱 번째 재앙에 해당합니다. 하나님은 애굽 온 땅에 "우박과 불"의 재앙을 내리셔서 "사람과 짐승을 막론하고 밭에 있는 모든 것"을 치셨으며 "밭의 모든 채소를 치고 들의 모든 나무"를 꺾으신 바 있습니다(출 9:25). 출애굽 때와 다른 점은 애굽에 내린 재앙의 주요인이 우박이었다면, 나팔 심판에서는 불이라는 것입니다. 또 출애굽 때는 사람과 자연이 재앙을 입었는데, 나팔 심판에서는 땅과 수목과 풀만 불타고 있습니다. 하지만 그 피해는 고스란히 인간의 몫이 될 것입니다.

산불로 산 전체가 초토화되면 어떻게 되겠습니까? 불모지로 변할 것입니다. 오늘날 숲이 파괴되는 속도를 보면, 두려움이 느껴집니다. 날마다 축구장 수만 개 면적의 삼림이 파괴되어 사라지고 있습니다. 그 때문에 하루에 100여 종의 생물이 멸종되어 매년 4만여 종의 생명체가 지구상에서 사라지고 있습니다. 이런 환경에서 과연 인간만 살아남을 수 있겠습니까? 오늘날 우리가 목격하는 땅의 오염과 숲의 황폐화는 첫째 나팔의 재앙과 다르지 않습니다.

둘째 천사가 나팔을 부니 불붙는 큰 산과 같은 것이 바다에 던져지매 바다의 삼분의 일이 피가 되고 바다 가운데 생명 가진 피조물들의 삼분의 일이 죽고 배들의 삼분의 일이 깨지더라 계 8:8~9

"불붙는 큰 산과 같은 것"이란 무엇을 가리킬까요? 예레미야서에도 "불

탄 산"이 등장합니다.

> 여호와의 말씀이니라 온 세계를 멸하는 멸망의 산아 보라 나는 네 원수라 나
> 의 손을 네 위에 펴서 너를 바위에서 굴리고 너로 불탄 산이 되게 할 것이니
> 사람이 네게서 집 모퉁잇돌이나 기촛돌을 취하지 아니할 것이요 너는 영원히
> 황무지가 될 것이니라 여호와의 말씀이니라 렘 51:25~26

여기서 "불탄 산"이 바벨론을 가리킨다면, 사도 요한이 기록한 계시록의
"불붙는 큰 산과 같은 것"은 로마 제국을 가리킬 것입니다. 그 산이 바다에
던져져 "바다의 삼분의 일이 피가" 된다는 것은 애굽의 나일강이 피로 변했
던 재앙을 연상시킵니다.

핏빛으로 변한 바다는 해양 오염의 극치를 보여 줍니다. 기름 유출 사고
로 바닷속 생물의 개체수가 줄고, 생물의 몸속에서 구리나 카드뮴 같은 중
금속이 발견되었다는 뉴스를 심심찮게 봅니다. 또 바다에 떠다니는 쓰레기
를 보십시오. 바다가 언제까지 인간이 투기하는 어마어마한 양의 쓰레기를
다 받아 주겠습니까? 바다 생물만 죽습니까? 오염으로 바다 생태계는 무너
지고, 수산업은 송두리째 흔들립니다. 해상 교역이 심각한 타격을 입고, 그
여파로 세계 경제가 휘청거립니다. 토지 오염과 마찬가지로 바다 오염은 인
간의 생활에 영향을 미칠 뿐만 아니라 피조 세계의 파괴를 초래합니다.

> 셋째 천사가 나팔을 부니 횃불같이 타는 큰 별이 하늘에서 떨어져 강들의 삼
> 분의 일과 여러 물샘에 떨어지니 이 별 이름은 쓴 쑥이라 물의 삼분의 일이
> 쓴 쑥이 되매 그 물이 쓴 물이 되므로 많은 사람이 죽더라 계 8:10~11

셋째 나팔은 대지의 물 심판을 알립니다. 여기서 "별"은 무슨 별입니까? 이사야서를 보십시오.

> 너 아침의 아들 계명성이여 어찌 그리 하늘에서 떨어졌으며 너 열국을 엎은 자여 어찌 그리 땅에 찍혔는고 네가 네 마음에 이르기를 내가 하늘에 올라 하 나님의 뭇 별 위에 내 자리를 높이리라 내가 북극 집회의 산 위에 앉으리라 가장 높은 구름에 올라가 지극히 높은 이와 같아지리라 하는도다 그러나 이 제 네가 스올 곧 구덩이 맨 밑에 떨어짐을 당하리로다 사 14:12~15

이것 역시 바벨론을 뜻하지만, 사도 요한의 기록은 로마 제국을 가리킬 것입니다. 계시록은 로마 제국도 바벨론처럼 파멸될 것을 예고합니다. 만물 이 죽어 갈 것입니다. 격변이 일어나 땅과 바다가 파괴되듯이 대지의 물의 근원들도 오염될 것입니다. "쓴 쑥"이라고도 하는 "횃불같이 타는 큰 별"이 떨어져 "강들의 삼분의 일과 여러 물샘"이 오염될 것입니다. 물이 썩어서 사 람이 마실 물이 없어질 것입니다. 생각만 해도 끔찍한 일입니다.

6, 70년대만 해도 우리나라 어디를 가든 산속 샘이나 계곡에 흐르는 물 을 마시는 데 아무 문제가 없었습니다. 가끔 등산을 다녔는데, 계곡에서 밥 을 지어 먹고 나서 산꼭대기 가까이 올라가면 암자의 스님들이 빨래나 목욕 을 하는 광경을 볼 수 있었습니다. 빨랫물이 됐건 목욕물이 됐건, 산에서 물 을 마시면 아무 탈이 없었습니다. 산행하다가 목마르면 아무 데서나 두 손 으로 물을 받아 마시는 게 자연스러운 일이었습니다. 훗날 페트병에 든 물 을 사 먹게 될 줄을 상상이나 했겠습니까? 이제는 물보다 물병이 많은 세상 입니다. 그 많은 쓰레기를 지구가 어떻게 감당하겠습니까?

이제껏 인류는 물이 지닌 그야말로 놀라운 정화 능력으로 질병을 고치고 생명을 지켜 왔는데, 자연의 자정 능력이 급속도로 약화되고 있습니다. 날이 갈수록 수질 오염이 심각해져 가고, 물 부족 사태도 심각합니다. 물이 부족해질수록 오염도 빨라질 것입니다. 현재 전 세계 인구 가운데 11억 명 이상이 깨끗한 물을 마시지 못하고 있습니다. 그리고 매년 약 5백만 명 이상이 물 부족과 오염으로 목숨을 잃고 있습니다. 물의 3분의 1이 쓴 물이 되어 많은 사람이 죽는다는 말씀이 과연 실감 나지 않습니까?

자연에 내려진 마지막 재앙

> 넷째 천사가 나팔을 부니 해 삼분의 일과 달 삼분의 일과 별들의 삼분의 일이 타격을 받아 그 삼분의 일이 어두워지니 낮 삼분의 일은 비추임이 없고 밤도 그러하더라 계 8:12

네 번째 나팔은 하늘에 내려진 심판을 알립니다. 땅과 바다와 물에 이어서 하늘도 3분의 1이 타격을 입습니다. 인 재앙 때 4분의 1이 피해 본 것보다 그 범위가 더 커집니다. 이 어둠의 재앙은 애굽 땅에 내려졌던 사흘간의 흑암 재앙을 떠올리게 합니다.

> 여호와께서 모세에게 이르시되 하늘을 향하여 네 손을 내밀어 애굽 땅 위에 흑암이 있게 하라 곧 더듬을 만한 흑암이리라 모세가 하늘을 향하여 손을 내밀매 캄캄한 흑암이 삼 일 동안 애굽 온 땅에 있어서 그동안은 사람들이 서로 볼 수 없으며 자기 처소에서 일어나는 자가 없으되 온 이스라엘 자손들이 거주하는 곳에는 빛이 있었더라 출 10:21~23

열 가지 재앙 중에서 아홉 번째로 내려진 흑암 재앙은 자연을 통한 심판의 마지막 순서가 되었습니다. 즉 자연에 내려진 종말적 재앙인 것입니다. 그다음 열 번째 재앙은 장자의 죽음이었습니다.

애굽에 흑암의 재앙이 내릴 때, 이스라엘 백성이 거주하던 고센 땅에는 빛이 사라지지 않았습니다. 이 빛은 햇빛이나 달빛이 아니었습니다. 이 같은 흑암 재앙은 이후에 선지서에 자주 등장합니다. 해와 달과 별은 지구 및 우리 삶과 밀접한 관계에 놓여 있습니다. 천체의 변화는 지상의 생명체에 중대한 영향을 끼칠 수밖에 없습니다.

예수님도 하늘의 징조에 관해 이렇게 말씀하셨습니다.

일월성신에는 징조가 있겠고 땅에서는 민족들이 바다와 파도의 성난 소리로 인하여 혼란한 중에 곤고하리라 사람들이 세상에 임할 일을 생각하고 무서워하므로 기절하리니 이는 하늘의 권능들이 흔들리겠음이라 눅 21:25~26

네 번의 나팔 심판을 자세히 들여다보면, 출애굽 당시 애굽에 임했던 재앙들이 전 지구적인 규모로 확대되었다는 사실을 확인할 수 있습니다. 이들 재앙이 결국 우리 삶의 모든 터전을 차례로 파괴할 것입니다.

그런데도 계시록의 나팔 소리는 네 번으로 그치지 않습니다.

내가 또 보고 들으니 공중에 날아가는 독수리가 큰 소리로 이르되 땅에 사는 자들에게 화, 화, 화가 있으리니 이는 세 천사들이 불어야 할 나팔 소리가 남아 있음이로다 하더라 계 8:13

여기서 "땅에 사는 자들"이란 불신자를 가리킵니다. 독수리가 그들에게 화가 있을 것이라고 큰 소리로 알려 줍니다. "화, 화, 화가 있으리니"라고 세 번 반복하여 선언함으로써 그 화가 전무후무할 것임을 예고합니다. "독수리"는 죽음을 상징하는데, 독수리가 주로 주검 주변에 몰려들기 때문입니다.

심지어 성경은 심판이 도둑같이 임할 것이라고 반복해서 말합니다.

> 그들이 평안하다, 안전하다 할 그때에 임신한 여자에게 해산의 고통이 이름과 같이 멸망이 갑자기 그들에게 이르리니 결코 피하지 못하리라 형제들아 너희는 어둠에 있지 아니하매 그날이 도둑같이 너희에게 임하지 못하리니
>
> **살전 5:3~4**

> 그러나 주의 날이 도둑같이 오리니 그날에는 하늘이 큰 소리로 떠나가고 물질이 뜨거운 불에 풀어지고 땅과 그중에 있는 모든 일이 드러나리로다
>
> **벧후 3:10**

사람들은 이런 이야기를 듣기 거북해하고, 믿고 싶어 하지도 않습니다. 그러나 그리스도인들은 계시록의 말씀을 알아야 하고, 대비하여 기도해야 합니다.

심판 사건이냐, 구원 사건이냐

하나님은 믿음의 사람들이 세상 풍조에 휩쓸리지 않도록 말세의 조짐을 미리 알려 주십니다.

너는 이것을 알라 말세에 고통하는 때가 이르러 사람들이 자기를 사랑하며 돈을 사랑하며 자랑하며 교만하며 비방하며 부모를 거역하며 감사하지 아니하며 거룩하지 아니하며 무정하며 원통함을 풀지 아니하며 모함하며 절제하지 못하며 사나우며 선한 것을 좋아하지 아니하며 배신하며 조급하며 자만하며 쾌락을 사랑하기를 하나님 사랑하는 것보다 더하며 경건의 모양은 있으나 경건의 능력은 부인하니 이 같은 자들에게서 네가 돌아서라 **딤후 3:1~5**

그러나 "돌아서라"는 경고의 말씀을 끝까지 무시하는 사람들이 있습니다. 중요한 것은 믿는다고 하면서도 여전히 불신자들 사이에서 허우적거리는 사람들이 있다는 것입니다. 진정으로 돌아서야 할 때에 망설이는 사람들이 있습니다.

롯의 아내를 기억하십시오. 자신이 누리던 것을 잊지 못해 소돔과 고모라를 돌아보다가 소금 기둥이 되어 버렸습니다. 이 여인은 구원의 은혜를 받고, 탈출의 대열에 합류했으나 뒤를 돌아보다가 결국 죽음을 맞았습니다.

구원이란 더디 가더라도 되돌리지 않는 걸음입니다. 믿음의 뒷걸음은 곧 죽음의 길입니다. 예수님은 마지막 심판을 앞두고 있는 우리에게 절망하지 말고 기도로 자비를 구하라고 말씀하십니다.

너희가 도망하는 일이 겨울에나 안식일에 되지 않도록 기도하라 **마 24:20**

요엘 선지자는 마지막 순간에도 인생들에게 기회가 남아 있음을 알려 줍니다.

여호와의 크고 두려운 날이 이르기 전에 해가 어두워지고 달이 핏빛같이 변하려니와 누구든지 여호와의 이름을 부르는 자는 구원을 얻으리니 이는 나 여호와의 말대로 시온산과 예루살렘에서 피할 자가 있을 것임이요 남은 자 중에 나 여호와의 부름을 받을 자가 있을 것임이니라 욜 2:31~32

출애굽 사건은 이스라엘 백성에게는 구원의 사건이지만, 바로와 애굽 백성에게는 심판의 사건이 되었습니다. 바로와 애굽 백성에게 재앙은 끝없는 두려움이었지만, 이스라엘 백성에게는 구원의 소리였습니다. 이처럼 구원과 심판은 동전의 앞뒷면과도 같습니다.

계시록의 심판 역시 인치심을 받은 사람들에게는 구원의 사건이요 하나님을 끝까지 거부하는 사람들에게는 심판의 사건이 될 것입니다. 그러므로 우리 기도는 누구를 향해야 합니까? 당연히 아직 구원받지 못한 사람들을 향해야 합니다. 마지막 날, 나팔 소리가 들리고 우리 눈앞에 재앙이 닥칠 때, 가족이나 친지나 친구 가운데 구원받지 못한 사람이 있다면 얼마나 안타깝겠습니까?

우리가 먼저 구원받은 것은 아직 구원받지 못한 사람들에게 주님의 초대장을 전달하기 위함임을 잊지 마십시오.

12.

불신자의
고통

계 9:1-21

그리스도인들은 보이지 않는 세상이 있다는 것을 압니다. 그 세상이 보이는 세상보다 더 크고, 더 실제적이라는 사실을 믿습니다. 우리 눈앞에 보이는 모든 것이 언젠가는 사라질 테지만, 보이지 않는 세상은 영원히 존재할 것이기 때문입니다. 이 세상에 살면서도 우리는 막연하게나마 보이지 않는 것들에 관한 소식을 듣곤 합니다.

요한계시록은 보이지 않는 세상의 이야기를 들려줍니다. 천사들이 심판의 나팔을 불면, 이 땅에 재앙이 쏟아질 것입니다. 첫째부터 넷째까지의 나팔 재앙은 자연에 관한 것, 즉 천재지변입니다. 다섯 번째 나팔 재앙은 인간에게 직접 쏟아질 것입니다. 구원을 거부하여 하나님의 심판을 받게 될 인간들에게 재앙이 닥칩니다.

무저갱이 열리고

다섯째 천사가 나팔을 불매 내가 보니 하늘에서 땅에 떨어진 별 하나가 있는
데 그가 무저갱의 열쇠를 받았더라 계 9:1

여기서 "땅에 떨어진 별"이 과연 누구인가에 관해 서로 다른 의견이 있
습니다. 혹자는 사탄이라고 주장하고, 혹자는 천사라고 주장합니다. 사탄이
라고 해석하는 이들은 "너 아침의 아들 계명성이여 어찌 그리 하늘에서 떨
어졌으며"(사 14:12)에서 그 근거를 찾습니다.

그러나 계시록 20장의 말씀을 읽으면, 이와 다른 해석을 하게 됩니다.

또 내가 보매 천사가 무저갱의 열쇠와 큰 쇠사슬을 그의 손에 가지고 하늘로
부터 내려와서 계 20:1

사도 요한은 천사가 무저갱의 열쇠를 가진 것으로 묘사합니다. 또 앞서
예수님을 "사망과 음부의 열쇠를"(계 1:18) 가지신 분으로 묘사하기도 했습니
다. 그러므로 "땅에 떨어진 별"은 천사나 예수님을 가리킨 것으로 볼 수 있
습니다. 저도 이 의견에 동의합니다.

게다가 하나님이 사탄에게 "무저갱의 열쇠"를 주셨다고 보는 것은 이치
에 맞지 않습니다. "무저갱"은 원래 '끝이 없는 구덩이', '바닥 없는 우물'이
란 뜻인데, 비유적으로 지옥을 가리킵니다. 누가복음에는 군대라 하는 많은
귀신이 예수님께 "무저갱으로 들어가라 하지 마시기를 간구"(눅 8:31)하는 장
면이 있습니다. 예수님이 지옥 열쇠를 사탄에게 주실 이유가 없지 않습니
까? 따라서 무저갱의 열쇠는 예수님께 위임받은 천상의 존재 외에는 누구

도 받을 수 없을 것입니다.

> 그가 무저갱을 여니 그 구멍에서 큰 화덕의 연기 같은 연기가 올라오매 해와
> 공기가 그 구멍의 연기로 말미암아 어두워지며 또 황충이 연기 가운데로부터
> 땅 위에 나오매 그들이 땅에 있는 전갈의 권세와 같은 권세를 받았더라
>
> **계 9:2~3**

다섯 번째 나팔 재앙은 무저갱이 열리는 재앙입니다. 천사가 무저갱을 열어 악을 불러올림으로써 심판이 시작됩니다. 연기 속에 "전갈의 권세"를 받은 "황충"이 올라옵니다. 황충은 영적 존재로 메뚜기를 뜻하는데, 메뚜기는 재앙과 파멸을 상징합니다.

메뚜기 떼가 농작물에 끼치는 피해는 상상을 초월합니다. 하루에 자기 몸무게의 곱절을 먹어 치우는데 수십억에서 수백억 마리씩 떼 지어 다니므로, 메뚜기 떼가 휩쓸고 지나가면 아무것도 남지 않게 됩니다. 그야말로 초토화되는 것입니다.

이것은 귀신들이 불신자들을 괴롭히는 상황을 비유한 것입니다. 문제는 우리가 귀신들에 관해 무지하다는 것입니다. 귀신의 존재를 아예 부인하거나 또 단순히 억울하게 죽은 사람의 넋 정도로 여기는 사람이 많습니다. 그러나 성경은 귀신이 있다고 말합니다. 귀신은 죽은 사람의 영혼이 아닌 타락한 천사들을 가리킵니다. 악한 영(evil spirit)이요 더러운 영(unclean spirit)으로 사탄의 부하들입니다.

무저갱은 사탄이 결박되어 던져져 천 년간 갇혀 있는 곳입니다. 악령들의 처소이자 감옥입니다. 그런데 무저갱이 열리고, 그 구멍에서 귀신들이 메뚜기 떼처럼 풀려납니다. 그 이유가 무엇입니까? 종말의 심판 때문입니다.

그들에게 이르시되 땅의 풀이나 푸른 것이나 각종 수목은 해하지 말고 오직 이마에 하나님의 인 침을 받지 아니한 사람들만 해하라 하시더라 그러나 그들을 죽이지는 못하게 하시고 다섯 달 동안 괴롭게만 하게 하시는데 그 괴롭게 함은 전갈이 사람을 쏠 때에 괴롭게 함과 같더라 그날에는 사람들이 죽기를 구하여도 죽지 못하고 죽고 싶으나 죽음이 그들을 피하리로다 계 9:4~6

불신자 심판은 믿는 자들의 몫이 아닙니다. 의인이 악인을 심판하지 않습니다. 악인이 악인을 해하고, 악령이 악인을 밤낮없이 괴롭힙니다. 메뚜기 떼 같은 악한 영들이 해치는 대상은 이마에 인침을 받지 않은 사람들입니다. 인침을 받은 성도 십사만 사천 명은 감히 손댈 수 없습니다. 예수님이 머리이신 교회를 어떻게 공격하겠습니까? 살아있는 것처럼 보이지만 실은 죽은 교회, 다 가진 것 같지만 아무것도 없는 교회, 죽은 전통만 붙들고 있는 교회 등 주님이 아닌 사람이 주인 노릇 하는 교회들은 공격을 받겠지만, 하나님이 주인 되시고, 예수님이 머리이시며 성령님이 운행하시는 교회는 사탄이 넘어뜨릴 수 없습니다. 그리스도의 보혈로 인침을 받은 성도들을 사탄은 제멋대로 공격할 수 없습니다.

구원받는 것이 왜 중요합니까? 왜 반드시 거듭나야만 합니까? 사람의 힘으로는 황충 같은 악한 영들의 공격을 막아 낼 수 없기 때문입니다. 그러나 악령들은 불신자들을 죽이지는 못하고 "다섯 달 동안" 괴롭히기만 할 뿐입니다.

왜 "다섯 달"입니까? 실제로 메뚜기의 수명이 다섯 달이라고 합니다. 팔레스타인 지역에서는 건기에 해당하는 4월부터 8월까지 약 다섯 달 동안 메뚜기 떼가 출몰합니다. 그러므로 다섯 달은 한시적인 시간을 의미합니다. 악한 영들이 불신자들을 괴롭히는 것도 이 땅에 사는 동안뿐이라는 뜻입니다.

그런데 그 고통이 얼마나 큰지 "전갈이 사람을 쏠 때에" 느끼는 통증과도 같습니다. 죽고 싶을 정도로 고통스럽습니다. 자살 충동에 시달리지만, 죽음이 피해 갑니다. 여기서 유념해야 할 것은 죽음은 끝이 아니라는 것입니다. 자살하는 사람은 죽음으로 고통을 끝내고자 하지만, 실제로는 아무것도 끝나지 않습니다. 육신의 죽음은 영원의 시작이기 때문입니다.

악으로 악을 치신다

계시록은 귀신을 상징하는 메뚜기 떼의 모습을 이렇게 묘사합니다.

> 황충들의 모양은 전쟁을 위하여 준비한 말들 같고 그 머리에 금 같은 관 비슷한 것을 썼으며 그 얼굴은 사람의 얼굴 같고 또 여자의 머리털 같은 머리털이 있고 그 이빨은 사자의 이빨 같으며 또 철 호심경 같은 호심경이 있고 그 날개들의 소리는 병거와 많은 말들이 전쟁터로 달려 들어가는 소리 같으며 또 전갈과 같은 꼬리와 쏘는 살이 있어 그 꼬리에는 다섯 달 동안 사람들을 해하는 권세가 있더라 계 9:7~10

그 모습이 "전쟁을 위하여 준비한 말들"인 양 고약하다고 말합니다. "호심경"이란 갑옷 앞쪽에 호신용으로 붙이던 구리 조각을 말합니다. 사자 이빨에 철 호심경에 전갈 같은 꼬리까지 있어 사람들을 마구 해치고 다닙니다.

요엘서에도 이와 비슷한 묘사가 있습니다.

> 팥중이가 남긴 것을 메뚜기가 먹고 메뚜기가 남긴 것을 느치가 먹고 느치가

남긴 것을 황충이 먹었도다 … 다른 한 민족이 내 땅에 올라왔음이로다 그들
은 강하고 수가 많으며 그 이빨은 사자의 이빨 같고 그 어금니는 암사자의 어
금니 같도다 그들이 내 포도나무를 멸하며 내 무화과나무를 긁어 말갛게 벗
겨서 버리니 그 모든 가지가 하얗게 되었도다 욜 1:4, 6~7

팥중이, 메뚜기, 느치, 황충이 등은 모두 메뚜깃과에 속합니다. 여기서 메
뚜기 떼는 바벨론 군대를 가리키는데, 그들은 하나님의 심판 도구로 쓰였습
니다. 이처럼 다섯 번째 나팔 심판의 메뚜기 재앙은 불신자들의 심판에 악
령들이 도구로 쓰이는 것을 비유로 나타낸 것입니다.

그들에게 왕이 있으니 무저갱의 사자라 히브리어로는 그 이름이 아바돈이요
헬라어로는 그 이름이 아볼루온이더라 첫째 화는 지나갔으나 보라 아직도 이
후에 화 둘이 이르리로다 계 9:11~12

메뚜기 떼 같은 귀신들에게 왕이 있으니 그 이름은 "무저갱의 사자"입니
다. 히브리어로 "아바돈"(אֲבַדּוֹן)이고 헬라어로는 "아볼루온"('Απολλύων)입니다.
'파괴자'라는 뜻으로 사탄을 가리킵니다. 메뚜기 떼는 사탄을 우두머리로 한
타락한 천사들, 즉 악한 영과 더러운 영들의 무리인 것입니다.

사탄은 파괴하고 파멸시키는 존재이고, 인격의 파탄과 인간의 파멸이 그
들의 목적입니다. 그러니 귀신을 따라가 봐야 결국 파멸밖에는 없습니다. 사
람이 왜 자꾸 거짓말합니까? 왜 중독에 빠집니까? 왜 다른 사람들을 음해
하고, 곤경에 빠뜨리는 일을 멈추지 않습니까? 자기 의지대로 안 되는 상태,
스스로 통제할 수 없는 상태에 빠지기 때문입니다. 사탄의 종으로 전락하기
때문입니다.

악한 영들의 사주를 받는 이들이 우리 사회에서 급속히 세력을 확장하고 있습니다. 그들의 특징은 서로 간에 인격적인 관계가 없다는 것입니다. 비인격적이어서 서로 배려하거나 존중하는 법이 없습니다.

어쩌면 이 시대의 "아볼루온"은 악덕 기업주인지도 모릅니다. 그들은 근로자를 끝없이 착취하는 것도 모자라 산업 재해가 일어나도 아무 책임을 지지 않습니다. 사람을 생명을 가진 인격체로 보지 않고 소유물로 여기며, 오직 수단으로만 보기 때문입니다. 그러니 아랫사람을 선대하는 일이 없습니다. 독재자도 마찬가지입니다. 역대 독재자들이 국민을 어떻게 죽여 왔는지 살펴보십시오. 동서고금을 막론하고 그 행태는 별 차이가 없습니다. 수많은 백성이 억울하게 죽어 갔습니다. 그들의 사악한 야망에 얼마나 많은 사람이 희생되었습니까?

불신자들은 "너도 하나님처럼 될 수 있다"는 속삭임을 듣고 사탄을 따라가면 자유로울 것이라고 믿습니다. 그러나 아닙니다. 사탄처럼 악하게 변할 뿐입니다. 사탄에게 철저히 속박당할 뿐입니다. 사탄의 길을 좇으면 괴로움의 끝이 없어지고, 불안에서 벗어나지 못합니다. 시간이 갈수록 모든 관계가 점점 더 어려워집니다. 수고하고 무거운 짐이 날로 늘어납니다. 기쁨과 웃음이 사라집니다. 얼굴에 그늘이 드리워집니다.

사탄의 속삭임은 거짓입니다. 사탄은 속이는 자입니다. 무턱대고 따라가다가는 봉변을 당합니다. 잘 먹고 잘살 줄 알았는데 허기지고 헐벗게 됩니다. 아담과 하와 이래로 인간은 늘 그렇게 사탄에게 속아 왔습니다.

그러나 우리가 분명히 기억해야 할 사실이 있습니다. 귀신의 세력도 하나님의 주권 아래에 있다는 것입니다. 하나님의 허락 없이는 그들이 아무것도 할 수 없다는 사실을 기억해야 합니다. 오히려 하나님은 악으로 악을 쳐서 자기 뜻과 목적을 이루어 가십니다. 물론, 하나님이 귀신들에게 사람을 괴롭히라는 명령을 내리시는 것은 아닙니다. 그들이 하는 대로 내버려 두실 뿐입니다.

그러므로 하나님이 손을 거두시면, 파멸은 시간문제입니다. 제 발로 하나님을 떠나면 사탄의 밥이 되는 것은 시간문제입니다. 마치 받침돌을 빼는 순간 언덕길에 세워 둔 손수레가 곤두박질치는 것과 같습니다.

흔히 집 나가면 고생이라고들 말합니다. 쉴 곳이나 잠잘 곳조차 쉽게 찾을 수가 없기 때문입니다. 하지만 집의 소중함을 깨닫는다는 뜻에서 이런 고생도 할 만한 가치가 있습니다. 이 고생이 가치 있는 까닭은 돌아갈 집이 있기 때문입니다.

하나님의 품을 떠나는 것은 이와 비슷하지만 다른 점이 있습니다. 하나님을 떠나면, 대환영하는 무리가 있기 때문입니다. 악한 자들이 바로 데려가려고 사방에서 기다립니다. 납치라도 할 기세입니다. 그들의 환대가 당장은 좋아 보일지 몰라도, 결국은 사탄의 밥이 되고 마는 것입니다.

성경 이야기를 꽤 잘 아는데도 예수님을 믿지 않는 사람들을 전도하다가 발견한 사실이 있습니다. 그들은 귀신이나 성령이나 뭐가 다르냐고 묻곤 합니다. 왜 이런 질문을 하겠습니까? 자신이 귀신에게 붙들려 있다는 사실을 꿈에도 모르고 있기 때문입니다. 사탄에게 속아 눈이 가려지면 머리로는 알아도 영으로는 모르는 사람이 되고 맙니다.

예수님이 왜 우리에게 "내가 세상에 화평을 주러 온 줄로 생각하지 말라 화평이 아니요 검을 주러 왔노라"(마 10:34)고 말씀하셨겠습니까? 예수님을 믿는다는 것은 영적 정체성이 바뀌는 일입니다. 그래서 그 저항이 말할 수 없이 격렬합니다. 믿기 전 옛 자아의 저항뿐 아니라 외부에서의 압력도 거세집니다. 출애굽기에서 왜 바로가 이스라엘 백성을 쉽게 내보내지 못했습니까? 노예가 재산이기 때문입니다. 자기 소유를 절대로 못 내놓겠다는 것입니다.

사탄의 유혹에 넘어가는 것은 순간입니다. 처음부터 미끼를 물지 마십시오. 하루하루 하나님의 자녀답게 살면 됩니다. 하나님의 자녀임을 잊지 않고 살아가면 됩니다. 그러면 그 유혹으로부터 주님이 우리를 항상 지켜 주실 것입니다.

네 천사가 이끄는 심판

여섯 번째 나팔 소리가 울립니다.

> 여섯째 천사가 나팔을 불매 내가 들으니 하나님 앞 금 제단 네 뿔에서 한 음성이 나서 나팔 가진 여섯째 천사에게 말하기를 큰 강 유브라데에 결박한 네 천사를 놓아 주라 하매 네 천사가 놓였으니 그들은 그 년 월 일 시에 이르러 사람 삼분의 일을 죽이기로 준비된 자들이더라 계 9:13~15

여기서 "네 천사"가 다시 등장합니다. 땅 네 모퉁이에 서서 사방의 바람을 붙잡던 천사들입니다(참조, 계 7:1~3). 이때까지 하나님의 인침을 받아야 할 백성 때문에 손발이 묶여 있던 네 천사에게 심판이 허락됩니다.

그들은 "큰 강 유브라데"에 결박되어 있었습니다. 결박되었다는 것은 누군가의 통제하에 있다는 뜻입니다. 하나님이 네 천사를 유브라데강(유프라테스강)에 묶어 놓으셨습니다.

유브라데강은 두 가지 경계선이 있습니다. 하나는 하나님이 아브라함에게 약속하신 가나안 땅의 동쪽 경계선입니다. 중동 지역을 관통하는 두 강이 티그리스강과 유프라테스강인데, 유프라테스강을 건너면 바로 가나안 땅입니다. 앗수르 제국, 바벨론 제국, 페르시아 제국이 다 이 강을 건너서 이스라엘을 침공했습니다.

하나님은 유브라데강 동편에 있는 나라들을 통해 이스라엘 백성을 연단시키셨습니다. 백성이 하나님의 길로 행할 때는 평안하지만, 우상의 길로 치닫거나 하나님께 불순종하면 늘 유브라데강 저편에서 강대한 나라들이 발흥하곤 했습니다. 그래서 전쟁이 일어나거나 침략을 당하여 포로로 끌려가는 일이 생겼습니다. 강대국들을 통해 이스라엘 백성을 징계하신 것입니다.

이사야서에도 그와 같은 내용이 있습니다.

> 여호와께서 다시 내게 말씀하여 이르시되 이 백성이 천천히 흐르는 실로아 물을 버리고 르신과 르말리야의 아들을 기뻐하느니라 그러므로 주 내가 흉용하고 창일한 큰 하수 곧 앗수르왕과 그의 모든 위력으로 그들을 뒤덮을 것이라 그 모든 골짜기에 차고 모든 언덕에 넘쳐 흘러 유다에 들어와서 가득하여 목에까지 미치리라 임마누엘이여 그가 펴는 날개가 네 땅에 가득하리라 하셨느니라 **사 8:5~8**

이스라엘 백성이 하나님을 떠나서 "르신과 르말리야의 아들을 기뻐"한다는 것은 우상 숭배를 말하는 것입니다. 그러므로 하나님은 유브라데강을 가리키는 "흉용하고 창일한 큰 하수" 건너편에 있는 "앗수르왕과 그의 모든 위력으로" 우상 숭배하는 백성을 덮게 하실 것입니다. 앗수르의 군대가 물밀 듯 들어와 모든 골짜기에 가득할 정도로 유대 땅을 한순간에 뒤덮게 되리라는 말씀입니다. 크고 무서운 재앙입니다.

유브라데강의 경계선 중 두 번째는 로마 제국의 동쪽 경계선입니다. 당시 강 동쪽에는 파르티아(Parthia) 제국이 있었고, 그들은 기마대로 유명했습니다. BC 53년과 AD 62년에 로마를 침공하여 승리할 정도로 막강한 군사력을 자랑했습니다. 로마 제국의 지배권과 통제권은 유브라데강까지였습니다. 강을 넘는다는 것은 곧 침공을 의미하므로 로마 군대도 함부로 강을 건너지 못했습니다.

이처럼 하나님은 유브라데강을 하나의 경계선으로 삼아 강 건너편에 있는 강대국들을 도구로 사용하셨습니다. 왜 하나님은 하나님을 믿지 않고 거부하는 나라들을 흥왕케 만들어 강대국이 되게 하셨을까요? 쉽게 이해되지 않습니다. 그러나 중요한 것은 이들 강대국도 하나님이 다스리고 계시다는 것입니다.

결국 하나님은 네 천사를 유브라데강에 묶어 두어 심판의 수위를 조절하고 계셨던 셈입니다. 이제 그들을 풀어놓으라 하십니다. 그들은 사람의 3분의 1을 죽이도록 준비된 자들입니다. 이 또한 하나님이 주권적으로 행하시는 심판의 하나입니다.

마병대의 수는 이만 만이니 내가 그들의 수를 들었노라 계 9:16

고대 세계에서 마병대는 오늘날의 전차부대와도 같습니다. 마병대를 훈련하는 데는 많은 시간과 돈이 들었으므로 아무리 큰 나라도 마병을 많이 두지 못했습니다. 그런데 네 천사에게 "이만 만"의 마병대가 주어집니다. "이만 만"이 얼마입니까? 2억입니다.

당시로서는 상상도 할 수 없는 숫자입니다. 로마 군대가 25개 군단으로 대략 12만 5천 명 수준이었고, 보조병을 합쳐도 25만 명에 불과했습니다. 1세기 로마 제국 전체 인구가 약 5천만이었고, 전 세계 인구는 2억 내지

3억이었을 것으로 추정합니다. 현재 전 세계 군인을 다 합치면 2천만 명 정도 되는 것으로 알려져 있습니다. 그런데 네 천사가 이끌 마병대는 그보다 10배나 많은 2억이나 되다니 놀라운 규모입니다.

이처럼 마병의 수가 많음을 강조한 것은 그만큼 죽는 사람이 엄청나게 많을 것을 암시하기 위함입니다. 메뚜기 떼처럼 많은 수의 마병대가 사람의 3분의 1을 죽일 것입니다. 지난 재앙에 이미 4분의 1이 죽었습니다. 이제 또 3분의 1이 죽는다면, 인류의 절반 가까이가 사라지는 셈입니다. 그런 재앙이 닥친다는 것입니다.

회개 없는 자에게 닥치는 재앙

이 같은 환상 가운데 그 말들과 그 위에 탄 자들을 보니 불빛과 자줏빛과 유황빛 호심경이 있고 또 말들의 머리는 사자 머리 같고 그 입에서는 불과 연기와 유황이 나오더라 이 세 재앙 곧 자기들의 입에서 나오는 불과 연기와 유황으로 말미암아 사람 삼분의 일이 죽임을 당하니라 이 말들의 힘은 입과 꼬리에 있으니 꼬리는 뱀 같고 또 꼬리에 머리가 있어 이것으로 해하더라

계 9:17~19

마병대가 이끄는 말들의 입에는 "불과 연기와 유황"이 나옵니다. 그로 말미암아 3분의 1이 죽습니다. 황충은 괴롭히기는 해도 죽이지는 않았는데, 마병대는 사람을 죽입니다. 그들이 쓰는 "불과 연기와 유황"은 일종의 대량 살상 무기와도 같습니다.

심판에 등장하는 불과 유황은 지금으로 치면 온갖 종류의 화약 무기쯤

될 것입니다. 현재 세계 각국이 보유한 무기들을 합하면, 온 인류를 수십 번, 수백 번 죽이고도 남을 양이라고 합니다. 제1차 세계대전 때 천만 명 이상이 죽었고, 제2차 세계대전 때는 6천만 명 이상이 죽었습니다. 앞으로 전쟁이 일어난다면 얼마나 많은 사람이 죽겠습니까? 상상조차 할 수 없습니다.

하나님이 결박된 네 천사를 놓아 주라고 하시는 날이 오면 인류에 재앙이 올 것입니다. 그나마 하나님이 유브라데강에 천사들을 결박해 놓고 심판을 미루어 주시니 우리가 아직 살아있는 것 아니겠습니까?

> 이 재앙에 죽지 않고 남은 사람들은 손으로 행한 일을 회개하지 아니하고 오히려 여러 귀신과 또는 보거나 듣거나 다니거나 하지 못하는 금, 은, 동과 목석의 우상에게 절하고 또 그 살인과 복술과 음행과 도둑질을 회개하지 아니하더라 계 9:20~21

놀랍게도 이러한 대재앙 가운데서도 살아남는 불신자들이 있습니다. 그들은 끝까지 "손으로 행한 일을 회개하지" 않습니다. "손으로 행한 일"이란 하나님의 은혜를 거부하고 살아가는 삶의 방식을 가리킵니다. 그리스도의 피로 구원받기를 끝내 거절하는 불신자들의 생존 방식입니다. 그들은 하나님이 주신 것으로는 부족해서 평생 남의 것을 빼앗으며 살아갑니다. 그들은 늘 불안하기 때문에 온갖 우상을 섬깁니다.

그러나 기억하십시오. 이마에 인을 맞은 사람들에게 하시는 말씀이 아닙니다. 하나님이 보증하신 사람들은 심판 대상이 아니라는 뜻입니다. 그러므로 지레 겁먹을 필요는 없습니다. 우리는 이미 구원받은 백성이기 때문입니다. 물론, 우리도 끔찍한 재앙들로부터 자유롭지는 않습니다. 그래서 마지막 심판을 두려워하며 하나님께 매달려 기도해야 합니다. 그러나 우리를 살려

달라고 매달리는 것은 아닙니다.

문제는 구원받지 못한 백성이 끝까지 회개하지 않을 때, 이 끔찍한 재앙이 일어난다는 사실입니다. 왜 그들은 깨닫지 못할까요?

> 그중에 이 세상의 신이 믿지 아니하는 자들의 마음을 혼미하게 하여 그리스도의 영광의 복음의 광채가 비치지 못하게 함이니 그리스도는 하나님의 형상이니라 고후 4:4

빛이 어둠에 비쳐도 어둠은 깨닫지 못합니다. 마음을 빼앗긴 탓에 혼미해져서 분별력을 잃은 탓입니다. 그들은 예수님을 봐도 하나님을 깨닫지 못합니다. 주님이 곁에 계셔도 계신 줄 모르고, 자기 혼자뿐이라고 생각합니다. 그러나 세상에 누구도 혼자인 사람은 없습니다. 주님이 영으로 함께 계십니다.

> 그는 허물과 죄로 죽었던 너희를 살리셨도다 그때에 너희는 그 가운데서 행하여 이 세상 풍조를 따르고 공중의 권세 잡은 자를 따랐으니 곧 지금 불순종의 아들들 가운데서 역사하는 영이라 엡 2:1~2

구원이란 "불순종의 아들들 가운데 역사하는 영"을 떠나는 일입니다. 세상 풍조를 따르고 공중 권세 잡은 자를 따라다니기를 그치는 일입니다. 허물과 죄로 죽어 가는 길에서 돌이키는 일입니다. 죽기를 무서워하면서 평생 죽음의 종노릇 하다가 풀려나는 일입니다.

그리스도의 십자가로 모든 사슬에서 풀려났다는 소식이야말로 복음입니다. 사도 바울 자신이 사슬에서 벗어나 목청껏 외치지 않았습니까? "보라 지금은 은혜받을 만한 때요 보라 지금은 구원의 날이로다"(고후 6:2)라고 말입니다. 그는 믿음으로 낳은 아들 디모데에게 말씀을 쉬지 말고 전할 것을 신신당부합니다.

> 너는 말씀을 전파하라 때를 얻든지 못 얻든지 항상 힘쓰라 범사에 오래 참음과 가르침으로 경책하며 경계하며 권하라 **딤후 4:2**

몰라서 말 못 하는 것에는 책임이 없습니다. 그러나 알고도 침묵하는 데는 책임이 따릅니다. 마지막 때란 심판이 임박한 때이고, 심판은 더 이상 하나님을 영접할 사람이 없을 때 임할 것입니다.

저는 아직도 시간이 남아 있다고 믿습니다. 우리에게 주어진 소명을 감당할 시간을 하나님이 허락해 주시리라 믿습니다. 그러니 초조해하지 말고, 아직 인침을 받지 못한 사람들에게 하나님의 나팔 소리를 들려주십시오. 그들도 돌이켜 구원에 이르기를 원하시는 하나님이 심판을 미루고 기다리고 계십니다.

13.

다시
예언하라

계시록 7장은 여섯째 인과 일곱째 인 사이의 막간입니다. 이 막간의 시간에 실로 중요한 일이 진행되었습니다. 허다한 백성이 이마에 인침을 받는데, 이때 구원받는 백성의 숫자가 채워집니다. 10장부터 11장 14절까지도 여섯째 나팔과 일곱째 나팔 사이의 막간입니다. 마지막 일곱째 나팔이 울려 퍼져야 하는데 하나님이 잠시 뜸을 들이시는 듯합니다. 마지막까지 기회를 주시고자 하는 마음이 느껴집니다.

계시가 적힌 두루마리

요한은 상상하지 못했던 종말의 심판이 진행되고 있는 가운데 다시 한

"힘센 천사"가 펼쳐진 두루마리를 들고 나타나는 것을 봅니다. 먼저 이 천사가 누구인지를 봅시다.

> 내가 또 보니 힘센 다른 천사가 구름을 입고 하늘에서 내려오는데 그 머리 위에 무지개가 있고 그 얼굴은 해 같고 그 발은 불기둥 같으며 그 손에는 펴 놓인 작은 두루마리를 들고 그 오른발은 바다를 밟고 왼발은 땅을 밟고
> 계 10:1~2

천사는 구름을 입고 하늘에서 내려옵니다. 머리에 무지개가 있고 얼굴이 해 같고 발이 불기둥 같습니다. 그리스도를 연상케 하는 모습입니다. 그래서 이 천사가 예수님의 대행자임을 짐작할 수 있습니다. 우리는 누군가와 함께 있으면 그 분위기에 젖어 듭니다. 목소리와 걸음걸이도 닮습니다. 생각과 행동을 보면 누구 문하생인지 짐작할 수 있습니다. 예수님을 닮은 이 힘센 천사의 손에는 펼쳐진 작은 두루마리가 있습니다. 이미 우리가 보았던 두루마리입니다.

> 또 보매 힘 있는 천사가 큰 음성으로 외치기를 누가 그 두루마리를 펴며 그 인을 떼기에 합당하냐 하나 하늘 위에나 땅 위에나 땅 아래에 능히 그 두루마리를 펴거나 보거나 할 자가 없더라 계 5:2~3

예수님이 인봉을 떼셨던 그 두루마리와 같은 것으로 보는 것이 합당합니다. 인봉을 떼신 두루마리나 지금 천사 손에 들린 두루마리 모두 에스겔서에 나오는 두루마리와 연관되었습니다.

내가 보니 보라 한 손이 나를 향하여 펴지고 보라 그 안에 두루마리 책이 있더라 그가 그것을 내 앞에 펴시니 그 안팎에 글이 있는데 그 위에 애가와 애곡과 재앙의 말이 기록되었더라 겔 2:9

이 두루마리가 이제 사도 요한에게 주어집니다. 전달되는 방법을 보면, 하나님이 예수님에게 주시고, 예수님이 힘센 천사에게 주시니 천사를 통해 사도 요한에게 전달됩니다. 이 순서는 계시록이 기록되는 순서와도 같습니다.

예수 그리스도의 계시라 이는 하나님이 그에게 주사 반드시 속히 일어날 일들을 그 종들에게 보이시려고 그의 천사를 그 종 요한에게 보내어 알게 하신 것이라 계 1:1

하나님이 그리스도에게 주시고, 종들에게 보이시기 위해 천사를 요한에게 보내셨습니다. 이 천사가 5장과 10장에 등장하는 힘센 천사와 동일한 존재임을 알 수 있습니다. 그가 예수님과 닮은 모습으로 나타난다는 것은 이 두루마리에 예수님의 계시가 담겨 있음을 의미합니다. 이 천사는 지금 오른발로는 바다를, 왼발로는 땅을 밟고 있습니다. 바다는 열방을 가리키고 땅은 이스라엘을 뜻한다고 해석하기도 하지만, 그냥 문자 그대로 온 세상을 상징하는 것으로 보아도 무방합니다. 땅과 바다를 밟고 있으니 온 세상을 다스리는 통치권을 지녔다는 것이고, 이 천사가 들고 있는 두루마리의 내용은 결국 온 세상과 관련된 것임을 보여 줍니다.

사자가 부르짖는 것같이 큰 소리로 외치니 그가 외칠 때에 일곱 우레가 그 소리를 내어 말하더라 일곱 우레가 말을 할 때에 내가 기록하려고 하다가 곧 들으니 하늘에서 소리가 나서 말하기를 일곱 우레가 말한 것을 인봉하고 기록하지 말라 하더라 계 10:3~4

이 천사는 "사자가 부르짖는 것같이 큰 소리로" 외칩니다. 사람들이 보통 큰 소리로 말하는 이유가 무엇입니까? 중요한 내용이 있으니 잘 들으라는 것입니다. 이 천사는 메신저입니다. 자기 하고 싶은 얘기를 하는 게 아니라 하나님의 뜻을 전합니다. 하나님의 음성을 대신합니다. 호세아나 아모스 같은 선지자들이 하나님의 음성을 전할 때 사자후의 상징을 사용했습니다.

그들은 사자처럼 소리를 내시는 여호와를 따를 것이라 여호와께서 소리를 내시면 자손들이 서쪽에서부터 떨며 오되 호 11:10

사자가 부르짖은즉 누가 두려워하지 아니하겠느냐 주 여호와께서 말씀하신즉 누가 예언하지 아니하겠느냐 암 3:8

계시록에서도 중요한 선포가 있을 때마다 큰 소리가 들렸고, 우렛소리가 났습니다. 이번에도 "일곱 우레"가 소리를 내어 말하니 요한이 그것을 기록하려고 합니다. 그러나 하늘에서 일곱 우레가 말한 것을 인봉하고 기록하지 말라는 소리가 들려옵니다. 아마도 그 내용은 일곱 인 심판, 일곱 나팔 심판, 일곱 대접 심판과 같은 '일곱 심판 시리즈' 중의 하나였을 것입니다.

하나님은 우리에게 심판의 내용을 알려 주시기도 하지만 알지 않아도 될 내용까지 계시해 주시지 않습니다. 하나님은 계시의 하나님이지만 동시에 자신을 감추시는 하나님입니다. 예수님은 공생애 기간 동안 많은 기적을 베푸셨지만, 기적을 경험한 사람들에게 그 사실을 주위에 알리지 말라고 금하셨습니다. 인간은 남이 갖지 못한 능력을 가졌으면 어떻게든 알리려 하고, 남에게 베푼 것이 있다면 언제건 알려지길 바라지만, 하나님은 그러시지 않습니다. 하나님은 때가 찰 때까지 숨으시고, 우리에게 다 알려 주시지 않습니다. 설혹 알려 주시더라도 우리는 제대로 모를 것입니다.

> 하나님이 모든 것을 지으시되 때를 따라 아름답게 하셨고 또 사람들에게는 영원을 사모하는 마음을 주셨느니라 그러나 하나님이 하시는 일의 시종을 사람으로 측량할 수 없게 하셨도다 전 3:11

하나님이 하시는 일에는 시작과 끝이 있습니다. 하나님은 영원하시지만, 하나님이 하시는 일은 시작의 때와 마지막 때가 있습니다. 그러나 그때를 인간이 다 알 수 없습니다. 특히 정확한 종말의 때는 하나님이 알려 주시지 않습니다. 몇 년, 몇 월, 며칠, 몇 시를 알려 주는 사람이 있다면 무시해도 좋습니다. 지금까지 숱한 종말의 예언이 있었지만 그 시간에 주님이 오신 적도 없고 지구가 최후 종말을 맞은 적도 없습니다. 예수님도 그 시간은 내 아버지만 아신다고 말씀하셨습니다.

성경은 하나님을 계시하지만 하나님의 전부를 알려 주지는 않습니다. 우리는 하나님 나라의 소식을 듣지만 하나님 나라의 전모가 어떤지를 다 알 수 없습니다. 천국과 지옥을 다녀왔다는 사람의 이야기에도 너무 귀 기울이지 마십시오. 그걸 우리가 다 알아야 할 필요가 있다면 성경이 세세히 묘사하고 기록했을 것입니다.

그러나 하나님은 인간이 알아야 하는 것들은 성경에 빠짐없이 기록하도록 하셨습니다. 따라서 알아야 할 내용부터 제대로 아는 것이 급하고 중요합니다. 반드시 알아야 할 내용엔 관심이 없고 기록된 말씀이 아닌 사람들의 개인적인 경험이나 체험에 더 큰 관심을 둔다면 우선순위가 뒤바뀐 것입니다.

우리는 누구나 죽는다는 것을 압니다. 그러나 하나님은 그 날짜를 미리 알려 주시지 않습니다. 자기가 언제 죽을지 궁금한 나머지 평생 그 날짜를 알아보는 데 열정을 쏟은 사람이 있습니다. 드디어 알아냈는데, 알고 보니 살 수 있는 날이 정확히 백일 남았습니다. 이제 알았으니 만족할까요? 남은 시간을 편안하게 살겠습니까? 아닙니다. 다시 패닉 상태에 빠집니다. 그게 인간입니다. 어떻게든 받은 그 날짜를 바꿔 보려고 아등바등하지 않겠습니까? 점집에 가면 그런 사람이 한둘이 아닙니다.

신명기 말씀은 사람의 일과 하나님의 일을 계시의 차원에서 알려 줍니다.

> 감추어진 일은 우리 하나님 여호와께 속하였거니와 나타난 일은 영원히 우리와 우리 자손에게 속하였나니 이는 우리에게 이 율법의 모든 말씀을 행하게 하심이니라 신 29:29

성경에 기록되지 않은 일들은 하나님께 속한 것이고, 기록된 말씀은 인간에게 속한 것입니다. 우리가 말씀을 알아야 하는 이유는 우리가 걸어야 할 길과 가야 할 방향과 살아내야 할 일들이 모두 말씀에 기록되어 있기 때문입니다. 성경은 우리가 걷다가 길을 잃어버리거나 곁길로 가게 되면 무슨 일이 일어날 것인지 다 기록해 놓았습니다. 인간은 따로 실패학 공부를 할 필요가 없습니다. 인간의 모든 실패 유형이 성경에 기록돼 있고, 그 실패를 어떻게 회복할 수 있을 것인지에 대해서도 모두 기록돼 있습니다. 그래서 성경을 아는 만큼 지혜롭고 겸손합니다. 반면에 성경을 모르는 만큼 어리석고 교만합니다. 그런데 성경을 제멋대로 해석하는 사람이 있습니다. 그는 성경을 아예 모르는 사람보다 더 악하고 교만합니다. 예수님이 이 사람은 두루 다니면서 사람을 데려와 자기보다 더 악한 사람을 만드는 자라고 알려 주십니다.

종말의 시간

내가 본 바 바다와 땅을 밟고 서 있는 천사가 하늘을 향하여 오른손을 들고 세세토록 살아 계신 이 곧 하늘과 그 가운데에 있는 물건이며 땅과 그 가운데에 있는 물건이며 바다와 그 가운데에 있는 물건을 창조하신 이를 가리켜 맹세하여 이르되 지체하지 아니하리니 일곱째 천사가 소리 내는 날 그의 나팔을 불려고 할 때에 하나님이 그의 종 선지자들에게 전하신 복음과 같이 하나님의 그 비밀이 이루어지리라 하더라 계 10:5~7

이 천사가 오른손을 들고 맹세합니다. "지체하지 않을 것이다." 직역하면 시간이 더 이상 없다는 말입니다. 일곱째 나팔이 불릴 때 반드시 하나님의 비밀이 이루어진다는 것입니다. 모든 말씀이 성취된다는 뜻입니다.

이 맹세의 내용은 다니엘서의 말씀과 맥이 닿습니다.

내가 들은즉 그 세마포 옷을 입고 강물 위쪽에 있는 자가 자기의 좌우 손을 들어 하늘을 향하여 영원히 살아 계시는 이를 가리켜 맹세하여 이르되 반드시 한 때 두 때 반 때를 지나서 성도의 권세가 다 깨지기까지이니 그렇게 되면 이 모든 일이 다 끝나리라 하더라 단 12:7

다니엘서를 통해 듣는 맹세는 반드시 "한 때 두 때 반 때를 지나서" 이 모든 일이 끝난다는 것이고, 계시록의 말씀은 "일곱째 천사가 소리 내는 날 그의 나팔을 불려고 할 때에" 하나님의 비밀이 다 이루어진다는 것입니다. 이 것은 일곱째 천사가 나팔 부는 날이 곧 다니엘서에 기록된 "한 때 두 때 반 때"가 끝나는 시점이라는 사실을 알려 줍니다. 다니엘서 12장 7절이 성취되는 것입니다.

그러면 일곱째 나팔소리가 들리면 무슨 일이 있습니까?

> 일곱째 천사가 나팔을 불매 하늘에 큰 음성들이 나서 이르되 세상 나라가 우리 주와 그의 그리스도의 나라가 되어 그가 세세토록 왕 노릇 하시리로다 하니 계 11:15

일곱째 천사가 나팔을 불 때란 예수님이 재림하는 때를 말합니다. 세상 나라가 끝나고 하나님 나라가 완성되는 시점입니다. 다니엘서의 "한 때 두 때 반 때"가 끝나는 시간입니다. 그렇다면 거꾸로 이 "한 때 두 때 반 때"는 예수님이 이 땅에 처음 오셨을 때부터 다시 오실 때까지의 시간임을 알 수 있습니다. 우리는 이 시간을 '종말의 시간'이라고 부릅니다. 이미 종말이 시작되었으나 아직 종말이 끝나지 않은 시간을 의미합니다.

계시록에는 이 시간에 관해 세 가지 표현이 등장합니다.

> 성전 바깥마당은 측량하지 말고 그냥 두라 이것은 이방인에게 주었은즉 그들이 거룩한 성을 마흔두 달 동안 짓밟으리라 내가 나의 두 증인에게 권세를 주리니 그들이 굵은 베옷을 입고 천이백육십 일을 예언하리라 계 11:2~3

여자가 아들을 낳으니 이는 장차 철장으로 만국을 다스릴 남자라 그 아이를
하나님 앞과 그 보좌 앞으로 올려가더라…용이 자기가 땅으로 내쫓긴 것을
보고 남자를 낳은 여자를 박해하는지라 그 여자가 큰 독수리의 두 날개를 받
아 광야 자기 곳으로 날아가 거기서 그 뱀의 낯을 피하여 한 때와 두 때와 반
때를 양육 받으매 계 12:5, 13~14

또 짐승이 과장되고 신성 모독을 말하는 입을 받고 또 마흔두 달 동안 일할
권세를 받으니라 계 13:5

이제 이 시간들을 계산해 보십시다. "한 때 두 때 반 때"는 연수를 가리킵
니다. 1년, 2년, 반년 즉 3년 반입니다. 3년 반을 달 수로 계산하면 마흔두 달
입니다. 마흔두 달을 날 수로 계산하면 며칠입니까? 한 달을 30일로 계산하
면 1,260일입니다. 셋 다 동일한 기간입니다. 정리하면, 정해진 시간 동안 성
전 밖 마당은 이방인들에게 밟힐 것이고, 여인이 용에게 핍박을 받으나 보
호되며, 두 증인이 날마다 증언하고, 짐승이 성도들을 박해하며 세상을 다스
릴 것입니다. 이처럼 계시록에 나오는 마흔두 달, 1,260일과 같은 시간은 다
니엘서에 기록된 "한 때 두 때 반 때"를 달리 표현한 것으로 예수님의 초림
과 재림 사이의 종말 기간을 뜻합니다.

그렇다면 이 종말의 시간에 우리는 무엇을 해야 합니까? 대체 우리의 소
명이 무엇입니까? 사도 요한이 기록한 이 계시록 말씀은 종말의 시간을 살
고 있는 우리가 현실을 어떻게 바라보고 해석해야 하는지 알 수 있도록 영
적인 눈을 열어 줍니다.

말씀의 단맛, 행함의 쓴맛

하늘에서 나서 내게 들리던 음성이 또 내게 말하여 이르되 네가 가서 바다와 땅을 밟고 서 있는 천사의 손에 펴 놓인 두루마리를 가지라 하기로 내가 천사에게 나아가 작은 두루마리를 달라 한즉 천사가 이르되 갖다 먹어 버리라 네 배에는 쓰나 네 입에는 꿀같이 달리라 하거늘 내가 천사의 손에서 작은 두루마리를 갖다 먹어 버리니 내 입에는 꿀같이 다나 먹은 후에 내 배에서는 쓰게 되더라 계 10:8~10

사도 요한이 처한 상황을 다시 기억해 봅시다. 교회는 지금 절망적인 상황입니다. 그리스도인과 교회에 대한 박해는 갈수록 더 심합니다. 그 자신도 밧모섬에 유배 중입니다. 마음 놓고 예배를 드릴 수조차 없는 상황입니다. 그런 요한에게 하늘이 열렸고, 그는 천상의 예배에 초대되었습니다. 요한은 그 예배에 초대받지 못할 불신자들에게 어떤 재앙이 닥칠지를 마치 영화를 보듯 보고 있습니다. 그런 가운데 그는 막간의 시간을 갖고 그 자신이 현실 가운데서 행해야 할 일에 대해 알게 됩니다. 그의 소명은 첫째, 천사의 손에 들린 두루마리를 취하는 일입니다. 이 두루마리는 계시의 말씀이 기록된 책입니다.

둘째, 그 두루마리를 그냥 펼쳐보는 게 아니라 먹는 것입니다. 말씀을 먹으라는 것은 말씀을 단지 머리로 이해하는 데 머무르지 말라는 것입니다. 말씀이 내 몸의 일부가 되어야 한다는 말입니다. 말씀이 육신이 되신 예수님의 길을 따르는 것을 뜻합니다. 예수님은 말씀의 성육신입니다. 예수님은 말씀이 육신이 되는 삶을 산상수훈 결론에서 구체적으로 알려 주셨습니다. 모래 위에 집을 짓지 않고 반석 위에 집을 짓는 삶이라고 말씀하십니다.

듣기만 하는 삶이 아니라 행하는 삶임을 분명히 하셨습니다. 야고보 사도도 말씀대로 사는 것에 목청을 높입니다.

> 너희는 말씀을 행하는 자가 되고 듣기만 하여 자신을 속이는 자가 되지 말라
> **약 1:22**

에스겔에게도 말씀을 먹으라고 하셨습니다.

> 또 그가 내게 이르시되 인자야 너는 발견한 것을 먹으라 너는 이 두루마리를
> 먹고 가서 이스라엘 족속에게 말하라 하시기로 **겔 3:1**

에스겔이 두루마리를 먹고 무엇을 해야 합니까? 이스라엘 족속에게 그 말씀을 전해야 합니다. 사도 요한이 두루마리 말씀을 먹고 나서 할 일이 무엇입니까? 먹은 그 말씀을 다시 세상에 전하는 일입니다. 혼자 배불리 먹고 살찌우라는 것이 아닙니다. 더구나 먹은 말씀도 없이 어디를 가라고 하지 않습니다. 교회가 제일 먼저 해야 할 일이 바로 말씀을 먹는 일입니다. 교제가 먼저가 아닙니다. 봉사가 먼저가 아닙니다. 구제가 먼저가 아닙니다. 다 중요하지만 가장 중요한 것은 말씀을 먹는 일입니다.

말씀을 듣고 말씀을 읽는 것에서 시작해야 합니다. 그러나 듣고 읽고 심지어 묵상하고도 안 먹을 수 있습니다. 쌀에 대해 박사 논문을 쓰고도 빵만 먹을 수 있습니다. 결혼전문가를 자칭하면서 정작 자신은 결혼하지 않을 수 있습니다. 신학자들이 말씀을 평생 연구하고도 정작 자신이 그 말씀을 먹지 않아서 빈혈증으로 쓰러질 수 있습니다. 목사가 평생 말씀을 전한다고 설교하면서도 그 말씀을 먼저 먹지 않고 전하다가 쓰러지는 것을 실제로 보고

있지 않습니까?

또 한 가지 우리가 주목해야 하는 것은 말씀의 맛입니다. 먹을 때는 입에서 꿀같이 달지만 배에서는 씁니다. 말씀은 정말 꿀처럼 달지만 그 말씀대로 사는 일은 쓰기가 그지없습니다. 성경은 밤을 새워 읽을 수 있습니다. 눈물을 흘리고 감동하면서 읽을 수 있습니다. 그러나 읽은 말씀을 살아내는 일은 죽기보다 힘듭니다. 교회 와서 찬양하고 설교 듣는 것은 꿀맛 같은데 직장에서 동료들과 부딪혀 가며 밤을 새워 치열하게 일하는 것은 그 맛이 너무 써서 죽을 것만 같습니다. 기껏 읽었던 말씀이 입술에 맴돌거나 생각조차 나지 않고 대신에 입에 익은 욕이 튀어나옵니다.

성경 통독반 연합 예배 때 이제 갓 입사한 젊은 청년이 간증하는데 다들 웃으며 들으면서도 그 솔직함에 감동했습니다. "통독반에서 함께 성경을 읽고 있지만 사실 별로 달라진 게 없습니다. 간증하라고 해서 나왔지만 어젯밤에도 회식하면서 술을 마셨고 욕도 했습니다. 그런데 한 가지 달라진 것이 있습니다. 그전에는 그게 문제 되지 않았는데, 이제 불편해지기 시작한 것입니다. 그리고 성경이라는 기준이 생기면서 내가 어떤 인간인지를 객관적으로 바라보기 시작했습니다." 정말 솔직한 고백입니다.

혼자 읽는 말씀은 달고 오묘한데, 현실에 부딪히면 쓰디쓴 맛을 봅니다. 그러나 그 쓴맛이 나를 흔들고 깨웁니다. 그 쓴맛 때문에 주님 품에 달려듭니다. 그 쓴맛 때문에 나 혼자 할 수 있다고 착각하지 않게 됩니다.

복음은 달고 오묘합니다. 그러나 복음에는 구원의 달콤함만 있지 않습니다. 심판의 쓴맛도 가감 없이 알려 줍니다. 구원 안에 있는 단어는 모두 달콤합니다. 그러나 행함이 없는 구원이란 단맛만 보는 것이고, 그러다가는 단맛에 치아가 상하듯이 변질되기 시작합니다. 자기부인이라는 고통스러운 쓴맛을 함께 맛보아야만 진정한 구원이 이루어집니다. 저는 우리의 삶이 메시지가 된다고 믿습니다. 우리가 살아낸 말씀의 능력이 하나님을 거부하는 사람들에게 임하여 그들이 하나님을 받아들이는 놀라운 사건이 될 줄 믿습니다.

교회도 단맛과 쓴맛을 함께 맛보는 공동체입니다. 교회는 놀라운 단맛을 맛보게 하지만 고난과 박해라는 쓴맛이 사라지고 오직 그 단맛만 맛보기 시작하면 성도들의 영성은 벌레 먹은 나뭇잎처럼 상하고 맙니다. 말씀대로 살다가, 말씀을 전하다가 겪는 어려움이 쓴맛입니다. 에스겔은 단맛을 보았던 말씀을 이스라엘 백성에게 전하지만 전혀 전해지지 않는 쓴맛을 보게 됩니다.

> 내게 이르시되 인자야 내가 네게 주는 이 두루마리를 네 배에 넣으며 네 창자에 채우라 하시기에 내가 먹으니 그것이 내 입에서 달기가 꿀 같더라 그가 또 내게 이르시되 인자야 이스라엘 족속에게 가서 내 말로 그들에게 고하라 너를 언어가 다르거나 말이 어려운 백성에게 보내는 것이 아니요 이스라엘 족속에게 보내는 것이라 너를 언어가 다르거나 말이 어려워 네가 그들의 말을 알아듣지 못할 나라들에게 보내는 것이 아니니라 내가 너를 그들에게 보냈다면 그들은 정녕 네 말을 들었으리라 겔 3:3~6

우리는 말씀으로 배를 채우고 허기를 해결합니다. 여호와가 목자여서 더 이상 부족하지 않다고 고백하게 되었습니다. 날마다 말씀의 오묘함이 주는 황홀경을 경험하지만, 그 말씀을 전해야 할 현실은 어떻습니까? 언어가 다른 사람들에게 하는 말이 아닙니다. 차라리 언어가 다른 곳이라면 그들은 이 말에 귀를 기울일 것입니다. 하나님은 우리 사정을 다 아십니다. 그러나 네가 단맛을 보았다면 그 말씀을 전하라고 하십니다.

> 그러나 이스라엘 족속은 이마가 굳고 마음이 굳어 네 말을 듣고자 아니하리

니 이는 내 말을 듣고자 아니함이니라 보라 내가 그들의 얼굴을 마주 보도록 네 얼굴을 굳게 하였고 그들의 이마를 마주 보도록 네 이마를 굳게 하였으되 네 이마를 화석보다 굳은 금강석같이 하였으니 그들이 비록 반역하는 족속이라도 두려워하지 말며 그들의 얼굴을 무서워하지 말라 하시니라 또 내게 이르시되 인자야 내가 네게 이를 모든 말을 너는 마음으로 받으며 귀로 듣고 사로잡힌 네 민족에게로 가서 그들이 듣든지 아니 듣든지 그들에게 고하여 이르기를 주 여호와의 말씀이 이러하시다 하라 겔 3:7~11

에스겔의 책임은 무엇입니까? 이스라엘 백성의 몸과 마음이 다 굳어서 무슨 말을 해도 들으려고 하지 않습니다. 그런데 하나님은 에스겔에게 그들보다 더 강한 금강석과 같은 마음을 줄 테니 그들을 무서워하거나 두려워하지 말고 가서 그들이 듣든지 안 듣든지 그 말씀을 전하라고 하십니다. 그때나 지금이나 마찬가집니다. 다원주의 시대라서 지금이 더 어렵다고 생각합니까? 그때나 지금이나 어렵기는 마찬가집니다.

사도 바울이 디모데에게도 특명을 전합니다.

너는 말씀을 전파하라 때를 얻든지 못 얻든지 항상 힘쓰라 범사에 오래 참음과 가르침으로 경책하며 경계하며 권하라 딤후 4:2

바로 그 미션이 사도 요한에게도 주어집니다. 이제 살 날이 얼마 남지 않았는데도 소명을 다시 확인시켜 주십니다.

그가 내게 말하기를 네가 많은 백성과 나라와 방언과 임금에게 다시 예언하여야 하리라 하더라 계 10:11

사도 요한은 그동안 소아시아 일곱 교회에 말씀을 전했습니다. 그러나 다시 시작해야 합니다. 이제는 온 열방에 예언해야 합니다. 그가 그럴 수 있는 나이입니까? 죽음이 얼마 남지 않았지만 다시 시작하라는 것입니다. 네 나이나 능력으로 하나님을 제한하지 말라는 것입니다. "많은 백성과 나라와 방언과 임금"이란 '온 세상, 전 세계'를 말합니다. 계시록 5장과 7장에서는 모든 교회 공동체를 가리킬 때 쓰였지만 여기서는 온 세상을 말합니다. 예수님이 제자들에게 말씀하십니다. "가라, 너희는 가서 모든 민족을 제자로 삼아 세례를 주라." 하나님은 모든 백성이 구원에 이르기를 바라십니다.

그리스도인은 때를 얻든지 못 얻든지 하나님의 메시지를 어떤 모양으로든 전해야 합니다. 마음과 목숨과 뜻을 다해서 하나님을 사랑한다는 것이 바로 그런 삶입니다. 이웃을 자기 자신과 같이 사랑하는 것이 바로 그런 삶입니다. 우리가 일상의 삶 속에서 먹고 마시고 자고 일하고 쉬는 모든 것이 예언의 메시지를 드러내는 것입니다.

"당신은 대체 왜 그렇게 사십니까?" 물으면 "이 땅의 삶이 전부가 아니기 때문입니다"라고 답해야 합니다. "어떻게 살라는 겁니까?" 물으면 "오늘 죽을 것처럼 살지만 영원히 산다는 것을 알고 사는 것입니다"라고 답해야 합니다. 입으로 이렇게 말하지 않을지라도 우리는 이 메시지를 전하는 삶을 살아야 합니다.

그러나 주님보다 앞서가지 마십시오. 주님이 앞서가게 하십시오. 주님 뒤를 따라가십시오. 주님과 함께 가십시오. 날마다 말씀 먹으면서 가십시오. 말씀의 단맛에 충분히 취하지 않고 나가면 쓴맛 한 번에 도망갑니다. 상처 한 번에 신앙을 다 잃습니다. 달고 오묘하고 깊은 말씀의 맛에 빠져서 상처가 나도 상처인 줄 모르고, 배에서는 아무리 쓴맛일지라도 개의치 않고 걸어가는 생애가 되기를 바랍니다.

14.

두 증인의
소명

계 11:1-19

〈손자병법〉 모공편(謀攻篇)에 나오는 유명한 금언이 있습니다. "지피지기 백전불태"(知彼知己 百戰不殆)입니다. "적을 알고 나를 알면 백 번 싸워도 위태롭지 않다"는 말입니다. 적을 모르고 나만 알면 승패는 반반입니다. 적도 모르고 나도 모르면 반드시 패합니다. 왜 창세기부터 계시록까지 다 알아야 합니까? 성경은 어떤 점에서 병법서입니다. 적과 나를 알 수 있는 병서이자 전략 전술서입니다. 그리스도인은 영적 전장에 부름을 받은 전사입니다. 우리는 이 마지막 전쟁을 피할 수 없습니다. 그러나 안심하십시오. 이 전쟁의 결말을 미리 알고 이 싸움에 두려움 없이 임할 것이기 때문입니다.

성전 측량을 명하시다

나팔 재앙이 계속되고 있습니다. 여섯 번째 나팔과 일곱 번째 나팔 사이의 막간입니다.

> 또 내게 지팡이 같은 갈대를 주며 말하기를 일어나서 하나님의 성전과 제단과 그 안에서 경배하는 자들을 측량하되 성전 바깥마당은 측량하지 말고 그냥 두라 이것은 이방인에게 주었은즉 그들이 거룩한 성을 마흔두 달 동안 짓밟으리라 계 11:1~2

사도 요한에게 "하나님의 성전과 제단과 그 안에서 경배하는 자들을 측량"하라는 명령이 떨어집니다. 그런데 "성전 바깥마당"은 그냥 두라고 하십니다. 먼저 측량이 가지는 의미를 알 필요가 있습니다.

BC 960년경 예루살렘에 세워졌던 첫 번째 성전인 솔로몬 성전은 BC 586년에 바벨론 침공으로 파괴되었습니다. 70년 포로생활을 마치고 돌아와서 BC 516년에 두 번째 성전인 스룹바벨 성전을 세웁니다. 이 성전은 솔로몬 성전에 비해 초라했습니다. 헤롯왕이 이 성전을 대규모로 증축했는데, BC 20년경 시작해서 AD 63년에 완공했습니다. 80여 년에 거쳐 완공했건만 7년 후 AD 70년에 로마의 티투스 장군에 의해 돌 위에 돌 하나 남기지 않고 파괴되었습니다. 현재는 서쪽 벽 일부분만 남아 있습니다. 유대인들은 이 벽을 '통곡의 벽'으로 부릅니다. 이스라엘은 지금도 제3성전을 재건하는 계획을 갖고 있습니다.

계시록이 기록될 당시 예루살렘 성전은 처참하게 파괴된 상태였습니다. 지금 요한에게 "지팡이 같은 갈대"가 주어진 까닭은 이 무너진 성전을 다시 측량하기 위해서입니다. 선지자 에스겔도 이 명령을 받았습니다. 성전 측량의 의미는 첫째, 성전이 하나님의 소유라는 것이고, 둘째, 하나님이 보호하시겠다는 것입니다. 요한에게 성전을 측량하라고 하시는 것은, 이 성전 가운데 하나님이 임재하실 것이고, 하나님이 함께하시는 이 성전에서 우리가 보호받을 수 있음을 말하는 것입니다.

성전은 광야 시절에 옮겨 다녔던 성막과 동일한 구조로 되어 있습니다. 그 규모가 훨씬 커졌지만, 일반 백성의 출입 조건은 성막이나 성전이나 같습니다. 백성은 성소 출입이 일체 금지됐습니다. 제사장들만이 성소에 들어가서 분향했습니다. 언약궤가 놓여 있는 지성소에는 일반 제사장들도 못 들어갔습니다. 대제사장만이 일 년에 단 한 번 대속죄일에만 들어갈 수 있었습니다.

힘센 천사가 지금 측량할 부분과 측량하지 않을 부분을 구분해 줍니다. 성전 바깥마당은 측량에서 제외됩니다. 이 마당은 성소 건물을 제외한 모든 뜰입니다. 솔로몬 성전의 경우는 안뜰과 바깥뜰에 해당하지만, 헤롯 성전의 바깥마당은 이방인의 뜰, 여인의 뜰, 남자의 뜰, 제사장의 뜰 모두를 포함합니다.

신약성경에서 성전은 세 가지를 뜻합니다. 첫째, 그리스도의 부활하신 몸입니다. 둘째, 성도 개개인의 몸입니다. 셋째, 교회 공동체를 뜻합니다. 여기 언급된 성전은 교회입니다. 이 교회가 측량할 부분, 측량하지 않을 부분으로 나뉜다는 것은 교회가 보호받는 영역과 보호받지 못하는 영역이 있다는 것을 말합니다.

성전 바깥뜰은 이방인에게 내준 곳으로 마흔두 달 동안 그들에게 짓밟힙니다. 예루살렘 성전이 더럽혀진 마흔두 달은 3년 반이기도 하고 1,260일이기도 하고, "한 때 두 때 반 때"이기도 합니다. 동일한 시간, "정한 때"라는 뜻을 가진 시간입니다. 예수님은 이 시간을 이방인의 때가 차는 시간이라고 알려 주셨습니다.

> 그들이 칼날에 죽임을 당하며 모든 이방에 사로잡혀 가겠고 예루살렘은 이방
> 인의 때가 차기까지 이방인들에게 밟히리라 눅 21:24

하나님의 묵시는 언제나 "정한 때"가 있습니다. 하나님의 약속은 변하지 않습니다. 반드시 정한 때가 되어야 이루어집니다. 인간이 보기에는 애가 타고, 그런 일이 언제 가능할까 싶지만 하나님의 때는 반드시 하나님의 방법으로 이뤄지게 되어 있습니다. 이때를 모르면 조급하거나 나태합니다. 그러나 조급함이나 게으름은 둘 다 피해야 할 태도입니다. 하박국 선지자가 초조하게 그때를 알고자 했을 때 하나님이 말씀하십니다.

> 이 묵시는 정한 때가 있나니 그 종말이 속히 이르겠고 결코 거짓되지 아니하
> 리라 비록 더딜지라도 기다리라 지체되지 않고 반드시 응하리라 합 2:3

땅의 교회는 분명히 보호를 받습니다. 그러나 동시에 이 땅의 교회는 반드시 고난을 겪습니다. 교회를 핍박하는 악한 자들의 형통은 오래가지 않습니다. 당연히 의인들의 고난도 오래가지 않습니다. 선을 행하다 낙심하지 않으면 어느 날 악인들이 사라진 것을 알게 됩니다. 자신을 '주님이자 하나님'으로 부르게 했던 도미티아누스 황제도 오래가지 못해 자신의 아내와 결탁한 근위대장에게 암살되었습니다. 대통령이 자신의 목숨을 지키라고 세운 경호실장에게 암살된 것과 같습니다. 이런 사건이 발생하는 까닭은 고난받는 자들의 고난의 시기를 감하시는 하나님의 은혜입니다.

그날들을 감하지 아니하면 모든 육체가 구원을 얻지 못할 것이나 그러나 택하신 자들을 위하여 그날들을 감하시리라 마 24:22

이방인들은 허락된 기간 동안 교회를 짓밟고 있습니다. 스데반의 순교를 시작으로 사도들이 겪었던 고난들이 이 말씀의 뜻을 알려 주고 있습니다. 교회는 예수님의 초림에서 재림까지 보호받는 동시에 세상의 박해를 받습니다. 그러나 주목해야 할 사실은 보호받고 있기 때문에 교회는 끝없이 확장되고 있고, 박해받고 있기 때문에 성도들이 계속해서 순교하고 있다는 것입니다. 그러면 이 기간을 어떻게 견뎌야 합니까? 종말론적인 시간, 이 마흔두 달 동안 뭘 해야 합니까? 사도 요한에게는 다시 예언해야 하는 사명이 주어졌고, 교회 공동체에도 같은 사명이 주어졌습니다.

두 증인의 사역

내가 나의 두 증인에게 권세를 주리니 그들이 굵은 베옷을 입고 천이백육십일을 예언하리라 계 11:3

당시에는 증언에 효력이 있으려면, 항상 두 사람이 있어야 했습니다. 둘은 증인의 숫자입니다. "두 증인"의 옷차림은 그들이 전해야 할 내용과 관련이 있습니다. 그들은 굵은 베옷을 입었습니다. 예언자들이 전하는 심판의 메시지 때문입니다. 요나가 니느웨 성읍에 심판을 전했을 때 왕에서부터 일반 백성에 이르기까지 다들 베옷을 입고 재 위에 앉아 회개했습니다. 베옷을 입고 전하는 메시지는 회개와 심판입니다. 국장이 나면 앵커들이나 기자들이 검은 리본을 달고 방송하는 것이나 마찬가지입니다. 예수님은 "회개하라, 천국이 이미 왔다"는 메시지를 선포하셨습니다. 사도들이 전한 것도 회개하고 예수님을 믿으라는 메시지였습니다. 이 메시지가 예언이요 복음입니다.

두 증인이 예언할 수 있는 시간은 얼마나 될까요? 1,260일입니다. 마흔두 달입니다. 한 때 두 때 반 때입니다. 이 시간은 예수님의 초림과 재림 사이이며 동일한 시간입니다. 그렇다면 동일한 시간에 일어나는 두 사건이란 곧 다른 각도에서 바라본 것뿐이라는 사실을 알게 됩니다. 이 기간은 교회가 세상으로부터 핍박받는 시간이자 교회가 세상에 복음을 전하는 시간입니다. 한 개인도 마찬가지 아닙니까? 왜 구원받습니까? 왜 부름받습니까? 남은 생애에 복음을 전하라고 부른 것이지요. 왜 성경을 읽습니까? 왜 말씀을 먹습니까? 혼자 배부르고 혼자 천국 가기 위한 것입니까? 아닙니다. 시간이 얼마 없으므로 남은 시간에 복음을 꼭 들어야 할 사람들에게 이 소식을 전하기 위해서입니다. 그러면 이 복음 전하는 두 증인은 누굽니까?

그들은 이 땅의 주 앞에 서 있는 두 감람나무와 두 촛대니 계 11:4

두 증인은 "주 앞에 서 있는 두 감람나무와 두 촛대"입니다. 촛대는 앞서 보았듯이 교회를 말합니다. 1장에서 요한이 보았던 일곱 촛대는 소아시아의 일곱 교회이자 모든 시대 모든 지역의 모든 교회를 말합니다. 여기서는 왜 두 촛대입니까? 두 촛대는 증언하는 교회를 말합니다. 예수님이 열두 제자를 전도하러 보낼 때에 두 사람씩 짝을 지어서 보냈습니다. 따라서 "두 촛대"는 증언하는 교회이고, 증언하는 교회란 전도하는 교회, 선교하는 교회를 말합니다.

그러면 "두 감람나무"는 무엇입니까? 두 감람나무의 배경은 스가랴서 4장에서 찾아볼 수 있습니다.

> 그 등잔대 곁에 두 감람나무가 있는데 하나는 그 기름 그릇 오른쪽에 있고 하나는 그 왼쪽에 있나이다 하고 내게 말하는 천사에게 물어 이르되 내 주여 이것들이 무엇이니이까 하니…이르되 이는 기름 부음 받은 자 둘이니 온 세상의 주 앞에 서 있는 자니라 하더라 슥 4:3~4, 14

여기서 "기름 부음 받은 자 둘"은 당시 대제사장이었던 여호수아와 정치 지도자였던 스룹바벨을 가리킵니다. 파괴되었던 솔로몬 성전을 재건한 주역들입니다. 사람이 감당할 수 없을 만큼 어려운 일이었습니다. 어떻게 그일을 감당했겠습니까? 하나님의 영, 즉 성령으로 감당했습니다. 어떤 성전이건 사람의 힘과 능으로 다시 세울 수 없습니다. 오직 하나님의 영으로 되는 일입니다. 교회는 무슨 힘으로 복음을 전합니까? 성령의 능력입니다.

> 그가 내게 대답하여 이르되 여호와께서 스룹바벨에게 하신 말씀이 이러하니라 만군의 여호와께서 말씀하시되 이는 힘으로 되지 아니하며 능력으로 되지 아니하고 오직 나의 영으로 되느니라 슥 4:6

교회가 십자가를 증거할 수 있는 능력은 사람에게 있지 않습니다. 교회가 하나님의 말씀을 선포할 수 있는 능력도 사람의 능력에 있지 않습니다. 오직 성령이 임해야 가능합니다. 왜 어떤 교회에 들어가면 냉랭합니까? 왜 어떤 교회에 들어가면 눈물이 납니까? 왜 같은 곳에서 같은 말씀을 듣고 있는데 한 사람은 눈물을 흘리고 다른 사람은 그 곁에서 졸고 있습니까? 무슨 이유입니까? 성령이 답입니다. 성령이 계신 곳은 마음이 뜨거워집니다. 내 안에 계신 성령님이 말씀에 반응하면 마음이 뜨거워집니다. 사도행전을 왜 성령행전이라고 부릅니까? 성령이 다니신 기록이고 성령이 친히 일하셨기 때문입니다.

> 오직 성령이 너희에게 임하시면 너희가 권능을 받고 예루살렘과 온 유대와
> 사마리아와 땅끝까지 이르러 내 증인이 되리라 하시니라 **행 1:8**

성령이 오시면 증인의 삶이 시작됩니다. 성령이 임하시면 증인의 능력을 받게 됩니다. 그때 비로소 어디건 갈 수 있고 어디로건 떠날 수 있습니다. 우리는 선교적 차원에서 다음 세대를 바라봐야 합니다. 다음 세대가 신앙을 전수받지 못하면 당대에 복음이 사그라드는 걸 보게 될 것입니다. 유럽을 보십시오. 교회들이 팔려 나가 술집과 클럽이 되어 버렸습니다. 우리는 어떻습니까? 교회 건물이 수백 건 매물로 나왔다고 합니다. 많은 교회가 이단들에게 팔려 나가고 심지어 다른 용도로 변경되는 걸 보면 마음이 아픕니다. 우리가 증인의 사역을 제대로 감당하지 못했기 때문에 이런 일들이 계속되는 것 아니겠습니까. 주님은 오늘 우리를 부르셔서 우리가 마땅히 감당해야 할 소명을 알려 주시고 감당할 만한 권능을 주신다고 말씀하십니다. 두 증인의 사역에 대한 구약의 모델이 있습니다.

> 만일 누구든지 그들을 해하고자 하면 그들의 입에서 불이 나와서 그들의 원수를 삼켜 버릴 것이요 누구든지 그들을 해하고자 하면 반드시 그와 같이 죽임을 당하리라 그들이 권능을 가지고 하늘을 닫아 그 예언을 하는 날 동안 비가 오지 못하게 하고 또 권능을 가지고 물을 피로 변하게 하고 아무 때든지

원하는 대로 여러 가지 재앙으로 땅을 치리로다 계 11:5~6

불이 나와서 원수를 삼켜 버리는 것은 엘리야와 모세의 이야기를 연상시킵니다. 열왕기하 1장을 보면 아하시야왕이 입바른 소리 하는 엘리야를 체포하러 오십부장과 병사 오십 명을 두 번이나 보냈는데, 그때마다 하늘에서 불이 내려와 이들을 태웠습니다. 아하시야왕이 침상에서 떨어져 중병에 걸렸는데 병이 나을 수 있을지 에그론의 신 바알세붑에게 물으려고 하다가 생긴 일입니다.

또 엘리야가 갈멜산에서 바알 선지자 450명과 대결할 때 하늘에서 여호와의 불이 내려와 번제물을 태운 사건을 떠올리게 합니다. 아합왕이 하나님을 떠나 바알 숭배를 한 것에 대한 심판이었습니다(왕상 18장). 그리고 하나님이 모세를 통해 애굽에 열 가지 재앙을 내리실 때, 하늘에서 우박과 불덩이가 쏟아져 내린 일도 있었습니다(출 9:24). 이 사건들은 하나같이 다가올 마지막 심판의 전주와도 같습니다. 이들 사건은 결국 하나님의 주권을 확인하는 것이고, 하나님의 주권에는 변함이 없다는 것을 보여 줍니다.

두 증인으로 상징된 교회도 마찬가집니다. 교회가 복음을 전하고 선포하는 것은 하나님의 주권을 확인하고 하나님의 통치를 회복하는 일입니다. 초대교회 때부터 시작된 순교의 피가 우리에게까지 흘러와서 우리가 믿게 되었습니다. 이제는 우리가 두 증인의 삶을 살아야 합니다. 마지막 시대는 핍박과 고난도 받겠지만, 주님이 교회가 감당할 수 있도록 큰 능력을 부어 주실 줄 믿습니다. 교회는 등 따습고 배부르면 점점 무기력해지고 오히려 본질에서 멀어집니다. 고난과 핍박이 푸르름을 더하고 복음의 푸른 계절이 오도록 도울 것입니다. 그런데 교회가 이 증언을 계속하면 어떤 결말을 맞게 될까요?

증언을 통해 구원하신다

> 그들이 그 증언을 마칠 때에 무저갱으로부터 올라오는 짐승이 그들과 더불어
> 전쟁을 일으켜 그들을 이기고 그들을 죽일 터인즉 그들의 시체가 큰 성 길에
> 있으리니 그 성은 영적으로 하면 소돔이라고도 하고 애굽이라고도 하니 곧
> 그들의 주께서 십자가에 못 박히신 곳이라 백성들과 족속과 방언과 나라 중
> 에서 사람들이 그 시체를 사흘 반 동안을 보며 무덤에 장사하지 못하게 하리
> 로다 계 11:7~9

"무저갱으로부터 올라오는 짐승"은 계시록 13장과 17장에도 등장합니다.
교회를 박해하는 세상 통치자입니다. 죽는 장소는 큰 성, 곧 예루살렘이며
영적으로는 소돔이며 애굽입니다. 모두 반역의 장소이며 교회를 조직적으
로 박해하는 곳입니다.

소돔은 음란의 도시였습니다. 음란은 두 가지 의미가 있습니다. 하나는
말 그대로 성적인 음란입니다. 그리고 다른 하나는 하나님이 아닌 다른 대
상에 마음을 빼앗겨 더 높이 섬기는 것을 말합니다. 성경은 하나님 대신 다
른 것을 구하며 더 집착하는 것을 음란이라고 부릅니다.

애굽은 고난과 핍박이 그치지 않았던 곳입니다. 노예로서 굶어 죽지는
않았지만 "못 살겠으니 구해 달라"고 부르짖던 곳입니다. 영적으로 보면 소
돔과 고모라 같은 땅에 우리가 살고 있습니다. 이곳에 무슨 소망이 있겠습
니까? 이 땅 가운데서 일어나는 모든 일은 육신의 정욕과 안목의 정욕과 이
생의 자랑뿐입니다.

증인들은 사역을 감당하다 주검이 되어 버려졌습니다. 사람들이 이들의
시체를 장사하지 못하게 사흘 반 동안 내버려 두었습니다. 교회 운명은 부

활하신 예수님을 따릅니다. 교회는 예수님을 따라 순교하기까지 복음을 전하다가 부활에 이르는 전 과정을 통해 하나님의 주권을 선포하는 존재입니다. 이것이 예수님을 믿는 우리가 바로 천국에 가지 않고 이 땅에서 계속 사는 이유입니다.

계시록이 알려 주는 사실은 복음 때문에 실제 삶이 더 괴롭고 힘들어졌다는 것입니다. 예배드릴 때는 너무 기쁘고 평안한데 세상 속으로 들어가면 견딜 수 없는 일들이 기다리고 있습니다. 이것이 신앙의 현실입니다.

> 이 두 선지자가 땅에 사는 자들을 괴롭게 한 고로 땅에 사는 자들이 그들의 죽음을 즐거워하고 기뻐하여 서로 예물을 보내리라 하더라 삼 일 반 후에 하나님께로부터 생기가 그들 속에 들어가매 그들이 발로 일어서니 구경하는 자들이 크게 두려워하더라 하늘로부터 큰 음성이 있어 이리로 올라오라 함을 그들이 듣고 구름을 타고 하늘로 올라가니 그들의 원수들도 구경하더라 계 11:10~12

"땅에 사는 자들"이 핍박당하다가 끝내 순교하는 자들의 죽음을 기뻐하고 기뻐합니다. 심지어 서로 선물을 교환하기까지 합니다. 실제 이런 일이 일어나는 것을 보고 있지 않습니까? 서로 자축하는 것입니다. 보코하람이 나이지리아에서 예수 믿는 자들을 죽이고 있습니다. IS는 중동에서 그리스도인을 순교자로 만들어 놓고 기뻐하고 있습니다. 그러나 11절 말씀을 보십시오. 죽음이 끝이 아닙니다.

시체로 버려졌던 순교자들에게 하나님의 생기가 들어가자 다시 일어나기 시작합니다. 마치 골짜기의 마른 뼈에 생기가 들어가자 살아나 큰 군대가 되는 것과 같습니다(겔 37장). 그들은 구경하다가 두려워합니다. 순교는 순교자를 살해하는 자들에게 두려움을 안겨 줍니다. 그리고 그 순교자는 하나님이 부르시는 음성을 따라 하나님의 거처로 옮겨 갈 뿐입니다. 그 결과 그리스도인을 박해하던 자들에게는 무슨 일이 일어납니까?

> 그때에 큰 지진이 나서 성 십분의 일이 무너지고 지진에 죽은 사람이 칠천이라 그 남은 자들이 두려워하여 영광을 하늘의 하나님께 돌리더라 둘째 화는 지나갔으나 보라 셋째 화가 속히 이르는도다 계 11:13~14

두 증인의 사역으로 하나님을 두려워하고 하나님께 영광을 돌리는 사람들이 생겼습니다. 교회의 증언으로 회개하고 구원받는 사람들이 있다는 것입니다. 반대로 하나님께로 돌이키지 않는 무리 또한 반드시 있습니다. 교회의 증인된 삶을 마주하는 세상은 두 가지 극명한 반대의 태도를 보입니다. 회개하고 돌이켜 예수님을 구주로 믿게 되는 자들이 있고, 복음에 귀를 막고 하나님께 계속 등을 돌리는 불신자들이 있습니다.

그런데 그 수를 봅시다. "큰 지진이 나서 성 십분의 일이 무너지고" 죽은 자가 칠천 명입니다. 원래 십일조는 하나님의 것입니다. 따라서 하나님의 것을 하나님이 거두신 셈입니다. 칠천 명은 다수를 말합니다. 수많은 사람이 지진으로 회생됩니다. 구약에서도 칠천 명이 등장합니다. 엘리야가 하나님께 오직 자기만 남았다고 푸념할 때 하나님은 바알에게 무릎 꿇지 않은 자가 칠천 명이라고 일러 주십니다. '네 생각보다 내 백성이 많이 남아 있노라'고 말씀해 주신 것입니다. 여기서 다시 등장한 칠천 명은 많은 인명의 손실을 뜻합니다. 그러나 구원받을 십사만 사천 명에 비하면 적은 수입니다.

이 말씀은 결국 하나님이 약속을 지키신다는 것을 알려 줍니다. 하나님이 아브라함에게 하신 약속이 성취되는 것을 보게 됩니다. 구원받을 백성이 하늘의 뭇별과 같이, 땅의 모래와 같이 많을 것이라는 약속이 이루어지리라는 것을 의미합니다.

계시록을 통해 확인하게 되는 것은 인, 나팔, 대접 심판을 받고 회개하는 사람은 없지만, 두 증인의 복음 선포로 회개하는 사람이 있다는 것입니다. 얼마나 중요한 사실입니까? 심판받으면 회개하고 돌이킬 것 같은데 그렇지 않습니다. 사람들은 어려움을 겪을수록 마음이 사나워지고 쉽게 회개하지 않습니다. 사람들이 회개하는 것은 두 증인의 증언 때문입니다. 심판이 왜 늦어지는지를 알려 주는 대목입니다.

하나님은 심판을 통해 구원하시는 것이 아니라 증언을 통해 구원하십니다. 교회를 왜 구조선에 비유합니까? 교회만이 구원의 방주이기 때문입니다.

환난의 시대에 말씀만이 길이다

일곱째 천사가 나팔을 불매 하늘에 큰 음성들이 나서 이르되 세상 나라가 우리 주와 그의 그리스도의 나라가 되어 그가 세세토록 왕 노릇 하시리로다 하니 계 11:15

일곱째 나팔은 예수님의 재림과 관계가 있습니다. 천사가 나팔을 불자 하늘에서 큰 음성이 들려옵니다. "그리스도의 나라"가 된다는 것은 주님의 재림을 뜻합니다. 이때 세상 나라가 완전히 멸망하고 하나님 나라가 완성됩니다. 세상 나라의 멸망은 예수님의 초림으로 시작되어서 예수님의 재림으로 완성되고, 하나님 나라는 예수님의 초림으로 시작되어서 예수님의 재림으로 완성됩니다. 광복절과 같습니다. 1945년 8월 15일은 일본 제국주의가 망한 날이자 대한민국이 독립하는 날입니다. 같은 날이지만 완전히 상반된 의미를 지니는 것처럼 예수님의 초림과 재림은 역사의 가장 뚜렷한 분기점이 됩니다. 2천여 년 전 예수님의 초림으로 주전(BC)와 주후(AD)가 갈라진 것처럼 예수님의 재림은 역사 이전(Before History; BH)과 이후(After History; AH)를 가를 것입니다. 종말은 역사의 완성이기 때문입니다. 예수님은 그런 분이십니다.

세상 나라는 하나님을 반역함으로 시작되었습니다. 에덴동산에서 나와 계속 동쪽으로 가면서 에녹성과 바벨탑을 쌓았고, 인간의 권력과 집단적 무력을 합리화하는 제도를 쌓았습니다. 그러나 이 제도는 인간을 파괴하고 생명을 착취합니다. 하나님은 음란과 우상 숭배와 타락한 권력을 징벌하기 위해 애굽에 있던 이스라엘 백성을 가나안으로 보내십니다. 그러나 그들조차 세상 권력을 요구합니다. 하나님의 왕 되심을 거부하고 인간 왕을 요구합니다. 사무엘 선지자가 이 부당한 요구에 낙심하지만 하나님은 그 요구를 들어주십니다. 세상 나라는 끝 모를 탐욕에 젖어 제국을 만들지만, 제국의 권력은 인간을 억압하는 것으로 부족해 인간에게 있는 고유한 하나님의 형상을 흔적을 찾을 수 없을 정도로 파괴합니다. 그러나 영원할 것 같은 세상 나라는 반드시 끝이 있습니다. 눈에 잘 보이지 않는 하나님 나라는 영원합니다. 하나님 나라의 통치는 영원에서 영원까지입니다.

> 하나님 앞에서 자기 보좌에 앉아 있던 이십사 장로가 엎드려 얼굴을 땅에 대고 하나님께 경배하여 이르되 감사하옵나니 옛적에도 계셨고 지금도 계신 주 하나님 곧 전능하신 이여 친히 큰 권능을 잡으시고 왕 노릇 하시도다 계 11:16~17

보좌에 앉아 있던 스물네 장로가 엎드려 하나님의 영원한 다스림을 찬양합니다. 그런데 눈에 띄는 표현이 있습니다. "하나님 곧 전능하신 이"를 "옛적에도 계셨고 지금도 계신 주"라고 부르는 것입니다. 달라진 표현이 보입니까? 1장 4절에서는 "이제도 계시고 전에도 계셨고 장차 오실 이"라고 부르지 않았습니까? 일곱째 나팔이 울리면 더 이상의 미래는 없습니다. 하나님 나라의 완성은 미래 시제가 소멸되는 시점입니다. 인간 역사의 종말을 뜻합니다. 이미 영원한 하나님 나라가 시작된 것입니다. 예수님의 재림에 따른 종말의 완성은 신자들과 불신자들에게는 전혀 상반되는 결과를 초래합니다.

> 이방들이 분노하매 주의 진노가 내려 죽은 자를 심판하시며 종 선지자들과 성도들과 또 작은 자든지 큰 자든지 주의 이름을 경외하는 자들에게 상 주시며 또 땅을 망하게 하는 자들을 멸망시키실 때로소이다 하더라 계 11:18

여기서 다시 주목할 것은 주의 진노가 내려서 죽은 자를 심판하신다는 사실입니다. 또 주의 이름을 경외하는 자들에게 상을 주시고, 땅을 망하게 하는 자들이 멸망한다는 사실입니다. 세상이 둘로 갈라진다는 것을 명심하십시오. 이때 그리스도 안에서 잠들었던 사람들이 모두 부활합니다. 깨어 있던 사람들은 홀연히 변화되어 사라집니다. 이들은 "불이 섞인 유리 바다" 건너편으로 가게 됩니다(계 15장). 끝까지 하나님을 거부하는 자들은 이 땅에 그대로 남아 하나님의 진노가 쏟아지는 대접 심판을 받을 것입니다.

마지막 때를 살아가는 성도들은 극심한 환난을 겪습니다. 그리스도를 대신하는 적그리스도가 정치 경제 권력을 틀어쥐고 음녀인 거짓 종교와 결탁해서 성도들을 핍박할 것입니다. 끝이 가까울수록 불법이 성하고 사랑이 식어 갈 것입니다. 그리스도인은 점점 더 세속화되고 참된 믿음은 더욱 찾아보기 어려울 것입니다. 그러나 주님은 택하신 백성을 깨우기 위해 큰 재앙들을 허락하실 것입니다. 천재지변은 세상 잠에 취한 성도들을 일깨우시는 하나님의 스피커입니다. 하지만 적그리스도는 수많은 사람의 존경을 한 몸에 받고 사람들을 속일 것입니다. 성경을 왜곡하고 신비주의나 초월주의로 현혹시켜서 신처럼 추앙받을 것이고, 믿음을 가진 사람을 찾기가 갈수록 어려워질 것입니다.

거짓 그리스도들과 거짓 선지자들이 일어나 큰 표적과 기사를 보여 할 수만 있으면 택하신 자들도 미혹하리라 마 24:24

마지막 유혹과 환난은 상상할 수 없을 정도로 혹독할 것입니다. 어떻게 이겨 내겠습니까? 사도 요한이 보았던 것을 보아야 합니다.

이에 하늘에 있는 하나님의 성전이 열리니 성전 안에 하나님의 언약궤가 보이며 또 번개와 음성들과 우레와 지진과 큰 우박이 있더라 계 11:19

요한은 성령에 감동되어 예배 가운데 이 성전을 봅니다. 우리가 왜 예배를 드립니까? 이 환상 때문입니다. 우리는 하나님의 성전과 성전 안에 놓인 언약궤를 보아야 합니다. 언약궤 안에는 말씀밖에 없습니다. 하나님의 음성을 들어야 합니다. 하나님의 임재 안으로 들어가야 합니다. 그래야 이기고 믿음을 지키며 승리합니다. 왜 우리가 말씀만을 붙듭니까? 왜 가정 예배를 드립니까? 가족이 구원받으려면 함께 예배드리는 길밖에 없기 때문입니다. 가족이 함께 하늘의 지성소로 들어가야 합니다. 그러려면 아이들 손을 잡고 말씀 안으로 함께 들어가는 길밖에 없습니다.

사도 요한은 앞으로 일어날 환난과 핍박을 담대하게 이겨 낼 힘을 얻었을 것입니다. 우리도 이 환상을 보면서 주님이 주시는 큰 위로와 감사와 감격으로 살아 내길 바랍니다.

Part 3.

마지막 때의 일들

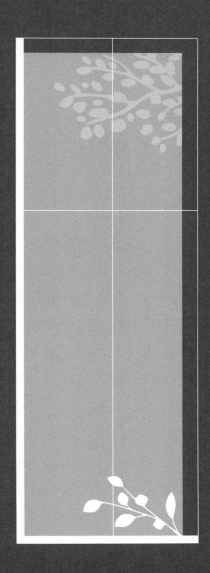

15.

영계의
큰 전쟁

✴ 계 12:1-17

계시록은 사도 요한이 보았던 네 가지 환상으로 이뤄져 있습니다. 첫 번째 환상은 일곱 교회에 대한 환상입니다. 두 번째가 6장부터 16장까지 이어지는 일곱 인, 일곱 나팔, 일곱 대접 재앙 환상입니다. 이후에 큰 성 바벨론이 멸망하는 환상을 보게 되고 이어서 거룩한 성 새 예루살렘의 환상으로 계시록이 끝납니다. 지금 우리는 두 번째 환상을 보고 있습니다. 이 환상은 세 가지 재앙 시리즈지만, 정작 유심히 살펴봐야 할 부분은 막간의 장면입니다. 막간은 주로 교회에 관한 이야기입니다. 7장은 심판 중에 구원받을 교회가 누구인지를 보여 주고, 10장과 11장은 마지막 시대에 교회가 감당해야 할 사명을 알려 주며, 12장에서 14장까지는 교회가 사탄의 세력에 박해받고 미혹당하면서도 하나님의 보호를 받을 것임을 알려 줍니다.

구원사의 맥박

사탄은 교회를 박해합니다. 사탄은 모방하는 데 천재이고, 이간하고 분열시키는 데 달인입니다. 하나님이 삼위일체인 것같이 사탄도 삼위일체 흉내를 냅니다. 사탄은 바다에서 나온 짐승과 땅에서 나온 짐승 두 하수인을 거느립니다. 이 짐승들이 국가 지도자들과 종교 지도자들을 마음대로 부립니다.

12장은 주로 사탄의 이야기로서 그가 왜 큰 전쟁을 벌이게 되었는지를 알려 줍니다. 그리고 사탄으로 시작된 영적 전쟁이 어떻게 해서 우리가 살고 있는 인간 세상에 이토록 엄청난 영향을 끼치게 되었는지를 보여 줍니다. 12장은 용과 여자와의 싸움 그리고 용과 미가엘 천사장과의 전투 이야기입니다.

> 하늘에 큰 이적이 보이니 해를 옷 입은 한 여자가 있는데 그 발아래에는 달이 있고 그 머리에는 열두 별의 관을 썼더라 이 여자가 아이를 배어 해산하게 되매 아파서 애를 쓰며 부르짖더라 **계 12:1~2**

먼저 "해를 옷 입은 여자"가 나옵니다. 발아래에 달이 있고, 머리에는 열두 별의 관이 있습니다. 한번 상상해 보십시오. 얼마나 아름답고 눈부신 모습입니까? 해 옷, 달 신, 별 관으로 치장했으니 어떻게 더 꾸밀 수 있겠습니까?

야곱의 아들 요셉의 꿈에 해와 달과 별이 등장합니다. 이 꿈에서 해는 야곱, 달은 라헬, 별은 형제들입니다. 해와 달과 별이 모두 요셉에게 절합니다. 결국 이들은 이스라엘 열두 지파를 말하며 신약 시대로 넘어오면 열두 사도를 가리킵니다.

계시록에 등장하는 "한 여자"는 하나님의 백성인 교회를 상징합니다. 아이를 출산하기 전의 여자는 구약 시대 교회를, 아이를 낳은 이후의 여자는 신약 시대 교회를 상징합니다. "아이"는 누굴까요? 메시아 예수 그리스도십니다.

그렇다면 이런 질문을 할 수 있습니다. "메시아가 교회를 낳는 것 아닙니까?" 교회가 아이 곧 메시아를 낳는다는 게 잘못되지 않았느냐는 것이지요. 혹시 이런 의문이 든다면 먼저 이스라엘 백성이 구약 시대의 교회라는 것을 기억할 필요가 있습니다. 하나님이 열방을 구원하기 위해 아브라함을 먼저 부르셨고, 야곱의 열두 아들을 통해 열두 지파로 이루어진 이스라엘 백성을 만드셨습니다. 이는 이 백성을 하나님 나라 삼아, 곧 하나님의 교회가 되게 해서 온 세상을 구원하고자 하심입니다. 구약의 '교회'에 해당하는 단어는 '회중'입니다. 하나님이 모세와 아론에게 "이스라엘 온 회중"에게, 곧 이스라엘 교회에 전할 말씀을 주실 때 '회중'이란 말이 처음 사용되었습니다(출 12:3).

비록 구약 시대의 교회가 타락해서 이방인들에게 포로로 끌려가는 고난을 겪지만, 하나님의 계획은 궁극적으로 예수 그리스도를 이 땅에 보내심으로 신약 시대의 교회를 새롭게 하고 이 교회를 통해 최종적으로 인류의 구원사를 완성하시겠다는 것입니다. 이 구원사의 면면한 흐름이 세상 사람들이나 유대 종교지도자들의 눈에 보이지 않았습니다. 예수님을 만나기 전까지는 사도 바울도 몰랐습니다. 그러나 성령 세례를 받은 사도들과 성도들이 압니다. 눈이 열리면 성경은 세상보다 큰 하나님 나라, 하나님 백성, 곧 하나님의 교회 이야기라는 것을 깨닫습니다.

사도행전을 기록한 누가가 이 사실을 전하고자 했고, 그는 스데반의 순교 이야기를 통해 다시 이를 강조합니다.

> 시내산에서 말하던 그 천사와 우리 조상들과 함께 광야 교회에 있었고 또 살아 있는 말씀을 받아 우리에게 주던 자가 이 사람이라 행 7:38

여기서 누가는 '에클레시아'라는 당시에는 익숙하지 않았던 말을 쓰고 있습니다. 에클레시아는 우리말로 '교회'로 번역되었고, 영어 성경에서는 KJV만 'church'(교회)로 번역하고, 나머지 번역본들은 회중을 뜻하는 'congregation'이나 'assembly'로 번역함으로써 교회라는 원뜻보다 그 의미를 약화시켜 놓았습니다. 만약 누가가 유대인들의 생각을 존중했다면 에클레시아 대신 회중이나 회당을 뜻하는 '시나고그'(Synagogue)라는 말을 썼을 것입니다.

그러나 누가는 하나님이 먼저 이스라엘 백성을 애굽에서 불러내셨고, 불러낸 백성이 곧 교회임을 깨달았습니다. 모세가 십계명을 받고 인도하던 열두 지파 이스라엘 백성이 곧 광야 교회였던 것입니다. 하나님의 구원 계획은 이스라엘 광야 교회가 가나안에 들어가서 가나안 교회가 되도록 하는 것이었지 인간의 왕국을 세우는 것이 아니었습니다. 레위 지파에게 성읍을 분배하지 않았던 것도 그 때문입니다. 그러나 이스라엘 백성은 하나님 나라보다 세상 나라에 마음을 빼앗겼습니다.

가나안 교회를 통한 하나님의 구원 계획은 비록 이스라엘 백성의 불순종으로 지체되었지만 궁극적으로는 광야 교회가 모태가 되어 메시아를 낳았고, 메시아가 열두 사도와 함께 신약 시대의 새로운 교회를 낳았습니다.

스데반이 산헤드린 공회에서 이렇게 생생한 구원사를 설교했습니다. 놀랍습니다. 성령 충만한 그의 설교는 구약성경 전체를 파노라마처럼 십자가 중심, 교회 중심으로 펼쳐놓습니다. 그는 이스라엘의 전 유대교 지도자들에게 왜 예수가 메시아인지, 왜 메시아를 머리로 한 교회가 구원의 중심인지를 설파한 것입니다. 스데반은 교회 사랑 때문에 결국 순교합니다. 이 첫 순교에서 보듯이 구원의 역사를 방해하는 강력한 세력은 항상 교회를 파괴하는 데 목적이 있습니다. 이 악한 세력의 목적은 구약 시대나 신약 시대나 지금이나 다를 바 없습니다.

사탄의 특징

> 하늘에 또 다른 이적이 보이니 보라 한 큰 붉은 용이 있어 머리가 일곱이요 뿔이 열이라 그 여러 머리에 일곱 왕관이 있는데 그 꼬리가 하늘의 별 삼분의 일을 끌어다가 땅에 던지더라 용이 해산하려는 여자 앞에서 그가 해산하면 그 아이를 삼키고자 하더니 **계 12:3~4**

영적인 세계에는 "다른 이적"들이 있어서 우리를 혼란스럽게 합니다. "큰 붉은 용"이 등장합니다. 성경에는 창세기 3장부터 뱀이 등장합니다. 또 "리워야단", "큰 용" 등이 등장합니다. "용"은 사탄을 지칭합니다. 구약에서 용은 이집트나 바로를 뜻하기도 하지만, 언제나 하나님의 백성을 대적하는 악한 세력을 지칭합니다. 메시아를 대적하는 사탄이 아이를 삼켜 죽이려는 용의 모습으로 등장합니다.

> 큰 용이 내쫓기니 옛 뱀 곧 마귀라고도 하고 사탄이라고도 하며 온 천하를 꾀는 자라 그가 땅으로 내쫓기니 그의 사자들도 그와 함께 내쫓기니라 **계 12:9**

용을 "옛 뱀"이라고 한 까닭은 사탄이 뱀을 통해 하와를 유혹했기 때문입니다. 사탄은 '대적하는 자'로서 하나님께 반역한 천사 우두머리입니다. "마귀"로 번역된 헬라어 단어는 오피스(ὄφις)로 히브리어 '사탄'을 헬라어로 번역한 것입니다. 사탄은 한마디로 온 천하를 꾀는 일을 합니다. 그는 온 세상을 혼미하게 하고 비방하고 유혹합니다. 꾐의 본질은 거짓말입니다. 거짓말은 정교할수록 진실 같습니다. 거짓말의 달인이 되면 상대가 거짓말을 눈치채더라도 결국은 자신의 거짓말을 따르게 만듭니다. 그야말로 정신을 쏙 빼놓는 것입니다.

어떤 한의사가 사기 전과자를 만났는데 주위 사람들이 조심하라고 당부했다고 합니다. 그는 무슨 말을 해도 흘려듣겠다고 결심하고 만났습니다. 그런데 미국에 한의원을 차려 주겠다는 거짓말을 들으면서 대화 내내 자신의 마음이 흔들렸다고 털어놓았습니다. 꼭 미국에 가야 할 것 같고, 거기서 한국에서보다 훨씬 큰돈을 벌 수 있을 것 같고, 자녀들 교육은 이미 보장된 것 같은 생각이 들었다는 것입니다. 준비하라는 돈이 없었기에 당하지 않았지 돈만 있었다면 그야말로 알고도 속을 뻔했다고 합니다.

역설적이게도 진실한 사람은 사람을 속이지 않기 때문에 누군가를 열심히 설득하려고 하지 않습니다. 그러나 거짓말을 하는 사람은 누군가에게 믿음을 심어 주어야 하기 때문에 더욱 열심이고, 겉보기에는 훨씬 더 설득력 있게 들립니다. 진실은 대개 밋밋하고 과묵합니다. 마치 담백한 콩나물국 같습니다. 그래서 종종 진실은 재미없다고 외면당합니다. 그러나 거짓말은 첨가물이 많아 왜곡된 맛을 냅니다.

사탄의 또 다른 특징은 고소자, 비방자라는 것입니다. 그는 하나님 앞에서 밤낮 누군가를 고발하고 참소하던 자입니다. 꼭 누군가의 잘못과 허물을 지적하고 좋은 소리를 안 합니다. 예수님은 사탄에게 붙들린 사람의 특징을 눈의 티 비유로 말씀하셨습니다. 사탄은 제 눈에 들보가 들어 있는데 남의 눈에서 티를 빼야 한다는 이야기를 계속하는 자입니다. 스가랴 선지자가 이렇게 고소하는 사탄을 보았습니다.

대제사장 여호수아는 여호와의 천사 앞에 섰고 사탄은 그의 오른쪽에 서서 그를 대적하는 것을 여호와께서 내게 보이시니라 슥 3:1

사탄이 하나님의 천사 오른쪽에 서서 대제사장 여호수아를 대적한다고 하는데, 이 말이 그를 고소한다는 뜻입니다. 스가랴 선지자는 사탄이 뭘 하는 존재인지 똑똑히 보았습니다. 전문가가 꼭 필요한 시대지만 가능한 한 고소 전문가는 되지 않기를 바랍니다. 우리나라처럼 고소 고발 사건이 많고 투서가 많은 나라가 없습니다. 법치국가라서 많은 것이 아닙니다. 정의감이 남달라서 많은 것이 아닙니다. 분노와 시기가 많아서 그렇습니다. 더 정확히는 악한 영에게 휘둘리고 있기 때문입니다. "너 왜 그 사람을 가만두니? 고소해. 억울하지도 않아? 고발해. 안 되면 투서라도 해." 누가 귀에 계속 속삭입니다. 순간순간 마음을 뒤흔들다가 끝내 마음을 뒤집어 놓습니다.

사탄은 또 기막힌 모방자입니다. "머리가 일곱이요 뿔이 열" 있습니다. 일곱 머리에 일곱 왕관을 쓰고 있다는 것은 사탄이 주권자 하나님을 모방하는 자라는 것을 보여 줍니다. 또한 열 뿔을 갖고 있다는 것은 큰 능력과 권세를 갖고 있다는 말입니다.

하늘의 전쟁

사탄이 꼬리로 하늘의 별 삼분의 일을 끌어다가 땅에 던지는 모습은 고난당하는 하나님의 백성, 곧 교회를 말합니다. 그 힘이 대단합니다. 그 힘만 놓고 보면 두려운 일입니다. 사탄은 미쳐 날뛰는 모습입니다. 헤롯왕을 보십시오. 예수님 탄생 소식을 듣고 두 살 아래 아이를 다 죽이라고 명령합니다. 그러나 메시아는 하나님의 보호를 받습니다.

여자가 아들을 낳으니 이는 장차 철장으로 만국을 다스릴 남자라 그 아이를 하나님 앞과 그 보좌 앞으로 올려가더라 그 여자가 광야로 도망하매 거기서 천이백육십 일 동안 그를 양육하기 위하여 하나님께서 예비하신 곳이 있더라 계 12:5~6

여자가 낳은 아들은 예수 그리스도를 가리킵니다. 시편 2장에 기록된 메시아 언약은 성취되었습니다.

내가 여호와의 명령을 전하노라 여호와께서 내게 이르시되 너는 내 아들이라 오늘 내가 너를 낳았도다 내게 구하라 내가 이방 나라를 네 유업으로 주리니 네 소유가 땅끝까지 이르리로다 네가 철장으로 그들을 깨뜨림이여 질그릇같이 부수리라 하시도다 시 2:7~9

구약의 교회는 예수 그리스도를 잉태했고, 예수 그리스도는 다시 이 땅에 교회를 잉태하셨습니다. 예수님 이후에 "여자"는 신약 교회를 가리킵니다. 아들을 낳은 "여자", 즉 교회는 어떻게 됩니까? 광야로 갑니다. 교회는 예수님이 다시 오실 때까지 하나님이 보호하고 양육하실 것입니다. 하나님은 하나님의 사람을 양육하기 위해 광야로 인도하십니다.

혹시 지금 광야에 있다면 하나님의 보호하심을 입고 있는 줄 믿기 바랍니다. 소돔과 고모라가 황홀해 보이지만 그곳은 사망의 자리입니다. 광야는 아무것이 없어 보여도 하나님이 함께하시는 곳입니다. 그러므로 우리는 광야를 두려워해서는 안 됩니다.

우리는 교회에 대한 하나님의 계획을 다시 세밀하게 살펴야 합니다. 왜 세상이 교회를 대적합니까? 교회가 잘못하는 게 너무 많아서입니까? 사실 그런 이유도 있습니다. 그러나 교회가 정말 말씀대로 살면 더 싫어합니다.

자신들의 기준과 다르기 때문이고 그 기준을 넘어서기 때문입니다. 세상의 일반적인 도덕적 기준 이상이기 때문입니다. 그래서 불편한 것입니다. 저는 그리스도인들이 상식 이상이어서 상식이 불편해하기를 바랍니다. 그래서 상식의 틀이 깨지기를 바랍니다. 그런데 상식 이하여서 세상의 조롱을 받는 일이 거듭되어서야 어떻게 주님 얼굴을 뵙겠습니까?

왜 사탄이 교회를 공격하는지 용과 미가엘과의 하늘 전쟁을 봅시다.

> 하늘에 전쟁이 있으니 미가엘과 그의 사자들이 용과 더불어 싸울새 용과 그
> 의 사자들도 싸우나 이기지 못하여 다시 하늘에서 그들이 있을 곳을 얻지 못
> 한지라 **계 12:7~8**

"미가엘"은 천사장입니다. "용과 그의 사자들"은 타락한 천사들입니다. 다니엘은 페르시아 왕 고레스 3년에 큰 전쟁에 대한 환상을 봅니다.

> 바사 왕 고레스 제삼 년에 한 일이 벨드사살이라 이름한 다니엘에게 나타났
> 는데 그 일이 참되니 곧 큰 전쟁에 관한 것이라 다니엘이 그 일을 분명히 알
> 았고 그 환상을 깨달으니라 그때에 나 다니엘이 세 이레 동안을 슬퍼하며 세
> 이레가 차기까지 좋은 떡을 먹지 아니하며 고기와 포도주를 입에 대지 아니
> 하며 또 기름을 바르지 아니하니라 **단 10:1~3**

다니엘은 이후 힛데겔 강가에서 또 다른 환상을 봅니다.

> 그가 내게 이르되 다니엘아 두려워하지 말라 네가 깨달으려 하여 네 하나님
> 앞에 스스로 겸비하게 하기로 결심하던 첫날부터 네 말이 응답받았으므로 내

가 네 말로 말미암아 왔느니라 그런데 바사 왕국의 군주가 이십일 일 동안 나를 막았으므로 내가 거기 바사 왕국의 왕들과 함께 머물러 있더니 가장 높은 군주 중 하나인 미가엘이 와서 나를 도와주므로 이제 내가 마지막 날에 네 백성이 당할 일을 네게 깨닫게 하러 왔노라 이는 이 환상이 오랜 후의 일임이라 하더라 **단 10:12~14**

가브리엘 천사는 3주 전에 보냄을 받았지만 악한 천사가 가로막는 바람에 늦어졌고, 미가엘의 도움으로 이제 다니엘에게 왔다는 것입니다. 여기서 페르시아 왕국의 군주는 사탄을 말합니다. 이처럼 다니엘서는 영계의 큰 전쟁으로 메시지 전달이 늦어졌다는 것을 보여 줍니다. 우리가 기도하면 어떤 일이 일어나는지를 알 수 있습니다. 기도하면 그 즉시 상달됩니다. 그러나 기도 응답을 위해 떠난 천사는 영계의 큰 전쟁 때문에 늦어질 수 있습니다. 하늘에서 우리가 알 수 없고 볼 수 없는 큰 전쟁이 있다는 것입니다. 미가엘은 종말에 하나님의 백성을 구원하는 구원자로 등장합니다.

그때에 네 민족을 호위하는 큰 군주 미가엘이 일어날 것이요 또 환난이 있으리니 이는 개국 이래로 그때까지 없던 환난일 것이며 그때에 네 백성 중 책에 기록된 모든 자가 구원을 받을 것이라 **단 12:1**

열왕기하에 보면 엘리사가 그를 잡으러 온 아람 군대에 둘러싸입니다. 사환 게하시가 두려움에 떨자 엘리사가 그의 눈을 열어 천군 천사를 보게 합니다.

하나님의 사람의 사환이 일찍이 일어나서 나가보니 군사와 말과 병거가 성읍을 에워쌌는지라 그의 사환이 엘리사에게 말하되 아아, 내 주여 우리가 어찌 하리이까 하니 대답하되 두려워하지 말라 우리와 함께한 자가 그들과 함께 한 자보다 많으니라 하고 기도하여 이르되 여호와여 원하건대 그의 눈을 열어서 보게 하옵소서 하니 여호와께서 그 청년의 눈을 여시매 그가 보니 불말과 불병거가 산에 가득하여 엘리사를 둘렀더라 **왕하 6:15~17**

믿음으로 이 천군 천사를 보십시오. 환난의 시대에 우리가 보아야 할 것은 세상이 아니라 우리를 둘러싼 허다한 믿음의 선배들입니다. 감당할 시험밖에 허락하시지 않는 아버지께서 우리가 감당할 수 없는 상황은 친히 감당하실 것임을 믿음의 눈을 들어 바라보아야 합니다. 결국 사탄은 패배하여 내쫓깁니다.

큰 용이 내쫓기니 옛 뱀 곧 마귀라고도 하고 사탄이라고도 하며 온 천하를 꾀는 자라 그가 땅으로 내쫓기니 그의 사자들도 그와 함께 내쫓기니라 내가 또들으니 하늘에 큰 음성이 있어 이르되 이제 우리 하나님의 구원과 능력과 나라와 또 그의 그리스도의 권세가 나타났으니 우리 형제들을 참소하던 자 곧 우리 하나님 앞에서 밤낮 참소하던 자가 쫓겨났고 또 우리 형제들이 어린양의 피와 자기들이 증언하는 말씀으로써 그를 이겼으니 그들은 죽기까지 자기들의 생명을 아끼지 아니하였도다 **계 12:9~11**

땅으로 내쫓긴 사탄은 미가엘과 싸우다가 이 땅으로 쫓겨난 영적 존재들입니다. 그들은 스스로를 예배하려다가 쫓겨났고, 끊임없이 하나님 앞에서 인간의 죄를 참소하고, 이간질하고, 분열하고, 책동하던 태도 때문에 쫓겨났습니다. 그래서 마귀가 있는 곳에는 언제든지 이간과 다툼과 분열이 있습니다. 마귀가 움직이는 곳에서는 어디서나 불화와 분쟁이 있습니다.

사탄이 쫓겨난 시기는 십자가 사건 이후 예수님의 부활과 승천 때입니다. 예수님의 초림으로 패배하기 시작한 사탄은 예수님 재림 때 불 못에 들어감으로 완전한 최후를 맞게 됩니다. 따라서 사탄은 예수님의 초림과 재림 사이의 시간 동안 땅에서 활동합니다.

사탄을 어떻게 쫓아냈습니까? 도대체 그를 어떻게 이겼습니까? 어린양의 피, 그리스도를 증거하는 말씀, 그리고 목숨을 아까워하지 않는 믿음으로 이겼습니다. 사탄은 세상 것들로 못 이깁니다.

왜 교회가 넘어지고 목회자들과 그리스도인들이 계속해서 실족합니까? 세상 것들로 교회를 세우려고 하고, 세상 방식으로 교회를 부흥시킬 수 있다고 생각하기 때문입니다. 세상 것들로는 세상의 것밖에 얻을 수 없습니다. 교인 수가 늘어나는 것이 부흥입니까? 아닙니다. 교회가 부흥한다는 것은 단 한 사람이라도 예수님을 닮아가고 성도가 제자로 변했다는 말입니다. 교회가 진정으로 변하는 길은 십자가 능력밖에 없습니다. 성도가 제자 되는 길은 말씀 외에 다른 능력이 없습니다. 제자가 십자가의 길을 가기 위해 목숨이라도 기꺼이 버리겠다고 결단하는 것은 성령의 능력이라고밖에 설명할 수 없습니다. 이게 거룩입니다. 세속화된 교회와 목회자와 성도는 사탄의 밥이지만 그리스도의 피와 말씀과 바른 믿음을 지닌 교회 앞에서는 사탄이 밥입니다.

늘 깨어 있어야 하는 이유

그러므로 하늘과 그 가운데에 거하는 자들은 즐거워하라 그러나 땅과 바다는 화 있을진저 이는 마귀가 자기의 때가 얼마 남지 않은 줄을 알므로 크게 분내어 너희에게 내려갔음이라 하더라 **계 12:12**

십자가는 이렇듯 영적 전쟁의 결정적인 전기입니다. 우리는 이 사실을 복음서를 통해 더 자세히 알 수 있습니다. 예수님의 공생애란 하나님 나라가 이 땅에 이미 임했다는 것을 보여 주신 기간입니다. 십자가 구원 작전이 임박했다는 것을 알려 주십니다.

그러나 내가 하나님의 성령을 힘입어 귀신을 쫓아내는 것이면 하나님의 나라가 이미 너희에게 임하였느니라 사람이 먼저 강한 자를 결박하지 않고서야 어떻게 그 강한 자의 집에 들어가 그 세간을 강탈하겠느냐 결박한 후에야 그 집을 강탈하리라 **마 12:28~29**

예수님은 강한 자를 결박하러 오셨습니다. 구원 작전 개시는 먼저 사탄을 결박하는 일입니다. 십자가는 사탄 결박 작전명입니다. 우리는 예수님께서 우리 죄 문제를 해결하러 오셨다는 것을 압니다. 그래서 죄 용서를 받았다고 믿음으로 고백하면 의로워진다고 믿습니다. 내가 죄 용서받고 구원받은 것이 전부입니까? 이제 다음 걸음을 떼야 하지 않습니까? 예수님이 하시는 일에 군사로 참여해야 하지 않습니까? 예수님은 사탄을 멸하는 일을 계속하고 계십니다. 우리를 먼저 구원하시고 우리를 교회라고 부르십니다. 예수님이 이 교회 공동체를 통해 현재 무슨 일을 하고 계십니까? 그리고 큰 붉은 용은 뭘 하고 있습니까? 영적인 세계에서는 날마다 무슨 일이 일어나고 있습니까?

우리가 어떤 상태에 놓였는지를 모르면 날마다 당합니다. 지금 우리는 전쟁 중입니다. 하늘에서 벌어진 전쟁이 이 땅에 확전되어서 교전 중입니다. 왜 이해할 수 없는 사건들이 일어나고 있습니까? 전쟁 중이기 때문입니다. 전투 중에는 날마다 누군가 포로가 되고 즉결 처분이 내려집니다. 넋 놓고 있다가 당하고 졸다가 당합니다. 물론 전장에서 하루하루 살아가는 전사에게도 식사 시간과 휴식 시간이 있습니다. 그러나 전장에서는 신발 끈을 조여야 하고, 사방을 살피는 경계를 늦추지 말아야 합니다. 한순간에 공격을 당하기 때문입니다. 박해는 예고 없이 닥쳐올 것입니다.

> 용이 자기가 땅으로 내쫓긴 것을 보고 남자를 낳은 여자를 박해하는지라
>
> **계 12:13**

교회가 박해를 받는 모습을 보여 줍니다. 교회가 박해받는 시간은 하나님의 보호를 받는 시간과 동일합니다. 곧 예수님의 초림과 재림 사이의 시간입니다. 사탄의 박해는 성공할까요? 사탄은 우는 사자같이 삼킬 자를 찾지만 깨어 있는 자들은 보호를 받습니다. 교회는 바람 앞의 등불 같지만 음부의 권세가 교회를 어쩌지 못합니다. 예수님은 믿음의 고백을 하는 자들에게 세상 끝 날까지 동행하겠다고 약속하셨습니다. 사탄이 삼키겠다고 쉴 새 없이 달려들지만, 교회는 더 깊이 뿌리를 내리고 더 넓게 퍼져 나갈 것입니다. 한국 교회도 130년 전 이 어둠의 땅에 왔던 선교사님들의 피와 눈물과 기도로 세워졌습니다. 지금은 그 은혜를 받은 한국 교회가 열방으로 선교사를 파송하고 있습니다.

태국 북부 고산지대에 성도들 몇 분과 함께 다녀온 적이 있습니다. 카렌족, 몽족 등 태국 소수 부족 사이에서 교회가 왕성하게 뿌리내리고 있는 모습을 보았습니다. 김태민, 이민형 선교사님 부부를 통해 현지 지도자들이 잘

세워져서 스스로 전도하고 이제 자신들이 교회가 되어서 또 다른 교회를 낳기 시작하는 놀라운 모습을 보았습니다. 온 성도와 교역자들이 스스로 교회 되는 일에 집중한 결과 초대 교회와 같은 부흥을 경험하고 있었습니다. 해발 1300미터에 세워진 예배당 헌당 예배에는 200명이 넘는 여러 소수 부족 그리스도인들이 함께 모여서 축복했습니다.

치앙마이에서는 수리얀교회를 방문했는데 수리얀은 이 지역 첫 순교자의 이름입니다. 그 교회 마나 장로님은 군에 38년 근무하면서 평생 성경 가르치는 일을 쉬지 않았고, 퇴역 후 작은 라디오 방송국을 만들어서 이웃 주민들에게 라디오 수신기를 무료로 나눠 주며 방송 선교를 하고 있었습니다. 방송국 바로 옆이 절인데 스님들에게도 이 수신기를 주었고, 그 스님들이 열심히 방송을 듣고 있다고 알려 주었습니다.

불교 국가이기에 분명 불이익이 있음에도 교인들은 믿음을 굽히지 않았습니다. 특히 마나 장로님 부부는 라디오 방송국 재정 마련을 위해 슈퍼마켓을 운영하면서도 술 담배를 팔지 않았습니다. 주민들이 와서 왜 안 파느냐고 물으면 방송 수신기와 전도지를 나눠 주며 직접 들어보고 읽어 보라고 얘기한다고 합니다. 불교가 국교인 나라의 한 성도 얘깁니다. 우리는 어떻게 전도하고 있습니까? 내 신앙 지키는 것조차 버거워하지 않습니까?

> 그 여자가 큰 독수리의 두 날개를 받아 광야 자기 곳으로 날아가 거기서 그 뱀의 낯을 피하여 한 때와 두 때와 반 때를 양육 받으매 여자의 뒤에서 뱀이 그 입으로 물을 강같이 토하여 여자를 물에 떠내려가게 하려 하되 땅이 여자를 도와 그 입을 벌려 용의 입에서 토한 강물을 삼키니 계 12:14~16

"물을 강같이 토하여"라고 할 때의 "물"은 무엇을 말합니까? '거짓 복음'

'가짜 복음'입니다. 십자가가 없어도 된다는 복음입니다. 차라리 고난과 핍박은 견딜 만합니다. 고난과 핍박이 교회를 무너뜨린 적이 없습니다. 그러나 거짓 복음, 거짓 선지자에 교회가 무너집니다. "땅이 여자를 도와 그 입을 벌려 용의 입에서 토한 강물을" 삼키는 장면은 민수기 16장에서 "땅이 그 입을 열어" 반역한 고라 자손을 모두 삼켜 버리는 장면을 연상시킵니다.

> 거짓 그리스도들과 거짓 선지자들이 일어나 큰 표적과 기사를 보여 할 수만 있으면 택하신 자들도 미혹하리라 마 24:24

"미혹하리라"는 말은 휩쓸어 간다는 의미입니다. 큰물, 바로 십자가 없이도 구원받을 수 있다는 거짓 복음에 휩쓸려 갑니다. 그리고 부와 번영의 복음에 휩쓸려 갑니다. 그러나 이들이 흥왕하는 것처럼 보여도 땅이 입을 벌려서 다 삼킬 것입니다.

> 용이 여자에게 분노하여 돌아가서 그 여자의 남은 자손 곧 하나님의 계명을 지키며 예수의 증거를 가진 자들과 더불어 싸우려고 바다 모래 위에 서 있더라 계 12:17

지금 사탄은 교회와 싸우기 위해 날마다 새롭게 준비하고 있습니다. 하나님의 계명을 지키고 예수님의 증거를 가진 자들과 싸우기 위해 서 있습니다. 사탄은 십자가 사건으로 쫓겨난 것에 분개해서 교회를 핍박하거나 유혹합니다. 성도들이 십자가의 길이 아니라 풍요의 길을 가도록 유혹합니다. 사탄은 혼자 싸우지 않습니다. 사탄도 동역자들을 부릅니다. 영계의 큰 전쟁은 그렇게 시작되어서 그렇게 진행되고 있습니다.

사탄은 더러운 강물을 토하듯 세상을 오염시키고 있습니다. 성과 문화라는 이름으로 걷잡을 수 없이 세상을 타락시키고 있습니다. 성도가 깨어 있지 않으면 무너질 수밖에 없습니다. 우리는 말씀으로 분별해야 합니다. 이 비밀을 알았던 사람이 다윗입니다.

> 다윗이 블레셋 사람에게 이르되 너는 칼과 창과 단창으로 내게 나아오거니와 나는 만군의 여호와의 이름 곧 네가 모욕하는 이스라엘 군대의 하나님의 이름으로 네게 나아가노라 오늘 여호와께서 너를 내 손에 넘기시리니 내가 너를 쳐서 네 목을 베고 블레셋 군대의 시체를 오늘 공중의 새와 땅의 들짐승에게 주어 온 땅으로 이스라엘에 하나님이 계신 줄 알게 하겠고 또 여호와의 구원하심이 칼과 창에 있지 아니함을 이 무리에게 알게 하리라 전쟁은 여호와께 속한 것인즉 그가 너희를 우리 손에 넘기시리라 **삼상 17:45~47**

세상은 강대하고 교활합니다. 영적 전쟁은 우리 힘으로는 백전백패입니다. 그러나 안심하십시오. 우리 안에 계신 그리스도의 힘과 능력으로, 우리 안에 계신 성령님의 힘과 능력으로 넉넉히 이길 것입니다. 골리앗 같은 세상을 대적하여 칼과 단창을 의지하지 말고 다윗처럼 만군의 여호와 되신 하나님의 이름을 붙들고 나아가십시오.

16.

말 많은 수 666

계 13:1-18

보이지 않는 곳에서 전쟁이 일어나고 있습니다. 영적 전쟁입니다. 밤새 무슨 일이 일어났는지 우리는 알지 못합니다. 우리가 사는 곳은 영적 전쟁터이고, 이곳에서 어떤 일들이 분명히 일어나고 있지만 눈으로 확인할 수는 없습니다. 그러나 다행히도 계시록을 통해서 영적 전쟁의 이미지를 볼 수 있습니다.

영적 전쟁을 일으키는 세력은 사탄입니다. 사탄이 어떤 존재입니까? 하나님을 거역하고, 하나님의 보좌를 넘보며 사람을 해치는 존재요 진짜 흉내를 내는 가짜입니다.

선한 목자는 양들을 위하여 목숨을 버리거니와 삯꾼은 목자가 아니요 양도 제 양이 아니라 이리가 오는 것을 보면 양을 버리고 달아나나니 이리가 양을 선한 목자는 예수님이고, 삯꾼 목자는 사탄입니다. 겉으로 볼 때는 목자 같고, 동일한 일을 하는 것 같지만, 사탄의 동기와 출발점이 근본적으로 다릅니다.

세상에 가짜가 많은 이유가 무엇입니까? 진짜가 있기 때문입니다. 진짜가 없으면 가짜도 생길 이유가 없습니다. 3달러짜리 위조지폐를 본 적이 있습니까? 당연히 없을 것입니다. 3달러 지폐가 아예 존재하지 않기 때문입니다. 그런데 왜 100달러 지폐는 가짜가 많을까요? 실제로 있는 지폐인데다가 가치가 높기 때문입니다. 1달러짜리를 만드느니 100달러짜리 만드는 게 낫지 않겠습니까? 가짜가 있다는 것은 반드시 진짜가 있다는 뜻입니다. 그리고 진짜가 가치 있고 값질수록 가짜는 더 많이 생겨나는 법입니다.

우리를 속이고 괴롭히는 사탄과의 싸움은 우리가 시작한 게 아닙니다. 사탄이 먼저 싸움을 걸어왔습니다. 사탄은 하나님의 계명을 지키며 예수님을 증거하는 교회와 싸울 준비가 되어 있습니다. 그런데 사탄은 직접 나서지 않고 대리자를 내세웁니다. 사도 요한이 환상 속에서 두 대리자를 목격합니다.

사탄의 대리자

내가 보니 바다에서 한 짐승이 나오는데 뿔이 열이요 머리가 일곱이라 그 뿔에는 열 왕관이 있고 그 머리들에는 신성 모독 하는 이름들이 있더라 내가 본 짐승은 표범과 비슷하고 그 발은 곰의 발 같고 그 입은 사자의 입 같은데 용

이 자기의 능력과 보좌와 큰 권세를 그에게 주었더라 계 13:1~2

바다에서 올라오는 짐승의 모습이 사탄을 떠올리게 합니다. 머리가 일곱에 뿔이 열 개이며 뿔마다 왕관이 씌워져 있습니다. 앞서 봤던 "큰 붉은 용"도 머리 일곱에 뿔이 열이었는데, 일곱 머리마다 왕관이 있었으니(계 12:3), 바다 짐승의 왕관이 더 많습니다. 그만큼 더 화려하다는 뜻입니다.

요한은 "표범과 비슷하고 그 발은 곰의 발 같고 그 입은 사자의 입" 같은 짐승을 봤습니다. 흥미롭게도 구약의 다니엘도 이런 모습의 짐승을 본 적이 있습니다. 다니엘이 환상 속에서 큰 짐승 넷이 바다에서 올라오는 것을 봤습니다. 첫째 짐승은 사자와 같고, 둘째 짐승은 곰과 같았으며, 셋째 짐승은 표범과 같고, 넷째 짐승은 이전 모든 짐승과 다르게 생겼으며 쇠로 된 큰 이가 달렸고 뿔이 열 개였습니다(단 7:1~8). 그 곁에 선 천사가 "그 네 큰 짐승은 세상에 일어날 네 왕"이라고 말해 주었습니다(단 7:17).

다니엘의 예언 이후 이스라엘은 바벨론, 메대 바사, 헬라, 로마 등 여러 제국의 지배를 받았습니다. 그 제국들은 사자와 같고, 곰이나 표범과도 같았습니다. 이제 사도 요한은 다니엘서에 예언되었던 네 번째 짐승을 보고 있습니다. 이스라엘을 침략했던 제국들이 하나로 합쳐져 "표범과 비슷하고 그 발은 곰의 발 같고 그 입은 사자의 입" 같은 모습을 한 짐승입니다.

사탄은 이 땅의 제국들을 대리자로 세운다는 사실을 알 수 있습니다. 사탄은 그것들에 엄청난 권세와 능력을 안겨 줍니다. 그것들로 하여금 하나님과 그리스도를 대적하게 하려는 의도가 있습니다. 사탄은 계획을 세웠고, 그 계획을 이루기 위해 놀랄 만한 능력을 가진 짐승을 부립니다. 왕관을 쓴 열 뿔에 머리가 일곱인 짐승이 모든 것을 좌지우지할 것처럼 보입니다.

세상에서는 권력과 돈과 지식이 있으면 다 될 것 같지만, 결코 그렇지 않습니다. 사람이 계획한다고 해도 반드시 그대로 되지는 않기 때문입니다.

> 사람의 마음에는 많은 계획이 있어도 오직 여호와의 뜻만이 완전히 서리라
> 잠 19:21

> 만군의 여호와께서 맹세하여 이르시되 내가 생각한 것이 반드시 되며 내가
> 경영한 것을 반드시 이루리라 사 14:24

계획이 필요 없다는 말이 아닙니다. 계획할지라도 하나님을 믿고 의지해야 한다는 뜻입니다. 오직 하나님의 뜻만이 완전합니다.

예수님 당시는 어땠습니까? 로마 제국을 등에 업은 헤롯왕이 이스라엘 백성을 농락하고, 로마 제국은 막강한 권력을 날로 키워 갔습니다. 그 사이에 사두개인들과 바리새인들은 각기 자기 뜻을 이루려고 했고, 또 반대편에 선 예수님의 제자들조차 속으로는 주님을 통해 자기 소원과 목적을 이루고자 했습니다. 그러나 그들 가운데 뜻을 이룬 이는 아무도 없습니다. 역사를 통해 알 수 있는 것은 궁극적으로 성취되는 것은 하나님의 뜻이라는 사실입니다.

우리가 계시록을 읽는 이유는 이 땅에서 이루어질 하나님의 뜻이 무엇인지를 알기 위해서입니다. 바다에서 올라온 짐승이란 대체 누굽니까? 그리스도께서 하나님의 능력과 보좌와 권세를 받으신 것과 같이, 짐승은 사탄으로부터 능력과 보좌와 권세를 넘겨받은 존재입니다. 그 짐승이 그리스도의 흉내를 내는 것을 보십시오.

> 그의 머리 하나가 상하여 죽게 된 것 같더니 그 죽게 되었던 상처가 나으매 온 땅이 놀랍게 여겨 짐승을 따르고 용이 짐승에게 권세를 주므로 용에게 경

배하며 짐승에게 경배하여 이르되 누가 이 짐승과 같으냐 누가 능히 이와 더불어 싸우리요 하더라 계 13:3~4

심지어 그리스도의 부활까지 흉내 냅니다. 짐승의 일곱 머리 가운데 하나가 상해서 죽을 것 같다가 그 상처가 낫자 온 땅이 놀라서 짐승을 따릅니다. 세상 사람들은 무슨 능력이 됐건 뛰어나 보이는 대상을 따르곤 합니다. 노래를 잘 불러도 팬이 생기고, 운동을 잘해도 열광하며 따르는 사람이 있습니다.

세상은 짐승을 따르지만, 짐승을 부리는 것은 사탄입니다. 사탄이 매니저처럼 철저히 관리합니다. 짐승은 사탄의 명령과 주문을 따라야 하며 사탄을 철저히 경배해야 합니다. 자발적인 경배가 아니라 강제된 것입니다. 짐승에게는 창의성이 없습니다. 모방만 있고, 지시와 명령에 따른 복종과 경배가 있을 뿐입니다. 사탄과 짐승의 관계를 지탱하는 것은 두려움입니다. 그런데도 사람들은 사탄에게서 권세와 능력을 받은 짐승이 죽게 된 것 같다가 부활하는 모습을 보고 혹하여 그 짐승을 경배하기 시작합니다.

사람들은 끝없이 제국을 갈망하고, 그 제국을 경배합니다. 당시 로마의 황제들은 살아 있는 동안에 신으로 추앙되곤 했습니다. 처음에는 죽고 나서야 신의 칭호가 부여되었지만, 나중에는 생전에 신의 칭호를 받는 일이 벌어졌습니다. 제국 백성은 황제 숭배를 강요받았습니다. 그러나 사실 강요받았다고 할 수도 없습니다. 로마 제국의 식민지들이 황제의 신전을 유치하기 위해 앞다투어 경쟁했기 때문입니다. 그들 스스로 황제 숭배에 앞장섰던 것입니다.

예수님은 십자가에서 죽으셨고, 죽음에서 부활하셨습니다. 그러나 짐승은 고작 머리 하나를 다치고선 죽은 체할 뿐입니다. 그러고선 부활한 체합니다. 사탄과 짐승이 예수님을 대적하기 위해서 예수님의 흉내를 내며 그리

스도 행세를 하지만, 그들에게는 예수님과 같은 능력이 없습니다. 인간이 경배할 대상은 오직 하나님뿐이십니다

살아 내야 하는 시간

오늘날 우리는 황제 숭배 같은 것들을 강요받지는 않지만, 스스로 만든 우상을 자발적으로 경배합니다. 경배의 대상은 돈, 권력 등입니다. 차라리 눈에 보이는 우상은 분별하기 쉽습니다. 과거에는 우상 숭배에 맞서다가 순교한 이들이 많았습니다. 순교를 통해 신앙이 더 강해지기도 했습니다.

그러나 오늘날 우리 땅에서는 그리스도인이라는 이유로 목숨을 잃는 일은 없습니다. 예배를 드린다고 해서 잡혀가거나 순교당하지 않습니다. 그런데도 우리는 왜 여전히 믿음의 공격을 받습니까? 어쩌면 외부의 핍박보다도 자기 안의 혼란과 내면의 무질서가 더 큰 영향을 주는지도 모릅니다. 세상 여느 제국들보다 더 큰 제국이 우리 안에 있어서 그 권력 앞에 스스로 굴종하고 있는지도 모릅니다. 어쩌면 그것이 눈에 보이는 제국보다 더 무서울 수 있습니다.

> 또 짐승이 과장되고 신성 모독을 말하는 입을 받고 또 마흔두 달 동안 일할 권세를 받으니라 짐승이 입을 벌려 하나님을 향하여 비방하되 그의 이름과 그의 장막 곧 하늘에 사는 자들을 비방하더라 계 13:5~6

짐승은 혀의 권세, 즉 말의 권세를 가졌습니다. 그런데 그 권세를 하나님을 모독하고 부인하는 데 씁니다. 하나님의 존재를 부인하고, 예수님은 없다

고 주장하는 신학자들이 많습니다. 이상하지 않습니까? 다른 종교를 보십시오. 부처를 부인하는 불교 학자나 알라를 비난하는 무슬림 학자는 보지 못했습니다. 힌두교나 유교를 파헤쳐서 그 문제점을 드러내는 학자는 찾을 수가 없습니다. 그런데 왜 예수님을 모독하고, 예수님의 신성을 부인하는 신학자들은 있습니까?

계시록이 그 이유를 밝혀 줍니다. 짐승은 과장되게 말하고 신성 모독적인 말을 하기 위해 입을 받았습니다. 그들이 예수님을 증거하는 사람들을 공격하고 넘어뜨리는 이유는 결국 예수님을 겨냥한 것입니다. 그리고 예수님은 그리스도인들에 대한 어떤 핍박도 곧 예수님을 향한 것임을 아십니다.

하지만 짐승이 활동하는 기간은 결국 "마흔두 달"뿐입니다. 두 증인이 굵은 베옷을 입고 예언하는 것이나 광야로 도망친 여자가 아들을 키우는 것도 "천이백육십 일"(계 11:3; 12:6)이고, 여자가 뱀의 낯을 피하는 것도 "한 때와 두 때와 반 때"뿐입니다. 제한된 시간입니다. 교회가 마지막까지 전도하고 선교할 시간입니다.

> 또 권세를 받아 성도들과 싸워 이기게 되고 각 족속과 백성과 방언과 나라를 다스리는 권세를 받으니 죽임을 당한 어린양의 생명책에 창세 이후로 이름이 기록되지 못하고 이 땅에 사는 자들은 다 그 짐승에게 경배하리라 누구든지 귀가 있거든 들을지어다 계 13:7~9

짐승의 활동이 어느 때보다 활발하고, 누구보다도 왕성하여 겉으로는 짐승이 승리하는 것 같아 보입니다. 그래서 "이 땅에 사는 자들은 다 그 짐승에게 경배"하게 됩니다. 그런데 그들은 어떤 존재들입니까? "죽임을 당한 어린양의 생명책에" 기록되지 못한 이들, 하나님의 인치심을 받지 못한 존재들입니다. 그들이 결국 짐승을 경배하게 됩니다.

세상에는 두 부류가 있습니다. 하늘에 속한 자와 땅에 속한 자입니다. 짐승을 경배하는 자와 하나님을 경배하는 자입니다. 그 둘이 함께 살고 있습니다. 셋의 후예와 가인의 후예가 섞여 사는 것입니다. 우리는 그런 세상을 살고 있고, 이것이 바로 영적 전쟁의 실상입니다. 우리는 누구를 경배할 것인지 선택해야 합니다. 땅에서 살지만, 하늘을 살기로 결단하는 것이 믿음이요 신앙입니다.

> 사로잡힐 자는 사로잡혀 갈 것이요 칼에 죽을 자는 마땅히 칼에 죽을 것이니
> 성도들의 인내와 믿음이 여기 있느니라 계 13:10

사도 요한이 본 바다 짐승은 교회를 핍박하는 제국, 곧 통치자입니다. 구체적으로는 당시 그리스도인들을 무자비하게 핍박했던 로마 제국의 네로 황제를 가리켰던 것으로 보입니다. 믿음 때문에 체포당하거나 살해되는 일이 날마다 벌어진다면 어떻겠습니까? 그런 박해 속에서 성도들은 어떻게 살아가야 합니까?

박해받는 성도들의 삶을 표현하는 두 단어가 있습니다. 바로 인내와 믿음입니다. 오늘날도 마찬가집니다. 광야 같은 삶에서도 인내와 믿음이 필요하고, 고난 중에도 인내와 믿음이 필요합니다. 인내란 견디는 것입니다. 두 발로 버티고 서서 기다리는 것입니다. 또한 인내는 살아 내는 것입니다. 인생에는 두 가지 시간이 교차합니다. 살아가는 시간과 살아 내야 하는 시간입니다.

살아가는 시간이란 그냥 자연스럽게 살아지는 시간, 물 흐르듯 흘러가는 시간입니다. 아침에 눈을 뜨면 일과가 머릿속에 그려지고 모든 것이 계획대로 되지는 않더라도 계획을 세우고 일이 이루어지는 것을 보며 보람과 기쁨

을 맛보는 시간입니다.

그러나 살아 내야 하는 시간은 어둠의 시간이요 고난의 시간이며 터널의 시간입니다. 계획대로 되는 일이 하나도 없는 시간, 생각했던 것과는 전혀 딴판으로 펼쳐지는 시간입니다. 밤에 쉽게 잠들지 못하는 시간이고, 아침에 눈을 뜨고 싶지 않은 시간입니다. 상황이 호전될 기미가 보이지 않고, 도움을 청할 곳도 전혀 없는 시간입니다. 그냥 주저앉아 있을 수밖에 없는 시간, 피할 수 없어 고스란히 겪어 내야 하는 시간입니다. 그처럼 인생이 하루속히 끝나기를 갈망하면서도 어쨌건 살아 내야 하는 시간이 있습니다. 인생에서 이런 시간을 경험하지 않는 사람은 없습니다. 언제 오건 이런 어려움은 반드시 찾아옵니다.

그럴 때에는 어떻게 해야 합니까? 견뎌 내고 살아 내야 합니다. 왜 그렇습니까? 끝은 반드시 오기 때문입니다. 터널에는 반드시 끝이 있기 때문입니다. 그리고 생명의 주인과 인생의 주관자는 자신이 아니기 때문입니다. 그래서 두 발 딛고 서서 끝까지 기다려야 하는 것입니다.

살아 내야만 하는 시간에 필요한 것은 믿음입니다. 한 번도 경험해 보지 못한 대반전에 관한 믿음일 수도 있고, 비록 큰 은혜를 경험해 보지는 못했지만 반드시 이 일을 통해 하나님 아버지의 선하심을 맛보게 되리라는 믿음일 수도 있습니다. "믿음은 바라는 것들의 실상이요 보이지 않는 것들의 증거"(히 11:1)라는 말씀을 붙들 수밖에 없는 믿음일 수도 있습니다.

어쨌건 인내의 유일한 연료는 믿음입니다. 가진 것이 아무것도 없어도, 믿음만 있으면 인내할 수 있습니다. 붙들어 주는 사람이 아무도 없어도, 믿음이 나를 붙들기만 하면 견딜 수 있습니다. 때로는 믿음을 붙들 힘조차 없을 때가 있습니다. 그때는 믿음이 나를 붙들 것입니다. 말씀이 나를 이끌고 갈 것입니다. 한 발자국도 못 옮길 것 같은 상황에서 그래도 한 걸음씩 앞으로 나아가고 있다면, 그것은 순전히 믿음이 나를 이끌어 가기 때문이고, 말씀이 나를 견인해 가기 때문입니다.

말씀의 믿음만이 견딜힘을 줍니다. 경험의 믿음이나 간증의 믿음으로는 충분히 견딜 수 없습니다. 능력의 믿음이나 은사의 믿음이 있어도 흔들릴 수 있습니다. "살아 있고 활력"(히 4:12)이 있는 말씀의 믿음만이 나를 수렁에서 건질 것입니다.

둘째 짐승과 황제 숭배

사탄이 바다 짐승에 이어 "또 다른 짐승"을 땅에서 불러올립니다.

> 내가 보매 또 다른 짐승이 땅에서 올라오니 어린양같이 두 뿔이 있고 용처럼 말을 하더라 그가 먼저 나온 짐승의 모든 권세를 그 앞에서 행하고 땅과 땅에 사는 자들을 처음 짐승에게 경배하게 하니 곧 죽게 되었던 상처가 나은 자니라
> 계 13:11~12

두 번째 짐승은 겉모습은 어린양 같은데 말은 용처럼 합니다. 어린양은 예수 그리스도를 상징하지 않습니까? 짐승이 여기서 예수 그리스도 행세를 하는 것입니다. 거짓 선지자임을 알 수 있습니다. 예수님은 그들을 조심하라고 이미 알려 주신 바 있습니다.

> 거짓 선지자들을 삼가라 양의 옷을 입고 너희에게 나아오나 속에는 노략질하는 이리라 마 7:15

사탄은 얼마나 간교한지 모방에 있어서는 천재입니다. 늘 하나님을 흉내 냅니다. 하나님이 일하시는 방식, 하나님이 하시는 말씀을 흉내 냅니다. 그래서 말씀도 우리보다 훨씬 잘 알고 있습니다.

예수님이 세례 요한에게 물로 세례를 받으시고 나서 성령에 이끌려 마귀에게 시험을 받으러 광야로 나가셨습니다. 그러나 사탄의 유혹을 예수님이 말씀으로 다 이기시지 않았습니까? 그때도 사탄은 "네가 만일 하나님의 아들이어든 뛰어내리라 기록되었으되 그가 너를 위하여 그의 사자들을 명하시리니 그들이 손으로 너를 받들어 발이 돌에 부딪치지 않게 하리로다 하였느니라"(마 4:6)라며 시편 91편의 말씀을 인용했습니다. 에덴동산에서는 어땠습니까? 뱀이 하와에게 다가와 하나님의 말씀을 조금 비틀어서 말하며 유혹했습니다.

이처럼 사탄은 생긴 것은 꼭 양 같은데, 용처럼 말하는 또 다른 짐승을 땅에서 불러올립니다. 양처럼 생겼으면 양처럼 말하는 게 맞습니다. 양처럼 생겼는데도 이리처럼 살지 말고, 용처럼 말하지 않도록 주의하십시오.

우리나라에도 거짓 선지자들이 많습니다. 자칭 재림 예수가 수십 명이나 됩니다. 거짓 선지자들은 사람들을 우상 숭배의 길로 이끌어 결국 사회에 또 다른 엄청난 피해를 입힙니다. 믿지 않는 사람들은 이단 교회와 정통 교회가 뭐가 다르냐고 합니다. 오히려 서로 다투고 갈라지는 정통 교회보다도 일사불란하게 사회봉사나 구제 활동을 활발히 펼치는 이단 교회가 사회에 더 큰 기여를 한다고 말합니다. 또 이단이 학교를 얼마나 열심히 세웁니까? 이단은 늘 진리를 가장하고, 성경을 왜곡 편집하여 결국은 자신들을 우상화하는 엄청난 폐해를 가져옵니다.

어린양의 모습을 한 채 용의 말을 하는 둘째 짐승의 주된 역할은 사람들로 하여금 첫째 짐승에게 경배하게끔 하는 것입니다. 하나님이 성부, 성자,

성령 삼위일체로 일하시듯이 사탄은 두 짐승을 통해서 자기도 그렇게 일하는 듯 행세합니다. 마치 성령님이 예수님을 높이듯이 사탄도 동일하게 둘째 짐승으로 하여금 첫째 짐승을 높이게 한 것입니다.

로마 제국의 통치하에 있던 당시 상황을 생각하면, 요한의 시대에 둘째 짐승의 역할은 주로 로마 황제를 신으로 숭배하게끔 종용하던 신전의 제사장들이 맡았다고 할 수 있습니다. 정작 로마 황제 자신이나 원로원보다도 식민지의 관원과 제사장들이 앞다투어 황제 숭배를 부추겼습니다.

사실, 황제 숭배에 관한 로마 제국의 노력은 집요했습니다. BC 27년에 아우구스투스가 처음 황제로 등극한 이후에 60여 명이 대를 이었는데, 그중 36명이 황제의 칭호에 만족하지 않고 자신을 신의 반열에 올렸습니다. 신격화 작업은 대부분 사후에 이루어졌지만, 유독 3대 칼리굴라와 5대 네로와 11대 도미티아누스, 3명의 황제는 생전에 신으로 추앙받기를 원했습니다. 황제 자신뿐 아니라 그 가족도 27명이나 신격화했습니다.

어쩌면 그 정도의 종교적 노력이 없었다면, 제국을 유지하기가 불가능했을지도 모릅니다. 정치력, 경제력, 군사력만으로는 수많은 속주를 다스리는 데 역부족이었기 때문입니다. 그래서 황제를 신격화하는 작업을 했던 것입니다.

통치에 종교의 힘을 이용하는 일은 지금도 일어나고 있습니다. 가까운 예로, 북한의 3대 독재 세습을 보십시오. 우상화를 넘어서 신격화하고 있지 않습니까? 얼마나 많은 동상이 세워졌습니까? 그 동상들 앞에서 얼마나 절을 많이 해야 합니까?

바다에서 올라온 첫째 짐승이 교회를 박해하는 정치 권력자들을 상징한다면, 땅에서 올라오는 둘째 짐승은 종교나 이념을 통해 우상 숭배를 부추기는 자들을 상징합니다. 곧 거짓 선지자들입니다. 예수님은 거짓 선지자들이 일어나 큰 표적과 기사를 보이며 사람들을 미혹할 것이라고 경계하셨습니다. 그 거짓 선지자들이 황제 숭배를 부추기고 확산하는 데 일조했습니다.

큰 이적을 행하되 심지어 사람들 앞에서 불이 하늘로부터 땅에 내려오게 하고 짐승 앞에서 받은 바 이적을 행함으로 땅에 거하는 자들을 미혹하며 땅에 거하는 자들에게 이르기를 칼에 상하였다가 살아난 짐승을 위하여 우상을 만들라 하더라 그가 권세를 받아 그 짐승의 우상에게 생기를 주어 그 짐승의 우상으로 말하게 하고 또 짐승의 우상에게 경배하지 아니하는 자는 몇이든지 다 죽이게 하더라 계 13:13~15

여기서 "칼에 상하였다가 살아난 짐승"은 요한이 계시록을 기록할 당시에 떠돌았던 풍문에 의하면 네로 황제를 가리킨 것으로 보입니다. 죽은 네로 황제가 살아 돌아올 것이라는 소문이 돌았던 것입니다. 폭군의 대명사로 불리던 네로가 다시 살아난다니 듣는 이들의 간담이 서늘했을 것입니다.

당시에 황제 신전에서 절하지 않는 것은 황제에 대한 반역으로 여겨졌고, 반역자들은 사회에서 소외될 수밖에 없었습니다. 누가 감히 황제 숭배를 거부하겠습니까? 그러나 그리스도인은 박해를 받으면서도 끝내 거부했습니다. 수많은 그리스도인들이 핍박을 당했고, 또 순교했습니다.

그 이름, 666

그가 모든 자 곧 작은 자나 큰 자나 부자나 가난한 자나 자유인이나 종들에게 그 오른손에나 이마에 표를 받게 하고 누구든지 이 표를 가진 자 외에는 매매를 못하게 하니 이 표는 곧 짐승의 이름이나 그 이름의 수라 지혜가 여기 있

으니 총명한 자는 그 짐승의 수를 세어 보라 그것은 사람의 수니 그의 수는
육백육십육이니라 계 13:16~18

계시록에 등장하는 사람은 두 부류로 나뉩니다. 하나님의 인을 맞은 사람과 짐승의 표를 받은 사람입니다. 중립은 없습니다. 아무 표시도 없는 사람은 없다는 뜻입니다. 어린양을 따르거나 짐승을 따르거나, 둘 중의 하납니다. 인을 치거나 표를 주는 것은 소유와 보호를 의미합니다. 이마에 짐승의 표를 가진 사람은 적그리스도인 짐승을 따르는 사탄의 백성입니다.

사탄이 하는 짓은 늘 똑같습니다. 이번에도 하나님의 인치심을 흉내 냈습니다. 사람들은 오른손이나 이마에 표를 받아야만 매매를 할 수 있습니다. 상인 조합들이 황제 숭배에 적극적으로 나서고, 자기 지역에 황제의 신전을 유치하려고 애썼던 이유가 이것입니다. 표를 받지 못하면 경제 활동이 불가능했기 때문입니다.

그런데 둘째 짐승이 주는 이 표는 "곧 짐승의 이름이나 그 이름의 수"인데, 그 수가 바로 말도 많고 탈도 많은 숫자, 666입니다. 이것은 네로 황제의 이름을 히브리어로 음역해서 글자에 숫자를 매기는 방식으로 환산한 숫자입니다. 네로 황제는 그리스도인들을 처음으로 박해하기 시작한 인물로, 그의 박해로 사도 베드로와 사도 바울이 순교했습니다. 그 네로가 계시록에서 교회를 박해하는 짐승의 모델로 등장한 것입니다. 바로 이 점이 중요합니다.

앞서 계시록 11장에서 두 증인이 엘리야와 모세를 모델로 하여 선지자의 증인 사역을 나타냈듯이, 666도 네로 황제로 상징되는 정치 지도자들을 의미한다고 봐야 합니다. 지금까지 학자들이 교회사를 통해 666의 주인공을 찾느라 애써 왔지만, 이것은 특정인을 지목한다기보다는 정치권력을 통해 교회를 박해하는 국가나 정치 지도자들을 가리킨다고 보는 것이 합당합니다.

그러므로 시대와 장소를 막론하고 교회를 박해하는 정치 권력자들은 모두 666의 짐승과 같은 존재라고 할 수 있습니다. 예수님이 재림하실 때까지 그런 존재는 끊임없이 계속해서 등장할 것입니다.

그리스도인은 국가 권력과 어떤 관계를 맺고 살아야 합니까? 바울은 국가 권력에 순종하라고 말합니다. 그 또한 하나님이 주신 것이기 때문입니다. 그러나 만약 국가가 하나님을 섬기지 말고, 특정인을 숭배하라고 강요한다면 어떻게 해야 합니까? 당연히 하나님께 순종해야 합니다. 하나님께 순종하느라 핍박을 피할 수 없게 될 때는 어떻게 해야 합니까? 순교를 각오해야 합니다.

예수님은 핍박받으실 때조차 무력 투쟁의 길로 나서지 않으셨습니다. 묵묵히 십자가의 길을 걸으셨습니다. 순교는 인내와 믿음의 또 다른 길입니다. 모든 상황을 담담히 받아들이는 길입니다.

> 그들이 만일 네게 말하기를 우리가 어디로 나아가리요 하거든 너는 그들에게 이르기를 여호와께서 이와 같이 말씀하시니라 죽을 자는 죽음으로 나아가고 칼을 받을 자는 칼로 나아가고 기근을 당할 자는 기근으로 나아가고 포로 될 자는 포로 됨으로 나아갈지니라 하셨다 하라 렘 15:2

이것은 이스라엘 백성이 하나님께 불순종해서 바벨론으로 잡혀가게 될 고난에 관한 말씀입니다. 하나님은 이스라엘 백성에게 애굽으로 들어가지 말라고 말씀하셨습니다. 그런데도 그들이 애굽으로 피난하자 하나님은 바벨론을 통해 애굽을 심판하겠다고 예언하십니다.

그가 와서 애굽 땅을 치고 죽일 자는 죽이고 사로잡을 자는 사로잡고 칼로 칠

자는 칼로 칠 것이라 **렘 43:11**

예레미야가 전한 고난의 예언과 계시록의 예언은 다른 점이 있습니다. 예레미야는 불순종이 야기한 고난을 예언했고, 요한은 순종으로 말미암은 고난을 말합니다. 순종해도 고난을 받는 것이 맞습니까? 맞습니다. 신실한 순종의 사람들도 거짓된 불순종의 사람들과 똑같이 고난을 받게 될 것입니다. 과거 다니엘이나 에스겔은 모두 신실한 자들이었지만, 이스라엘 백성과 함께 바벨론에 포로로 끌려갔습니다.

이 시대에 교회가 핍박받는 것은 정상입니다. 우리에게 필요한 것은 인내와 믿음입니다. 인내하며 믿음의 삶을 살아갈 때 기억해야 할 말씀이 있습니다.

> 그에게 이르기를 너는 삼가며 조용하라 르신과 아람과 르말리야의 아들이 심히 노할지라도 이들은 연기 나는 두 부지깽이 그루터기에 불과하니 두려워하지 말며 낙심하지 말라 **사 7:4**

아람왕 르신과 르말리야의 아들이자 이스라엘의 왕인 베가가 예루살렘을 맹렬히 공격했지만, 여호와께서는 이사야에게 그들은 "연기 나는 두 부지깽이 그루터기에 불과"하다고 말씀하십니다. 타다 만 부지깽이니 그냥 내버려두면 저절로 꺼지고 말 것이라는 말씀입니다.

666표를 가진 짐승이 아무리 자신을 신격화하고, 절대 권력을 휘둘러도 그들은 하나님 앞에서 멸망받을 짐승에 불과합니다. 이 사실을 기억하십시오! 언젠가는 무지막지해 보이던 세상 권력도 지나갑니다. 세상의 돈과 물질도 사라집니다. 인기와 명예는 거품에 지나지 않습니다. 오직 하나님의 말씀만이 영원할 것입니다.

 공격하는 자들에게서 사방으로 욱여쌈을 당하여도 인내하십시오. 그들은 타다 만 부지깽이에 불과합니다. 우리가 상대하지 않아도 저절로 꺼질 것입니다. 그러니 견뎌 내십시오. 견디는 것이 이기는 길이고, 믿음으로 사는 것이 곧 의로운 길입니다.

17.

두 종류의
추수

*계 14:1-20

운동 경기는 끝까지 봐야 합니다. 이유는 단 하나입니다. 끝까지 가봐야 결과를 알 수 있기 때문입니다. 스포츠의 묘미가 무엇입니까? 승패의 역전입니다. 인생의 묘미도 마찬가집니다. 금수저를 물고 태어났다고 해서 금수저를 물고 죽는다는 보장이 없고, 흙수저를 물고 태어났다고 해서 반드시 흙수저를 문 채 죽어야 하는 것은 아닙니다. 사는 동안 역전의 기회는 수없이 있고, 죽을 때가 되어서야 대역전이 벌어질 수도 있습니다. 성경에 기록된 대역전의 주인공 가운데 가장 유명한 사람이 바로 예수님과 함께 십자가에 못 박혔던 강도가 아닙니까?

사도 요한이 살던 때는 짐승의 표를 받아야 밥 먹고 살 수 있는 시대였습니다. 그때는 짐승에게 경배해야만 구원받을 것처럼 보였습니다. 표를 받지 못하면 오히려 세상 사람들의 심판을 받아야 했고, 짐승의 뜻을 거스르면

_____ Part 3. 마지막 때의 일들

사회 주류에서 밀려나 소외되어야 했습니다.

그런데 요한이 대역전의 계시를 받습니다. 역사의 종말은 대역전 드라마를 펼칠 것입니다. 인생도 마찬가지로 종말에 뒤집힐 것입니다. 짐승을 경배하던 자들은 영원한 심판을 받고, 짐승의 표를 거부하고 하나님을 경배했던 순교자들과 성도들은 영원한 구원을 받을 것입니다.

한 가지 알아두어야 할 것은 계시록이 시간 순서에 따라 기록된 책이 아니라는 사실입니다. 11장에서부터 14장까지가 모두 동시에 진행된 사건들입니다. 사도 요한은 시간 밖에서 환상을 보고 있습니다. 즉 이 사건들은 연대기적으로 일어나는 게 아니라 동시적으로 일어나며, 요한은 마치 줌인 (zoom in)하듯이 또는 인 포커스(in focus)하듯이 사건을 들여다보고 있다는 뜻입니다.

보좌 앞에서 부르는 새 노래

또 내가 보니 보라 어린양이 시온산에 섰고 그와 함께 십사만 사천이 서 있는데 그들의 이마에는 어린양의 이름과 그 아버지의 이름을 쓴 것이 있더라

계 14:1

사도 요한이 환상을 보고 있는데, "보라"는 음성이 들려옵니다. 지금 듣는 것을 잘 들으라는 뜻이고, 지금 보고 있는 것을 똑똑히 보라는 말입니다. 그만큼 집중해서 봐야 합니다.

"어린양이 시온산에" 서 있는데, 그 옆에 십사만 사천 명의 성도가 함께 서 있습니다. 사탄은 바닷가에 서서 유혹과 핍박의 결의를 다졌는데, 어린양

께서는 시온산에서 구원의 팔을 뻗고 계십니다.

구약성경에서 시온산은 예루살렘과 같은 곳입니다. 하나님의 통치가 시작된 곳이기 때문입니다. 또한 하나님의 보호와 양육과 인도가 있는 곳입니다. 그런데 계시록에서 시온산은 교회를 뜻합니다. 신약 시대 하나님의 보호와 인도가 있는 곳이 교회였기 때문입니다. 예수님이 교회 뒤에 버티고 서 계십니다. "십사만 사천"은 구원받은 백성, 곧 교회를 가리킵니다. 교회의 이마에는 짐승의 표가 아니라 어린양의 이름과 아버지의 이름이 쓰여 있습니다.

이마는 그 사람이 누구인지를 가장 잘 드러내 보이는 곳입니다. 그리스도인이 되면 이마에 예수님의 이름을 새기게 됩니다. 그래서 예수 믿는 사람의 얼굴이 다른 것입니다.

저는 길거리를 걷거나 지하철을 탈 때, 사람들의 얼굴을 유심히 쳐다보곤 합니다. 이마에 예수님의 이름이 쓰인 사람은 한눈에 알아볼 수 있습니다. 아마 사탄도 그럴 것입니다. 이마에 예수님의 이름이 쓰여 있는 성도와 그렇지 않은 불신자를 정확히 구분할 것입니다. 구원받은 백성의 이마는 훤하고, 얼굴이 환합니다. 그런데 사탄의 표를 받은 사람은 이마가 검고, 얼굴에 어둠이 드리워져 있습니다.

세상에는 두 종류의 사람만이 있습니다. 이마에 어린양의 이름이 쓰여 있는 사람과 짐승의 이름이 쓰여 있는 사람입니다. 사람이 왜 짐승같이 살겠습니까? 왜 짐승보다도 못한 짓을 서슴지 않고 하겠습니까? 이마에 짐승의 이름이 쓰여 있기 때문입니다. 그러니 지극히 이기적으로 삽니다. 거짓말을 안 하려고 해도 마음대로 되지 않습니다. 사람이 사람을 죽이는 건 혼자 힘으로 할 수 있는 일이 아닙니다. 이마에 표를 받았으므로 표를 준 자의 소유가 되었고, 그 때문에 주인의 뜻에 따라 행동하는 것입니다. 표를 받은 이상 혼자 힘으로는 어쩌지 못합니다.

그러나 구원받은 하나님의 백성, 십사만 사천 명은 하나님의 소유이므로 하나님의 보호를 받고, 하나님의 뜻을 이루며 삽니다. 어디를 가나 화평을 가져다줍니다. 내가 가는 곳마다 시비가 끊이지 않고 갈등이 생깁니까? 자기 이마에 누구의 이름이 쓰여 있는지를 확인해야 합니다. 내가 가면 시비가 그치고 어두웠던 분위기가 밝게 변합니까? 하나님의 인을 받은 증거입니다.

교회는 하나님의 인을 받은 성도들의 공동체입니다. 하나님의 말씀이 계속 선포되는 곳에서는 어둠의 세력이 견디지 못합니다. 짐승의 표를 받은 자들이 슬그머니 들어올 수는 있지만, 버티지를 못합니다. 교회를 비판하고 성도들을 이간해야 하는데, 그걸 못하면 떠날 수밖에 없습니다.

> 내가 하늘에서 나는 소리를 들으니 많은 물 소리와도 같고 큰 우렛소리와도 같은데 내가 들은 소리는 거문고 타는 자들이 그 거문고를 타는 것 같더라 그들이 보좌 앞과 네 생물과 장로들 앞에서 새 노래를 부르니 땅에서 속량함을 받은 십사만 사천밖에는 능히 이 노래를 배울 자가 없더라 계 14:2~3

구원받은 십사만 사천 명이 하나님의 보좌 앞에서 "새 노래"를 부릅니다. 이 노래는 "땅에서 속량함을 받은 십사만 사천"만이 배울 수 있습니다. 아침 예배 때, 찬양 인도자들이 새 찬양을 부를 때가 있습니다. 익숙하지 않은 새 노래인데도 성도들이 잘 따라 부릅니다. 저도 유심히 듣다가 따라 부르는데, 금세 배웁니다. 하나님의 인을 가진 사람은 찬양의 입술이 다르고, 소리가 다릅니다. 새 찬양을 들어도 멈칫하지 않고 함께 부를 수 있습니다. 성도란 새 찬양을 금세 따라 부를 수 있는 사람들입니다. 구원받지 않았다면, 찬양을 따라 부를 수도 없고, 새 찬양을 배울 수도 없을 것입니다.

반대로 불신자들의 노래를 들어보십시오. 어느 나라건 어느 시대건 어떤 장르건 아무리 열정을 다해 불러도 하나님께 드릴 수 있는 찬양이 아닙니다. 이 땅에서 수많은 노래가 불리고 있지만, 하나님께 인을 받은 사람이 만들고 하나님의 인을 가진 성도가 부르지 않으면 하나님께 드리는 찬양이 될 수 없습니다.

사실 하늘과 땅은 온통 찬양으로 가득합니다. 보좌 앞에 모인 십사만 사천 명과 네 생물과 스물네 장로들만이 아니라 땅과 바다의 모든 피조물이 찬양하고 있습니다. 모든 성도가 찬양하는 모습이야말로 지상 교회가 모델로 삼는 천상 교회의 모습입니다.

예수님의 이름이 이마에 쓰여 있는 자의 특징

이 사람들은 여자와 더불어 더럽히지 아니하고 순결한 자라 어린양이 어디로 인도하든지 따라가는 자며 사람 가운데에서 속량함을 받아 처음 익은 열매로 하나님과 어린양에게 속한 자들이니 그 입에 거짓말이 없고 흠이 없는 자들이더라 계 14:4~5

예수님의 이름이 이마에 쓰여 있는 사람에게서는 네 가지 특징을 발견할 수 있습니다. 첫째가 순결함입니다. 그는 여자와 더불어 더럽히지 않은 순결한 사람입니다. 이는 성적인 순결만을 뜻하는 것이 아닙니다. 음란에 빠지지 않는 것뿐 아니라 우상 숭배에 빠지지 않는 것을 순결이라고 말합니다.

계시록에서는 세상을 상징하는 바벨론이 "음녀"로 등장합니다(계 17장). 바벨론은 모든 백성을 음행으로 내몰고, 우상을 숭배하게끔 함으로써 하나님께 예배드리지 못하게 합니다. 하나님보다 부와 권력과 쾌락을 더 사랑하게끔 만듭니다. 교회에서는 거짓 선생들이 성도들을 우상 숭배와 음행으로 인도합니다. 버가모 교회와 두아디라 교회에 들어온 니골라 당과 이세벨 당이 성도들로 하여금 실족하게 만들었습니다. 그러나 하나님의 인을 받은 성도는 이런 유혹에 물들지 않습니다.

예수님의 이름이 이마에 쓰여 있는 사람의 두 번째 특징은 어린양이 어디로 인도하시든지 어린양을 따라간다는 것입니다. 성도는 예수님만을 좇아야 합니다. 사람을 따르거나 목사를 따라가서도 안 됩니다. 학문의 세계에서는 선생을 찾아 나설 수 있고, 음악계에서는 유명한 스승을, 스포츠계에서는 훌륭한 코치를 찾아갈 수 있지만, 영적인 세계에서는 이름난 지도자를 찾아가 봤자 소용없습니다. 하나님의 인을 가진 사람은 예수님을 따라가는 것만으로도 충분합니다. 사실, 예수님이 전부이십니다. 예수님을 알기 위해 말씀 읽고, 예수님과 대화하기 위해 기도하는 것입니다.

그런데 예수님에 관한 이야기는 하는데, 정작 자신은 예수님을 좇지 않는 사람이 있습니다. 목회자들이 그럴 가능성이 큽니다. 예수님에 관해 얘기하는 시간이 긴 사람일수록 그럴 가능성이 높습니다. 또 예수님의 말씀을 열심히 듣기는 하지만 따르지는 않는 사람도 있습니다. 교회라는 건물 안에 오래 머물렀던 사람들 중에 그런 사람이 있을 수 있습니다. 말씀을 너무 많이 들어서 별 감동이 없는 것입니다. 심지어는 누가 설교를 잘하는지 점수를 매기기까지 합니다. 자기 자신은 예수님과 별 상관없이 살면서도 말입니다. 오히려 목사나 신학 교수가 큰 문제를 일으키는 것도 바로 그런 이유 때문입니다.

왜 시험에 들고 실족합니까? 사람을 따라가기 때문입니다. 예수님을 바라봐야 할 시간에 사람을 바라보다가는 수렁에 빠지거나 덫에 걸리게 됩니다. 말씀을 듣고 기도해야 할 시간에 사람의 말을 듣고 사람에게 얘기하다가 문제가 생기게 마련입니다. 예수님 곁에 있던 베드로에게 들어갔던 사탄이 우리에게는 접근을 안 하겠습니까? 성도는 예수님에게서 눈을 돌리는 순간 크고 강렬한 유혹에 직면할 수밖에 없습니다.

사탄의 유혹을 뿌리치려면 주의 음성을 분명히 분별할 줄 알아야 합니다.

> 문으로 들어가는 이는 양의 목자라 문지기는 그를 위하여 문을 열고 양은 그의 음성을 듣나니 그가 자기 양의 이름을 각각 불러 인도하여 내느니라 자기 양을 다 내놓은 후에 앞서 가면 양들이 그의 음성을 아는 고로 따라오되 요 10:2~4

우리가 예수님을 어떻게 따를 수 있습니까? 그 음성을 들어야, 그 말씀을 들어야만 따를 수 있습니다.

예수님의 이름이 이마에 쓰여 있는 사람의 세 번째 특징은, 그는 "속량함을 받아 처음 익은 열매"라는 사실입니다. 처음 익은 열매, 즉 첫 열매란 무엇일까요? 먼저, 성도는 하나님의 것이라는 뜻입니다. 그리고 성도는 하나님이 주신 것에 감사해야 한다는 뜻입니다. 또한 첫 열매는 앞으로 계속해서 열매가 열릴 것을 암시합니다.

네 번째 특징은 "그 입에 거짓말이 없고 흠이 없는 자들"입니다. 불신자의 특징은 거짓입니다. 세상에서는 진실을 찾아보기가 어렵습니다. 세상은 진리에 관심이 없습니다. 에베소 교회에 들어왔던 자칭 사도라는 니골라 당은 거짓말하는 자들입니다. 빌라델비아 교회를 핍박했던 유대인들도 거짓말하는 자들입니다.

하나님께 바치는 제물은 흠이 없어야 했습니다. 예수님이 희생제물이 되신 것도 흠이 없으시기 때문입니다. 그리스도 앞에 서게 될 영광스러운 교회도 흠이 없어야 합니다. 마찬가지로 성도도 흠이 없어야 합니다. 우리는 왜 예수님의 보혈을 의지해야 합니까? 그 피로 정결케 되기 때문입니다. 그리스도의 피만이 우리 흠을 씻어 주기 때문입니다.

성도의 인내는 헛되지 않다

또 보니 다른 천사가 공중에 날아가는데 땅에 거주하는 자들 곧 모든 민족과 종족과 방언과 백성에게 전할 영원한 복음을 가졌더라 그가 큰 음성으로 이르되 하나님을 두려워하며 그에게 영광을 돌리라 이는 그의 심판의 시간이 이르렀음이니 하늘과 땅과 바다와 물들의 근원을 만드신 이를 경배하라 하더라 계 14:6~7

사도 요한이 보니 세 천사가 나타나 메시지를 전합니다. 모두 종말에 있을 구속과 심판에 관한 메시지입니다. 첫째 천사는 "영원한 복음"을 가졌습니다. 이 복음을 들어야 할 사람은 "모든 민족과 종족과 방언과 백성"입니다. 즉 복음은 세상 모든 사람에게 전해져야 한다는 뜻입니다. 미전도 종족에까지 복음이 전해져야 비로소 끝이 올 것입니다.

첫째 천사가 큰 소리로 심판의 시간이 다가오니 하나님을 두려워하고 하나님께 영광을 돌리라고 외칩니다. 창조의 근원이신 하나님을 경배하라는 뜻입니다. 이것이 핵심입니다. 하나님을 경외하고, 하나님께 경배하는 삶이 곧 신앙입니다. 과연 불신자들이 이 메시지를 듣고 돌이킬까요? 돌이킨다면 둘째 천사가 또 메시지를 전할 필요가 없을 것입니다.

또 다른 천사 곧 둘째가 그 뒤를 따라 말하되 무너졌도다 무너졌도다 큰 성

> 바벨론이여 모든 나라에게 그의 음행으로 말미암아 진노의 포도주를 먹이던
> 자로다 하더라 계 14:8

둘째 천사는 바벨론의 멸망을 선포합니다. 바벨론은 BC 586년에 남유다 왕국을 무너뜨리고, 예루살렘과 성전을 파괴한 나라입니다. 구약 시대에 하나님의 백성을 박해하고 살육했던 대표적인 나라입니다. 바벨론의 강대함을 보면, 이 나라가 과연 무너질 것 같겠습니까? 난공불락으로 보일 것입니다.

그러나 선지자들은 바벨론의 멸망을 곳곳에서 예언했고, 예언대로 바벨론은 멸망했습니다. 사도 요한 시대에는 대개 로마를 바벨론으로 부르곤 했습니다. 로마와 바벨론 사이에는 공통점이 있습니다. 두 제국 모두 하나님의 백성을 심히 핍박했고, 이스라엘을 정복하여 성전을 파괴했다는 것입니다. 그러므로 바벨론의 멸망을 선포한다는 것은 곧 로마 제국의 멸망을 선포하는 것입니다. 또한 바벨론은 세상 그 자체를 상징하기도 합니다. 하나님의 백성을 핍박하는 모든 세력을 바벨론이라고 할 수 있습니다.

세상은 바벨론처럼 엄청나게 크고 강고해 보이지만, 이 세상도 언젠가는 바벨론이 멸망하듯이 멸망할 것입니다. "무너졌도다 무너졌도다" 하고 반복해서 말하는 것은 반드시 무너질 것임을 말하는 것입니다.

> 또 다른 천사 곧 셋째가 그 뒤를 따라 큰 음성으로 이르되 만일 누구든지 짐승과 그의 우상에게 경배하고 이마에나 손에 표를 받으면 그도 하나님의 진노의 포도주를 마시리니 그 진노의 잔에 섞인 것이 없이 부은 포도주라 거룩한 천사들 앞과 어린양 앞에서 불과 유황으로 고난을 받으리니 그 고난의 연기가 세세토록 올라가리로다 짐승과 그의 우상에게 경배하고 그의 이름 표를 받는 자는 누구든지 밤낮 쉼을 얻지 못하리라 하더라 계 14:9~11

셋째 천사는 "짐승과 그의 우상에게 경배하고 이마에나 손에 표를" 받은 사람들에게 임할 하나님의 진노를 선포합니다. 앞서 짐승의 표를 받지 않는 성도들이 당할 고통을 살펴본 바 있습니다(계 13장). 표가 없으면 매매를 할 수 없습니다. 먹고 살 길이 막막하니 그 고통이 극심할 것입니다. 그러나 짐승의 표를 받고 짐승에게 경배한 자들이 나중에 받게 될 고통에 비하면 훨씬 덜할 것입니다. 짐승의 표를 받은 자들이 받게 될 고통은 영원합니다.

"섞인 것이 없이 부은 포도주"란 아주 독한 술을 말합니다. 당시 사람들은 보통 물과 포도주를 1:1에서 3:1까지 희석해서 마셨고, 물을 섞지 않은 포도주는 완전히 취하려고 작정할 때나 마셨습니다. 따라서 하나님의 진노의 잔에 순수한 포도주가 담겼다는 것은 그 진노하심이 아주 맹렬하다는 뜻입니다.

짐승의 표를 받은 자들은 "불과 유황"으로 고난을 받을 텐데, 그 "연기가 세세토록" 올라갈 것입니다. 즉 그들은 잠시도 멈추거나 벗어날 수 없는 영원한 고통을 받게 될 것입니다. 성도들이 세상에서 당하는 잠깐 동안의 고통과는 비교할 수 없는 고통일 것입니다.

> 성도들의 인내가 여기 있나니 그들은 하나님의 계명과 예수에 대한 믿음을 지키는 자니라 또 내가 들으니 하늘에서 음성이 나서 이르되 기록하라 지금 이후로 주 안에서 죽는 자들은 복이 있도다 하시매 성령이 이르시되 그러하다 그들이 수고를 그치고 쉬리니 이는 그들의 행한 일이 따름이라 하시더라
> 계 14:12~13

성도들은 이 세상에서 겪는 고통을 왜 인내해야 합니까? 물을 필요도 없습니다. 어떻게 인내하지 않을 수가 있겠습니까? 하나님을 알고 예수님을 알면, "하나님의 계명과 예수에 대한 믿음을" 지키고도 남을 만하지 않습니까?

사도 요한이 기록하고 있는데도, 천사가 "기록하라"고 강조합니다. 그만큼 중요한 말씀이라는 뜻입니다. 그리고 지금부터 "주 안에서 죽는 자들은 복이 있다"고 선포합니다. 성령님도 그 말이 옳다고 말씀하십니다.

예수 믿는 복이란 무엇입니까? 죽는 복입니다. 기가 막힌 얘깁니다. 세상에 죽는 게 복이라는 종교는 없습니다. 장수가 복이어야 합니다. "개똥밭에 굴러도 이승이 좋다"는 말이 있듯이, 세상은 죽는 것보다 사는 것이 더 낫다고 굳게 믿습니다.

그런데 예수님을 만나면 정반대가 됩니다. 죽는 것이 훨씬 더 큰 복으로 다가옵니다. 성도는 언제 죽어도 복입니다. 젊어서 죽든 나이 들어서 죽든, 건강하게 죽든 병들어서 죽든, 죽는 것이 복입니다. 믿음 안에서 죽는 것이 복인 까닭은 죽음으로써 비로소 수고를 그치고 쉬게 되기 때문입니다. 불신자들은 영원한 심판의 고통으로 들어가야 하지만, 성도들은 영원한 안식에 들어갑니다. 예수님이 십자가에 나란히 달리게 된 강도에게 "오늘 네가 나와 함께 낙원에 있으리라"(눅 23:43)고 약속하시지 않았습니까?

또한 성도에게 죽음이 복인 까닭은 성도들이 이 땅에서 행한 일이 업적처럼 따라다니기 때문입니다. 인과응보를 말하는 것이 아닙니다. 선행과 믿음을 똑같은 구원 조건으로 보는 행위 구원론을 말하는 것도 아닙니다. 우리가 행한 일들 때문에 구원을 받는 것이 아니라는 뜻입니다. 예수님의 보혈이 죄와 벌의 인과를 소멸하기 때문입니다. 그렇다면 "그들의 행한 일이 따름"이란 말은 무슨 뜻입니까? 생전에 믿음을 지킨 일이 헛되지 않다는 뜻입니다. 시간과 물질과 생명을 손해 보면서까지 세상 것에 연연하지 않고 살았던 것이 헛되이 사라지지 않는다는 것입니다.

장례식에서 자주 전하는 말씀들이 있습니다.

그러므로 내 사랑하는 형제들아 견실하며 흔들리지 말고 항상 주의 일에 더욱 힘쓰는 자들이 되라 이는 너희 수고가 주 안에서 헛되지 않은 줄 앎이라
고전 15:58

또 내가 사망으로 그의 자녀를 죽이리니 모든 교회가 나는 사람의 뜻과 마음을 살피는 자인 줄 알지라 내가 너희 각 사람의 행위대로 갚아 주리라 **계 2:23**

보라 내가 속히 오리니 내가 줄 상이 내게 있어 각 사람에게 그가 행한 대로 갚아 주리라 **계 22:12**

왜 이 말씀들을 되풀이해서 전하겠습니까? 성도의 죽음을 남아 있는 자의 입장에서 볼 것이 아니라 주 안에서 죽음을 맞아 모든 수고를 그치고 쉼을 얻게 된 성도의 입장에서 바라봐야 하기 때문입니다. 정말로 비교할 수 없이 좋은 상태로 옮겨진 것 아니겠습니까? 그만한 복이 또 어디 있겠습니까?

말씀을 보내어 추수하소서

또 내가 보니 흰 구름이 있고 구름 위에 인자와 같은 이가 앉으셨는데 그 머리에는 금 면류관이 있고 그 손에는 예리한 낫을 가졌더라 또 다른 천사가 성전으로부터 나와 구름 위에 앉은 이를 향하여 큰 음성으로 외쳐 이르되 당신의 낫을 휘둘러 거두소서 땅의 곡식이 다 익어 거둘 때가 이르렀음이니이다 하니 구름 위에 앉으신 이가 낫을 땅에 휘두르매 땅의 곡식이 거두어지니라
계 14:14~16

사도 요한은 "인자와 같은 이"가 앉아 있는 것을 봅니다. 예수님입니다. 앞서 요한은 예수님이 "구름을 타고"(계 1:7) 오시리라고 말한 바 있습니다. 인자는 흰 구름 위에 앉으셨는데, 머리에는 금 면류관을 쓰셨고, 손에는 "예리한 낫"을 드셨습니다.

성전에서 나온 천사가 "당신의 낫을 휘둘러 거두소서"라고 외칩니다. 낫을 휘두른다는 표현은 조금 거친 번역입니다. 낫은 말씀을 가리키고, '휘두르다'로 번역된 단어의 원뜻은 '누군가를 보내다, 메시지를 전하다'입니다. 즉 '말씀을 보내어 추수를 하소서'라는 의미인 것입니다.

> 이에 제자들에게 이르시되 추수할 것은 많되 일꾼이 적으니 그러므로 추수하는 주인에게 청하여 추수할 일꾼들을 보내 주소서 하라 하시니라
>
> 마 9:37~38

> 너희는 넉 달이 지나야 추수할 때가 이르겠다 하지 아니하느냐 그러나 나는 너희에게 이르노니 너희 눈을 들어 밭을 보라 희어져 추수하게 되었도다 거두는 자가 이미 삯도 받고 영생에 이르는 열매를 모으나니 이는 뿌리는 자와 거두는 자가 함께 즐거워하게 하려 함이라 요 4:35~36

영적 추수는 말씀으로 해야 합니다. 사실, 교회의 탄생이야말로 말씀의 추수라고 할 수 있습니다. 제자들이 교회가 되었으니 예수님이 알곡을 추수하신 것 아니겠습니까?

> 또 다른 천사가 하늘에 있는 성전에서 나오는데 역시 예리한 낫을 가졌더라 또 불을 다스리는 다른 천사가 제단으로부터 나와 예리한 낫 가진 자를 향하

여 큰 음성으로 불러 이르되 네 예리한 낫을 휘둘러 땅의 포도송이를 거두라 그 포도가 익었느니라 하더라 천사가 낫을 땅에 휘둘러 땅의 포도를 거두어 하나님의 진노의 큰 포도주 틀에 던지매 성 밖에서 그 틀이 밟히니 틀에서 피가 나서 말굴레에까지 닿았고 천육백 스다디온에 퍼졌더라 계 14:17~20

"예리한 낫"을 든 또 다른 천사가 하늘 성전에서 나오고, "불을 다스리는 다른 천사"가 제단에서 나와 그를 향해 "땅의 포도송이를 거두라"고 외칩니다. 포도를 수확하면 그 송이를 포도주 틀에서 밟곤 했습니다. 구약에서 '포도주 틀에서 밟는다'는 표현은 하나님의 심판을 은유적으로 나타낸 것입니다.

너희는 낫을 쓰라 곡식이 익었도다 와서 밟을지어다 포도주 틀이 가득히 차고 포도주 독이 넘치니 그들의 악이 큼이로다 욜 3:13

에돔에서 오는 이 누구며 붉은 옷을 입고 보스라에서 오는 이 누구냐 그의 화려한 의복 큰 능력으로 걷는 이가 누구냐 그는 나이니 공의를 말하는 이요 구원하는 능력을 가진 이니라 어찌하여 네 의복이 붉으며 네 옷이 포도즙 틀을 밟는 자 같으냐 만민 가운데 나와 함께한 자가 없이 내가 홀로 포도즙 틀을 밟았는데 내가 노함으로 말미암아 무리를 밟았고 분함으로 말미암아 짓밟았으므로 그들의 선혈이 내 옷에 튀어 내 의복을 다 더럽혔음이니 이는 내 원수 갚는 날이 내 마음에 있고 내가 구속할 해가 왔으나 내가 본즉 도와주는 자도 없고 붙들어 주는 자도 없으므로 이상하게 여겨 내 팔이 나를 구원하며 내 분이 나를 붙들었음이라 내가 노함으로 말미암아 만민을 밟았으며 내가 분함으로 말미암아 그들을 취하게 하고 그들의 선혈이 땅에 쏟아지게 하였느니라 사 63:1~6

요한이 받은 계시에서 주목해야 할 한 가지는 "하나님의 진노의 큰 포도주 틀"이 "성 밖에" 있다는 사실입니다. 불신자의 심판이 성 밖에서 이뤄진다는 것은 예수님이 예루살렘 성문 밖에서 십자가를 지신 것과 관계있습니다.

> 그러므로 예수도 자기 피로써 백성을 거룩하게 하려고 성문 밖에서 고난을 받으셨느니라 히 13:12

예수님이 성 밖에서 못 박히신 까닭은 예수님이 하나님의 언약 백성에서 끊어진 죄인들을 대신해서 심판받으셨다는 사실을 보여 주기 위해서입니다. 예루살렘은 계시록에서 새 예루살렘으로 언급되고, 새 예루살렘은 종말론적으로 완성된 교회를 상징합니다.

새 예루살렘성에서 신자와 불신자가 갈립니다. 성 밖에서 십자가를 지셨던 예수님을 믿는 신자들은 성안으로 들어가지만, 그 사실을 부인하는 불신자들은 성 밖의 포도주 틀에서 밟힐 것입니다. 요한은 포도주 틀에서 흐른 피가 "말굴레에까지 닿았고 천육백 스다디온에 퍼졌더라"라고 말합니다.

스다디온(Stadion)은 로마 시대에 거리를 측정하던 단위로 1스다디온이 약 192미터 정도 되었습니다. 고대 그리스의 달리기 경주 구간을 기준으로 한 것이라고 합니다. 오늘날 운동 경기장을 뜻하는 스타디움(stadium)이 바로 이 스다디온에서 파생되었습니다. 1600스다디온을 킬로미터로 환산하면, 약 320킬로미터로 팔레스타인 전 지역에 해당합니다.

또한 1600은 사방을 의미하는 4에 4를 곱하고, 또 10을 두 번이나 곱한 수로 세상 전체를 상징하는 숫자입니다. 피가 온 천지에 흘러넘칠 것이라는 뜻입니다. 게다가 말굴레까지 피가 튈 정도로 끔찍한 심판이 될 것입니다.

곡식과 포도를 거두는 손에 "예리한 낫"이 들려 있음에 주목하십시오. 낫은 말씀을 의미합니다. 심판도 말씀으로 이루어짐을 알 수 있습니다. 말씀을 거부하는 것은 심판을 자초하는 일입니다. 우리 앞에는 구원과 심판이라는 두 갈래 길이 있습니다. 그러나 우리는 이미 하나님의 인치심을 받고 구원의 길로 접어들었습니다. 말씀이 우리를 인도한 것입니다. 구원은 상상할 수 없는 하나님의 선물입니다.

우리는 매일 하나님의 말씀을 읽어야 합니다. 힘든 순간에 말씀을 기억하십시오. 도저히 견딜 수 없을 것 같은 때에도 말씀을 먼저 기억하십시오. 더 이상 참을 수 없다고 말할 때가 바로 한 번 더 참아야 할 때입니다. 더 이상 못 가겠다고 주저앉을 때가 바로 한 걸음 더 디뎌야 할 때입니다. 왜 그렇습니까? 우리는 이미 결말을 알고 있기 때문입니다.

18.

불신자의
고통

계 15:1-8

마지막 재앙

또 하늘에 크고 이상한 다른 이적을 보매 일곱 천사가 일곱 재앙을 가졌으니
곧 마지막 재앙이라 하나님의 진노가 이것으로 마치리로다 계 15:1

사도 요한이 하늘에 나타난 "크고 이상한 다른 이적"을 봅니다. 이적은
기적이 아니라 사인입니다. 일곱 천사의 일곱 재앙, 마지막 일곱 대접 재앙
의 사인입니다. 이 재앙으로 세상은 돌이킬 수 없는 상황을 맞습니다.

11장 말미에서 일곱 번째 나팔 소리와 함께 홀연히 변화되어 사라진 성
도들, 구원받은 하나님의 백성이 가 있는 곳이 바로 "불이 섞인 유리 바다"
가 있는 곳입니다. 그들은 여기 서서 모세의 노래, 어린양의 노래를 부르고

있습니다.

> 일곱째 천사가 나팔을 불매 하늘에 큰 음성들이 나서 이르되 세상 나라가 우리 주와 그의 그리스도의 나라가 되어 그가 세세토록 왕 노릇 하시리로다 하니 하나님 앞에서 자기 보좌에 앉아 있던 이십사 장로가 엎드려 얼굴을 땅에 대고 하나님께 경배하여 이르되 감사하옵나니 옛적에도 계셨고 지금도 계신 주 하나님 곧 전능하신 이여 친히 큰 권능을 잡으시고 왕 노릇 하시도다 이방들이 분노하매 주의 진노가 내려 죽은 자를 심판하시며 종 선지자들과 성도들과 또 작은 자든지 큰 자든지 주의 이름을 경외하는 자들에게 상 주시며 또 땅을 망하게 하는 자들을 멸망시키실 때로소이다 하더라 이에 하늘에 있는 하나님의 성전이 열리니 성전 안에 하나님의 언약궤가 보이며 또 번개와 음성들과 우레와 지진과 큰 우박이 있더라 계 11:15~19

일곱째 나팔이 울릴 때 하늘 성전이 열리고 하늘 성전 안에 있는 하나님의 언약궤, 증거궤가 보입니다. 우리는 11장에서 마지막 나팔이 울려 퍼질 때 세상이 둘로 나뉘었다는 사실을 기억해야 합니다. 지금 보고 있는 유리 바다 건너편의 세상과 아직도 땅에 남아 있는 세상입니다. 이후의 계시가 둘로 나뉜 세상을 교차하면서 보여 주고 있다는 것을 알면 계시록의 내용을 훨씬 이해하기가 쉽습니다. 두 세계를 보여 주기 전에 왜 역사가 이렇게 진행되었는지를 12장에서 14장까지 보여 준 것이 오히려 더 이해하기 어렵게 만든 셈입니다.

또 한 가지 주목해야 할 것은, 앞선 이적들과는 달리 마지막 재앙 때에는 성도들이 박해당하는 모습이 나타나지 않는다는 것입니다. 인 재앙, 나팔 재앙 때는 자연에 닥치는 재앙들과 성도들에 대한 핍박이 이어지지만, 마지막 일곱 대접 재앙은 온 세상에 임하게 될 재앙입니다. 그리고 이 일곱 대접 재앙은 일곱째 나팔 속에 들어 있습니다. 일곱째 인에 일곱 나팔 재앙이 들어 있고, 일곱째 나팔 속에 일곱 대접 재앙이 들어 있습니다. 그리고 일곱 대접 재앙 뒤에는 하나님의 최후 심판이 기다리고 있습니다. 따라서 일곱 대접 재앙은 이 땅이 겪게 될 마지막 재앙임을 알 수 있습니다. "하나님의 진노가 이것으로 마치리로다"라는 것은 구원이 완성되어 있다는 뜻입니다.

> 또 내가 보니 불이 섞인 유리 바다 같은 것이 있고 짐승과 그의 우상과 그의 이름의 수를 이기고 벗어난 자들이 유리 바다 가에 서서 하나님의 거문고를 가지고 하나님의 종 모세의 노래, 어린양의 노래를 불러 이르되 주 하나님 곧 전능하신 이시여 하시는 일이 크고 놀라우시도다 만국의 왕이시여 주의 길이 의롭고 참되시도다 주여 누가 주의 이름을 두려워하지 아니하며 영화롭게 하지 아니하오리이까 오직 주만 거룩하시니이다 주의 의로우신 일이 나타났으매 만국이 와서 주께 경배하리이다 하더라 **계 15:2~4**

'어린양의 노래'는 출애굽기 15장에 나오는 '모세의 노래'를 배경으로 합니다. 이스라엘 백성은 430년간 애굽의 노예로 살았습니다. 200만이 넘는 이스라엘 백성이 애굽을 벗어나서 홍해를 건너다니 얼마나 감격적이었을까요? 이스라엘 백성이 홍해를 건넌 후에 온 백성이 눈물로 감격의 노래를 불렀을 것입니다. 아마 찬양하는 내내 눈물을 주체하지 못했을 것입니다.

로마 제국 치하에서 감당할 수 없는 핍박을 받고 있는 교회가 구원을 받게 된다는 것은 제2의 출애굽 사건이나 마찬가지입니다.

출애굽은 이스라엘 백성이 애굽에서 건짐을 받는 것이지만 계시록의 출애굽은 한 민족이 아니라 구원받은 열방의 백성이 열방의 나라로부터 구원받는 것입니다. 그래서 출애굽의 모든 과정은 대단히 중요한 선례가 됩니다.

우선 유리 바다는 앞서 하나님 앞에 펼쳐진 수정과 같은 유리 바다와 동일합니다. 그런데 왜 불이 섞였다고 표현하고 있을까요? 심판의 불길 아래 놓여 있는 세상의 모습이 이 유리 바다에 투영된 것을 연상하게 합니다. 마치 맞은편 건물의 불길이 유리창에 어른대는 것과도 같습니다. 그리고 일곱 대접 재앙이 극심할 것임을 상징적으로 표현하고 있는 것입니다. 짐승과 그의 우상에게 절하기를 거부하고 꿋꿋이 믿음을 지킨 자들, 세상의 타락한 가치관과 무너져 내린 기준을 받아들이기를 거부하고 신앙의 본질을 지킨 자들, 이들이 지금 온 땅을 휘감고 있는 심판의 불길이 어른거리는 "유리 바다 가에 서서" 노래합니다.

백성이 유리 바다 "가에" 서 있다고 했지만, "가에"로 번역된 단어는 "위에"라는 뜻도 있습니다. 따라서 유리 바다 위에 서 있다고 번역한다면, 그들이 하나님의 보좌 앞에 서 있는 것이 됩니다. 개역개정은 "거문고"라고 번역했지만 하프에 가깝습니다. 성도들이 악기를 들고 하나님 보좌 앞에서 지금 찬양을 드리고 있습니다. 이 찬양이 '모세의 노래'와 같은 '어린양의 노래'입니다. 마치 홍해를 건넌 이스라엘 백성이 그들을 추격하던 애굽 군대가 홍해에 수장되는 것을 보고 기쁨과 안도의 노래를 불렀던 때와 흡사합니다. 출애굽기 15장 모세의 노래 중 일부 내용을 봅시다.

> 이때에 모세와 이스라엘 자손이 이 노래로 여호와께 노래하니 일렀으되 내가 여호와를 찬송하리니 그는 높고 영화로우심이요 말과 그 탄 자를 바다에 던지셨음이로다 여호와는 나의 힘이요 노래시며 나의 구원이시로다 그는 나의 하나님이시니 내가 그를 찬송할 것이요 내 아버지의 하나님이시니 내가 그를 높이리로다 **출 15:1~2**

이들은 얼마나 숨 가쁘게 길을 달려왔습니까? 이들의 입술에는 감사의 고백이 그치지 않습니다. "하나님께서 저희를 구원하셨습니다. 하나님이 우리의 힘이고, 우리의 노래입니다. 우리가 전심으로 하나님만을 높이겠습니다." 전심에서 솟아오르는 찬양입니다. 이들의 신앙은 머리의 신앙, 가슴의 신앙이 아닙니다. 이들의 찬양은 입술의 찬양, 가슴의 찬양이 아닙니다. 이들의 신앙은 영혼의 신앙이고, 이들의 찬양은 전심의 찬양입니다. 이때 이들의 신앙은 전 인격적이고 전 존재적입니다.

> 주의 인자하심으로 주께서 구속하신 백성을 인도하시되 주의 힘으로 그들을 주의 거룩한 처소에 들어가게 하시나이다 여러 나라가 듣고 떨며 블레셋 주민이 두려움에 잡히며 에돔 두령들이 놀라고 모압 영웅이 떨림에 잡히며 가나안 주민이 다 낙담하나이다 놀람과 두려움이 그들에게 임하매 주의 팔이 크므로 그들이 돌같이 침묵하였사오니 여호와여 주의 백성이 통과하기까지 곧 주께서 사신 백성이 통과하기까지였나이다 주께서 백성을 인도하사 그들을 주의 기업의 산에 심으시리이다 여호와여 이는 주의 처소를 삼으시려고 예비하신 것이라 주여 이것이 주의 손으로 세우신 성소로소이다 여호와께서 영원무궁하도록 다스리시도다 하였더라 출 15:13~18

모세의 노래는 하나님의 권능에 대한 찬양으로 시작해서 하나님 안에서 발견한 이스라엘 백성의 정체성으로 끝납니다. 그들은 하나님 안에서 자신을 새롭게 발견합니다. 인간은 하나님을 만날 때 자기 자신을 진정으로 발견합니다. "왜 우리를 애굽에서 건져내셨나. 아하, 하나님이 우리를 하나님의 처소로 삼기 위해서였구나. 이 백성이 주의 손으로 세우신 성소이구나." 이것이 깨달아진 것입니다. 한낱 애굽의 노예였던 이스라엘 백성이 변하여 하나님이 구원한 백성이 되는 이 엄청난 신분의 변화가 주변 나라와 민족들에게는 왜 두려움이 되는지를 또한 깨닫게 됩니다.

모세의 노래 속에 담긴 출애굽의 진정한 의미를 이스라엘 백성이 놓치지 않았더라면 가나안 땅에서 이들이 하나님을 떠나는 일은 없었을 것입니다.

모세의 찬양과 어린양의 찬양은 모두 구원의 노래입니다. 다만 한 가지 다른 게 있습니다. 하나님이 이스라엘 백성의 출애굽을 인도하신 것을 감사한 모세의 노래는 이웃 이방 나라 백성을 두렵게 하는 것에 그쳤지만, 어린양의 노래는 만국 백성이 주께 와서 경배하는 것으로 바뀝니다.

그러나 끝까지 구원의 손길을 거부했던 자들, 세상의 가치관에 물들어 쾌락 속에 빠졌던 자들에게는 더 이상 희망이 없는 세상입니다. 왜 희망이 없을까요? 더 이상 회개의 기회가 없기 때문입니다. 하나님은 그들을 위해 수많은 선지자를 보내셨지만, 그들은 선지자들을 외면했고 그들의 외침에 귀를 막았습니다. 그래서 예수님이 통탄하셨습니다.

> 예루살렘아 예루살렘아 선지자들을 죽이고 네게 파송된 자들을 돌로 치는 자여 암탉이 제 새끼를 날개 아래에 모음같이 내가 너희의 자녀를 모으려 한 일이 몇 번이냐 그러나 너희가 원하지 아니하였도다 눅 13:34

예수님이 십자가를 지기 위해 예루살렘으로 올라가시다가 예루살렘성을 보고 우셨습니다. 복음서에는 예수님이 우셨다는 기록이 두 군데 있습니다. 나사로의 죽음 앞에서 슬픔을 가누지 못하는 모습을 보고 예수님이 눈물을 흘리십니다. 나사로의 죽음이 슬퍼서가 아니라 죽음에서 벗어나지 못하는 자녀들의 모습이 안타까워서 우신 것입니다.

또 한 번은 예루살렘 때문에 우셨습니다. 하나님은 하나님을 거부하는 자녀들을 마치 "암탉이 제 새끼를 날개 아래에 모음같이"(눅 13:34) 불렀다고 말씀하십니다. 사실 하나님은 천년을 하루같이, 하루를 천년같이 참고 기다리셨습니다. 예수님은 포도원을 세를 주고 떠난 주인의 비유를 들어 하나님의 인내심과 그 결말을 알려 주셨습니다.

> 다른 한 비유를 들으라 한 집주인이 포도원을 만들어 산울타리로 두르고 거기에 즙 짜는 틀을 만들고 망대를 짓고 농부들에게 세로 주고 타국에 갔더니 열매 거둘 때가 가까우매 그 열매를 받으려고 자기 종들을 농부들에게 보내니 농부들이 종들을 잡아 하나는 심히 때리고 하나는 죽이고 하나는 돌로 쳤거늘 다시 다른 종들을 처음보다 많이 보내니 그들에게도 그렇게 하였는지라 후에 자기 아들을 보내며 이르되 그들이 내 아들은 존대하리라 하였더니 농부들이 그 아들을 보고 서로 말하되 이는 상속자니 자 죽이고 그의 유산을 차지하자 하고 이에 잡아 포도원 밖에 내쫓아 죽였느니라 그러면 포도원 주인이 올 때에 그 농부들을 어떻게 하겠느냐 그들이 말하되 그 악한 자들을 진멸하고 포도원은 제때에 열매를 바칠 만한 다른 농부들에게 세로 줄지니이다
>
> **마 21:33~41**

이 비유는 무엇을 말해 줍니까? 포도원 주인이 되겠다는 욕심의 결과가 어떤 것인지를 알려 줍니다. 피조물이 창조주 노릇을 하는 일의 본질이 죄악의 뿌리임을 말하고 있습니다. 그리고 그 결과 결국 진멸됨을 알려 줍니다. 성경은 이 얘기를 끊임없이 반복해서 들려줍니다. 아담과 하와가 에덴에서 쫓겨나 에덴의 동쪽으로 가면서 일어난 모든 일이 바로 이런 것입니다. 노아의 대홍수와 바벨탑 사건이 왜 일어났습니까? 소돔과 고모라는 왜 불의 심판을 받았습니까? 사사기에서 왜 고난을 반복해서 겪습니까?

성경을 읽어 가면서 우리가 뼈저리게 느끼는 것은 결코 하나님의 은혜는 부족하지 않다는 사실입니다. 다만 인간의 어리석음과 악함이 언제나 그 도를 넘어섭니다. 그러나 부족하지 않은 하나님의 은혜를 거부하는 자들에게 남겨진 시간은 모래시계의 모래처럼 빠져나가고 맙니다. 이제 은혜의 시간은 끝났습니다. 결국 진노의 대접이 예비됐습니다.

지금은 구원의 날이다

또 이 일 후에 내가 보니 하늘에 증거 장막의 성전이 열리며 일곱 재앙을 가진 일곱 천사가 성전으로부터 나와 맑고 빛난 세마포 옷을 입고 가슴에 금 띠를 띠고 네 생물 중의 하나가 영원토록 살아 계신 하나님의 진노를 가득히 담은 금 대접 일곱을 그 일곱 천사들에게 주니 계 15:5~7

요한의 눈앞에 펼쳐지는 또 다른 환상입니다. "하늘에 증거 장막의 성전"이 열린 광경입니다. "증거 장막"이란 성막을 말합니다. 이스라엘 백성은 모세 시대 당시 성막을 종종 "증거의 장막"으로 불렀습니다. 장막은 광야 시대에 하나님이 계시던 곳을 말하고, 성전은 솔로몬 시대 이후에 지어져서 하나님이 약속대로 하나님의 백성 가운데 거하셨던 곳입니다.

원래 다윗이 성전을 건축하기를 간절히 바랐지만, 하나님은 "네가 내 성전을 짓는 것이 아니라 내가 네게 성전을 지어 주겠다"고 약속하셨습니다. 솔로몬왕은 아버지 다윗이 준비해 둔 모든 것으로 성전을 지었습니다. 이제 장막(tent)은 성전(temple)이 되었고, 성막(tabernacle)은 지성소(sanctuary)가 되었습니다. 하나님의 모바일 오피스(mobile office)가 고정된 건축물로 변한 것입니다. 그러나 어떤 것이 되었건 원형의 그림자에 불과합니다.

사도 요한은 땅에 있는 모형 성전이 아니라 하늘에 열린 원형 성전을 보고 있습니다.

따라서 "증거 장막의 성전"은 하나님이 늘 좌정하셨던 곳입니다. 여기에서 심판이 시작됩니다. 진노가 가득한 금 대접이 일곱 천사들에게 전달됩니다. 그리고 다시 돌이킬 수 없는 이유가 밝혀집니다.

하나님의 영광과 능력으로 말미암아 성전에 연기가 가득 차매 일곱 천사의 일곱 재앙이 마치기까지는 성전에 능히 들어갈 자가 없더라 계 15:8

재앙이 끝날 때까지 성전에 들어갈 사람이 없습니다. 성전에 들어가 기도와 간구를 할 수만 있다면, 재앙이 연기되든지 아니면 그 재앙을 피할 수 있겠지만 이제 아무도 성전에 들어갈 수 없게 되었습니다. 하나님이 문을 닫으시면, 그 문을 다시 열 수 있는 자가 없습니다. 그러나 아직은 아닙니다. 지금은 어떤 시간입니까?

이르시되 내가 은혜 베풀 때에 너에게 듣고 구원의 날에 너를 도왔다 하셨으니 보라 지금은 은혜받을 만한 때요 보라 지금은 구원의 날이로다 고후 6:2

"지금"을 "인생"으로 표현해도 무리가 없습니다. 인생이 무슨 의미가 있습니까? 왜 살 만하다고 생각합니까? 내가 좀 더 잘 먹고 잘사는 것이 의미 있는 일입니까? 아무리 부자라도 하루 세 끼 먹고, 아무리 큰 집 큰 침대에서 잠을 청해도 몸을 누이는 공간은 자기 키를 넘을 수 없습니다. 지금은 어떤 시간입니까? 지금은 뭘 하고 살아야 할 때입니까? 바울이 목이 터져라 외침니다. 은혜받아야 할 때입니다. 구원받아야 할 때입니다. 짧은 인생에서 가장 시급한 일은 내가 영생을 얻는 것입니다. 그리고 인공호흡기를 달고 누워 있는 것과 같은 사람들, 영적 심폐 소생술이 필요한 사람들을 살리는 데 힘써야 합니다.

우리는 지금 왜 지구 온난화와 같은 환경 문제에 경종을 울립니까? 왜 북극곰이 굶어 죽어 가는 것을 걱정합니까? 왜 남극의 빙하가 점차 사라지는 것을 염려합니까? 왜 오존층에 난 구멍 문제로 말이 많습니까? 그것들이 모두 어떤 사인이기 때문입니다. 한 환경론자의 얘기를 들으니 가슴이 철렁합니다. "우리는 아마 마지막 나무를 베어 버리고, 마지막 물고기를 먹어 치우고, 마지막 개울마저 더럽히고 나서야, 돈을 먹고 살 수 없다는 사실을 깨닫게 되겠지요." 이런 얘기가 곧 심판에 관한 경종 아닙니까? 심판이란 우리가 더 이상 살 수 없는 상황을 말하는 것입니다. 계시록 말씀은 이와 같은 마지막 상황이 도래했다는 것을 재차 알려 줍니다.

그런데 그리스도인이 세상 사람들과 경쟁하겠습니까? 세상 사람들이 탐내는 것을 함께 탐내겠습니까? 세상 사람들조차 절제하는데 참지 못하고 탐욕을 부리겠습니까? 불이 섞인 유리 바다 위에 서서 불타는 저 아래 세상 것들을 보며 갖고 오지 못한 것을 탄식하겠습니까?

우리가 이미 이겼다는 사실을 기억하기 바랍니다. 역사가 완성된 시점에서 현재를 바라보며, 이 역사를 해석할 수 있게 되기를 바랍니다. 종말론적 시각을 갖는다는 건 그래서 중요합니다. 끝을 안다는 것이 중요합니다. 끝을 알면 현재가 해석되고, 과거가 재해석되기 때문입니다. 그리고 우리는 미래적 시점에서 현재를 능력 있게 살아갈 수 있게 될 것입니다. 타인을 긍휼히 여기는 마음, 손을 내미는 마음, 어떻게 해서라도 한 사람이라도 저 불길 속에서 건져 내고자 하는 마음으로 오늘 하루를 사십시오.

19.

일곱 대접
진노

* 계 16:1-21

　　과거를 돌아보면 비로소 해석되는 말과 사건들이 있습니다. 왜 부모님이 그토록 공부하라고 하셨는지 인생이 얽히고 얽혀서 풀 수 없을 때가 되어서야 이해가 됩니다. 왜 의사가 과음 과식 과로하지 말고 규칙적으로 운동하라고 했는지 병들고 나서야 알게 됩니다. 그런 점에서 계시록은 인류 전체에게 울리는 두려운 경종입니다. 마지막에 가서 깨닫고 땅을 치며 후회해도 늦기 때문입니다.

　　무엇보다 계시록은 반드시 세상 끝 날에 있을 일만이 아니라 역사 속에 반복해서 나타나고 있는 끝을 향한 조짐들을 함께 일러 주고 있기에 더욱 알아야 합니다. 이 메시지의 초점은 끝까지 돌이키지 않는 사람, 특히 세상의 부와 권력이 전부라고 믿고 사는 사람, 하나님께 고개를 돌리고 마는 사람들에게 두려움을 주는 것이 목적이 아닙니다. 그게 목적이라면 당시 로마 황제에게 이 환상을 보여 주었을 것입니다.

이 메시지가 밧모섬에 귀양 가서 죽음을 기다리는 사도 요한에게 주어졌다는 사실을 다시 기억해야 합니다. 사도 요한의 이 기록이 소아시아의 일곱 교회와 주변 교회들에 전해짐으로써 점점 심해지는 박해를 그들은 끝내 이겨 낼 수 있었으며, 마침내 로마 황제가 교회에 백기를 드는 일이 벌어졌다는 사실을 아는 것이 더욱 중요합니다.

"예수가 그리스도다, 예수가 메시아다, 예수가 길이다, 예수가 영생이다, 예수가 부활이다, 예수가 천국이다"라는 이 단순한 메시지가 로마 제국을 뒤흔들었고, 그 때문에 본격적인 박해가 시작되었습니다. 예수 안 믿는다고 돌아서면 목숨은 건집니다. 배교하면 적어도 먹고는 삽니다. 황제 신전에 가서 절 한 번 하기만 하면 상거래는 시작할 수 있습니다.

그런데도 그들은 그 모든 것을 거부하고, 날마다 목숨이 위태로운 상황 속에서도 믿음을 지켰습니다. 어떻게 그럴 수 있었을까요? 그 답이 계시록입니다. 폭력에 폭력으로 맞서지 않고, 권력에 권력으로 대항하지 않고, 부에 부로 대응하지 않고 왜 그들은 그냥 순교했습니까? 그 답이 계시록입니다. 예수님은 "내가 세상 끝 날까지 너희와 항상 함께 있으리라"(마 28:20)고 약속하셨지만 박해는 더 심해지고 상황은 더 악화되었습니다. 언제까지 견뎌야 하냐는 성도들의 외침에 대한 답이 계시록입니다.

예수님이 역사의 끝을 친히 알려 주시며 땅의 모형이 아닌 하늘의 원형을 보여 주십니다. 그리고 우리에게 끝까지 믿음을 지키라고 하십니다. 믿음을 지킨 사람들은 세상의 이쪽이 아닌 저쪽, 불이 섞인 유리 바다 위에서 세상을 뒤덮는 마지막 재앙을 바라봅니다. 하나님이 최후에 모든 진노의 잔을 쏟아붓는 것을 지켜볼 것입니다.

전 지구적인 대접 심판의 시작

> 또 내가 들으니 성전에서 큰 음성이 나서 일곱 천사에게 말하되 너희는 가서
> 하나님의 진노의 일곱 대접을 땅에 쏟으라 하더라 계 16:1

우리는 인 재앙, 나팔 재앙에 이어서 대접 재앙을 봅니다. 내용엔 큰 차이가 없지만 그 강도나 규모가 확장된 걸 알 수 있습니다. 성전은 건물이 아닙니다. 하나님의 통치가 시작되는 곳입니다. 하나님의 "큰 음성"이 들립니다. 하나님의 뜻으로 확정된 계획이 실행에 옮겨진다는 말입니다. 그 뜻을 수행하는 일곱 천사들에게 진노의 대접을 쏟아부으라고 하십니다. 쏟아지면 다시 담지 못합니다. 심판은 이제 돌이키지 못합니다. 나팔을 불면 그 소리를 다시 불러들일 수 없듯이 진노의 대접이 쏟아지는 심판은 돌이킬 수 없는 확정 판결에 이은 형 집행과도 같습니다.

대부분의 사람들은 끔찍한 살인을 저지른 살인자에게 사형이 언도되고, 집행되기를 바랍니다. 왜 사형을 외칩니까? 그것이 사회 정의라고 믿기 때문입니다. 그렇다면 의로운 피를 흘리는 이 세상에도 종말과 심판이 반드시 있어야 한다는 것은 당연한 결론 아닙니까?

> 첫째 천사가 가서 그 대접을 땅에 쏟으매 짐승의 표를 받은 사람들과 그 우상
> 에게 경배하는 자들에게 악하고 독한 종기가 나더라 계 16:2

첫째 대접이 땅에 쏟아집니다. 그전의 재앙들이 부분적이었다면 이 재앙부터는 전체적으로 임합니다. 나팔 재앙 때는 땅의 삼분의 일, 바다의 삼분의 일이 해를 받았지만 대접 재앙은 땅과 바다 전체에 임합니다.

땅은 어떤 곳입니까? 어둠의 영역입니다. 빛을 거부하는 곳이며 공의와 거룩함을 찾아볼 수 없는 곳입니다. 이 땅에 지금 누가 살고 있습니까? 짐승의 표를 받은 사람들이 살고 있습니다. 그 표를 주고 그들을 지배하는 권력의 하수인들이 살고 있습니다. 매일 우상에게 절하며, 자신들의 이익에 맞지 않을 때 수단과 방법을 가리지 않고 내쫓아 버리고, 기득권의 높은 담을 만드는 사람들이 살고 있습니다. 하나님이 안중에 없는 사람들이 살고 있습니다.

그들에게 진노의 대접이 쏟아지자 "악하고 독한 종기"가 납니다. 이는 애굽 땅에 내려졌던 열 가지 재앙 가운데 여섯 번째 재앙입니다. 우리나라도 6, 70년대까지만 해도 환경이 불결하고 영양 상태가 좋지 않았던 탓에 종기로 고생하는 사람들이 많았습니다. 종기가 커지면 통증이 점점 심해집니다. 특히 목이나 등에 종기가 나면 밤잠을 이루기가 어렵습니다. 결국 고약을 붙여 놓고 이 종기가 속히 곪아서 터지도록 했습니다.

종기는 불결함이 안겨 주는 고통입니다. 세상의 방식을 좇아 사는 삶에는 반드시 이 종기가 끝없이 생깁니다. 남들처럼 살고 넓은 길을 가면 문제가 없을 것 같지만 그렇지 않습니다. 황제를 숭배하고 길드에 가입하며 세상 사람들이 사는 방식대로 살면 편할 줄 알지만, 결국 악하고 독한 종기에 시달립니다. 우울증과 자살 충동과 공황장애에 시달립니다. 생각하지 않던 고통으로 괴롭습니다. 하나님을 믿고 사는 것보다 하나님을 떠나서 은혜 없이 사는 것이 알고 보면 더 큰 고통입니다.

그리고 기억해야 할 사실은 출애굽을 앞두고 애굽 땅에 열 가지 재앙이 닥칠 때 이스라엘 백성에게는 재앙이 임하지 않았다는 것입니다. 당시 재앙은 하나님의 백성과 애굽 백성을 확연히 구분했습니다. 신앙이란 구별된 삶입니다. 구별된 가치관이고, 구별된 인생관이며, 구별된 세계관입니다. 구별되지 않으면 독하고 악한 종기를 피할 수 없습니다.

물론 구별되었기에 받는 고난이 있습니다. 그러나 그건 내가 각오하고 받는 고난입니다. 그러나 그 고난이 두려워 세상 속에서 편하기를 바란다면 훗날 생각하지도 못했던 독한 종기를 피할 수 없습니다.

> 둘째 천사가 그 대접을 바다에 쏟으매 바다가 곧 죽은 자의 피같이 되니 바다 가운데 모든 생물이 죽더라 계 16:3

땅에 재앙이 쏟아진 데 이어 바다에 재앙이 닥쳐 모든 바다 생물이 죽습니다. 바다 심판은 곧 인간에 대한 심판이자, 인간의 타락으로 인한 피조 세계 전체의 심판이며, 바다를 통해 형성된 경제 활동 전반에 대한 심판입니다. 계시록에서는 바다가 하나님의 대적자를 나타내는 이미지로 쓰였습니다.

> 내가 보니 바다에서 한 짐승이 나오는데 뿔이 열이요 머리가 일곱이라 그 뿔에는 열 왕관이 있고 그 머리들에는 신성 모독 하는 이름들이 있더라 계 13:1

> 용이 여자에게 분노하여 돌아가서 그 여자의 남은 자손 곧 하나님의 계명을 지키며 예수의 증거를 가진 자들과 더불어 싸우려고 바다 모래 위에 서 있더라 계 12:17

하나님을 대적하는 존재들이 바다에서 나왔습니다. 우리가 생각하는 낭만적인 바다와는 거리가 멉니다. 바다 역시 세상 나라를 표현한다고 보아야 합니다. 인간의 역사는 바다를 중심으로 그 축이 이동해 왔습니다. 로마 제국 당시에는 지중해 시대였고, 대영제국이 세계를 지배했을 때는 대서양 시대였고, 미국과 중국이 각축하는 지금은 태평양 시대입니다. 지금까지는 바다를 지배하는 나라가 곧 세계 경제를 지배했습니다. 그러나 바다 심판은 바다를 기반으로 제국의 질서와 교역을 중심적으로 이끌어간 제국의 경제 체제에 대한 심판입니다.

하나님은 공평한 심판자시다

> 셋째 천사가 그 대접을 강과 물 근원에 쏟으매 피가 되더라 내가 들으니 물을 차지한 천사가 이르되 전에도 계셨고 지금도 계신 거룩하신 이여 이렇게 심판하시니 의로우시도다 계 16:4~5

세 번째 대접 재앙은 강과 물의 근원이 다 피로 변하는 것입니다. 여기서 "피"는 죽음과 고통을 상징합니다. 불신자들을 향한 이런 심판은 과연 의롭습니까? 더 이상 물을 마실 수 없게 되는 상황이 의로운 심판입니까? 그렇습니다. 이 심판은 의롭습니다.

사람들은 노아의 홍수 심판이나 소돔과 고모라의 불 심판 등 하나님의 심판을 불편해합니다. 왜 짐승까지 다 죽이느냐고 항변합니다. 대다수 사람은 항상 자기 기준으로 생각합니다. 내가 보기에 선하면 선이고, 내가 보기에 악하면 악입니다. 그러나 나를 기준 삼는 인간은 항상 틀렸습니다. 나의 기준은 결코 평평하지 않고 울퉁불퉁합니다. 나는 나밖에 생각할 줄 모릅니다. 가족, 회사, 교회, 나라 모두 나와 관계있으므로 관심을 가지는 겁니다. 나는 절대로 의롭지 않습니다.

신앙이란 나는 결코 옳을 수가 없다는 것을 깨닫는 삶입니다. 의로우신 분은 하나님 한 분입니다. 인간은 누구나 다 죄인입니다. 조금 더한 죄인과 조금 덜한 죄인이 있을 뿐입니다.

인간 세상에서는 유전무죄와 유권무죄 시비가 그치지 않습니다. 돈 있고 힘 있는 사람이 이깁니다. 그러나 하나님은 다르십니다. 피 흘린 사람의 피 값을 반드시 찾으십니다. 그래서 하나님은 그분의 백성에게 직접 원수 갚지 말라고 하십니다. 오히려 원수가 주리면 먹이고 원수가 목마르면 마시게 하라고 하십니다.

바울이 교회에 당부합니다.

> 내 사랑하는 자들아 너희가 친히 원수를 갚지 말고 하나님의 진노하심에 맡기라 기록되었으되 원수 갚는 것이 내게 있으니 내가 갚으리라고 주께서 말씀하시니라 네 원수가 주리거든 먹이고 목마르거든 마시게 하라 그리함으로 네가 숯불을 그 머리에 쌓아 놓으리라 롬 12:19~20

왜 로마가 기독교를 공인하고 국교로 삼았습니까? 게릴라전에 시달렸기 때문입니까? 끊임없는 무력 봉기에 두 손을 든 것입니까? 로마 황제나 권력자들에 대한 테러나 암살 기도 때문입니까? 다 아닙니다. 오직 한 가지 이유 때문입니다. 그리스도인이 원수를 원수로 갚지 않고, 예수님의 말씀대로 원수를 용서했고 사랑했기 때문입니다. 하나님의 말씀대로 원수의 머리에 숯불을 쌓았기 때문입니다.

'머리에 숯불을 쌓는다'는 말의 뜻을 확인할 필요가 있습니다(참조, 롬 12:20).

옛날 이스라엘 사람들은 요리 후에도 화덕 불을 완전히 끄지 않고 약한 불씨를 남겨 두어 아침이 되면 잿더미 속에 살아 있는 불씨로 다시 불을 일으켜서 사용했습니다. 그런데 화덕 관리를 제대로 못 했거나 불씨를 꺼뜨린 사람들은 머리 위에 화로를 이고 다른 집에 가서 불을 나눠 달라고 사정

했습니다. 불을 얻으러 다니는 것은 동네 사람들 보기에 민망하고 부끄러운 일이지만, 가족이 아침에 빵을 구워 먹으려면 어쩔 수 없었습니다.

그런데 원수 집에 불씨가 꺼졌습니다. 그 원수는 처음에 절대로 나한테 불씨를 얻으려고 오지 않을 것입니다. 하지만 이 집 저 집에서 거절을 당한다면 사정이 다릅니다. 결국 절박한 나머지 원수지간인 내게 불씨를 얻으러 왔습니다. 이제 원수에게 복수할 기회가 왔습니다. 원수에게 문을 열어 주지 않고 돌려보내면 그만입니다. 그러나 하나님은 이 상황에서 원수를 거절하지 말고 머리에 이고 온 화로에 숯불을 담아 주라고 하십니다. 그러면 하나님이 그 선행을 보상해 주시겠다는 것입니다.

신앙은 이런 일을 경험하는 삶입니다. 내가 내키지 않는 손해를 택했는데 하나님이 갚아 주시는 것을 경험하는 일입니다. 내가 원수 갚는 것을 그만두었는데 결국 그 사람 스스로 몰락하는 것을 보는 일입니다. 어느 날 눈을 크게 뜨고 원수가 어디 있나 찾아도 찾을 수가 없게 됩니다. 그때 우리는 확인합니다. 하나님은 의롭고 공평하십니다. 심판은 반드시 있어야 하고 또 반드시 있을 것입니다. 그러므로 발 뻗고 주무십시오. 하나님이 갚아 주실 것입니다. 비록 내 때에 결과를 못 보더라도 안심하고 눈을 감으십시오. 다음세대 혹은 그 다음세대에 가서라도 결과를 볼 것입니다.

> 그들이 성도들과 선지자들의 피를 흘렸으므로 그들에게 피를 마시게 하신 것이 합당하니이다 하더라 또 내가 들으니 제단이 말하기를 그러하다 주 하나님 곧 전능하신 이시여 심판하시는 것이 참되고 의로우시도다 하더라
>
> 계 16:6~7

제단에서 소리가 들립니다. 하나님은 순교자들의 신음 소리를 이미 들으

셨습니다. 아벨의 피로부터 시작하여 이 땅에 숱한 순교자들의 피가 뿌려졌습니다. 그들은 속절없이 죽어 가는 것만 같고 아무도 그 피를 신원해 주지 않을 것으로 생각했겠지만, 하나님이 심판으로 그 피를 갚아 주실 것입니다.

> 넷째 천사가 그 대접을 해에 쏟으매 해가 권세를 받아 불로 사람들을 태우니 사람들이 크게 태움에 태워진지라 이 재앙들을 행하는 권세를 가지신 하나님의 이름을 비방하며 또 회개하지 아니하고 주께 영광을 돌리지 아니하더라
>
> 계 16:8~9

네 번째 진노는 앞서 성도들에게 약속하신 것과 대조를 이루는 재앙입니다. 성도들은 "해나 아무 뜨거운 기운"(계 7:16)에 상하지 않습니다. 네 번째 진노는 짐승의 표를 받고 결과적으로 짐승과 다를 바 없이 살아가는 자들에게 내리는 재앙입니다.

팔레스타인 지역의 해는 살인적입니다. 한여름 한낮의 열기는 잠시도 견디기 어려운 고통입니다. "해가 권세를 받아 불로" 사람을 태웁니다. 그러나 사람들은 회개하지 않습니다.

'주께 영광을 돌리지 않는다'는 말은 나를 앞세우는 삶의 태도를 말합니다. 사람은 늘 자신을 포장하고 과장하고 자랑합니다. 마음이 허하고 불안하기 때문입니다. 인정받고자 하는 욕구에 시달리기 때문입니다. 그래서 목마르고 항상 허기집니다. 가져도 만족이 없고 올라가도 평안이 없습니다.

그럼에도 불구하고 하나님께 돌아오지 않고 오히려 조롱합니다. 하나님의 사람들을 비웃습니다. 이런 사람들은 심판을 받을 수밖에 없습니다. 그냥 믿지 않는 것이 아니라 하나님을 대적하고 욕하면서 믿지 않는 사람들에게는 불같은 심판이 아니라 바로 불의 심판이 임하게 될 것입니다. 꺼지지 않

는 불 가운데 던져지는 심판입니다.

인류 마지막 전쟁

또 다섯째 천사가 그 대접을 짐승의 왕좌에 쏟으니 그 나라가 곧 어두워지며 사람들이 아파서 자기 혀를 깨물고 아픈 것과 종기로 말미암아 하늘의 하나님을 비방하고 그들의 행위를 회개하지 아니하더라 계 16:10~11

다섯 번째 진노의 대접은 짐승의 왕좌에 쏟아집니다. 이 짐승은 어떻게 왕좌에 앉게 되었습니까? 사탄이 이 짐승에게 왕좌를 주었습니다. 짐승이 왕좌에 앉았다는 것은 곧 사탄의 통치를 대행한다는 뜻입니다. 그리고 짐승의 왕좌에 심판이 내려지는 것은 곧 사탄의 보좌에 심판이 내려지는 것입니다. 그 심판의 결과가 어둠입니다.

애굽 땅에 내려졌던 아홉 번째 재앙이 흑암 재앙이었습니다. 사람들이 서로 얼굴을 알아볼 수 없는 어둠입니다. 그런데 신기하게도 이스라엘 백성이 거하는 고센 땅에는 햇빛이 쏟아졌습니다. 빛과 어둠이 갈라진 것입니다. 하나님은 빛이십니다. 그리고 빛의 부재는 어둠이요 심판입니다.

짙은 어둠 속에서 고통을 이기지 못하는 자들이 "자기 혀"를 깨뭅니다. 얼마나 고통스러우면 혀를 깨물고 죽으려 하겠습니까? 아파서 자기 혀를 깨무는 것은 울면서 이를 가는 것과 같은 고통을 표현하는 말입니다. 이처럼 짐승의 나라에 속한 사람들이 영원한 불 못에서 받을 심판은 영원한 고통 그 자체입니다. 이 묘사를 보면 소름 끼치지 않습니까?

또 여섯째 천사가 그 대접을 큰 강 유브라데에 쏟으매 강물이 말라서 동방에서 오는 왕들의 길이 예비되었더라 또 내가 보매 개구리 같은 세 더러운 영이 용의 입과 짐승의 입과 거짓 선지자의 입에서 나오니 그들은 귀신의 영이라 이적을 행하여 온 천하 왕들에게 가서 하나님 곧 전능하신 이의 큰날에 있을 전쟁을 위하여 그들을 모으더라 보라 내가 도둑같이 오리니 누구든지 깨어 자기 옷을 지켜 벌거벗고 다니지 아니하며 자기의 부끄러움을 보이지 아니하는 자는 복이 있도다 세 영이 히브리어로 아마겟돈이라 하는 곳으로 왕들을 모으더라 계 16:12~16

여섯 번째 대접 심판은 일명 '아마겟돈 전쟁'으로 알려졌습니다. 아마겟돈 전쟁은 앞으로 계시록 19장에 나올 예수님과 두 짐승 전쟁, 그리고 20장에 나올 곡과 마곡 전쟁과 같은 것입니다. 전능하신 이의 큰 날에 있을 전쟁으로 종말의 전쟁입니다. 하나님의 큰 날은 예수님의 재림 때와 같은 시간이고 사탄의 권세가 끝나는 시간입니다. 결국 인류 역사의 마지막에 일어날 전쟁입니다.

그러면 이 전쟁이 흔히 얘기하는 3차대전과 같은 전쟁입니까? 아닙니다. 이 전쟁은 무기로 싸우는 전쟁이 아니라 영적 전쟁입니다. 하나님 나라와 사탄의 나라, 즉 교회와 세상 간의 전쟁입니다. 아마겟돈 전쟁은 악의 삼위일체인 용과 짐승과 거짓 선지자에게 미혹된 세상이 하나님과 하나님의 백성인 교회를 대적하는 전쟁입니다. 악에 미혹된 세상의 왕들이 하나님의 백성인 교회를 대적하기 위해 모이는 곳을 '아마겟돈'이라고 부릅니다.

아마겟돈의 정확한 발음은 '하르마겟돈'입니다. '하르'는 산입니다. 즉 마겟돈산입니다. 그러나 이런 이름을 가진 산은 성경에도 없고 팔레스타인 지역에도 없습니다. 그래서 대개 비슷한 이름의 므깃도라고 생각합니다. 므깃도는 이스라엘 북부에 있는 도시로서 이스라엘 역사를 통해 가장 많은 전쟁을 치른 곳입니다. 므깃도는 사사 드보라가 가나안 족속을 이긴 곳이고, 기드온이 미디안 족속을 이긴 곳이고, 요시아왕이 전투 중에 죽은 곳이고, 사울과 블레셋이 싸운 곳입니다. 그러나 실제로는 므깃도에 산이 없기 때문에 므깃도에서 가장 가까운 갈멜산으로 해석하는 사람도 있습니다. 엘리야가 바알 선지자들을 이긴 곳이기 때문입니다.

그런데 이 전쟁을 위해 먼저 유브라데강이 마릅니다. 유브라데강은 서아시아의 가장 긴 강입니다. 유브라데강이 마른다는 것은 군대가 언제든지 침공할 수 있는 상황이며 곧 전쟁이 시작된다는 뜻입니다. 그러나 영적인 의미로는 세상과 교회를 구분하는 경계선이 다 허물어져 버린 것을 말합니다. 세상이 교회 안으로 물밀 듯이 밀려오는 것을 말합니다.

교회는 끊임없이 세속화에 시달려 왔지만 종말의 시기에는 교회의 부패와 타락이 걷잡을 수 없이 급속히 진행될 것임을 예고하는 것입니다. 그러면 어떻게 해야 합니까? 벌거벗고 다니지 말아야 합니다. 부끄러움을 보이지 말라는 것입니다. 벌거벗고 수치를 드러낸다는 것은 성도가 입고 다녀야 할 거룩의 옷을 다 벗어 던진 것입니다. 예수님이 우리를 부르실 때 각자 지고 따르라고 하신 십자가를 내다 버린 것입니다. 날마다 자기를 부인하라는 명령을 다 잊고 자기 자신을 더 고집하고 드러내는 삶을 사는 것입니다. 그런 사람들에게 예수님이 도둑같이 오실 것입니다.

> 너희도 아는 바니 만일 집주인이 도둑이 어느 시각에 올 줄을 알았더라면 깨어 있어 그 집을 뚫지 못하게 하였으리라 이러므로 너희도 준비하고 있으라 생각하지 않은 때에 인자가 오리라 **마 24:43~44**

당시 가장 문제가 많았던 교회가 사데 교회, 라오디게아 교회였습니다. 두 교회에 하셨던 말씀을 다시 봅시다.

> 그러므로 네가 어떻게 받았으며 어떻게 들었는지 생각하고 지켜 회개하라 만일 일깨지 아니하면 내가 도둑같이 이르리니 어느 때에 네게 이를는지 네가 알지 못하리라 계 3:3

> 내가 너를 권하노니 내게서 불로 연단한 금을 사서 부요하게 하고 흰옷을 사서 입어 벌거벗은 수치를 보이지 않게 하고 안약을 사서 눈에 발라 보게 하라 계 3:18

교회가 교회 되는 길은 시대를 초월해서 동일합니다. 교회가 세상으로부터 자신을 지키는 길, 교회가 세속화의 물결에 휩쓸리지 않는 길, 교회에 대한 유혹과 핍박에서 자신을 보호하는 길은 언제나 하나님의 말씀을 바르게 믿고 그 말씀대로 사는 것입니다. 먼저 바르게 믿어야 합니다. 세상이 교회를 공격할 때 쓰는 가장 흔한 방법이 교회 안에 거짓 선생들을 일으켜 거짓된 교훈을 가르치는 것입니다. 부와 건강, 행복과 성공의 메시지로 사람들을 현혹시키는 것입니다. 십자가의 영광이 실종되는 것입니다. 세상처럼 변해 버리는 것이 벌거벗고 다니는 것이고, 세상보다 더 못한 것이 부끄러움을 드러내는 것입니다.

> 일곱째 천사가 그 대접을 공중에 쏟으매 큰 음성이 성전에서 보좌로부터 나서 이르되 되었다 하시니 번개와 음성들과 우렛소리가 있고 또 큰 지진이 있어 얼마나 큰지 사람이 땅에 있어 온 이래로 이같이 큰 지진이 없었더라 큰

성이 세 갈래로 갈라지고 만국의 성들도 무너지니 큰 성 바벨론이 하나님 앞에 기억하신 바 되어 그의 맹렬한 진노의 포도주 잔을 받으매 각 섬도 없어지고 산악도 간 데 없더라 또 무게가 한 달란트나 되는 큰 우박이 하늘로부터 사람들에게 내리매 사람들이 그 우박의 재앙 때문에 하나님을 비방하니 그 재앙이 심히 큼이러라 계 16:17~21

번개와 우레와 음성과 지진은 인과 나팔, 대접 심판에 공통으로 등장하는 최후의 심판입니다. 이 심판은 갈수록 강도가 높아집니다. 나팔 심판에서는 큰 우박이 등장하고 대접 심판에서는 무게가 한 달란트, 약 60킬로그램이나 되는 우박이 떨어집니다. 지진도 이제껏 사람이 땅에 있어 온 이래로 경험한 적이 없을 만큼 큽니다. 나팔 심판 때에는 산이나 섬이 옮겨졌지만, 대접 심판 때에는 산과 섬이 사라집니다.

결국 이 심판은 큰 성 바벨론의 멸망을 말합니다. 바벨론이란 하나님을 거부하고 하나님 없이 살아가며 하나님을 대적하는 종교를 비롯해서 정치, 경제, 사회, 문화, 교육의 총체적인 시스템을 지칭합니다. 바벨론이 망한다는 것은 이 총체적인 시스템이 붕괴되는 것을 말합니다. 바벨론성이 세 갈래로 갈라졌다는 것은 완전히 무너진다는 말입니다. "하나님 앞에 기억"되었다는 것은 그들의 죄악이 빠짐없이 기억되고 그 죄악이 철저하게 심판받는 것을 말합니다. 이 멸망의 이야기는 14장에서 이미 선포되었던 말씀입니다.

또 다른 천사 곧 둘째가 그 뒤를 따라 말하되 무너졌도다 무너졌도다 큰 성 바벨론이여 모든 나라에게 그의 음행으로 말미암아 진노의 포도주를 먹이던 자로다 하더라 계 14:8

일곱째 대접 심판은 바벨론의 멸망을 좀 더 상세하게 기록한 것입니다. 그리고 앞으로 17, 18장에서 더욱 상세하게 묘사될 것입니다. 부담스럽지 않습니까? 하나님은 사람들에게 돌이킬 기회를 주기 위해 세상의 끝을 보여주십니다. 그러나 이것은 가나안 입성을 앞둔 이스라엘 백성을 향한 여호수아의 외침이자 갈멜산 전투에 앞서 이스라엘 백성을 향해 담대히 외치던 엘리야의 도전이기도 합니다.

> 그러므로 이제는 여호와를 경외하며 온전함과 진실함으로 그를 섬기라 너희의 조상들이 강 저쪽과 애굽에서 섬기던 신들을 치워 버리고 여호와만 섬기라 만일 여호와를 섬기는 것이 너희에게 좋지 않게 보이거든 너희 조상들이 강 저쪽에서 섬기던 신들이든지 또는 너희가 거주하는 땅에 있는 아모리 족속의 신들이든지 너희가 섬길 자를 오늘 택하라 오직 나와 내 집은 여호와를 섬기겠노라 하니 수 24:14~15

> 엘리야가 모든 백성에게 가까이 나아가 이르되 너희가 어느 때까지 둘 사이에서 머뭇머뭇하려느냐 여호와가 만일 하나님이면 그를 따르고 바알이 만일 하나님이면 그를 따를지니라 하니 백성이 말 한마디도 대답하지 아니하는지라 **왕상 18:21**

우리의 문제는 무엇입니까? 교회가 되지 못한 채 교회에 다니기만 하는 사람들의 문제는 무엇입니까? 세상의 가치관과 교회의 가치관 사이에서 늘 흔들리는 것입니다. 세상도 부럽고 그렇다고 교회를 떠날 수도 없어 곤혹스럽습니다.

결혼 생활의 비극은 두 집 살림을 하는 것입니다. 인생의 고통은 두 사람

사이에서 저울질하는 것입니다. 마음을 정하십시오. 계시록은 흔들리는 마음을 붙잡아 주는 기둥과도 같은 메시지입니다. 왜 그렇습니까? 마지막을 보여 주기 때문입니다. 결론을 가르쳐 주기 때문입니다. 최악의 시나리오를 펼쳐 보여 주기 때문입니다. 그럼으로써 최악을 대비하도록 해주기 때문입니다. 대비하지 않는 사람은 앉아서 최악을 기다리는 셈입니다.

Part 4.

마지막 후를 보다

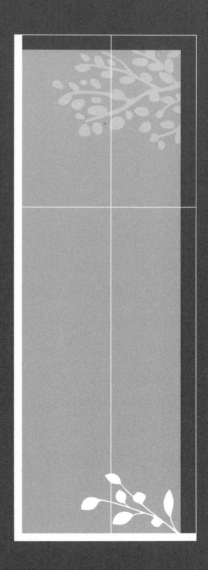

20.

바벨론의
멸망

✴️ 계 17:1-18:24

설마 아프겠나 하던 건강한 사람이 병으로 쓰러지고, 설마 망하겠나 하던 부자가 하루아침에 망하는 것을 종종 봅니다. 사도 요한의 시대에 사람들은 설마 로마 제국이 망하겠나 하고 생각했을 것입니다. 그러나 로마 제국은 세상에서 사라지고 말았습니다.

왜 건강을 자부하던 사람이 갑자기 죽고, 왜 돈 자랑하던 부자가 망합니까? 왜 천년만년 갈 것 같던 강대한 제국이 사라지고 맙니까? 모두 자기가 주인이 아니기 때문입니다. 건강의 주인도, 돈의 주인도, 나라의 주인도 내가 아니기 때문입니다. 누가 주인입니까? 만물의 주인은 인간이 아닌 하나님이십니다. 이 사실을 알려 주는 책이 바로 성경입니다. 계시록은 마지막 때에 이기는 것은 세상이 아니라 교회임을 알려 줍니다.

자신이 주인이 아님을 아는 사람은 겸손합니다. 하나님이 주인이심을 아는 사람은 말씀에 순종할 줄 압니다. 말씀을 안다는 것은 사람이 주인 노릇 해서는 안 된다는 사실을 안다는 뜻입니다. 그가 성경을 몇 번이나 읽었건, 성경을 가르치는 교사건, 설교하는 목사건 간에 자기가 주인 노릇을 한다면 그는 성경을 제대로 모르는 것입니다.

젊은 시절, 저는 무슨 일이든 지고는 못 살았습니다. 지기 싫어서 술을 많이 마셨고, 지기 싫어서 밤새워 일했습니다. 심지어 사람을 이리저리 챙기고 관리한 것도 지기 싫어서였을 정도입니다. 그런데 예수님을 만나고 나니 달라졌습니다. 지기로 마음먹는 것이 쉬워졌습니다. 지는 것이 이기는 길이라는 것을 깨달아서가 아닙니다. 내가 주인이 아님을 깨달았기 때문입니다.

계시록은 이 세상의 주인은 오직 하나님이심을 분명히 밝히며 지금 주인 노릇 하고 있는 자들이 종말에 어떻게 될지를 보여 줍니다. 이걸 알면, 지금 주인 행세하는 자들이 불쌍해 보입니다. 서로 주인이 되겠다고 싸우는 자들을 보면 안쓰러워집니다. 그들의 끝을 알기 때문입니다.

그러나 그때까지는 교회가 핍박받고 박해받을 것입니다. 얼마나 고통스러우면, 하나님이 환상을 통해 미리 보여 주시겠습니까? 얼마나 견디기가 힘들면, 하나님이 환상을 통해 힘을 주시겠습니까? 끝을 알면 쉽고, 끝을 알면 견딜 만합니다. 끝을 아는 사람은 과정을 새롭게 해석하게 되고, 새롭게 받아들일 수 있습니다. 우리는 우리의 끝과 그들의 끝을 압니다. 이것을 축복으로 여기기를 바랍니다.

큰 음녀의 등장

또 일곱 대접을 가진 일곱 천사 중 하나가 와서 내게 말하여 이르되 이리로 오라 많은 물 위에 앉은 큰 음녀가 받을 심판을 네게 보이리라 땅의 임금들도 그와 더불어 음행하였고 땅에 사는 자들도 그 음행의 포도주에 취하였다 하고 곧 성령으로 나를 데리고 광야로 가니라 내가 보니 여자가 붉은빛 짐승을 탔는데 그 짐승의 몸에 하나님을 모독하는 이름들이 가득하고 일곱 머리와 열 뿔이 있으며 그 여자는 자주 빛과 붉은빛 옷을 입고 금과 보석과 진주로 꾸미고 손에 금잔을 가졌는데 가증한 물건과 그의 음행의 더러운 것들이 가득하더라 그의 이마에 이름이 기록되었으니 비밀이라, 큰 바벨론이라, 땅의 음녀들과 가증한 것들의 어미라 하였더라 계 17:1~5

"큰 음녀"가 등장합니다. 음녀는 바벨론의 또 다른 이름으로 교회를 핍박하고 그리스도인들을 박해하는 세력을 통칭하여 일컫는 이름입니다. 예부터 온갖 수단과 방법을 동원하여 끊임없이 교회를 공격해 온 세력을 말합니다.

이 음녀가 "많은 물 위에" 앉아 있습니다. "많은 물"은 곧 "백성과 무리와 열국과 방언들"(계 17:15)입니다. 즉 음녀가 세상 위에 걸터앉아 지배력과 영향력을 행사한다는 뜻입니다. 음란이 지배하는 세상입니다. 천사가 요한에게 "땅의 임금들도 그와 더불어 음행하였고 땅에 사는 자들도 그 음행의 포도주에 취하였다"고 말합니다. 그도 그럴 것이, 물욕의 끝이 음란으로 향하고, 권력의 끝이 음란에 닿아 생기는 스캔들을 얼마나 많이 봐 왔습니까?

성경은 음란과 음행에 단호합니다. 우상 숭배와 직결되는 문제이기 때문입니다. 하나님을 떠나면 우상을 의지하게 마련이고, 우상 숭배의 길은 신기하게도 음란의 길로 통합니다. 그러므로 신앙의 갈림길에는 거룩과 음란이 있습니다. 거룩은 생명의 길이요 음란은 죽음의 길입니다. 하나님을 붙들면 거룩한 길을 걷고, 하나님을 떠나면 음란한 길을 걷습니다. 거룩의 길은 좁고 음란의 길은 넓으니 사회가 이렇게 문란하지 않습니까?

사도 요한은 성령에 이끌려 광야로 가서 이 음녀가 "붉은 빛 짐승"을 탄 모습을 봅니다. 그 짐승의 몸에는 "하나님을 모독하는 이름들"이 가득하고, 짐승의 머리가 일곱인데 뿔이 열 개나 됩니다. 바다에서 올라온 짐승과 같은 모습입니다(계 13장).

음녀는 온갖 사치스러운 것들로 몸을 휘감았습니다. 값비싼 옷과 보석으로 한껏 치장했지만, 속에는 더러운 것이 가득합니다. 왜 그렇게 화려하게 치장합니까? 가리고 위장하기 위해서입니다. 그러나 보석이 존재의 가치를 높여 주던가요? 아닙니다. 그렇게 착각할 뿐입니다. 오히려 사치는 자신이 별 가치 없는 존재이며 허무와 무력감에 시달리고 있음을 방증해 줍니다.

그리고 그 이마에는 "큰 바벨론"이라는 이름이 기록되어 있습니다. 바벨론은 돈과 권력이 지배하는 세상을 두루 일컫는 이름입니다. 음녀가 바로 그 짐승 같은 세상에 올라타 앉은 것입니다.

바벨론은 새 예루살렘과 대조를 이룹니다. 큰 성 바벨론이 무너지지 않을 것 같은 세상을 상징한다면, 거룩한 성 새 예루살렘은 교회를 상징합니다. 교회의 대척점에 서 있는 세상은 끊임없이 교회를 뒤흔드는 악한 세력의 영적 진원지입니다. 거룩을 지키기 위해 초대 교회로부터 지금까지 늘 목숨을 걸어야 했습니다. 거룩은 그냥 지켜지지 않습니다. 어떤 소중한 것들도 그냥 지켜지는 법은 없습니다. 붉은빛 짐승을 탄 큰 음녀가 공격해 오는데 어떻게 목숨을 걸지 않을 수가 있겠습니까?

또 내가 보매 이 여자가 성도들의 피와 예수의 증인들의 피에 취한지라 내가 그 여자를 보고 놀랍게 여기고 크게 놀랍게 여기니 천사가 이르되 왜 놀랍게 여기느냐 내가 여자와 그가 탄 일곱 머리와 열 뿔 가진 짐승의 비밀을 네게 이르리라 네가 본 짐승은 전에 있었다가 지금은 없으나 장차 무저갱으로부터 올라와 멸망으로 들어갈 자니 땅에 사는 자들로서 창세 이후로 그 이름이 생명책에 기록되지 못한 자들이 이전에 있었다가 지금은 없으나 장차 나올 짐승을 보고 놀랍게 여기리라 계 17:6~8

사도 요한이 "성도들의 피와 예수의 증인들의 피에" 취한 음녀를 보고 놀라자 천사가 그 음녀와 짐승의 비밀을 알려 줍니다. 짐승은 "전에 있었다가 지금은 없으나 장차 무저갱으로부터 올라와 멸망으로 들어갈 자"입니다. 무저갱에서 올라와 세상을 소란스럽게 만들겠지만, 반드시 멸망할 것입니다.

하나님의 백성은 돈과 권력을 휘두르는 짐승을 봐도 무서울 것이 없지만, "그 이름이 생명책에 기록되지 못한 자들"은 짐승을 보고 놀랄 것입니다. 어떤 사람이 짐승에게서 경외감을 느낀다면, 생명책에 그의 이름이 기록되지 않았기 때문입니다. 하나님의 사람은 세상을 두려워할 필요가 없습니다.

당시 상황을 알면 짐승에 대한 두려움이 이해될 것입니다. 포악한 네로 황제는 자살한 게 아니라 로마의 대적 파르티아로 도망간 것이며, 그가 파르티아 군대를 이끌고 다시 로마로 돌아올 것이라는 소문이 파다했습니다. 일곱 황제 뒤에 여덟 번째 황제로 복귀할 것이라는 소문에 두려워 떠는 사람이 많았습니다.

이 짐승은 잠시 사라지는 듯했다가도 다시 나타나며 다른 모습으로 변할 수도 있는 존재입니다. 권력이 사라졌다가 다시 나타나는 것처럼, 돈이 모양을 바꿔 가며 세상을 지배하듯이 말입니다. 이런 일은 끊임없이 일어납니다. 이유가 무엇입니까?

돈과 권력은 마치 당근과 채찍과도 같아서 교회를 뒤흔드는 데 가장 유효적절한 수단입니다. 그래서 사탄은 이 두 가지로 그야말로 끊임없이 교회를 흔들어 댑니다. 돈으로 유혹하고, 권력이든 폭력이든 강권적인 수단으로 교회를 핍박합니다. 사탄의 방법은 예나 지금이나 동일합니다. 우리는 이 두 가지를 항상 경계하며 결연한 태도를 취해야 합니다. 그러나 다른 한편으로, 신앙의 자리를 지킨다는 것은 돈과 권력에서 자유로워지는 길이기도 합니다. 오직 하나님께만 붙들릴 때, 그 두 가지에서 진정으로 자유해질 수 있습니다.

일곱 산, 일곱 왕, 열 뿔

지혜 있는 뜻이 여기 있으니 그 일곱 머리는 여자가 앉은 일곱 산이요 또 일곱 왕이라 다섯은 망하였고 하나는 있고 다른 하나는 아직 이르지 아니하였으나 이르면 반드시 잠시 동안 머무르리라 전에 있었다가 지금 없어진 짐승은 여덟째 왕이니 일곱 중에 속한 자라 그가 멸망으로 들어가리라 네가 보던 열 뿔은 열 왕이니 아직 나라를 얻지 못하였으나 다만 짐승과 더불어 임금처럼 한동안 권세를 받으리라 그들이 한 뜻을 가지고 자기의 능력과 권세를 짐승에게 주더라 **계 17:9~13**

"일곱 산"은 로마 제국을 가리킵니다. 우리말로 "일곱 산"으로 번역된 곳을 영어 성경(NIV)에서 찾아보면, "seven hills"(일곱 언덕)로 쓰여 있습니다. 로마 제국이 바로 '일곱 언덕'에서 세워졌다고 합니다. 실제로 이탈리아 테베레강 주변에서 가장 높은 곳이 해발 50미터에 불과한 낮은 산으로 이루어진 "로마의 일곱 언덕"(Seven hills of Rome)입니다. 고대 로마를 건설한 로물루스가 처음 자리 잡은 곳이어서 붙은 이름입니다.

"일곱 왕"에 관해서는 역대 로마 황제 중에서 누구를 시작으로 일곱 왕을 세는가에 따라 이야기가 달라집니다. 어쨌건 성경은 다섯 왕은 이미 죽었고, 하나는 재임 중이고, 다음 왕은 아주 잠시만 재임할 것이라고 말합니다. 그리고 그다음 왕위에 오를 "여덟째 왕"은 앞의 일곱 왕 중에 있던 자가 될 것입니다. 여덟째 왕은 세상 종말에 나타날 마지막 적그리스도 제국의 통치자를 가리킵니다. 종말에 있을 최대 사건은 단연 예수님의 재림입니다. 예수님의 재림 때에 있을 적그리스도 제국이나 그 통치자는 이미 역사에 있었던 자와 흡사할 것이므로 일곱 왕 중에 "속한 자"라고 할 수 있습니다.

계시록에서 7은 완전함을 의미합니다. "일곱 교회"(계 1:4)가 소아시아 일곱 지방에 있는 교회를 가리키기도 하지만 시대를 초월하여 모든 교회를 상징하듯이, 짐승의 "일곱 머리"나 "일곱 왕"은 당시 로마 제국의 일곱 황제를 가리키기도 하고, 동시에 역사 속에 계속 등장하는 반기독교적인 제국이나 통치자를 가리키기도 합니다. 그러나 이들의 운명은 정해져 있습니다. 반드시 멸망할 것입니다.

"열 뿔"은 어떻게 해석해야 할까요? 일곱 머리가 로마 제국의 황제를 가리킨다면, 열 뿔은 로마 제국의 지배하에 있는 분봉 왕들이나 각 지역을 다스리는 통치자들을 가리킵니다. 열 뿔과 짐승이 한동안 "임금처럼" 권세를 받았다가 한뜻으로 "자기의 능력과 권세를" 짐승에게 줄 것입니다. 음녀는 늘 이런 식으로 연합을 꾀하여 그리스도를 대적하는 세력을 만듭니다.

그들이 주님과 싸울 때, 어떤 일이 벌어지겠습니까?

그들이 어린양과 더불어 싸우려니와 어린양은 만주의 주시요 만왕의 왕이시므로 그들을 이기실 터이요 또 그와 함께 있는 자들 곧 부르심을 받고 택하심을 받은 진실한 자들도 이기리로다 또 천사가 내게 말하되 네가 본 바 음녀가 앉아 있는 물은 백성과 무리와 열국과 방언들이니라 네가 본 바 이 열 뿔과 짐승은 음녀를 미워하여 망하게 하고 벌거벗게 하고 그의 살을 먹고 불로 아주 사르리라 이는 하나님이 자기 뜻대로 할 마음을 그들에게 주사 한 뜻을 이루게 하시고 그들의 나라를 그 짐승에게 주게 하시되 하나님의 말씀이 응하기까지 하심이라 또 네가 본 그 여자는 땅의 왕들을 다스리는 큰 성이라 하더라 계 17:14~18

음녀와 짐승이 어린양과 싸움을 벌이지만, 결국 짐승의 패배로 끝납니다. 왜냐하면 음녀와 짐승 사이에 내분이 일어나기 때문입니다. 교회를 핍박하는 세력은 처음에는 힘을 합치고 연합하지만, 막판에는 서로 싸우고 맙니다.

왜 자기들끼리 싸웁니까? 악의 본질이 자기 파괴적이기 때문입니다. 첫째 인과 둘째 인 심판 때에 악의 세력 사이에 전쟁이 일어나고, 다섯째 나팔 심판 때에도 메뚜기 떼가 자기를 따르는 자들을 괴롭힙니다. 복음서를 보면, 귀신은 자기가 다스리는 사람들과 자기를 따르는 무리를 괴롭히고 죽입니다. 악의 속성은 미움과 파괴입니다. 악이 자기 파괴적인 이유도 미움 때문입니다. 악은 다른 것보다도 자기 악 때문에 망합니다.

그러나 우리가 잊지 말아야 할 것은 악의 자기 파괴적인 싸움조차도 하나님의 주권 아래 있다는 사실입니다. 그러므로 하나님의 사람은 악이 득세하는 곳에 있을지라도 말씀과 기도로 싸우며 버텨야 합니다. 남의 집을 방문할 때 왜 먼저 기도부터 합니까? 악한 영적 존재를 그곳에서 내쫓고, 그 집을 축복하려고 하는 것 아닙니까? 하나님이 어둠 가운데 빛으로 임해 주시기를 간구하는 것 아닙니까? 그리스도인이 기도하는 곳마다 어둠이 물러가고 빛이 임할 것입니다.

세상 가치관에서 빠져나오라

> 이 일 후에 다른 천사가 하늘에서 내려오는 것을 보니 큰 권세를 가졌는데 그
> 의 영광으로 땅이 환하여지더라 힘찬 음성으로 외쳐 이르되 무너졌도다 무너
> 졌도다 큰 성 바벨론이여 귀신의 처소와 각종 더러운 영이 모이는 곳과 각종
> 더럽고 가증한 새들이 모이는 곳이 되었도다 그 음행의 진노의 포도주로 말
> 미암아 만국이 무너졌으며 또 땅의 왕들이 그와 더불어 음행하였으며 땅의
> 상인들도 그 사치의 세력으로 치부하였도다 하더라 **계 18:1~3**

짐승과 음녀가 서로 싸워 망하고 나면, 땅이 환해집니다. 세상을 심판하
는 권세의 영광이 나타나는 것입니다. 이때 우렁찬 음성이 들려옵니다. "무
너졌도다 무너졌도다 큰 성 바벨론이여!" 결국, 바벨론이 무너졌습니다. 설
마 무너질까 싶었던 바벨론이 드디어 한순간에 무너집니다.

바벨론이 무너지자 그 실상이 드러납니다. 그곳은 "귀신의 처소"요 "더러
운 영"의 집합소입니다. 화려함으로 감추어졌던 곳의 베일이 벗겨지고 나니
추하고 가증한 것들이 낱낱이 드러납니다.

이 땅의 정치와 경제의 이면을 본 적이 있습니까? 사람들이 그토록 갈망
하는 돈과 권력의 실상을 봤습니까? 실상을 알면 혀를 내두를 것입니다. 모
르기 때문에 돈 있는 사람, 힘 있는 사람을 부러워하는 것입니다. 그러나 독
재 정권이 무너지고 나면, 대그룹이 망하고 나면 뒤늦게 부패와 부조리가
드러나지 않습니까? 추악한 실상이 드러납니다.

그러니 돈을 알고, 돈을 버십시오. 그래야 돈에 묶이지 않습니다. 권력을
알고, 정치를 하십시오. 그래야 권력에 매이지 않습니다. 예수님이 왜 "랍비
라 칭함을 받지 말라"(마 23:8)고 하시겠습니까? 지도자가 되려는 사람들의

끝없는 탐욕을 보고 계시기 때문입니다. 윗자리를 차지하려는 사람들의 뿌리 깊은 교만을 보고 계시기 때문입니다.

> 또 내가 들으니 하늘로부터 다른 음성이 나서 이르되 내 백성아, 거기서 나와 그의 죄에 참여하지 말고 그가 받을 재앙들을 받지 말라 그의 죄는 하늘에 사무쳤으며 하나님은 그의 불의한 일을 기억하신지라 그가 준 그대로 그에게 주고 그의 행위대로 갑절을 갚아 주고 그가 섞은 잔에도 갑절이나 섞어 그에게 주라 계 18:4~6

하나님은 자기 자녀에게 어디에 있어야 할지, 무엇을 추구하며 무엇을 피해야 할지를 알려 주시는 분입니다. 주님이 "내 백성아, 거기서 나와 그의 죄에 참여하지 말고 그가 받을 재앙들을 받지 말라"고 말씀하십니다. 하나님의 백성은 죄에 참여해서는 안 되고, 그들이 받을 재앙을 받아서도 안 되니 거기서 빠져나오라고 말씀하시는 것입니다.

우리는 세상을 벗어날 수 없습니다. 그러나 세상의 가치관에서는 벗어날 수 있습니다. 우리는 사람들과 함께 사는 환경을 떠날 수는 없습니다. 그러나 사람들이 가진 세계관이나 인생관으로부터는 떠날 수 있습니다. 세상을 떠나야만 믿음의 길이 시작됩니다.

신앙의 여정은 머묾이 아닌 떠남에서 비로소 시작됩니다. 하나님은 이스라엘 백성에게 애굽을 떠나라고 명령하셨습니다. 그러나 이스라엘 백성은 출애굽하고도 애굽을 떠나지는 못했습니다. 몸은 광야에 있지만, 그들 안에는 여전히 애굽이 자리 잡고 있었기 때문입니다. 그들은 수시로 애굽을 그리워했고, 여전히 애굽의 생활 방식에 묶여 있었습니다. 하나님이 그들을 애굽에서 빼내시는 데는 하룻밤이 걸렸지만, 그들 속에 있는 애굽이 빠지는 데는 40년도 더 걸리지 않았습니까?

이것이 우리의 모습입니다. 우리는 세상을 떠나 교회로 왔지만, 기근이 들면 곧장 애굽으로 떠났던 아브라함처럼 무슨 일이 생기면 세상으로 돌아가곤 합니다. 과거 생각, 과거 기준, 과거 습관으로 되돌아갑니다. 바로 그런 때에 하나님은 바로에게 닥쳤던 열 가지 재앙을 기억하라고 말씀하십니다. 그들의 불의를 기억하고, 그들이 치러야 했던 엄청난 대가를 기억하라고 하십니다.

신앙은 기억해야 할 것을 제대로 기억하는 일입니다. 동물에게 신앙이 없는 이유는 기억하지 못하기 때문입니다. 인간이 자신을 지으신 하나님을 기억하지 못한다면, 짐승과 다를 바가 없습니다. 하나님이 행하신 일들을 기억하지 못하면, 인간은 순식간에 타락합니다. 타락이란 본능적인 존재가 되는 것이고 짐승처럼 변하는 것입니다. 그러므로 우리는 하나님의 음성을 들어야 합니다.

> 그가 얼마나 자기를 영화롭게 하였으며 사치하였든지 그만큼 고통과 애통함으로 갚아 주라 그가 마음에 말하기를 나는 여왕으로 앉은 자요 과부가 아니라 결단코 애통함을 당하지 아니하리라 하니 그러므로 하루 동안에 그 재앙들이 이르리니 곧 사망과 애통함과 흉년이라 그가 또한 불에 살라지리니 그를 심판하시는 주 하나님은 강하신 자이심이라 **계 18:7~8**

EBS TV에서 〈자본주의〉라는 제목의 5부작 다큐멘터리를 본 적이 있습니다. 마케팅을 다룬 제2부 "소비는 감정이다" 편에서 과소비와 소비중독에 빠진 사람들을 보여 주었는데, 죄와 그 대가에 관해 생각하는 기회가 되었습니다.

정신없이 신용카드를 긁고 나면 후유증이 남기 마련입니다. 카드는 현금에 비해 당장의 고통이 적은 것이 문제입니다. 당장은 쉽고 편하게 카드를 긁지만, 나중에는 무척이나 고통스러워집니다. 구매 만족이 다 사라질 때쯤 카드 이용대금 명세서가 날아오지 않습니까? 쾌락이 그런 것입니다. 죄가 그런 것입니다. 당장은 즐거워도 나중에 치러야 할 대가가 훨씬 더 고통스럽습니다.

이처럼 심판은 하루아침에 닥칩니다. 재앙이 한순간에 쏟아집니다.

심판은 하나님의 응답이다

그와 함께 음행하고 사치하던 땅의 왕들이 그가 불타는 연기를 보고 위하여 울고 가슴을 치며 그의 고통을 무서워하여 멀리 서서 이르되 화 있도다 화 있도다 큰 성, 견고한 성 바벨론이여 한 시간에 네 심판이 이르렀다 하리로다 땅의 상인들이 그를 위하여 울고 애통하는 것은 다시 그들의 상품을 사는 자가 없음이라 그 상품은 금과 은과 보석과 진주와 세마포와 자주 옷감과 비단과 붉은 옷감이요 각종 향목과 각종 상아 그릇이요 값진 나무와 구리와 철과 대리석으로 만든 각종 그릇이요 계피와 향료와 향과 향유와 유향과 포도주와 감람유와 고운 밀가루와 밀이요 소와 양과 말과 수레와 종들과 사람의 영혼들이라 바벨론아 네 영혼이 탐하던 과일이 네게서 떠났으며 맛있는 것들과 빛난 것들이 다 없어졌으니 사람들이 결코 이것들을 다시 보지 못하리로다

계 18:9~14

바벨론의 특징이 무엇입니까? 음란과 사치입니다. 당시 로마 귀족들의

호사는 상상을 초월했습니다. "자주 옷감"이나 "비단" 정도는 오히려 검소한 편입니다. 금은보석으로 치장하는 것으로는 만족할 수 없어서 온갖 것을 상아로 장식했습니다. 책상, 의자, 침대, 칼과 칼집, 지팡이, 마차와 전차, 심지어 문고리까지 상아로 장식하는 것이 유행이었습니다. 그 바람에 시리아 코끼리가 멸종하였고, 북아프리카 코끼리도 급속히 감소하기 시작했습니다.

사도 요한이 열거한 사치품의 목록은 당시 서민들이 쉽게 구할 수 없는 것들이었습니다. 이 시대에는 "종들과 사람의 영혼들"도 사고파는 상품이었습니다. 노예 무역의 역사는 뿌리가 깊습니다. 예수님이 오시기 2천 년 전에 요셉이 노예로 팔려 갔고, 예수님이 사셨던 로마 제국 시대에도 셀 수 없이 많은 노예가 있었습니다. 당시 대략 6,500만에서 7,000만 명 사이의 노예가 있었던 것으로 추정합니다. 노예를 포함한 모든 물자의 교역과 거래 과정에는 상인들의 개입이 있었습니다. "견고한 성 바벨론"이 무너지면 귀족들뿐 아니라 상인들도 "울고 애통"할 수밖에 없습니다. 그들의 물건을 살 사람이 없어지기 때문입니다.

바벨론으로 말미암아 치부한 이 상품의 상인들이 그의 고통을 무서워하여 멀리 서서 울고 애통하여 이르되 화 있도다 화 있도다 큰 성이여 세마포 옷과 자주 옷과 붉은 옷을 입고 금과 보석과 진주로 꾸민 것인데 그러한 부가 한 시간에 망하였도다 모든 선장과 각처를 다니는 선객들과 선원들과 바다에서 일하는 자들이 멀리 서서 그가 불타는 연기를 보고 외쳐 이르되 이 큰 성과 같은 성이 어디 있느냐 하며 티끌을 자기 머리에 뿌리고 울며 애통하여 외쳐 이르되 화 있도다 화 있도다 이 큰 성이여 바다에서 배 부리는 모든 자들이 너의 보배로운 상품으로 치부하였더니 한 시간에 망하였도다 **계 18:15~19**

그토록 호화롭게 사치를 즐겨도 무너지는 것은 잠깐입니다. 폼페이의 최후를 기억합니까? 온 도시가 순식간에 화산재에 파묻히고 말았습니다. 높이 14미터의 거대한 파도가 후쿠시마 원전을 덮친 사건을 기억합니까? 쓰나미가 순식간에 도시를 거대한 쓰레기장으로 만드는 것을 본 적이 있습니까? 이처럼 심판은 한순간에 끝나 버립니다.

> 하늘과 성도들과 사도들과 선지자들아, 그로 말미암아 즐거워하라 하나님이 너희를 위하여 그에게 심판을 행하셨음이라 하더라 **계 18:20**

그러나 하나님의 심판을 간절히 바라는 백성이 있습니다. 성도들은 심판을 기다리고, 순교자들은 심판을 통해 신원해 주시기를 간구합니다. 심판이야말로 하나님의 응답입니다. 그들을 위해 심판을 행하시니 말입니다.

> 이에 한 힘 센 천사가 큰 맷돌 같은 돌을 들어 바다에 던져 이르되 큰 성 바벨론이 이같이 비참하게 던져져 결코 다시 보이지 아니하리로다 또 거문고 타는 자와 풍류하는 자와 퉁소 부는 자와 나팔 부는 자들의 소리가 결코 다시 네 안에서 들리지 아니하고 어떠한 세공업자든지 결코 다시 네 안에서 보이지 아니하고 또 맷돌 소리가 결코 다시 네 안에서 들리지 아니하고 등불 빛이 결코 다시 네 안에서 비치지 아니하고 신랑과 신부의 음성이 결코 다시 네 안에서 들리지 아니하리로다 너의 상인들은 땅의 왕족들이라 네 복술로 말미암아 만국이 미혹되었도다 **계 18:21~23**

구약의 선지자 예레미야가 바벨론을 향해 책에 돌을 매어 강에 던지고선 "바벨론이 나의 재난 때문에 이같이 몰락하여 다시 일어서지 못하리니 그들이 피폐하리라"(렘 51:64)라고 예언한 대로 바벨론은 역사 속에서 끝내 몰락했습니다.

"큰 성 바벨론"도 바다에 던져지는 "큰 맷돌"처럼 비참하게 던져집니다. 바다에 던진 맷돌을 다시 볼 수 없듯이 바벨론도 다시 볼 수 없게 될 것입니다. 바벨론의 멸망은 돌이키지 못합니다.

들리지 않게 되고, 보이지 않게 되는 사라지는 것들을 보십시오. 음악을 비롯한 모든 예술 활동이 사라질 것입니다. 예술가는 무슨 활동을 하건 하나님을 드러내야 합니다. 예술이 인간을 드러내고, 자신을 드러낼 때 사탄의 도구가 되고 맙니다. 바벨론의 멸망은 정치, 경제, 사회만이 아니라 문화, 예술 등 삶의 모든 영역에서 멸망을 초래한다는 사실을 알 수 있습니다.

> 선지자들과 성도들과 및 땅 위에서 죽임을 당한 모든 자의 피가 그 성 중에서 발견되었느니라 하더라 **계 18:24**

사탄이 지배하는 곳에서 성도들만 박해받는 것이 아닙니다. 수많은 사람이 죽임을 당합니다. 하나님 없이 사는 것이 심판입니다. 인간끼리 살다가 서로 싸우고 죽이는 것이 심판입니다. 구원은 인간 안에 없습니다. 인간끼리 놔두면 다 죽습니다. 인간은 서로를 구원할 수 없기에 예수님이 다시 오셔야 합니다.

이 세상의 끝이 절대로 마지막 아님을 기억하십시오. 이세돌 9단이 알파고에게 세 번 내리 패배한 후에 한 인터뷰가 인상 깊습니다. 그는 "이세돌이 진 것이지 인간이 진 것은 아니다"라고 말했습니다. 얼마나 지혜로운 말입니까? 저는 그의 말이 그리스도인들을 향한 하나님의 음성으로 들려왔습니다. "이 세상에서 보이는 교회의 실족은 죄인들의 실족이지 그리스도의 실족이 아니다."

　계시록의 줄거리는 십자가에 못 박히신 예수님이 자신을 못 박은 세상을 이미 이기셨고, 장차 심판하러 오실 것이라는 이야기입니다. 고난을 통과하는 우리에게는 구원과 승리의 소식이 복음입니다. 인간의 끝에 하나님의 새로운 시작이 있습니다.

21.

위대한
결혼식

계 19:1-21

———————————————————————————————

계시록을 따라가면서 우리가 도달하는 결론은 최후의 심판은 곧 최후의 구원이라는 것입니다. 큰 성 바벨론의 멸망은 곧 거룩한 성 새 예루살렘이 완성되는 것입니다. 이 두 가지는 별개가 아니라 하나의 통합된 그림입니다. 이 전체 모습을 지켜보는 사람들이 있습니다. 바로 구원받은 공동체 곧 교회입니다. 당시에 교회는 사회의 주류가 아니었습니다. 교회는 그야말로 눈엣가시와 같은 존재였습니다. 황제 숭배의 거대한 흐름을 막아서는 작은 둑과 같았습니다. 지금도 그렇습니다. 그런데 그 둑이 온 세상의 흐름을 바꿔 놓았습니다.

사도 요한은 풍전등화와 같은 교회의 현실 속에서 완성된 미래를 바라봅니다.

심판이 정당하니 할렐루야

계시록은 이제 결론에 이르렀습니다. 꿈쩍할 것 같지 않던 바벨론이 멸망했습니다. 날마다 하나님의 백성을 피 흘리게 했던 바벨론이 무너졌습니다. '하나님은 대체 어디 계시나' 하며 이제나저제나 속을 끓이고 애를 태우던 부재의 느낌은 일순간에 사라지고 하나님을 향한 감격과 감사가 솟구칩니다.

이 일 후에 내가 들으니 하늘에 허다한 무리의 큰 음성 같은 것이 있어 이르되 할렐루야 구원과 영광과 능력이 우리 하나님께 있도다 계 19:1

허다한 무리의 입에서 "할렐루야" 찬양이 터져 나옵니다. 이 말의 뜻은 "하나님을 찬양하라"입니다. 하나님을 알아가는 여행 중에 가장 깊은 감동의 순간 입에서 자연스럽게 흘러나오는 표현입니다. 사실 순수한 우리말로 표현해 보면 "하나님 대단하세요" "하나님 위대하십니다", 젊은 사람 말로 하자면 "하나님 짱입니다"라는 경탄으로의 초대입니다.

마치 뭇별로 뒤덮인 밤하늘을 보며 우리가 경탄하고 경외감에 사로잡히듯이, 어느 순간 위대하신 하나님에 대한 경외감에 사로잡힐 때 우리는 하나님을 찬양합니다. 그리고 우리 이웃을 그 찬양의 자리로 초청합니다.

하나님을 대적하다가 심판받았던 자들의 외침은 어떤 것이었습니까? 그들은 구원과 영광과 능력이 세상과 자기 자신에게 있다고 외쳤습니다. 그들의 시선은 늘 하나님 반대편이었고, 그들의 관심은 항상 세상의 돈과 권력이었습니다. 돈과 권력과 명성이 영광이고 능력이고 그 길이 곧 구원의 길이라고 믿었습니다. 그러나 결론은 다 헛되었습니다.

마지막까지 견디는 것은 교회입니다. 그 교회가 어떻게 하나님을 찬양하지 않을 수 있습니까? 최후에 보이는 것은 세상이 아니라 하나님입니다. 그래서 할렐루야, 하나님을 찬양하는 것입니다.

> 그의 심판은 참되고 의로운지라 음행으로 땅을 더럽게 한 큰 음녀를 심판하사 자기 종들의 피를 그 음녀의 손에 갚으셨도다 하고 계 19:2

찬양의 주제는 하나님의 심판은 옳고 의롭다는 것입니다. 구원은 곧 심판입니다. 구원이 완성된다는 것은 곧 심판이 완성된다는 뜻입니다. 이 땅을 추악하게 만든 음녀를 심판하는 것은 너무나 당연합니다. 하나님의 종, 하나님 백성의 피를 흘리게 한 음녀, 큰 성 바벨론, 로마 제국, 세상의 타락한 체제가 망하는 것은 사필귀정(事必歸正)입니다.

세상은 음행으로 가득하고 음란으로 더러워졌습니다. 음녀는 온 땅을 오염시켰습니다. 이러한 음행은 계시록 곳곳에서 언급되었습니다.

> 또 다른 천사 곧 둘째가 그 뒤를 따라 말하되 무너졌도다 무너졌도다 큰 성 바벨론이여 모든 나라에게 그의 음행으로 말미암아 진노의 포도주를 먹이던 자로다 하더라 계 14:8

> 땅의 임금들도 그와 더불어 음행하였고 땅에 사는 자들도 그 음행의 포도주에 취하였다 하고 계 17:2

> 그 음행의 진노의 포도주로 말미암아 만국이 무너졌으며 또 땅의 왕들이 그와 더불어 음행하였으며 땅의 상인들도 그 사치의 세력으로 치부하였도다 하더라 계 18:3

음행을 일삼는 음녀와 순결한 신부가 대조됩니다. 신부의 기준은 언제나 깨끗함, 순결함에 있습니다. 이스라엘의 결혼 풍속은 어떤 민족보다 복잡합니다. 이 가운데서 가장 주목할 만한 절차가 혼인 잔치의 시작입니다. 신랑이 신부는 순결했다고 선포하고 나서야 비로소 혼인 잔치가 시작되었습니다. 잔치는 일주일 또는 그 이상 계속됩니다. 마찬가지로 교회의 가치는 오직 성결함입니다. 하나님은 창세 이래 이 기준을 바꾸신 적이 없습니다. 하나님은 지금까지 회개를 명하실 때 음란에서 돌이켜야 한다는 기준을 완화하신 적이 없습니다.

음란이란 거룩보다 쾌락에 탐닉하는 삶의 방식입니다. 음란이란 하나님보다 나 자신에 몰두하는 삶의 태도입니다. 세상은 온통 음란을 향해 치닫고 음란을 날마다 부추깁니다. 세상은 아름답다는 말을 슬그머니 감추고 섹시하다는 말로 바꿔 놓았습니다. 사람들의 눈이 가고 귀가 향하는 곳마다 성적인 자극과 선정적인 충동으로 도배해 놓았습니다.

하나님의 심판은 음란의 심판, 음행의 심판, 본질적으로는 우상의 심판입니다. 하나님의 심판은 결국 음녀의 심판, 바벨론의 심판입니다. 하나님의 심판은 이 음란한 세상에서 피 흘리고 죽어 간 하나님의 사람들의 피를 갚아 주시는 것입니다. 우리가 "할렐루야"를 외치는 까닭은 그 심판의 정당성 때문입니다.

심판이 영원하니 할렐루야

두 번째로 할렐루야 하니 그 연기가 세세토록 올라가더라 계 19:3

두 번째 외치는 "할렐루야"는 무엇 때문입니까? 그 심판의 영원함 때문입니다. 소돔과 고모라는 완전히 멸망했습니다. 마지막 심판을 받아 멸망하는 큰 음녀, 큰 성 바벨론의 연기는 세세토록 올라갑니다. 잠시 지나가는 징벌이 아닙니다. 조금 있다가 용서받는 심판이 아닙니다. 다시는 돌이킬 수 없는 심판입니다. 왜 죽음과 종말이 두렵습니까? 사람들이 본능적으로 죽음 이후에 심판이 있다는 것과 그 심판이 영원하다는 것을 느끼고 있기 때문입니다. 지금은 하나님이 길이 참고 기다리시지만 마지막 심판이 끝나면 그 결과는 영원합니다. 하나님을 찬양하는 것은 그 심판이 옳기 때문이고, 그 심판이 최종이자 영원한 효력을 지니기 때문입니다.

심판의 영원함은 이 땅에서 성도들이 받는 고난과 대비됩니다. 고난은 영원하지 않습니다. 아무리 큰 고난이라고 하더라도 잠시입니다. 그러나 심판의 결과는 영원합니다. 왜 세상 속에서 성도들이 고난을 피하지 않으며 때로는 고난 속으로 기꺼이 뛰어듭니까? 어떤 고난이라도 영원한 심판의 결과에 비해서는 지극히 짧고 가볍기 때문입니다.

지금 고난을 겪고 있습니까? 안심하십시오. 곧 끝납니다. 길다는 느낌을 지울 수 없습니까? 영원한 지옥의 고통을 생각해 보십시오. 세세토록 꺼지지 않는 심판의 불길을 바라보십시오. 이 땅에서도 쾌락은 짧고 고통은 긴 것을 경험합니다. 죄악의 단맛은 순간이고 죄악의 고통은 오래도록 지속됩니다.

아멘 할렐루야

또 이십사 장로와 네 생물이 엎드려 보좌에 앉으신 하나님께 경배하여 이르되 아멘 할렐루야 하니 보좌에서 음성이 나서 이르시되 하나님의 종들 곧 그

를 경외하는 너희들아 작은 자나 큰 자나 다 우리 하나님께 찬송하라 하더라

계 19:4~5

세 번째 외치는 "할렐루야"는 "아멘 할렐루야"입니다. '그렇습니다. 진실로 하나님을 찬양합니다'라는 뜻입니다. 스물네 장로와 네 생물이 하나님께 경배를 드리면서 찬양합니다. 이때 보좌에서 음성이 들립니다. 하나님의 종들, 하나님을 경외하는 백성은 모두 찬양하라는 음성입니다. 하나님은 찬양받기에 합당하신 분입니다. 하나님은 찬양하는 백성을 큰 자나 작은 자로 구별하지 않습니다. 하나님 앞에서는 큰 자나 작은 자가 따로 없습니다. 그건 인간의 구별이며 차별입니다.

찬양해야 할 또 하나의 이유는 하나님 앞에서 하나님의 자녀들은 절대적으로 하나이기 때문입니다. 그래서 우리가 찬양을 부르면 하나 됨을 경험합니다. 사탄은 반드시 이 찬양에 끼어듭니다. 하나님을 찬양하다가 슬그머니 그 찬양을 가로채도록 부추깁니다. 너도 찬양받을 자격이 있다고 속삭입니다. 사탄 자신이 찬양하다가 실족한 존재입니다. 그는 찬양을 통해 하나님을 대적하도록 유혹합니다. 그래서 먼저 찬양하는 자들이 하나 되지 못하도록 합니다. 서로 자기를 드러내도록 해서 하나 됨을 깹니다. 그러나 진정한 찬양은 찬양하는 자나 듣는 자 모두가 하나 됨을 경험하게 합니다.

하나님이 다스리시니 할렐루야

또 내가 들으니 허다한 무리의 음성과도 같고 많은 물 소리와도 같고 큰 우렛소리와도 같은 소리로 이르되 할렐루야 주 우리 하나님 곧 전능하신 이가 통

치하시도다 계 19:6

네 번째 "할렐루야"는 찬양의 결론으로서, "전능하신 이가 통치"하시기에 찬양합니다. 하나님이 다스리는 곳이 하나님 나라입니다. 전능하신 이가 다스리는 곳이 하나님 나라입니다. 천국이 천국인 까닭은 하나님이 친히 다스리시기 때문입니다. 천국이 천국인 까닭은 하나님이 전능하시기 때문입니다. 우리가 영원히 찬양하는 까닭은 전능하신 하나님이 영원히 다스리시기 때문입니다. 천국에는 더 이상 결핍과 고통의 문제가 없습니다. 시비와 갈등의 문제도 없습니다. 전능하신 분 앞에서는 그 어떤 것도 문제가 되지 않기 때문입니다.

세상이 왜 소란스럽습니까? 왜 이토록 문제가 많습니까? 세상을 다스리는 자의 능력이 부족하기 때문입니다. 무능한 자가 다스리기 때문입니다. 그래서 인간 통치자를 찬양해서도, 인간 지배자를 경배해서도 안 됩니다. 권력자나 부자나 인기 연예인이나 각 분야 전문가들을 우상으로 만들어서는 안 됩니다. 그런데 신기하게도 독재 국가들은 하나같이 부족한 통치자를 전능한 통치자로 숭배하도록 강요합니다. 인간 지배자를 신격화하고 동상을 만들고 절하게 합니다. 찬양과 경배를 받으시기에 합당한 분은 오직 하나님뿐입니다.

신랑을 기다리는 삶

우리는 유대인의 혼인 풍습을 이해할 필요가 있습니다. 먼저 정혼을 합니다. 신랑이 지참금과 서약서와 포도주가 든 가죽 부대를 가져가서 신부 아버지가 받아들이면, 신부가 함께 결혼을 서약하는 절차를 거쳐서 정혼합니다. 그러면 함께 살지는 않지만 결혼한 것이고 부부가 된 것입니다. 그리고 신랑은 다시 집에 돌아와서 신부와 함께 살 집을 마련합니다. 신랑 아버지가 아들을 한 일 년쯤 지켜보고 결정합니다. "이제 가서 신부를 데려오너라." 그 명령이 떨어지면 신랑은 친구들과 가서 신부를 데려옵니다. 그날이 언제인지는 신랑 아버지만 압니다. 신부는 언제 올지 모를 신랑을 맞을 준비에 전념합니다. 그동안 신랑의 기호나 가풍을 비롯해서 가서 살게 될 신랑 집의 모든 것을 알아보고 준비합니다.

구약에서는 자주 하나님은 신랑으로 이스라엘은 신부로 묘사됩니다. 그리고 신약에서는 예수님은 신랑으로 교회는 신부로 묘사됩니다. 예수님은 "내가 너희를 위하여 거처를 예비하러 가노니 가서 너희를 위하여 거처를 예비하면 내가 다시 와서 너희를 내게로 영접하여 나 있는 곳에 너희도 있게 하리라"(요 14:2~3)고 하셨습니다.

> 우리가 즐거워하고 크게 기뻐하며 그에게 영광을 돌리세 어린양의 혼인 기약이 이르렀고 그의 아내가 자신을 준비하였으므로 그에게 빛나고 깨끗한 세마포 옷을 입도록 허락하셨으니 이 세마포 옷은 성도들의 옳은 행실이로다 하더라 계 19:7~8

결혼식에 이은 혼인 잔치는 이 세상 그 어떤 잔치와 비교할 수 없는 기쁨입니다. 역사의 마지막 심판은 가장 위대한 결혼식과 맞닿아 있습니다. 이 결혼식이 바로 '어린양의 결혼식'입니다. 신랑 되신 예수님이 신부인 교회를 데려가서 치르게 되는 결혼식입니다. 그리스도인의 믿음은 신랑 되신 예수님을 믿는 믿음이고, 그리스도인의 소망은 예수님이 반드시 다시 데리러 오실 날을 기다리는 소망입니다.

그럼 교회는 뭘 하고 기다려야 합니까? 교회는 예수님을 알아야 하고 하나님 나라에 관한 것들을 하나하나씩 배우고 익히며 기다려야 합니다. 사도 요한은 교회의 준비를 "빛나고 깨끗한 세마포 옷"을 입고 기다리는 시간으로 규정합니다. 세마포 옷은 당시 가장 값진 옷으로서 "성도들의 옳은 행실"을 의미합니다. 옳은 행실이란 곧 의로운 행동입니다.

예수님은 비유를 통해 이 옷을 입지 않고 혼인 잔치에 들어오면 쫓겨나게 된다는 이야기를 들려주신 바 있습니다.

> 임금이 손님들을 보러 들어올새 거기서 예복을 입지 않은 한 사람을 보고 이르되 친구여 어찌하여 예복을 입지 않고 여기 들어왔느냐 하니 그가 아무 말도 못하거늘 임금이 사환들에게 말하되 그 손발을 묶어 바깥 어두운 데에 내던지라 거기서 슬피 울며 이를 갈게 되리라 하니라 청함을 받은 자는 많되 택함을 입은 자는 적으니라 마 22:11~14

따라서 예수님을 기다리는 삶은 옳은 행실로 옷 입는 삶, 바로 성화의 삶입니다. 아버지의 은혜로 구원받습니다. 믿음의 두 손으로 받습니다. 구원받고 나면 비로소 옳은 행실을 분별하며 삽니다. 이것이 성화의 과정입니다. 여전히 먼지가 나고 소음이 나는 공사장 같지만, 날마다 의로운 행실로 하나님의 형상을 회복해 가는 것입니다. 이것은 내 노력으로 되지 않습니다. 예수님이 내 안에, 내가 예수님 안에 있으면 성화를 금지할 법이 없습니다. 예수님이 내 안에 계시면 하나님 나라의 백성으로 살아가지 않을 수 없습니다.

사도 바울이 그것을 깨닫고 성령의 열매 이야기를 한 것입니다. 성령이 내주하시면 삶에 성령의 열매가 열리는 것을 금할 도리가 없다는 것입니다.

신부가 신랑을 기다리는 삶은 순결의 삶입니다. 기쁨과 소망의 삶입니다. 성도가 교회 되어 사는 삶도 다르지 않습니다. 이제 걱정과 염려에서 자유로운 삶입니다. 온 마음에 신랑이 가득하기 때문입니다. 날마다 몸과 마음을 정결하게 하는 삶입니다. 삶의 의미와 목적이 신랑이기 때문입니다. 그게 성화입니다.

더 이상 악인의 꾀를 좇지 않고 죄인의 길에 서지 않고 오만한 자의 자리에 앉지 않는 것이 복입니다. 이제 주야로 하나님의 말씀을 묵상하는 것이 복입니다. 심령이 가난해서 복이고, 애통하는 마음이 가득해서 복이고, 온유하고 의에 주려서 복입니다. 긍휼을 베풀 줄 알게 되어서 복이고, 마음이 청결해서 복이고, 화평케 하는 자가 되어서 복이고, 의를 위하여 핍박을 받게 되어서 복입니다. 또한 예언의 말씀을 듣고 말씀대로 살겠다고 결단해서 복이고, 끝내 혼인 잔치에 청함을 받게 되어서 복이고, 거룩의 능력을 갖게 되어서 진실로 복입니다.

> 천사가 내게 말하기를 기록하라 어린양의 혼인 잔치에 청함을 받은 자들은 복이 있도다 하고 또 내게 말하되 이것은 하나님의 참되신 말씀이라 하기로 내가 그 발 앞에 엎드려 경배하려 하니 그가 나에게 말하기를 나는 너와 및 예수의 증언을 받은 네 형제들과 같이 된 종이니 삼가 그리하지 말고 오직 하나님께 경배하라 예수의 증언은 예언의 영이라 하더라 계 19:9~10

천사가 그 복을 알려 줍니다. 어린양 혼인 잔치, 가장 위대한 결혼식에 청함을 받았다는 것이야말로 그 무엇과도 견줄 수 없는 복입니다. 이 사실을 알려준 천사에게 사도 요한이 엎드려 절하니 천사가 중요한 사실을 알려 줍니다. "천사도 종이다. 예수님의 증언을 받은 사도들과 동급이다. 동역하는 종들이다. 그러니 절하지 말라."

"예수의 증언은 예언의 영이라"는 구절을 문맥에 따라 의역하면 "나는 단지 예수를 증거하는 대언의 영이다"라는 뜻입니다. 천사 숭배 사상에 쐐기를 박는 말입니다. 천사들이 전해 준 말을 통해 성도의 진정한 복이 무엇인지 드러났습니다. 성도들이 지킨 믿음은 결코 헛되지 않았습니다. 이 땅에서 믿음과 정절을 지키면서 받은 고난은 결코 헛되지 않았을 뿐 아니라 많은 위로와 상급이 있을 것입니다.

> 의를 위하여 박해를 받은 자는 복이 있나니 천국이 그들의 것임이라 나로 말미암아 너희를 욕하고 박해하고 거짓으로 너희를 거슬러 모든 악한 말을 할 때에는 너희에게 복이 있나니 기뻐하고 즐거워하라 하늘에서 너희의 상이 큼이라 너희 전에 있던 선지자들도 이같이 박해하였느니라 마 5:10~12

예수님 때문에 박해받았습니까? 예수님 때문에 고난받은 것처럼 얘기하는 그리스도인들이 있는데 정말 그렇습니까? 대개는 자기 자신의 잘못 때문 아니던가요? 예수님 말씀대로 살다가 손해를 겪었습니까? 예수님 명령에 따르다가 수모를 겪고 핍박을 받은 것이 분명합니까? 고집을 피우다가 내 성격을 어쩌지 못해 관계가 깨어진 것을 놓고 박해받았다고 착각하지 않습니까? 내가 욕심부리다가 경제적 어려움을 겪게 된 것을 마치 예수님이 재물을 거두어 가셨다고 스스로를 설득하고 합리화하는 것은 아닙니까? 그러나 그 모든 것이 진실로 예수님을 믿는 믿음을 지켰기 때문이라면 그는 예수님을 만나게 됩니다. 예수님이 어떤 분이신지, 무엇을 하고 계신지는 결혼하고 나면 제대로 알게 됩니다.

신랑 예수의 이름들

또 내가 하늘이 열린 것을 보니 보라 백마와 그것을 탄 자가 있으니 그 이름
은 충신과 진실이라 그가 공의로 심판하며 싸우더라 그 눈은 불꽃같고 그 머
리에는 많은 관들이 있고 또 이름 쓴 것 하나가 있으니 자기밖에 아는 자가
없고 또 그가 피 뿌린 옷을 입었는데 그 이름은 하나님의 말씀이라 칭하더라
하늘에 있는 군대들이 희고 깨끗한 세마포 옷을 입고 백마를 타고 그를 따르
더라 계 19:11~14

드디어 신랑 예수님이 신부 교회 앞에 온전히 그 모습을 드러내십니다.
백마를 타고 계시고 그 이름은 "충신과 진실"(11절), "하나님의 말씀"(13절),
"만왕의 왕, 만주의 주"(16절)입니다. 성경에서 이름은 그의 정체성을 뜻합니
다. 첫째 이름 "충신과 진실"은 라오디게아 교회에 보냈던 예수님의 이름입
니다. 신실하고 진실하다는 것은 끝까지 약속을 지킨다는 의미입니다. 언약
백성에 대한 책임을 끝까지 다하시겠다는 뜻입니다.

그런데 왜 "백마"를 타셨습니까? 말은 늘 전쟁에 등장합니다. 특히 백마
는 전쟁의 승리를 뜻합니다. 로마의 개선장군들은 언제나 백마를 타고 개선
행진을 했습니다. 예수님과 개선장군의 이미지가 오버랩되고 있습니다. 예
수님은 십자가를 지기 위해 예루살렘에 입성하실 때는 나귀를 타고 들어가
셨습니다. 그러나 심판주로 오실 때는 승리자의 모습으로 오십니다. 그리고
그 뒤를 하늘의 군대들이 흰옷을 입고 백마를 타고 따르고 있습니다. 이 군
대는 천사들일 수도 있고 성도들을 가리킬 수도 있고 둘 다일 수도 있습니
다. 그러나 우리는 우선 성도들을 지칭하는 것으로 봅니다.

여기 등장하는 "흰옷"은 이미 여러 곳에 등장했습니다. 사데 교회의 승리

한 성도들에게 흰옷이 약속되었고, 라오디게아 교회에게는 흰옷을 사서 입으라고 권했습니다. 신구약 시대 모든 성도를 대표하는 보좌에 앉은 스물네 장로도 흰옷을 입고 있습니다. 하나님의 성전 제단에 있는 순교자들에게도 흰옷이 주어집니다. 또한 하늘의 승리한 교회가 입고 있는 것도 흰옷입니다.

예수님의 눈은 불꽃같고 머리에는 또 많은 왕관이 씌워져 있습니다. 예수님은 불꽃같이 지켜보시는 분, 모든 것을 감찰하시는 분입니다. 불꽃같은 눈을 지니신 분 앞에 모든 것이 다 드러나게 되어 있습니다. 많은 왕관이 씌워져 있다는 것은 "만왕의 왕이요 만주의 주"이심을 보여 주는 것입니다.

그리고 "이름 쓴 것 하나가 있으니 자기밖에 아는 자가 없"습니다. 우리가 예수님을 다 알 수 없다는 뜻입니다. 우리는 하나님을 결코 다 알 수 없습니다. 무한하시며, 초월적인 분이시기 때문입니다.

예수님은 "피 뿌린 옷"을 입고 계십니다. 이 옷의 배경은 이사야서에서 찾을 수 있습니다.

> 에돔에서 오는 이 누구며 붉은 옷을 입고 보스라에서 오는 이 누구냐 그의 화려한 의복 큰 능력으로 걷는 이가 누구냐 그는 나이니 공의를 말하는 이요 구원하는 능력을 가진 이니라 어찌하여 네 의복이 붉으며 네 옷이 포도즙 틀을 밟는 자 같으냐 만민 가운데 나와 함께한 자가 없이 내가 홀로 포도즙 틀을 밟았는데 내가 노함으로 말미암아 무리를 밟았고 분함으로 말미암아 짓밟았으므로 그들의 선혈이 내 옷에 튀어 내 의복을 다 더럽혔음이니 사 63:1~3

예수님 옷에 피가 흥건한 까닭은 심판으로 흘린 피가 젖어 있기 때문입니다. 이 선혈의 흔적은 예수님이 십자가에서 쏟으신 구원의 피가 아니라 대적들의 피입니다. 마치 틀에서 포도를 발로 밟을 때 그 즙이 옷에 튀어 묻은 것과 같다는 것입니다.

> 그의 입에서 예리한 검이 나오니 그것으로 만국을 치겠고 친히 그들을 철장
> 으로 다스리며 또 친히 하나님 곧 전능하신 이의 맹렬한 진노의 포도주 틀을
> 밟겠고 그 옷과 그 다리에 이름을 쓴 것이 있으니 만왕의 왕이요 만주의 주라
> 하였더라 계 19:15~16

이 심판 사역에 등장하는 세 가지 이미지는 "검"과 "철장", "포도주 틀"입
니다. 말씀은 예수님의 입에서 나오는 예리한 검과 관련이 있습니다. 예수
님은 입에서 나오는 예리한 검으로 만국을 심판하십니다. 이 예리한 검은
곧 심판의 말씀입니다. 우리는 하나님이 천지를 창조하실 때 말씀으로 창조
하셨고, 세상을 심판하실 때에도 말씀으로 심판하신다는 것을 기억해야 합
니다. "철장으로 다스리시며"라는 말씀은 "철장으로 그들을 깨뜨림이여"라
는 시편 2편 9절의 말씀에서 비롯되었습니다. "포도주 틀을 밟겠고"는 이미
14장에서 묘사되었던 심판의 모습입니다. 또 "만왕의 왕이요 만주의 주"는
짐승과 싸워 승리하시는 어린양의 이름입니다.

완전한 심판

> 또 내가 보니 한 천사가 태양 안에 서서 공중에 나는 모든 새를 향하여 큰 음
> 성으로 외쳐 이르되 와서 하나님의 큰 잔치에 모여 왕들의 살과 장군들의 살
> 과 장사들의 살과 말들과 그것을 탄 자들의 살과 자유인들이나 종들이나 작
> 은 자나 큰 자나 모든 자의 살을 먹으라 하더라 계 19:17~18

예수님의 군대와 짐승의 군대가 싸우면 결과는 말할 필요가 없습니다. 예수님의 승리와 짐승의 패배는 너무 분명한 일이어서 전쟁이 끝나기도 전에 한 천사가 짐승의 패배를 선언합니다. 죽은 자들의 살을 먹는 새들의 잔치 또한 종말 심판의 그림입니다. 시체가 새들에게 먹히는 것은 매장 문화를 가진 민족들에게는 가장 수치스러운 죽음입니다. 이 모습을 통해 심판의 수치를 선언합니다. 신명기에 그 수치스러운 언약의 저주가 기록되어 있습니다.

여호와께서 네 적군 앞에서 너를 패하게 하시리니 네가 그들을 치러 한 길로 나가서 그들 앞에서 일곱 길로 도망할 것이며 네가 또 땅의 모든 나라 중에 흩어지고 네 시체가 공중의 모든 새와 땅의 짐승들의 밥이 될 것이나 그것들을 쫓아줄 자가 없을 것이며 신 28:25~26

에스겔 선지자도 하나님이 새들에게 베푸시는 피의 잔치를 선포한 바 있습니다.

주 여호와께서 이같이 말씀하셨느니라 너 인자야 너는 각종 새와 들의 각종 짐승에게 이르기를 너희는 모여 오라 내가 너희를 위한 잔치 곧 이스라엘 산 위에 예비한 큰 잔치로 너희는 사방에서 모여 살을 먹으며 피를 마실지어다 겔 39:17

결국 종말의 심판은 언약적 저주의 실현입니다. 이 저주가 이루어짐으로써 새들의 잔치와 위대한 결혼식에 이은 어린양의 혼인 잔치가 극명하게 대비됩니다. 심판과 구원을 어떻게 이보다 더 분명하게 대조할 수 있습니까?

또 내가 보매 그 짐승과 땅의 임금들과 그들의 군대들이 모여 그 말 탄 자와 그의 군대와 더불어 전쟁을 일으키다가 짐승이 잡히고 그 앞에서 표적을 행하던 거짓 선지자도 함께 잡혔으니 이는 짐승의 표를 받고 그의 우상에게 경배하던 자들을 표적으로 미혹하던 자라 이 둘이 산 채로 유황불 붙는 못에 던져지고 그 나머지는 말 탄 자의 입으로부터 나오는 검에 죽으매 모든 새가 그들의 살로 배불리더라 계 19:19~21

이제 마지막 전쟁의 결말에 대한 확인입니다. 이 전쟁은 하나님을 대적하는 인류가 하나님의 백성 교회와 싸우는 영적 전쟁입니다. 이 전쟁 이후의 전쟁은 더 이상 없다는 뜻에서 종말의 전쟁입니다. 이 전쟁은 앞서 계시록 16장에 등장했던 아마겟돈 전쟁과 동일합니다. 가장 중요한 것은, 짐승과 거짓 선지자는 잡혀서 결국 불 못에 던져진다는 것입니다. 하나님을 대적하는 악의 축은 둘인데, 교회를 대적하는 정치 세력과 사람들을 미혹해서 짐승을 따르도록 하는 종교 세력이 그것입니다. 이 두 축은 결국 멸망하고 말 것입니다. 또한 두 세력을 의지하는 모두가 같이 멸망의 길을 갈 것입니다.

예수님은 이 길이 넓고 안전해 보이지만 죽음의 길이라고 수없이 말씀하셨습니다. 그리고 우리를 좁은 길, 좁은 문으로 부르셨습니다. 모래 위에 집을 짓지 말고 반석 위에 집을 지으라고 신신당부하셨습니다. 이걸 보고도 허망한 것들을 따라가면 할 수 없습니다. 그 허망한 것들을 구하기 위해 교회 다니는 사람들도 어쩔 수 없습니다.

가장 어리석은 삶은 영원한 것을 없어질 것으로 바꾸는 사람이고, 가장 안타까운 사람은 알고도 그 길로 가는 사람입니다. 누가 말씀을 들은 자이고 누가 말씀을 아는 사람입니까? 갈지자걸음을 걷지 않고 곧은길로 가는 사람입니다.

22.

마지막 될
일들

✦ 계 20:1-15

연극을 관람할 때 무대 앞면만 보는 사람이 있는가 하면, 무대 앞 뒤를 다 보는 사람이 있습니다. 무대 뒤까지 보려는 사람은 프로그램 책을 삽니다. 원작자는 누구고 연출은 누가 했는지를 찾아보고, 배우들의 프로필을 살필 때는 더블 캐스팅된 배우들을 꼼꼼히 비교해 봅니다. 무대 감독, 음향 감독, 조명 감독 등 스태프 명단까지 보는 사람도 있습니다. 이 정도로 찬찬히 살피는 관객이라면 어쩌다 한 번 보는 관객보다는 연극을 보는 안목이 한 차원 더 높을 수밖에 없습니다.

신앙이란 무엇입니까? 한 차원 더 높은 삶입니다. 역사를 통찰하는 안목으로 역사의 전면만이 아니라 이면까지도 조감하는 삶을 살기 때문입니다. 이제 우리는 계시록 말미에 다다랐습니다. "계시"란 "보이지 않는 것을 드러내 보인다"는 말이고, 계시를 안다는 것은 보이는 것의 배후에 있는 보이지 않는 움직임을 본다는 뜻입니다. 계시록은 우리 신앙을 한 차원 더 높은 곳으로 인도해 줍니다.

사탄의 패배

지금까지 우리는 교회를 대적하는 세상이 장차 종말에 어떤 심판들을 받게 될지 충분히 봐 왔습니다. 이제 교회를 대적하는 세력의 우두머리인 사탄의 최후를 살펴볼 것입니다.

> 또 내가 보매 천사가 무저갱의 열쇠와 큰 쇠사슬을 그의 손에 가지고 하늘로부
> 터 내려와서 용을 잡으니 곧 옛 뱀이요 마귀요 사탄이라 잡아서 천 년 동안 결
> 박하여 무저갱에 던져 넣어 잠그고 그 위에 인봉하여 천 년이 차도록 다시는
> 만국을 미혹하지 못하게 하였는데 그 후에는 반드시 잠깐 놓이리라 **계 20:1~3**

주인공은 맨 마지막에 등장하는 법입니다. 그동안 이 사악한 주인공은 전면에 모습을 드러내지 않은 채 휘하의 악한 세력을 동원하여 온갖 악행을 저질러 왔으며, 선한 사람들을 괴롭혀 왔습니다. 그의 수하 노릇을 하던 짐승과 거짓 선지자들은 다 심판을 받았고, 이제 마지막으로 "용"이나 "옛 뱀"으로도 불리던 사탄의 차례가 되었습니다.

천사가 "무저갱의 열쇠와 큰 쇠사슬"을 가져와 사탄을 잡아 묶어 무저갱에 던져 넣었습니다. 그리고 봉인하여 그를 천 년 동안 가두어 둡니다. 만국을 미혹하지 못하게 말입니다.

이 1,000이라는 숫자 때문에 많은 논쟁이 있어 왔습니다. 이른바 '천년 왕

국' 논쟁입니다. 사실 성경 어디에도 천년 왕국이라는 직접적인 표현은 없습니다. 다만 계시록 20장에서 "천 년"이 여섯 차례 등장할 뿐입니다. 중요한 것은 1,000이라는 숫자가 계시록에서 언급된 다른 숫자들과 마찬가지로 어떤 것을 상징한다는 점입니다. "천 년"은 예수님이 십자가의 죽음에서 부활하여 승천하신 때부터 약속대로 다시 오실 그날까지의 시간을 상징합니다.

그런데 사탄이 완전히 붙들렸는데, 왜 사람들이 미혹당하고 전쟁이 일어날까요? "무저갱"이 무엇인지를 이해할 필요가 있습니다. 무저갱이란 '한 번 떨어지면 헤어나지 못하는 영원한 구렁텅이'를 말하는데, 이것은 물리적인 공간 개념이라기보다는 어떤 상태를 의미합니다.

창세기에서 하나님이 뱀에게 무어라 말씀하셨습니까?

> 내가 너로 여자와 원수가 되게 하고 네 후손도 여자의 후손과 원수가 되게 하리니 여자의 후손은 네 머리를 상하게 할 것이요 너는 그의 발꿈치를 상하게 할 것이니라 하시고 **창 3:15**

"여자의 후손"은 예수님을 가리킵니다. 예수님을 여자의 후손이라고 하는 까닭은 남자의 혈통을 통해 오신 분이 아니기 때문입니다. 예수님이 오셔서 뱀의 머리를 상하게 합니다. 사탄의 머리를 밟으신다는 뜻입니다. 그런데 그가 예수님의 발꿈치를 상하게 할 것입니다. 이것은 예수님이 겪으실 고난을 말합니다.

뱀은 머리가 상하면 죽습니다. 그러나 사탄은 몸에 남은 기운으로 세상을 미혹합니다. 대세를 뒤집지는 못하지만 영향력을 행사할 수는 있습니다. 하지만 하는 짓은 골목 깡패입니다. 수법이 고작 겁주는 것입니다. 죄인들을 모아서 대장 노릇 합니다.

그런데 예수님이 십자가 대속의 죽음을 받으시고, 대대적인 사면령을 내리셨습니다. 이제 유무죄의 시시비비를 따질 근거가 없어졌습니다. 사탄은 더 이상 인간의 죄를 갖고 일할 수 없게 됐습니다. 이것이 사탄의 1차 결박입니다. 최소한 대사면령이 내려졌다는 사실을 아는 사람들은 종노릇시킬 수 없게 된 것입니다. 사탄은 예수님의 이름을 아는 사람은 건드릴 수 없습니다.

그렇다고 사탄의 지배가 완전히 끝난 것은 아닙니다. 그는 거짓의 아비요 거짓의 달인입니다. 그가 지금도 권세를 행사하고 있는 이유는 사면 소식을 듣지 못한 사람, 들어도 믿지 못하는 사람들이 아직도 있기 때문입니다. 사탄은 구원의 소식이 거짓이니 믿지 말라고 속삭입니다.

일본 천황이 항복했는데도, 그 소식을 듣지 못한 세 명의 일본군이 필리핀 루방섬에 숨어 살았습니다. 필리핀 경찰이 전단지를 살포하며 설득했지만, 미군의 계략이라 생각하고 믿지 않았습니다. 두 명은 필리핀 경찰과 교전 중에 죽고, 오노다 히로(小野田寬郎) 소위 한 사람만 남게 되었습니다. 일본 정부에서 그에게 종전 소식을 전하기 위해 가족을 보냈지만, 그는 속임수로 생각하고 거절했습니다. 결국, 전쟁 당시 그의 상관이었던 다니구치 소령이 찾아와 설득한 후에야 투항하고 집으로 돌아갔습니다. 29년 만의 일입니다.

복음을 모르면 이렇게 됩니다. 자기가 아들인 줄 모르면 종으로 삽니다. 예수님이 "하늘과 땅의 모든 권세"(마 28:18)를 받으셨습니다. 그런데 사탄은 마치 자기에게 그런 권세가 있는 것처럼 속입니다. 그러나 그는 이미 결박되어 무저갱에 봉인되었습니다. 이 사실이 곧 복음이고, 이것을 믿는 것이 바로 믿음입니다.

사탄은 꼬리 힘으로 세상을 어지럽히고 있을 뿐입니다. 마치 연합군에 패하고도 한동안 폭주했던 독일군과도 같습니다. 제2차 세계 대전이 언제 끝났습니까? 1945년 8월 15일 일본의 항복으로 종전된 것으로 봅니다. 그런데 실질적으로 종전의 물꼬를 튼 사건은 그보다 훨씬 전에 있었습니다. 1944년 6월 6일 감행된 노르망디 상륙 작전이 성공함으로써 연합군의 승리는 이미 확정된 상태였던 것입니다. 전쟁의 승패가 노르망디 상륙 작전으로 결정되었기 때문에 이날을 D-DAY, 곧 '결정의 날'(Decision Day)이라고 부릅니다.

그러나 그 후에도 독일군은 한동안 극렬하게 저항했습니다. 독일군이 정식으로 패망을 선언한 것이 언제입니까? 1945년 5월 7일입니다. 이날 나치 독일은 연합군이 베를린으로 밀고 들어오자 항복 문서에 서명할 수밖에 없었습니다. 연합군이 유럽에서 전쟁이 공식 종료됐음을 선포했고, 시민들은 거리로 쏟아져 나와 기쁨을 만끽했습니다. 그래서 이날을 V-DAY, '승리의 날'(Victory Day)이라고 부릅니다.

사탄은 D-DAY에 이미 패했습니다. 지금은 마지막 남은 힘으로 발악하고 있을 뿐입니다. 우리는 장차 사탄이 영원히 멸망하는 날을 보게 될 것입니다. 그날이 바로 V-DAY입니다.

지금도 복음이 전해지는 곳마다 속이는 자 사탄은 다시 결박되어 무저갱에 봉인됩니다. 복음이 전파되는 곳마다 미신이 사라집니다. 미신이 사라진다는 것은 두려움에서 풀려난다는 것을 의미합니다.

사람들이 왜 점집에 갑니까? 왜 불탄일에 연등을 달겠습니까? 보험을 드는 것입니다. 두렵기 때문입니다. 무엇 때문에 두려움에서 벗어나지 못합니까? 복음을 듣지 못했기 때문입니다. 만약 그리스도인인데도 두려움에 사로잡혀 있다면, 복음을 듣긴 들었지만 제대로 듣지 못한 탓이고, 복음을 알기는 아는데 바로 알지 못하기 때문입니다. 거짓에 속아서 농락당하는 사람을 보면, 욕심이 많거나 겁이 많습니다. 두려움에 싸일수록 싸움을 일삼게 됩니다. 사탄이 결박된 사실을 모르면, 사탄에게 농락당합니다.

그리스도인은 "어둠에서 빛으로"(행 26:18) 옮겨져 "왕 같은 제사장"(벧전 2:9)이 된 사람들입니다. 예수님이 누구신지를 아는 사람들은 예수님과 함께 왕 노릇 하게 됩니다.

교회에 가하는 최후 공격

또 내가 보좌들을 보니 거기에 앉은 자들이 있어 심판하는 권세를 받았더라 또 내가 보니 예수를 증언함과 하나님의 말씀 때문에 목 베임을 당한 자들의 영혼들과 또 짐승과 그의 우상에게 경배하지 아니하고 그들의 이마와 손에 그의 표를 받지 아니한 자들이 살아서 그리스도와 더불어 천 년 동안 왕 노릇 하니(그 나머지 죽은 자들은 그 천 년이 차기까지 살지 못하더라) 이는 첫째 부활이라 이 첫째 부활에 참여하는 자들은 복이 있고 거룩하도다 둘째 사망이 그들을 다스리는 권세가 없고 도리어 그들이 하나님과 그리스도의 제사장이 되어 천 년 동안 그리스도와 더불어 왕 노릇 하리라 계 20:4~6

사도 요한이 계시록을 기록할 당시에 많은 사람이 순교했습니다. 그들은 지금 예수님과 함께 있습니다. 그들은 첫째 부활에 참여합니다. 첫째 부활에 참여한 믿음의 사람들은 사망 권세에 더 이상 휘둘리지 않습니다. 오히려 심판하는 위치에 오릅니다.

이처럼 믿음의 삶은 대역전의 드라마입니다. 첫째 부활에 참여한 이들은 둘째 사망과는 상관없고, 첫째 부활에 참여하지 못한 사람들은 예수님이 다시 오실 때에야 비로소 부활할 것입니다. 문제는 이 부활이 둘째 사망을 위한 부활이라는 것입니다.

선한 일을 행한 자는 생명의 부활로, 악한 일을 행한 자는 심판의 부활로 나오
리라 요 5:29

예수님은 이 부활을 가리켜 "심판의 부활"이라 하십니다. 왜 "심판의 부활"이라고 하셨을까요? "생명의 부활"에 참여한 성도들은 심판에 이르지 않지만, 하나님을 거부한 자들은 죽었다가 영원한 "불 못"에 던져지기 위해 부활하기 때문입니다. 히브리서 기자는 "한 번 죽는 것은 사람에게 정해진 것이요 그 후에는 심판이"(히 9:27) 있을 것임을 확언했습니다.

그리스도인은 이 심판에서 자유롭기에 두려움 없는 삶을 삽니다. 일반적으로 두려움에는 두 가지가 있습니다. 본능적인 두려움과 영적인 두려움입니다. 생명체는 예외 없이 본능적으로 고통이나 죽음을 두려워합니다. 그러나 이것은 하나님과 연결되어 있지 않은 사람들이 느끼는 두려움입니다. 전원 플러그가 빠져 있으니 곧 끝날 것이고, 그 사실을 알기에 두려운 것입니다. 그들은 이미 죽음의 덫에 걸려 있습니다.

사사 기드온에게는 "여룹바알"(삿 6:32)이라는 별명이 있었습니다. '바알과 다투는 자'라는 뜻입니다. 당시 이스라엘 백성은 바알과 아세라 앞에서 오금을 펴지 못했습니다. 바알과 아세라 상을 건드리면 죽는다고 믿었기 때문입니다. 그런데 기드온이 여호와의 말씀을 듣고 순종하여 바알의 제단을 헐고, 아세라 상을 찍어 버렸습니다. 그래서 기드온이 죽었습니까? 안 죽었습니다. 바른 믿음은 두려움을 이기고, 두려움에 빠진 사람들의 생각을 바꿉니다. 이것이 바로 왕 노릇입니다. 그리스도와 함께 왕 노릇 할 때, 죄와 사망이 주인 노릇 하지 못합니다.

천 년이 차매 사탄이 그 옥에서 놓여나와서 땅의 사방 백성 곧 곡과 마곡을

미혹하고 모아 싸움을 붙이리니 그 수가 바다의 모래 같으리라 그들이 지면
에 널리 퍼져 성도들의 진과 사랑하시는 성을 두르매 하늘에서 불이 내려와
그들을 태워버리고 또 그들을 미혹하는 마귀가 불과 유황 못에 던져지니 거
기는 그 짐승과 거짓 선지자도 있어 세세토록 밤낮 괴로움을 받으리라

계 20:7~10

악당은 죽을 때 단번에 죽지 않습니다. 007 영화 시리즈를 봐도 그렇고,
영화 〈터미네이터〉를 봐도 그렇습니다. 죽었나 하면 다시 살아나서 사람을
놀라게 합니다. 그런데 영화 속에서 악당이 제 마음대로 살아나겠습니까?
작가와 감독이 설정한 대로, 연출한 대로 일어나는 것입니다. 작가가 왜 그
런 설정을 했을까요? 악은 끝까지 경계해야 한다는 뜻입니다. "꺼진 불도 다
시 보라"는 말처럼 악에 대해서는 끝까지 경계를 늦춰서는 안 된다는 메시
지를 주려는 것 아니겠습니까?

예수님의 재림이 가까워지면, 사탄이 잠시 풀려나서 다시 한바탕 소동
을 일으킬 것입니다. 그러나 일시적일 뿐입니다. 성도들이 두려워할 일은 아
니지만, 진리가 가려지고 믿음이 흔들리는 일이 벌어질 것입니다. 이때 믿음
의 옥석이 가려집니다. 진짜 믿음인지 아닌지가 이 순간 판가름 날 것입니
다. 예수님은 이런 상황을 미리 내다보시고 "인자가 올 때에 세상에서 믿음
을 보겠느냐"(눅 18:8)고 물으셨습니다.

"곡과 마곡"은 에스겔이 예언한 종말의 전쟁에서 끌어온 것입니다(겔
38~39장). 마곡 땅의 곡이라는 왕이 연합군을 만들어 회복된 이스라엘을 침
공하지만, 하나님이 친히 그들을 심판하십니다. 곡과 마곡은 땅의 사방 백성
또는 만국을 상징합니다. 헤아릴 수 없이 많은 대적이 교회에 최후 공격을
가할 것입니다.

"성도들의 진"은 광야에서 이스라엘 백성이 성막을 중심으로 쳤던 진을 연상시킵니다. "사랑하시는 성"이란 예루살렘을 말합니다. 성도들의 진과 사랑하시는 성은 둘 다 교회를 가리키는 표현입니다. 그러므로 둘을 공격하는 것은 곧 교회를 공격하는 것이고, 하나님께 대적하는 일입니다.

그러나 그 공격은 실패합니다. 원수들의 시도는 반드시 실패합니다. 하나님이 교회를 멸하고자 하는 그들을 심판하시기 때문입니다. "하늘에서 불이 내려와" 그들을 태워 심판할 것이며, 결국 사탄은 "불과 유황 못에" 던져져 영원토록 고통받게 될 것입니다. 사탄의 하수인 노릇을 하는 짐승과 거짓 선지자들, 그리고 그들을 따르는 불신자들이 "불과 유황 못"에 던져질 것입니다. 그들은 생명책에 이름이 기록되지 않은 자들입니다.

백마 탄 예수님과 두 짐승의 전쟁이나 아마겟돈 전쟁이나 곡과 마곡의 전쟁은 모두 다 같은 전쟁입니다. 이 마지막 전쟁을 정리하면 이렇습니다. 첫째, 역사의 끝에는 반드시 종말론적 전쟁이 있을 것입니다. 인류 역사 최후의 전쟁입니다. 이 전쟁은 "주의 날"(계1:10)에 일어날 것입니다. 곧 주님이 재림하시는 날이요 최후의 심판 날입니다. 둘째, 이 전쟁은 물리적인 전쟁이라기보다는 교회와 세상 간의 영적 전쟁입니다. 그러나 마지막 전쟁의 본질은 하나님의 일방적인 심판입니다.

우리는 "악은 왜 존재하는가?"라는 질문을 자주 던지는데, 성경은 그 답으로 '종국에는 악이 영원한 심판을 받을 것이다'라고 말합니다. 악이 세상을 미혹한 지 이미 오래되었고, 그 시간이 인간에게는 너무나 길게 느껴집니다. 그러나 실상은 다릅니다. 사탄이 미혹하는 시간은 지극히 짧습니다.

하나님이 왜 우리에게 영원이라는 시간을 알게 하셨겠습니까? 실제 시간의 길이를 깨달으라고 하시는 것 아닙니까? 죄인들이 왜 두려워합니까? 본능적으로 영원이라는 시간을 두려워하기 때문입니다. 영원의 존재를 안다는 것 자체가 사실 심판이라고 할 수 있습니다. 인간은 쾌락 속에도 영원에 대한 불안감을 떨치지 못하니 말입니다.

죽음이 죽다

> 또 내가 크고 흰 보좌와 그 위에 앉으신 이를 보니 땅과 하늘이 그 앞에서 피하여 간 데 없더라 계 20:11

"크고 흰 보좌"에 앉으신 분은 성부 하나님입니다. 사도 바울은 이 보좌를 "하나님의 심판대"라 불렀습니다.

> 네가 어찌하여 네 형제를 비판하느냐 어찌하여 네 형제를 업신여기느냐 우리가 다 하나님의 심판대 앞에 서리라 롬 14:10

그러나 마지막 날에는 예수님이 심판에 나서실 것입니다.

> 이는 우리가 다 반드시 그리스도의 심판대 앞에 나타나게 되어 각각 선악 간에 그 몸으로 행한 것을 따라 받으려 함이라 고후 5:10

성부 하나님은 성자 예수님께 모든 심판을 맡기셨습니다.

> 아버지께서 아무도 심판하지 아니하시고 심판을 다 아들에게 맡기셨으니 요 5:22

이 심판이야말로 공의롭습니다. 계시록은 심판대 모습을 이렇게 묘사합니다.

> 또 내가 보니 죽은 자들이 큰 자나 작은 자나 그 보좌 앞에 서 있는데 책들이
> 펴 있고 또 다른 책이 펴졌으니 곧 생명책이라 죽은 자들이 자기 행위를 따라
> 책들에 기록된 대로 심판을 받으니 계 20:12

"죽은 자들"도 "자기 행위를 따라" 생명책에 기록된 대로 심판받을 것입니다. 빈부귀천을 막론하고, 남녀노소를 불문하고 모두가 심판받을 것입니다. 여기서 핵심은 죽은 자들이 살아난다는 것입니다. 이것이 바로 예수님이 말씀하셨던 "심판의 부활"(요 5:29)입니다.

사도 바울은 부활의 소망을 이렇게 밝혔습니다.

> 그들이 기다리는 바 하나님께 향한 소망을 나도 가졌으니 곧 의인과 악인의
> 부활이 있으리라 함이니이다 행 24:15

의인의 부활과 악인의 부활은 다를 것입니다. 성경에서 의인은 믿는 자요 악인은 믿지 않는 자입니다.

> 인자가 자기 영광으로 모든 천사와 함께 올 때에 자기 영광의 보좌에 앉으리
> 니 모든 민족을 그 앞에 모으고 각각 구분하기를 목자가 양과 염소를 구분하
> 는 것같이 하여 양은 그 오른편에 염소는 왼편에 두리라 … 그들은 영벌에, 의
> 인들은 영생에 들어가리라 하시니라 마 25:31~33, 46

의인과 악인은 "양과 염소"처럼 구분되어 악인은 영벌에 처해지고, 의인은 영생에 들어가게 될 것입니다. 영벌에 처해지는 곳이 바로 불 못입니다. 마지막 심판은 불신자들을 심판하는 데 초점이 맞춰져 있습니다.

> 바다가 그 가운데에서 죽은 자들을 내주고 또 사망과 음부도 그 가운데에서 죽은 자들을 내주매 각 사람이 자기의 행위대로 심판을 받고 사망과 음부도 불 못에 던져지니 이것은 둘째 사망 곧 불 못이라 누구든지 생명책에 기록되지 못한 자는 불 못에 던져지더라 계 20:13~15

"바다"나 "사망"이나 "음부"는 모두 악의 영역이 된 세상을 가리킵니다. 하늘에서 내쫓긴 사탄이 크게 화내며 내려간 곳이 땅과 바다이고(계 12장), 사탄의 수하인 일곱 머리와 열 뿔을 가진 짐승이 올라온 곳이 바다이며(계 13장), 큰 음녀가 앉아 있던 곳이 "많은 물", 곧 바다입니다(계 17장).

여기서 주목할 것은 "사망과 음부도 불 못에" 던져진다는 사실입니다. 이것이 마지막 심판의 특징입니다. 마치 방사능 폐기물을 처리할 때 그 담았던 용기도 같이 처리하는 것처럼, 불신자들이 심판받을 때 사망과 음부도 같이 심판을 받습니다. 그런 뜻에서 "둘째 사망"은 곧 사망의 사망 선고인 셈입니다. 죽음이 죽을 때, 모든 악이 종식됩니다.

생명책과 행위책

어떤 사람이 불 못에 던져집니까? "생명책에 기록되지 못한 자"(계 20:15)가 던져집니다. 마지막 심판의 기준은 생명책과 행위책입니다. 이것은 다니엘의 예언을 배경으로 합니다.

> 내가 보니 왕좌가 놓이고 옛적부터 항상 계신 이가 좌정하셨는데 그의 옷은
> 희기가 눈 같고 그의 머리털은 깨끗한 양의 털 같고 그의 보좌는 불꽃이요 그
> 의 바퀴는 타오르는 불이며 불이 강처럼 흘러 그의 앞에서 나오며 그를 섬기
> 는 자는 천천이요 그 앞에서 모셔 선 자는 만만이며 심판을 베푸는데 책들이
> 펴 놓였더라 **단 7:9~10**

> 그때에 네 민족을 호위하는 큰 군주 미가엘이 일어날 것이요 또 환난이 있으
> 리니 이는 개국 이래로 그때까지 없던 환난일 것이며 그때에 네 백성 중 책에
> 기록된 모든 자가 구원을 받을 것이라 땅의 티끌 가운데에서 자는 자 중에서
> 많은 사람이 깨어나 영생을 받는 자도 있겠고 수치를 당하여서 영원히 부끄
> 러움을 당할 자도 있을 것이며 **단 12:1~2**

생명책은 마지막 심판 때 새 하늘과 새 땅에 들어가느냐 아니면 불 못에
던져지느냐의 기준이 됩니다. 생명책에 기록되지 않은 사람은 누구도 새 하
늘과 새 땅에 들어갈 수 없습니다. 생명책은 하나님 백성의 주민등록부인
셈입니다.

> 무엇이든지 속된 것이나 가증한 일 또는 거짓말하는 자는 결코 그리로 들어
> 가지 못하되 오직 어린양의 생명책에 기록된 자들만 들어가리라 **계 21:27**

생명책의 온전한 이름은 '죽임을 당한 어린양의 생명책'입니다. 어린양
이 대속하여 의롭게 하신 이들이 기록된 책이라는 의미입니다. 생명책에 기

록된 이들은 어린양의 죽음과 부활에 연합한 사람들입니다. 우리가 새 하늘 새 땅에 들어가게 된 것은 개인의 행위 덕분이 아니라 어린양의 피 덕분입니다. 구원은 오직 우리를 위해 죽으셨다가 다시 사신 예수 그리스도의 행위에 달려 있습니다.

그러면 행위책은 무엇입니까? 이것은 상급에 관한 책입니다. 성도들의 행위에 따라 그 상급이 다릅니다. 은혜로 구원받는 것은 동일하지만, 구원받은 이후의 삶이 어땠느냐에 따라 상급이 달라집니다. 성화의 길을 얼마큼 걸었느냐는 것입니다. 그저 자기 자신 하나 간신히 구원받은 것으로 그치는 사람이 있는가 하면, 수많은 사람을 옳은 길로 인도하는 사람도 있습니다. 그 차이는 심판 날에 분명하게 드러날 것입니다.

불신자들이 던져지게 될 불 못은 어떤 곳입니까? 예수님이 분명히 알려 주십니다.

> 거기에서는 구더기도 죽지 않고 불도 꺼지지 아니하느니라 사람마다 불로써 소금 치듯 함을 받으리라 **막 9:48~49**

그러나 그리스도인은 "몸은 죽여도 영혼은 능히 죽이지 못하는 자들을 두려워하지 말고 오직 몸과 영혼을 능히 지옥에 멸하실 수 있는 이를"(마 10:28) 두려워해야 합니다.

예수님은 십자가에 나란히 매달린 강도에게 "오늘 네가 나와 함께 낙원에 있으리라"(눅 23:43)고 말씀하시며 구원을 약속해 주셨습니다. 사람의 영혼은 죽음과 동시에 새 하늘과 새 땅이나 불 못으로 옮겨지지는 않습니다. 음부와 낙원이라는 중간 과정을 거쳐야 합니다. 불신자들은 음부로 내려갔다가 심판 날 부활하여 불 못에 던져질 것이고, 신자들의 영혼은 낙원에 있다가 예수님의 재림과 함께 부활하여 영원한 몸과 영혼으로 새 하늘과 새 땅에 들어갈 것입니다.

죽은 사람의 영혼이 원귀가 되어 떠돌아다니는 일 같은 것은 없습니다. 음부와 불 못의 차이는 유치장과 감옥의 차이라고 할 수 있습니다. 보통 둘 다 감옥이라 부르지만, 판결받기 전에는 유치장에 들어가야 하고, 판결을 받고 나면 교도소로 가야 합니다. 그러나 넓은 의미에서 낙원과 새 하늘과 새 땅을 같은 개념으로 받아들이듯이, 음부와 불 못도 하나의 개념으로 받아들여야 합니다.

묶여 있는 개를 두려워할 필요는 없듯이 이미 결박된 사악한 존재들을 두려워할 필요가 없습니다. 예수님이 십자가에서 승리하심으로써 우리 죄는 사해졌고, 우리는 믿음으로 "택하신 족속이요 왕 같은 제사장들이요 거룩한 나라요 그의 소유가 된 백성"이 되었습니다. 두려워하지 마십시오. 주님이 우리에게 주신 영적 권세를 사용하십시오. 마지막까지 이 땅에서의 삶은 어렵고 혼란스럽겠지만, 우리는 이미 주와 함께 승리했음을 잊지 마십시오. 그러니 강하고 담대하십시오.

영원한 갈림길에서 잘 선택하십시오. 두 길의 끝을 안다면, 무슨 갈등이 있겠습니까? 그 끝을 제대로 알면, 무슨 혼란이 있겠습니까? 믿음으로 구원받은 우리가 갈 곳은 이미 정해졌습니다. 새 하늘과 새 땅이 기대되지 않습니까? 낙원에서 기다리는 것이야말로 진정한 기쁨 아니겠습니까?

23.

새 하늘과
새 땅

*계 21:1-27

사도 요한의 눈앞에 "새 하늘과 새 땅"이 펼쳐집니다. 우리가 간절히 소망할 만큼 아름다운 곳입니다. 실제로 눈앞에 펼쳐진다면, 가슴이 터질 듯할 것입니다. 숨이 턱에 차오를 정도로 가파른 산을 열심히 오르고 있다고 상상해 보십시오. 쉬지 않고 올랐더니 어느새 팔부 능선에 다다랐습니다. 잠시 가쁜 숨을 가다듬고, 마지막까지 온 힘을 다해 오릅니다. 마침내 산 정상에 도착하여 땀에 흠뻑 젖은 이마를 닦으며 사방을 둘러보는데, 그 앞에 너무나도 장엄하고 아름다운 전경이 펼쳐져 있다면 어떻겠습니까? 얼마나 가슴 벅차오르겠습니까?

저는 그랜드캐니언(Grand Canyon)에서 그런 웅장한 아름다움을 느꼈습니다. 그랜드캐니언은 세계에서 지층의 단면을 가장 많이 보여 주는 곳으로 하나님의 물 심판, 즉 노아 홍수의 흔적을 확인할 수 있는 곳입니다. 지층들 사이에 묻힌 바다 생물의 화석이 많은데, 급격히 매몰된 흔적이 보인다고 합니다. 심판의 흔적이 남아 있는 그랜드캐니언이 이렇게나 장엄하고 아름다운데 원래 모습은 얼마나 더 아름다웠겠습니까? 저는 그곳에서 새 하늘과 새 땅을 상상하며 더 큰 소망을 가슴에 품었습니다.

운동선수들은 금메달을 목에 걸거나 손에 트로피를 든 자신의 모습을 상상하면서 훈련한다고 합니다. 이미지 트레이닝(image training)하는 것입니다. 언젠가 맞이하게 될 새 하늘과 새 땅을 눈앞에 그리며 오늘을 산다면, 이 음란하고 타락한 세상을 거뜬히 헤치며 나아갈 수 있지 않겠습니까?

자신이 깨지는 걸 보는 게 신앙이다

> 또 내가 새 하늘과 새 땅을 보니 처음 하늘과 처음 땅이 없어졌고 바다도 다시 있지 않더라 또 내가 보매 거룩한 성 새 예루살렘이 하나님께로부터 하늘에서 내려오니 그 준비한 것이 신부가 남편을 위하여 단장한 것 같더라 계 21:1~2

사도 요한은 "처음 하늘과 처음 땅"이 사라지고 "바다"도 없어진 뒤에 나타난 "새 하늘과 새 땅"을 봅니다. 계시록에서 바다는 늘 사탄과 관련하여 묘사되어 왔습니다. 이제 더 이상 바다는 없습니다.

'새로운'으로 번역되는 헬라어 단어는 두 가지가 있습니다. 카이노스(καινός)과 네오스(νέος)입니다. 네오스는 '새로운'이라는 뜻 외에도 '젊은, 신선한, 재생시킨, 방금 태어난' 등의 뜻도 있어서 다른 것과 비교하여 새롭다는 의미로 이해되는데, 시간적인 개념입니다. 성경에서는 묵은 포도주와 비교되는 "새 포도주"(마 9:17), 맏아들과 비교되는 "둘째 아들"(눅 15:13), 늙은 자와 비교되는 "젊은 자"(눅 22:26), 옛 사람과 비교되는 "새 사람"(골 3:10), 옛 언약과 비교되는 "새 언약"(히 12:24) 등의 단어에 쓰였습니다.

그에 비해 카이노스는 '완전히 다른, 차원이 다른'이라는 의미의 '새로운'으로 이해해야 합니다. 성경에서는 "새 부대"(마 9:17), "새 교훈"(막 1:27), "새 옷"(눅 5:36), "새 계명"(요 13:34), "새로운 피조물"(고후 5:17) 등에 쓰였는데, "새 하늘과 새 땅"에도 바로 이 단어가 쓰였습니다.

예를 들어서, "하나님을 따라 의와 진리의 거룩함으로 지으심을 받은 새 사람을 입으라"(엡 4:24)에서 카이노스가 쓰인 "새 사람"은 외모가 바뀌었거나 없었던 존재가 새롭게 나타났다는 의미가 아니라 중심 또는 본질이 완전히 달라졌음을 의미합니다. 새로운 마음과 결단으로 삶이 변화할 때, 새 사람이 되었다고 말합니다. 그리스도인은 본질적으로 새로워진 사람입니다.

새 하늘과 새 땅을 꿈꾸는 사람은 자기 힘으로 애면글면 살지 않습니다. 안에서 사랑과 열정이 샘솟고, 소망이 돋아나 날로 새 사람이 되어 가기 때문입니다. 예수님의 말씀대로, 주님은 포도나무요 우리는 가지가 아니겠습니까? 내가 주님 안에 있고, 주님이 내 안에 거하시면 많은 열매를 맺는 가지가 될 수밖에 없습니다. 그러나 주님을 떠나서는 아무것도 할 수 없습니다(요 15:5).

저는 제 자신이 변하려고 노력하지 않습니다. 다만 변해 가는 자신의 모습을 스스로 목격할 뿐입니다. 그래서 저는 '내려놓음'이라는 표현을 좋아하지 않습니다. 내려놓는 행위의 주체는 분명히 자기 자신이기 때문입니다. 그러니까 사람들이 잘 내려놨다고 칭찬해 주면, 더 내려놓으려고 애쓰게 되지 않습니까? 그 대신에 저는 주님을 만남으로써 그야말로 부지불식간에 이루어진 변화를 '떨어뜨림'으로 표현하곤 합니다. 내가 스스로 들고 있던 자신을 떨어뜨려서 깨지는 것을 본다는 의미입니다. 자기 자신이 깨어지는 걸

보는 것이 신앙입니다.

우리가 무얼 한다고 해서 달라지는 게 있습니까? 아무리 해도 달라지는 게 없습니다. 아무리 봉사를 많이 해도, 교회에서 아무리 많은 시간을 보내도 사람은 쉽게 달라지지 않습니다. 조금 은혜를 받았나 싶더니 말 한마디 때문에 파르르 떨면서 화를 내고 싸우는 것이 우리 아닙니까? 어디 조용한 곳에 틀어박혀서 마음공부나 하면 명경지수(明鏡止水) 같은 마음을 갖게 될까요? 어림도 없습니다.

우리는 자신을 떨어뜨리는 경험을 해야 합니다. 왜 그래야 합니까? 우리가 주님을 붙잡고 있기 때문입니다. 주님이 우리를 붙들고 계시기 때문입니다. 새 하늘과 새 땅에서 누릴 영생을 생각하면 가슴이 벅차오르고 감사함이 밀려옵니다.

세상 사람들은 자기 자신을 잊기 위해 영화관에 가고, 야구장에 갑니다. 그러나 그곳에서 얻는 것은 기쁨이 아니라 망중한에 느끼는 즐거움뿐입니다. 우리에게는 새 하늘과 새 땅을 향한 소망이 있어야 합니다. 변화를 갈망한다면, 새 하늘과 새 땅을 꿈꾸십시오.

진정 새로워진 삶

내가 들으니 보좌에서 큰 음성이 나서 이르되 보라 하나님의 장막이 사람들과 함께 있으매 하나님이 그들과 함께 계시리니 그들은 하나님의 백성이 되고 하나님은 친히 그들과 함께 계셔서 모든 눈물을 그 눈에서 닦아 주시니 다시는 사망이 없고 애통하는 것이나 곡하는 것이나 아픈 것이 다시 있지 아니하리니 처음 것들이 다 지나갔음이러라 계 21:3~4

이것이 바로 새 하늘과 새 땅에서 살아갈 우리의 모습입니다. 타락하고 부패한 이 땅, 모든 관계가 어그러져 더 이상 나빠질 수가 없을 정도인 이 땅에서 사는 삶과는 본질적으로 완전히 다른 관계와 삶이 그곳에서 펼쳐질 것입니다. 관계가 새로워진다는 것은 인간관계가 완전히 새로워진다는 뜻입니다. 사실 교회에서는 세상과는 다른 관계를 볼 수 있어야 합니다. 그런데 세상과 똑같다 못해서 그보다도 못한 관계가 교회 안에 있다면, 어떻게 교회를 그리스도의 몸이라고 부를 수 있겠습니까?

"하나님의 백성"이 된다는 것은 신분이 새롭게 된다는 뜻입니다. 이전 것과는 비교할 수 없을 정도로 본질적으로 다른 삶이 시작된다는 것을 의미합니다. 자기 자신이 가장 중요하고, 자신만 알던 고집불통의 삶이 본질적으로 변화하면, 자신은 간 데 없고 오직 구속한 주만 보이게 됩니다.

그런 변화를 경험해 본 적이 있지 않습니까? 어느 날, 온 천지가 새롭게 보인 적이 있지 않습니까? 성령이 임하시면 그런 변화를 경험합니다. 자기 자신은 몰라도 주변 사람들이 변화를 눈치챕니다. 되는 일이 없고, 가진 것도 없는데 오히려 부러움의 대상이 됩니다. "저 사람이 왜 저렇게 달라졌나?" 하는 궁금증을 일으켜야 진정 새로워진 삶이라고 할 수 있습니다.

보좌에 앉으신 이가 이르시되 보라 내가 만물을 새롭게 하노라 하시고 또 이르시되 이 말은 신실하고 참되니 기록하라 하시고 **계 21:5**

"보좌에 앉으신" 하나님이 "내가 만물을 새롭게" 한다고 말씀하십니다. 인생에서 누구도 우리를 새롭게 하지 못했습니다. 사람들의 모든 충고를 조심스럽게 받아 봤지만, 지나고 보니 잔소리가 태반입니다. 그러나 하나님이 만지시면 새로워집니다. 그러니 하나님께 맡기십시오. 절대로 변하지 않겠다고 고집부리지 말고, 자신을 내어 맡기십시오. 그러면 비로소 새로워집니다. 주님이야말로 새로움의 원천이십니다.

인간의 말에는 진실이 없습니다. 인간은 사실을 전할 능력조차 없습니다. '자기'라는 프리즘 속에서 왜곡되고 굴절된 언어와 생각을 전할 뿐입니다. 그러니 사람의 말에 일희일비할 필요가 없습니다. 사람의 말을 듣고 상처받을 이유가 무엇입니까? 오직 하나님의 말씀은 신실하고 참되니 하나님의 음성에 귀를 기울이십시오.

> 또 내게 말씀하시되 이루었도다 나는 알파와 오메가요 처음과 마지막이라 내가 생명수 샘물을 목마른 자에게 값없이 주리니 **계 21:6**

주님은 "알파와 오메가"이십니다. 이것이 바로 주님이 세상을 새롭게 하실 수 있는 이유입니다. 인류의 역사는 인간이 시작하지 않았습니다. 인류의 역사는 인간이 끝내지 않습니다. 역사는 하나님이 시작하셨고, 하나님이 끝내십니다. 즉 역사에는 에스카토스(ἔσχατος), 종말이 있습니다.

예수님이 십자가에 못 박혀 죽으시기 직전에 "다 이루었다"(요 19:30)고 말씀하셨습니다. 다 이루셨다니 무슨 말입니까? 주님의 시제로 보면 다 이루어진 것이라는 뜻입니다. 모든 일을 마쳤다는 이야깁니다. 주님이 2천 년 전에 십자가에서 구원을 다 마치셨다는 것입니다.

그리스도인은 주님의 시제를 사는 사람들입니다. 주님이 구원을 다 마치신 상태에서 우리는 살고 있습니다. 이것이 신앙의 비밀입니다. 오리무중에 빠져 허덕이며 가는 인생이 아닙니다.

완성된 교회, 새 예루살렘

이기는 자는 이것들을 상속으로 받으리라 나는 그의 하나님이 되고 그는 내 아들이 되리라 그러나 두려워하는 자들과 믿지 아니하는 자들과 흉악한 자들과 살인자들과 음행하는 자들과 점술가들과 우상 숭배자들과 거짓말하는 모든 자들은 불과 유황으로 타는 못에 던져지리니 이것이 둘째 사망이라 계 21:7~8

아들에게는 상속권이 있습니다. 아들은 상속을 받기 위해 다툴 필요가 없습니다. 이미 상속이 확정되었기 때문입니다. 그러나 하나님을 믿지 않는 자들은 하나님의 아들이 될 수 없고, 따라서 상속권도 없습니다.

주님이 "둘째 사망"에 관해 말씀하십니다. 믿음 없이 사는 것은 곧 두 번 죽는 일이라는 것입니다. 구원받지 못한 영혼은 두 번 죽습니다. 그러나 그리스도인은 한 번 죽고 나서 다시 죽지 않습니다.

예수님은 "무릇 살아서 나를 믿는 자는 영원히 죽지 아니하리니"(요 11:26)라고 말씀하셨습니다. 이것은 살아 있을 때, 십자가에서 죽으라는 말씀입니다. 십자가에서 한 번 죽으면, 두 번 죽을 일이 없습니다. 우리는 미리 죽는 삶을 통해 죽음에 사망 선고를 내릴 수 있습니다. 그러면 죽음을 더 이상 두려워하지 않게 되고, 죽음이라는 시간의 덫에 걸리지 않는 인생을 살 수 있습니다.

일곱 대접을 가지고 마지막 일곱 재앙을 담은 일곱 천사 중 하나가 나아와서 내게 말하여 이르되 이리 오라 내가 신부 곧 어린양의 아내를 네게 보이리라 하고 성령으로 나를 데리고 크고 높은 산으로 올라가 하나님께로부터 하늘에서 내려오는 거룩한 성 예루살렘을 보이니 하나님의 영광이 있어 그 성의 빛이 지극히 귀한 보석 같고 벽옥과 수정같이 맑더라 크고 높은 성곽이 있고 열두 문이 있는데 문에 열두 천사가 있고 그 문들 위에 이름을 썼으니 이스라엘 자손 열두 지파의 이름들이라 동쪽에 세 문, 북쪽에 세 문, 남쪽에 세 문, 서쪽에 세 문이니 그 성의 성곽에는 열두 기초석이 있고 그 위에는 어린양의 열두 사도의 열두 이름이 있더라 내게 말하는 자가 그 성과 그 문들과 성곽을 측량하려고 금 갈대 자를 가졌더라 그 성은 네모가 반듯하여 길이와 너비가 같은지라 그 갈대 자로 그 성을 측량하니 만 이천 스다디온이요 길이와 너비와 높이가 같더라 그 성곽을 측량하매 백사십사 규빗이니 사람의 측량 곧 천사의 측량이라 **계 21:9~17**

새 예루살렘은 어떤 모습일까요? 사도 요한이 새 예루살렘, 거룩한 성 예루살렘을 봅니다. 구약은 약속된 교회입니다. 신약 시대에 이르러 그 약속이 성취되어 교회가 탄생했습니다. 주님이 이 땅에 오셔서 교회 공동체를 탄생시키신 것입니다.

이스라엘 열두 지파로 이루어진 옛 교회는 성전에 갇혀 버렸습니다. 하나님을 마음껏 예배하도록 이스라엘 백성을 출애굽 시키셨지만, 그들은 형식적인 성전 예배에 갇혀서 화석이 되어 갔습니다. 하나님은 우리에게 자기 "몸을 하나님이 기뻐하시는 거룩한 산 제물로"(롬 12:1) 드릴 영적 예배를 요구하십니다.

예수님은 우리를 형식적인 예배에서 자유케 하기 위해 오셨습니다. 주일에 한 시간 드리는 예배가 전부인 줄 알고 형식을 따라 예배드리고, 교회 건물을 나서자마자 말씀은 까맣게 잊고, 예배와 상관없이 한 주를 살아가는 우리를 위해 오신 것입니다. 우리 인생을 예배자의 삶으로 회복시켜 주시기 위해서 말입니다.

그래서 주님이 성취된 교회의 모습을 보여 주십니다. 새 예루살렘은 거룩한 성이요 온전한 교회입니다. 교회는 어린양의 신부, 곧 아내입니다. 이 환상이 밧모섬에 유배되어 있는 사도 요한에게 얼마나 큰 힘이 되었겠습니까? 로마 제국의 죄수가 되어 마음껏 예배드리지 못하는 상황에서 천상의 완성된 교회와 완성된 예배를, 거룩한 예배와 거룩한 성 예루살렘을 봤을 때 얼마나 기뻤겠습니까?

"거룩한 성 예루살렘"은 그 자체가 완성된 교회이며 성도들입니다. 사도 요한이 거룩한 성 예루살렘을 묘사한 내용을 보십시오. 하나님의 영광이 그곳에 머무시니 "그 성의 빛이 지극히 귀한 보석 같고 벽옥과 수정같이" 맑다고 말합니다. 아름답지 않습니까?

그 크기를 보십시오. 천사가 "금 갈대 자"로 측량하니 "길이와 너비와 높이"가 똑같이 "만 이천 스다디온"입니다. 킬로미터로 환산하면 대략 2,200킬로미터 정도 됩니다. 서울에서 부산까지 거리 500킬로미터의 5배 정도 되는 길이입니다. 엄청난 규모입니다. 그리고 길이와 너비와 높이가 같다는 것은 예루살렘성이 정육면체라는 뜻으로, 이것은 지성소를 의미합니다. 성막과 성전의 지성소는 반듯한 정육면체였기 때문입니다.

중요한 것은 거룩한 성 예루살렘과 관련된 숫자가 모두 12에서 비롯되었다는 것입니다. "열두 문", "열두 천사", "열두 지파", "열두 기초석", "열두 사도의 열두 이름" 그리고 "만 이천 스다디온"까지 모두 12와 관련 있습니다.

"열두 지파의 이름들"이란 구약 시대 교회의 이름이고, "열두 사도의 열두 이름"은 신약시대 교회의 이름입니다. 이들의 이름이 각각 "열두 문"과 "열두 기초석"에 쓰여 있습니다. 이것은 구약의 교회와 신약의 교회가 합쳐서 완성된 교회가 된다는 것을 보여 줍니다. 그뿐만 아니라 구원받은 유대인과 이방인이 모두 함께 거할 거처가 되는 것입니다.

예수님은 "내가 너희를 위하여 거처를 예비하러 가노니 가서 너희를 위하여 거처를 예비하면 내가 다시 와서 너희를 내게로 영접하여 나 있는 곳에 너희도 있게 하리라"(요 14:2~3)고 약속하셨습니다. 그러니 이 땅에서 잠시 살다가 그곳으로 옮겨 갈 때 슬퍼하지 마십시오. 비닐하우스에서 살다가 고급 주택으로 이사하는데 서럽게 울겠습니까? 임시 거처에서 살다가 영원한 거처로 가는데 왜 우리가 슬퍼해야 합니까?

사도 요한은 계시록의 환상을 보기 전부터 "이 세상이나 세상에 있는 것들을 사랑하지 말라 누구든지 세상을 사랑하면 아버지의 사랑이 그 안에 있지 아니하니 이는 세상에 있는 모든 것이 육신의 정욕과 안목의 정욕과 이생의 자랑이니 다 아버지께로부터 온 것이 아니요 세상으로부터 온 것이라"(요일 2:15~16)고 말해 왔습니다. 살아가는 데 돈도 필요하고, 힘도 필요하고, 관계도 필요합니다. 그러나 그것들을 사랑해서는 안 됩니다. 왜냐하면 사랑한다는 것은 자신의 전부를 내어 주는 행위이기 때문입니다. 그러니 세상을 사랑하지 마십시오.

열두 지파의 이름들이 새겨진 열두 문은 "동쪽에 세 문, 북쪽에 세 문, 남쪽에 세 문, 서쪽에 세 문"을 합친 것입니다. 동서남북, 사방으로 문이 났습니다. "열둘"은 하나님의 백성을 가리키는 숫자입니다. 즉 새 예루살렘은 하나님의 백성이라면 누구나 들어갈 수 있는 곳이라는 뜻입니다.

지하 동굴에서 숨죽이며 예배드리던 사람들에게 계시록의 새 예루살렘은 말 그대로 꿈에라도 가고 싶은 천국이 아니겠습니까? "우리는 곧 저 아름다운 곳으로 간다. 그곳에서 마음껏 찬양하며 예배드리게 될 거야" 하며 위로를 받지 않았겠습니까? 우리 또한 하나님의 백성이 아름답게 찬양드리는 천상의 예배를 사모하지 않습니까?

그 성곽은 벽옥으로 쌓였고 그 성은 정금인데 맑은 유리 같더라 계 21:18

새 예루살렘의 성곽은 "벽옥"이요 그 성은 "정금", 곧 순금으로 만들어졌습니다. 24K만 해도 반짝이는데, 순금이니 얼마나 반짝거리겠습니까? 요한은 그 반짝이는 모양이 "맑은 유리" 같다고 말합니다.

당시 로마 제국은 금으로 도배하며 화려함을 자랑했던 나라입니다. 모두가 금에 눈이 멀어 있었습니다. 온갖 것에 금박을 입히고, 금칠을 했습니다. 그런데 그것을 비웃기라도 하는 듯이 새 예루살렘은 온통 금으로 지어졌고, 심지어 길조차 "맑은 유리 같은 정금"(계 21:21)으로 되어 있습니다. 사방이 금인데 귀할 게 뭐 있습니까?

그것이 다가 아닙니다. 온갖 보석으로 꾸며져 있습니다. "그 성의 성곽의 기초석은 각색 보석으로 꾸몄는데 첫째 기초석은 벽옥이요 둘째는 남보석이요 셋째는 옥수요 넷째는 녹보석이요 다섯째는 홍마노요 여섯째는 홍보석이요 일곱째는 황옥이요 여덟째는 녹옥이요 아홉째는 담황옥이요 열째는 비취옥이요 열한째는 청옥이요 열두째는 자수정이라 그 열두 문은 열두 진주니 각 문마다 한 개의 진주"(계 21:19~21)로 되어 있습니다. 얼마나 휘황찬란한 모습입니까?

그러나 새 예루살렘에도 없는 것이 몇 가지가 있습니다. 무엇입니까? 눈물이 없고, "사망이 없고 애통하는 것이나 곡하는 것이나 아픈 것이"(계 21:4) 없습니다. "밤"(계 21:25)이 없고, 저주가 없습니다. 그리고 가장 중요한 것은 성전이 없다는 것입니다.

하나님 안에 있는 것이 예배다

예수님은 성전에 관해 많은 말씀을 하셨고, 또 자주 성전을 찾으셨습니다. 성전은 예수님께 "내 아버지의 집"이었기 때문입니다. 성전 안에서 장사하는 사람들을 보신 예수님이 노끈으로 채찍을 만들어 양과 소를 내쫓으시고, 돈 바꾸는 사람들이 돈을 쏟으며 상을 엎으신 적이 있지 않습니까? 청년 예수의 그런 과격하신 모습이 저에게는 은혜가 됩니다.

당시에 예루살렘 성전의 장사꾼들은 제사장들이 다 부린 것이나 다름없습니다. 일종의 직영을 한 셈입니다. 제사장들의 친인척이나 지인들이 알음알음 들어와 장사했습니다. 만약에 제사드리러 온 사람이 제물을 다른 데서 가져오면, 제사장은 어떻게 해서든 흠을 찾아서 부적합 판정을 내립니다. 그러면 어쩔 수 없이 성전 안에 있는 장사치들에게서 제물을 사야 합니다. 이것이 하나의 시스템처럼 되어 있었습니다. 그들은 성전을 자기 사업장으로 여겼던 것입니다.

그래서 예수님은 "너희가 이 성전을 헐라 내가 사흘 동안에 일으키리라"(요 2:19)고 말씀하셨고, 성전을 향해 "네가 이 큰 건물들을 보느냐 돌 하나도 돌 위에 남지 않고 다 무너뜨려지리라"(막 13:2)라고까지 말씀하셨습니다.

사도 바울은 성전에 관해 이렇게 말합니다.

> 너희는 너희가 하나님의 성전인 것과 하나님의 성령이 너희 안에 계시는 것을 알지 못하느냐 누구든지 하나님의 성전을 더럽히면 하나님이 그 사람을 멸하시리라 하나님의 성전은 거룩하니 너희도 그러하니라 **고전 3:16~17**

성령이 거하시는 우리가 바로 "하나님의 성전"이라는 뜻입니다. 또 이렇게도 말했습니다.

> 너희 몸은 너희가 하나님께로부터 받은 바 너희 가운데 계신 성령의 전인 줄
> 을 알지 못하느냐 너희는 너희 자신의 것이 아니라 **고전 6:19**

성령이 오셔서 내가 성전이 되면, 내 몸은 더 이상 내 소유가 아니란 말씀입니다. 사도 바울은 네 몸이 "값으로 산 것"이 되었으니 네 "몸으로 하나님께 영광을 돌리라"(고전 6:20)고 말합니다.

우리 몸은 하나님의 성전입니다. 그런데 여기에 왜 술을 붓습니까? 여기에 왜 담배 연기를 넣습니까? 주님을 사랑하면, 자기 몸에 함부로 술을 들이붓거나 담배 연기를 가득 채우지 못합니다. 주님을 사랑하면, 음란한 짓을 하지 않습니다. 주님을 사랑하면, 거짓말하지 않습니다. 나를 위해 기꺼이 생명을 내놓으신 분을 알면, 죽기까지 나를 사랑하신 분을 알면, 아무리 유혹해도 하지 말아야 할 짓은 안 합니다. 그리고 자기 몸을 거룩한 제물로 드리기를 원합니다.

바람을 피우지 않으려고 애쓸 게 아니라 아내를 더 사랑해 보십시오. 아내를 사랑하면, 다른 여자는 눈에도 안 들어오는 법입니다. 마찬가지로, 술을 끊으려고 굳이 애쓸 필요 없습니다. 주님을 더 사랑하면 됩니다. 우리 문제는 나보다도 나를 더 사랑하시는 그분을 알지 못하는 데 있습니다.

사도 요한이 새 예루살렘을 묘사하는데, 성전 건물이 보이지 않습니다. 가히 충격적입니다. 왜냐하면 이스라엘 민족의 신앙은 성전 중심이기 때문입니다. 그런데 성전이 없다니 말이 됩니까? 요한이 그 이유를 밝힙니다.

> 성 안에서 내가 성전을 보지 못하였으니 이는 주 하나님 곧 전능하신 이와 및

어린양이 그 성전이심이라 계 21:22

AD 70년에 예루살렘 성전이 무너진 뒤로, 이스라엘 백성의 꿈은 지금까지도 제3성전을 짓는 것입니다. 그런데 왜 사도 요한이 성전에 목숨을 거는 이스라엘 백성에게 이 말씀을 전하겠습니까? 당시 지하 동굴이나 지하 묘실에 숨어서 예배드리던 성도들에게 진정한 예배가 무엇인지를 말해 주고자 했던 것입니다. 하나님 안에 있는 것이 성전이고 곧 예배라는 것입니다.

예수님이 "하나님은 영이시니 예배하는 자가 영과 진리로 예배할지니라"(요 4:24)고 말씀하시지 않았습니까? "영과 진리" 안에 있는 것(in spirit and in truth)이 바로 예배란 말씀입니다.

저는 형식적인 예배로부터 자유해져야 한다고 믿는 사람입니다. 주님을 날마다 순간순간 의식하고 인식하고 자각함으로써 삶 전체가 예배가 되도록 해야 합니다. 그래야만 우리 삶이 다른 사람들에게 도전이 되고 감동이 되지 않겠습니까? 교회에 잠시 들러서 예배드리고, 세상에 나가서는 말씀과 상관없이 산다면, 누가 우리를 예배자로 보겠으며 누가 우리를 그리스도인이라고 인정하겠습니까?

성전 되시는 "주 하나님 곧 전능하신 이"와 "어린양" 예수 그리스도를 온전히 섬길 때, 비로소 우리 삶이 성전 안에 거하는 삶이 되고, 곧 예배가 됩니다.

> 그 성은 해나 달의 비침이 쓸데없으니 이는 하나님의 영광이 비치고 어린양이 그 등불이 되심이라 만국이 그 빛 가운데로 다니고 땅의 왕들이 자기 영광을 가지고 그리로 들어가리라 낮에 성문들을 도무지 닫지 아니하리니 거기에는 밤이 없음이라 사람들이 만국의 영광과 존귀를 가지고 그리로 들어가겠고 무엇이든지 속된 것이나 가증한 일 또는 거짓말하는 자는 결코 그리로 들어가지

새 예루살렘에는 "밤"이 없습니다. 남극을 가 본 적이 있는데, 백야(white night)로 밤에도 환했습니다. 밤이 없으니, 생활하기가 여간 불편한 게 아니었습니다. 어두워지지 않으니 잠이 들지 않아 블라인드로 빛을 가려서 겨우 잠들 수 있었습니다.

저는 평소에 잠자는 시간이 아까워서 어느 때는 태양이 늘 떠 있으면 좋겠다고 생각하던 사람이었습니다. 누가 "조금만 쉬어라. 쉬어 가며 일해라"라고 말해 주어도 '어차피 죽으면 실컷 쉴 텐데…' 하고 무시했었습니다. 그런데 캄캄한 밤이 없는 곳에 가서야 건강을 위해서는 잠을 자야 한다는 것을 알았습니다.

하지만 우리가 부활하여 가게 될 곳, 새 예루살렘에서는 건강을 위해 잠을 잘 필요가 없습니다. "하나님의 영광이 비치고 어린양이 그 등불이" 되시기 때문입니다.

이 땅에 사는 동안, 낮에 다니십시오. 예수님이 "사람이 낮에 다니면 이 세상의 빛을 보므로 실족하지"(요 11:9) 아니한다고 말씀하셨습니다. 주님은 빛이시므로 주님이 계시는 곳은 어디나 낮입니다. 그러나 주님이 계시지 않으면, 어둠 가운데 다닐 수밖에 없습니다.

예수님과 함께 빛 가운데로 걸어가십시오. 예수님은 우리를 "어두운 데서 불러내어 그의 기이한 빛에 들어가게"(벧전 2:9) 하셨습니다. 주님의 기이한 빛 덕분에 우리 얼굴도 빛나기를 바랍니다.

24.

예수님
오소서

*계 22:1-21

에덴이 회복되다

또 그가 수정같이 맑은 생명수의 강을 내게 보이니 하나님과 및 어린양의 보좌로부터 나와서 길 가운데로 흐르더라 강 좌우에 생명나무가 있어 열두 가지 열매를 맺되 달마다 그 열매를 맺고 그 나무 잎사귀들은 만국을 치료하기 위하여 있더라 다시 저주가 없으며 하나님과 그 어린양의 보좌가 그 가운데에 있으리니 그의 종들이 그를 섬기며 그의 얼굴을 볼 터이요 그의 이름도 그들의 이마에 있으리라 다시 밤이 없겠고 등불과 햇빛이 쓸데없으니 이는 주 하나님이 그들에게 비치심이라 그들이 세세토록 왕 노릇 하리로다 **계 22:1~5**

장엄한 새 예루살렘성의 모습이 계시록 마지막 장에 묘사되었습니다. 수

정같이 맑은 생명수의 강이 흐르고 있습니다. 새 하늘 새 땅은 아담과 하와
가 부족함 없이 살았던 바로 그 에덴의 모습입니다. 잃어버린 낙원의 회복
입니다. 죄악 때문에 화염검으로 길이 차단되고 생명나무로부터 멀어져 인
간은 동쪽으로 갔지만, 이제는 에덴의 동쪽에서 다시 에덴으로 돌아갑니다.

우리가 장차 돌아가야 할 곳이 어떤 모습인지 주님은 말씀을 통해 보여
주십니다. 사람들이 이상향으로 생각하는 유토피아(Utopia)는 헬라어에서 비
롯되었는데, '없다'는 뜻의 'ou'와 장소를 뜻하는 'topos'를 합친 우토포스(ou
topos)가 어원입니다. '어디에도 없는 곳'을 의미합니다. 그러나 우리는 유토
피아를 추구하는 게 아닙니다. 이 땅에 실제로 존재했던 에덴동산을 향해
가는 것입니다.

네 강이 에덴동산에서 발원하여 흐릅니다. 그리고 강을 따라 많은 나무
들이 있습니다. 그러나 태초와 달리 생명나무만 있고 선악과는 보이지 않습
니다. 생명나무는 열방을 치료하고 회복케 하는 나무입니다. 이는 에스겔 선
지자가 보았던 환상과도 일치합니다.

> 그가 나를 데리고 성전 문에 이르시니 성전의 앞면이 동쪽을 향하였는데 그
> 문지방 밑에서 물이 나와 동쪽으로 흐르다가 성전 오른쪽 제단 남쪽으로 흘
> 러 내리더라 그가 또 나를 데리고 북문으로 나가서 바깥 길로 꺾어 동쪽을 향
> 한 바깥 문에 이르시기로 본즉 물이 그 오른쪽에서 스며 나오더라 **겔 47:1~2**

> 그가 내게 이르시되 인자야 네가 이것을 보았느냐 하시고 나를 인도하여 강 가
> 로 돌아가게 하시기로 내가 돌아가니 강 좌우편에 나무가 심히 많더라
> **겔 47:6~7**

또 이 강가에 어부가 설 것이니 엔게디에서부터 에네글라임까지 그물 치는 곳이 될 것이라 그 고기가 각기 종류를 따라 큰 바다의 고기같이 심히 많으려니와…강 좌우 가에는 각종 먹을 과실나무가 자라서 그 잎이 시들지 아니하며 열매가 끊이지 아니하고 달마다 새 열매를 맺으리니 그 물이 성소를 통하여 나옴이라 그 열매는 먹을 만하고 그 잎사귀는 약재료가 되리라 **겔 47:10, 12**

에스겔은 성전에서 강물이 흐르기 시작하는 것을 봅니다. 그리고 강 좌우로 수많은 생명나무가 열리는데 이 나무는 달마다 과실이 열립니다. 잎사귀는 만국을 치료하기에 부족함이 없습니다. 우리는 선과 악을 알게 하는 나무의 과실을 먹어서 죄인이 되었습니다. 그러면 무엇을 먹어야 회복되겠습니까? 생명나무의 과실을 먹으면 됩니다. 생명을 먹어야 생명이 생기게 마련입니다. 예수님은 이 땅에 생명으로 오셨고, "내가 곧 생명의 떡"(요 6:48)이라고 말씀하셨습니다. 생명의 떡은 말씀입니다.

예수님은 초막절에 오셔서 선포하셨습니다.

명절 끝 날 곧 큰 날에 예수께서 서서 외쳐 이르시되 누구든지 목마르거든 내게로 와서 마시라 나를 믿는 자는 성경에 이름과 같이 그 배에서 생수의 강이 흘러나오리라 하시니 이는 그를 믿는 자들이 받을 성령을 가리켜 말씀하신 것이라(예수께서 아직 영광을 받지 않으셨으므로 성령이 아직 그들에게 계시지 아니하시더라) **요 7:37~39**

예수님이 생수의 강을 터뜨려 우리에게 값없이 마시게 하시는 이 생수는 성령을 일컫습니다. 우리는 날마다 성령을 충만하게 받아야 합니다. 그럴 때 마른 뼈 같은 우리가 살아나게 됩니다. 상황과 형편이 특별히 달라지지 않아도 날마다 새로워지는 경험을 하게 됩니다. 이것이 신앙의 여정 가운데 겪는 놀라운 능력이고 신비입니다. 어쩌면 상황은 더 나빠졌을 수도 있습니다. 그러나 내 안에 형언할 수 없는 생명에 대한 열정과 새로운 능력이 솟아나기 시작하는 것입니다.

예수님은 이 땅에 생명으로 오셨고, 생명을 주셨고, 생명을 회복케 하는 소명을 감당하셨습니다. 십자가에서 죽으시고 부활하시고 승천하셨던 예수님이 이제 재림하실 것입니다. 모든 역사는 우리에게 생명을 주시기 위한 과정입니다. 우리는 생명 이후에 관심이 있지만, 하나님은 생명에 관심이 있으십니다. 이어령 박사님이 생명자본주의를 주창하셨는데, 저도 자본주의의 다음 단계는 생명을 살리는 것과 관련 있어야 한다고 생각합니다.

하나님 나라에는 다시 저주가 없습니다. 밤이나 어둠이 없고 빛이 충만한 그곳에서 세세토록 왕 노릇 하게 됩니다. 원래 사람은 에덴동산에서 왕노릇 하던 존재입니다. 하나님이 우리를 이 땅의 관리자로 삼지 않으셨습니까? 모든 것이 끝나고 타락하기 전 모습으로 회복된다는 뜻입니다.

말씀을 듣고 읽고 지키는 복

또 그가 내게 말하기를 이 말은 신실하고 참된지라 주 곧 선지자들의 영의 하나님이 그의 종들에게 반드시 속히 되어질 일을 보이시려고 그의 천사를 보내셨도다 계 22:6

하나님의 말씀은 사람의 말과 달라 신실하고 참됩니다. 말씀하시는 분이 신실하고 참되시기 때문입니다. 누가 말하느냐에 따라 신뢰도가 결정되지 않습니까? 믿을 만한 이의 말은 믿고, 못 믿을 이의 말은 믿지 못합니다. 하나님은 신실하고 참되시기 때문에 그분의 말씀에 우리가 믿음으로 반응하는 것입니다.

또 이 계시의 말씀은 "반드시 속히 되어질 일"을 보이기 위해 천사를 요한에게 보내어 기록하게 하신 것입니다. 믿을 수 있는 분의 말씀을 전하는 것이니 더욱 경청해야 합니다.

여기서 다시 확인해야 할 것은 계시록의 말씀은 사도 요한이 개인적으로 묵상해서 쓴 것도 아니고, 성경 전체를 연구해서 해석한 것도 아니며, 본인의 상상력으로 창작한 것은 더더욱 아니라는 점입니다. 이 기록은 하나님의 말씀과 예수님의 증언에서 비롯되었습니다. 하나님은 "선지자들의 영의 하나님"이시므로 선지자들에게 계시와 영감을 주십니다. 그래서 성경을 기록한 종들은 모두 하나님의 영감으로 성경을 기록했습니다.

> 모든 성경은 하나님의 감동으로 된 것으로 교훈과 책망과 바르게 함과 의로 교육하기에 유익하니 **딤후 3:16**

> 먼저 알 것은 성경의 모든 예언은 사사로이 풀 것이 아니니 예언은 언제든지 사람의 뜻으로 낸 것이 아니요 오직 성령의 감동하심을 받은 사람들이 하나님께 받아 말한 것임이라 **벧후 1:20~21**

왜 성경 읽을 때 영의 눈을 뜨게 해 달라고 기도합니까? 영적인 글은 영적인 눈으로만 읽히기 때문입니다. 머리에서 머리로 전해지는 정보가 있고, 가슴에서 가슴으로 전해지는 메시지가 있습니다. 하나님의 말씀은 영에서 영으로 전해지는 생명입니다. 그래서 그 말씀이 제대로 전해지면 인격이 반응하고 인격 전체가 변화합니다. 한마디로, 살아나고 거듭나는 것입니다. 바른 영적 체험이면 반드시 성경이 읽히고, 성경에 감동하며 말씀에 결단하게 됩니다. 말씀을 알면 말씀을 지키며 살기로 결단합니다.

> 보라 내가 속히 오리니 이 두루마리의 예언의 말씀을 지키는 자는 복이 있으리라 하더라 **계 22:7**

예수님이 "속히 오리니"라고 먼저 약속하셨습니다. 우리는 고개를 갸웃거립니다. 이 말씀을 하신 지 2천 년이 지났는데 도대체 언제 오시는가 싶습니다. 그런데 이 "속히"는 언제 쓰는 말입니까? 다급한 상황에 있는 사람을 안심시킬 때 쓰는 약속의 표현입니다.

예를 들어 보겠습니다. 귀가 시간이 늦어지는 남편에게 아내가 애타게 전화를 겁니다. 남편은 "곧 들어가겠다"고 말합니다. 그런데 나중에 "곧"이라는 말 때문에 부부 싸움이 일어납니다. "곧" 들어온다더니 "왜 이제 왔느냐"고 따지기 때문입니다. 남편이 일을 마치고 곧바로 들어왔는데도 말입니다. 또는 선물을 사 달라고 조르는 아이를 한번 생각해 보십시오. 선물을 언제 사 줄 것이냐고 몇 번이고 물어보는 아이에게 "금방 사 줄게" 하고 약속했더니 아이가 "네" 하고 대답하고는 즐겁게 놀기 시작합니다.

이 두 가지 경우를 보십시오. 믿음이 약한 사람에게는 "곧"이 시간의 의미로 들리고, 믿음이 강한 사람에게는 "금방"이 약속을 반드시 지키겠다는 의미로 들립니다.

"속히"란 확고한 의지가 담긴 말입니다. 무슨 일을 중간에 끝내는 것이 아니라 끝내야 할 때 반드시 끝내겠다는 의미입니다.

예수님의 목적은 오직 구원입니다. 한 사람이라도 더 구원하는 것이 목적입니다. 이 일이 현재 진행 중입니다. 구원받을 사람이 한 사람이라도 남아 있으면, 역사의 종지부는 찍히지 않습니다. 왜냐하면 천하보다 한 영혼이 더 소중하기 때문입니다.

예수님이 열 처녀 비유를 들어 말씀하셨습니다. 언제 오실지 그 시간은 아버지 소관이지만 우리는 지금 와도 좋고 언제 와도 좋다는 긴박감을 갖고 살아가야 합니다. 예수님은 반드시 오십니다. 인간이 더 이상 구원받지 않겠다고 스스로 문을 닫아 버리면 그야말로 도적같이 오실 것입니다. 보십시오. 곧 오신다는 말씀 덕분에 얼마나 많은 사람이 구원받았고 또 구원받고 있습니까? 예수님은 곧 오십니다. 그러므로 우리는 하나님의 시간 속에서 인간의 시간을 해석해야 합니다. 영원의 시간, 하늘의 시간 속에서 땅의 시간을 이해해야 합니다.

중요한 것은 이미 받은 이 계시의 말씀을 지키는 것입니다. 사도 요한은 처음부터 계시의 말씀을 지킬 것을 강조했습니다.

> 이 예언의 말씀을 읽는 자와 듣는 자와 그 가운데에 기록한 것을 지키는 자는 복이 있나니 때가 가까움이라 계 1:3

그런데 이 말씀이 달라졌습니다. 1장에서는 "이 예언의 말씀을 읽는 자와 듣는 자와 그 가운데에 기록한 것을 지키는 자"가 복이 있다고 했는데 22장에서는 "말씀을 지키는 자가 복이 있다"고 합니다. 우리가 계시의 말씀을 이미 읽고 들었기 때문입니다. 이제 남은 것은 지키는 일뿐입니다. 읽고 들은 말씀을 지키는 것 외에 다른 길은 없습니다. 때가 가까워서 더욱 그렇습니다. 때가 가깝다는 말씀과 속히 오시겠다는 말씀은 같은 맥락입니다. 종말의 때가 머지않았다는 것이고, 종말은 이미 시작되었다는 말씀입니다. 계시록은 말씀을 듣고 읽고 지키는 복 외에 다섯 가지 복이 더 있다고 말합니다.

우리에게 주신 다섯 가지 복

또 내가 들으니 하늘에서 음성이 나서 이르되 기록하라 지금 이후로 주 안에서 죽는 자들은 복이 있도다 하시매 성령이 이르시되 그러하다 그들이 수고를 그치고 쉬리니 이는 그들의 행한 일이 따름이라 하시더라 계 14:13

첫째, "주 안에서 죽는 자들"은 복이 있습니다. 세상 사람들은 죽음에서 헤어나지 못합니다. 죽음이 허무하기 때문에 사는 과정도 허무합니다. 그들은 삶이 허무하다고 말합니다. 그러나 우리는 죽음이 복되다고 말합니다.

보라 내가 도둑같이 오리니 누구든지 깨어 자기 옷을 지켜 벌거벗고 다니지 아니하며 자기의 부끄러움을 보이지 아니하는 자는 복이 있도다 계 16:15

둘째, 주님이 입혀 주신 의의 옷을 입고 다니는 자가 복됩니다. 어떻게 의로워집니까? 머리에 띠를 두르고 사회 정의를 외치면 의로워집니까? 아닙니다. 저는 인간의 부끄러운 모습들을 예수님이 의의 옷으로 덮어 주셔야 정의로워진다고 믿습니다. 우리가 십자가를 통과하여 주님이 입혀 주시는 의의 옷을 입어야만 비로소 의로워집니다.

천사가 내게 말하기를 기록하라 어린양의 혼인 잔치에 청함을 받은 자들은 복이 있도다 하고 또 내게 말하되 이것은 하나님의 참되신 말씀이라 하기로 계 19:9

셋째, "혼인 잔치에 청함을 받은 자들"이 복이 있습니다. 일생 고생했는데 마지막에 못 들어가게 되면 무슨 소용 있습니까? 혼인 잔치에 초청받게 되기를 바랍니다.

> 이 첫째 부활에 참여하는 자들은 복이 있고 거룩하도다 둘째 사망이 그들을 다스리는 권세가 없고 도리어 그들이 하나님과 그리스도의 제사장이 되어 천년 동안 그리스도와 더불어 왕 노릇 하리라 계 20:6

넷째, "첫째 부활"에 참여하는 사람, 거듭나는 사람이 복이 있습니다.

> 자기 두루마기를 빠는 자들은 복이 있으니 이는 그들이 생명나무에 나아가며 문들을 통하여 성에 들어갈 권세를 받으려 함이로다 계 22:14

다섯째, "자기 두루마기를 빠는 자들"이 복이 있습니다. 예수님은 제자들의 발을 씻겨 주시면서 목욕한 자는 발만 씻으면 된다고 하셨습니다. 발을 씻기는 것이나 두루마기를 빠는 것은 날마다 죄에서 돌이키는 삶을 말합니다. 끝없는 자기 성찰이 필요합니다. 내 발을 씻지 않으면 남의 더러운 발만 눈에 보입니다. 자신의 더러운 발을 먼저 보십시오.

예수님이 산상수훈에서 들려주신 팔복이나 계시록에 기록된 다섯 가지 복은 세상에서 말하는 복과 달라도 한참 다릅니다. 이 점을 꼭 유념하십시오. 하나님이 약속하신 복이 무엇인지도 모른 채 교회에 와서 세상 사람들이 갈망하는 복을 구하는 그리스도인을 보는 것은 정말로 슬픈 일입니다. 하나님은 자녀들의 필요를 외면하시지 않습니다. 그러나 하나님이 약속하신 복은 세상의 필요를 넘어섭니다.

또 한 가지 유념해야 할 것은, 말씀을 지켜서 복이 있는 사람이 되는 것은 아니라는 점입니다. 오히려 거꾸로입니다. 복 있는 사람이 되었기에 말씀을 지킵니다. 복 있는 사람이 되었기에 주 안에서 죽을 것이고, 부끄러움을 보이지 않을 것이고, 혼인 잔치에 청함을 받을 것이고, 부활에 참여할 것이고, 자기 두루마기를 빨게 될 것입니다. 이 순서에 유의하십시오.

예언의 말씀이 다 선포되었습니다. 계시의 말씀을 들은 우리는 모두 복 있는 사람이 되었습니다. 그 말씀을 지키는 것은 이제 우리 몫입니다. 그 복을 누릴지 말지 결단해야 합니다.

말씀 지키는 복은 구원받은 백성답게 사는 것입니다. 그렇다면 복 받는 것은 무엇입니까? 날마다 구원을 확인하고, 매 순간 구원을 이루며 사는 것입니다. 날마다 말씀을 기억하고 그 말씀대로 사는 것입니다. 이렇게 살 수 있도록 주님은 우리에게 세상 끝 날과 그 이후에 완성될 구원의 모습과 새 하늘과 새 땅과 새 예루살렘을 다 보여 주셨습니다. 사도 요한이 얼마나 감격했겠습니까?

이것들을 보고 들은 자는 나 요한이니 내가 듣고 볼 때에 이 일을 내게 보이던 천사의 발 앞에 경배하려고 엎드렸더니 그가 내게 말하기를 나는 너와 네 형제 선지자들과 또 이 두루마리의 말을 지키는 자들과 함께 된 종이니 그리하지 말고 하나님께 경배하라 하더라 계 22:8~9

요한이 다시 천사 앞에 엎드려 경배합니다. 천사가 이번에도 놀랐습니다. 앞서 19장에서 요한은 똑같은 실수를 한 적이 있습니다.

내가 그 발 앞에 엎드려 경배하려 하니 그가 나에게 말하기를 나는 너와 및 예수의 증언을 받은 네 형제들과 같이 된 종이니 삼가 그리하지 말고 오직 하나님께 경배하라 예수의 증언은 예언의 영이라 하더라 계 19:10

당시 천사 숭배가 만연하였으므로 말씀을 통해 성경의 분명한 기준을 확인하게 하신 것입니다. 하나님의 말씀을 전하는 자들, 하나님의 메신저들은 이 같은 태도를 지녀야 합니다. 설교자나 전도자는 설교 듣는 자나 전도받는 자들과 다르지 않습니다. 모두 하나님의 종들일 뿐입니다. 만약 이 종들이 하나님의 것을 가로챈다면 단순한 교만이 아니라 하나님에 대한 배신이고 반역입니다. 어느 것 하나 하나님이 주시지 않은 것이 없는데 자기가 이 영광을 받거나 가로챈다면 이것보다 위험한 일, 아슬아슬한 타락이 없습니다. 그래서 설교자나 전도자나 선교사들은 다 하나같이 위기의 사람들입니다.

천사가 펄쩍 뛰고 요한의 경배를 거절했듯이 우리 또한 그래야 마땅합니다. 오직 빚진 자의 마음으로 복음을 전해야 합니다. 거저 받은 것을 거저 전하는 것뿐입니다. 털끝만큼도 서운해할 것 없습니다.

저는 이따금 이런저런 서운한 생각이 조금이라도 들면 스스로 고개를 숙입니다. '만 달란트 탕감받은 주제에 또 백 데나리온을 계산하고 있구나' 하고 회개합니다. 그래서 교만한 그리스도인은 없습니다. 예수님을 모르거나 예수님과 아무 상관이 없으면서 '자칭 그리스도인'이라고 착각하는 사람이 있을 뿐입니다.

말씀을 전하는 자나 듣는 자가 해야 할 일은 한 가지입니다. 하나님께 감사하고, 예수님께 영광을 돌리고, 성령님을 전적으로 의지하는 것입니다.

주 예수여, 오시옵소서

또 내게 말하되 이 두루마리의 예언의 말씀을 인봉하지 말라 때가 가까우니라 불의를 행하는 자는 그대로 불의를 행하고 더러운 자는 그대로 더럽고 의로운 자는 그대로 의를 행하고 거룩한 자는 그대로 거룩하게 하라 계 22:10~11

이 계시의 말씀은 이미 온 세상에 선포되었습니다. 이 말씀은 다시 봉인될 수 없습니다. 때가 가까웠기 때문입니다. 종말에 관한 말씀이 선포되었다는 것은 종말이 가까우며 이미 시작되었다는 것입니다. 그러나 이 말씀을 듣고도 불의를 행하는 자가 있을 것이고 음란하게 사는 자가 있을 것입니다. 이 말씀을 듣기 전이나 듣고 나서나 의롭게 사는 자는 의로움을 지킬 것이고, 거룩을 회복한 자들은 거룩하게 살 것입니다. 하지만 종말의 비밀은 해제되었습니다. 마치 비밀 분류에서 해제되면 모든 사람이 열람할 수 있듯이 종말은 숨길 수 없는 사실로 확인되었습니다.

복음은 영생의 소식을 알려 줍니다. 그러나 이 세상이 영원히 윤회한다고 말하지 않습니다. 반드시 끝이 있습니다. 그리고 그 끝이 아주 가까이 있습니다. 그래서 거듭해서 예수님이 속히 오신다고 말하는 것입니다. 신학적으로는 예수님의 초림과 재림 사이의 모든 일은 다 속히 일어날 일들이고 가까이 있는 일들입니다.

보라 내가 속히 오리니 내가 줄 상이 내게 있어 각 사람에게 그가 행한 대로 갚아 주리라 나는 알파와 오메가요 처음과 마지막이요 시작과 마침이라 계 22:12~13

주님이 다시 오시면 상급이 있습니다. 누구든지 행한 대로 갚아 주실 것입니다. 예수님은 그럴 자격과 능력이 있으십니다. 예수님이 알파와 오메가이시기 때문입니다. 앞서 하나님이 "나는 알파와 오메가"라고 하신 바 있습니다.

> 주 하나님이 이르시되 나는 알파와 오메가라 이제도 있고 전에도 있었고 장차 올 자요 전능한 자라 하시더라 계 1:8

> 또 내게 말씀하시되 이루었도다 나는 알파와 오메가요 처음과 마지막이라 내가 생명수 샘물을 목마른 자에게 값없이 주리니 계 21:6

예수님은 "알파와 오메가요 처음과 마지막"이십니다. 예수님이 모든 일을 시작하셨고, 그 일을 마치실 것입니다. 얼마나 기쁩니까? 얼마나 안심됩니까? 사람이 시작하고 마치면 얼마나 뒤죽박죽입니까? 그러나 안심하십시오. 예수님이 시작하시고 마치십니다. 이것이 복음이고 구원입니다.

구원은 사람의 일이 아닙니다. 오직 삼위일체 하나님이 함께하시는 일입니다. 우리는 오직 기도하며 예수님께 긍휼을 구할 뿐입니다. 우리는 다만 성령님이 올려드리는 말할 수 없는 탄식의 통로일 뿐입니다. 그러면 알파요 오메가이신 예수님이 감당하십니다. 우리는 무슨 일을 계속해야 합니까?

> 자기 두루마기를 빠는 자들은 복이 있으니 이는 그들이 생명나무에 나아가며 문들을 통하여 성에 들어갈 권세를 받으려 함이로다 개들과 점술가들과 음행하는 자들과 살인자들과 우상 숭배자들과 및 거짓말을 좋아하며 지어내는 자는 다 성 밖에 있으리라 계 22:14~15

구원받은 백성은 예수님의 보혈을 의지하는 것이 전부입니다. 두루마기를 빠는 일이 전부입니다. 우리는 예수님의 보혈에 의지하여 생명나무로 나아갑니다. 선과 악을 알게 하는 나무로 나아가면 죽음뿐입니다. 생명나무 과실을 먹어야만 새 예루살렘성에 들어갈 권세를 얻을 수 있습니다.

성안에 들어가지 않고 밖에 있는 사람들은 누굽니까? "개들과 점술가들과 음행하는 자들과 살인자들과 우상 숭배자들과 및 거짓말을 좋아하며 지어내는 자"들입니다. 다들 선과 악을 알게 하는 나무의 과실을 즐겨 먹은 자들입니다. 그러나 생명나무 과실을 먹으면 달라집니다.

> 성령과 신부가 말씀하시기를 오라 하시는도다 듣는 자도 오라 할 것이요 목마른 자도 올 것이요 또 원하는 자는 값없이 생명수를 받으라 하시더라 계 22:17

"성령과 신부"가 말씀하십니다. "오라!" 듣는 자, 목마른 자, 원하는 자 누구든지 오라는 것입니다. 세상에 누구든지 오라고 하는 데가 어디 있습니까? 어떻게 다 오라고 할 수 있습니까? 하나님이 전능하시기 때문이고, 백성을 사랑하시기 때문입니다.

성경 전체의 메시지는 "오라"입니다. 돌아오라는 것입니다. 우리는 이 초대장을 들고 다니는 사람들입니다. 그리고 "오라"는 소식을 전하는 자들입니다. 자신의 모든 것들을 사용하여 주님의 초청장을 전달해 주십시오.

그러나 아무리 초대해도 오지 않는 사람들이 있습니다. 그들은 바빠서, 돈 벌고 성공하는 일이 중요해서 못 옵니다. 만날 사람이 너무 많아서 하나님을 만날 시간이 없다는 사람도 있습니다. 어떤 사람은 자기가 지금 목마르다는 것을 인정하기 싫어서, 또 어떤 사람은 값없이 받으라는 게 싫어서 안 옵니다.

어떤 사람은 수행을 좋아합니다. 수행이 고될수록 더 가치 있다고 생각합니다. 10년, 20년씩 벽을 보고 앉아 있기도 하고, 오랜 기간 침묵 수행을 하기도 합니다. 깊은 산속에서 굴을 파고 들어가서는 수행하느라 안 나오기도 합니다. 그래도 구원은 못 받습니다. 착각하지 마십시오. 해탈은 구원이 아닙니다. 득도가 구원이 아닙니다. 명상으로 구원을 얻지 못합니다. 내 힘으로 한 것은 어떤 것도 나를 구원하지 못합니다. 자력구원이란 없습니다. 구원은 밖에서 와야 합니다. 구원은 죄 없는 분이 일방적으로 용서하셔야 받을 수 있습니다. 은혜로 주어진 것을 믿음으로 받아야 얻을 수 있습니다. 십자가에서 흘리신 피의 가치를 알고, 그 능력을 믿어야 구원받습니다. 하나님은 예수 외에 다른 이름을 주신 적이 없습니다.

예수님이 당신 자신을 밝히십니다.

> 나 예수는 교회들을 위하여 내 사자를 보내어 이것들을 너희에게 증언하게 하였노라 나는 다윗의 뿌리요 자손이니 곧 광명한 새벽 별이라 하시더라
>
> 계 22:16

예수님은 "다윗의 뿌리요 자손"입니다. 영으로는 뿌리고 육으로는 혈통입니다. "광명한 새벽 별"은 메시아인 예수님을 지칭합니다. 메시아는 왜 오셨고, 사자는 누구에게 보내십니까? 교회를 위해 오셨고, 교회에 사자들을 보내서 증언하게 하십니다.

> 내가 그를 보아도 이때의 일이 아니며 내가 그를 바라보아도 가까운 일이 아니로다 한 별이 야곱에게서 나오며 한 규가 이스라엘에서 일어나서 모압을 이쪽에서 저쪽까지 쳐서 무찌르고 또 셋의 자식들을 다 멸하리로다 민 24:17

"새벽 별"은 일곱 교회 중 두아디라 교회에 약속하신 메시아이기도 합니다. 이기는 자, 끝까지 믿음을 지키는 자에게 주어지는 최고의 상은 예수님입니다. 그분의 품입니다.

> 내가 또 그에게 새벽 별을 주리라 계 2:28

이제 요한이 증언을 마칩니다.

> 내가 이 두루마리의 예언의 말씀을 듣는 모든 사람에게 증언하노니 만일 누구든지 이것들 외에 더하면 하나님이 이 두루마리에 기록된 재앙들을 그에게 더하실 것이요 만일 누구든지 이 두루마리의 예언의 말씀에서 제하여 버리면 하나님이 이 두루마리에 기록된 생명나무와 및 거룩한 성에 참여함을 제하여 버리시리라 계 22:18~19

요한이 중요한 다짐을 합니다. 이 모든 증언에 어떤 것도 가감해서는 안 된다는 다짐입니다. 그런 일을 한다면 저주받을 것입니다. 그런 사람은 거룩한 성에 못 들어갑니다. 그러나 교회사를 돌아보면 이 경고를 무시하고 성경에 무엇인가를 덧붙이는 일들이 그치지 않았습니다.

가톨릭은 성경 66권 이외에 7권의 외경을 덧붙였습니다. 성경에 없는 연옥설, 죽은 자를 위한 기도 같은 것을 덧붙였습니다. 마리아의 평생 처녀설과 승천설도 덧붙이고, 교황무오설도 덧붙였습니다. 다른 이단들도 무엇인가를 덧붙입니다. 자신들의 경(經)을 만들고 원리나 강론을 추가합니다. 성경의 내용을 빼는 일도 많습니다. 자유주의 신학자들과 신자들은 성경의 영감과 권위, 예수님의 부활과 재림, 천국과 지옥의 실재 등을 부인하고 이런 내용들을 빼고 있습니다. 신사도 운동과 같은 직통 계시파들은 새로운 계시를 받았다면서 거짓 예언을 덧붙입니다.

성경은 이들에게 두루마리에 기록된 재앙이 임할 것임을 알려 줍니다. 기록된 재앙이란 인 심판, 나팔 심판, 대접 심판입니다. 이들은 결국 적그리스도와 거짓 선지자와 불신자들과 함께 불 못으로 가게 될 것입니다.

> 이것들을 증언하신 이가 이르시되 내가 진실로 속히 오리라 하시거늘 아멘 주 예수여 오시옵소서 주 예수의 은혜가 모든 자들에게 있을지어다 아멘
>
> **계 22:20~21**

계시록의 결론은 무엇입니까? 예수님의 약속입니다. 예수님이 다시 오신다는 것입니다. 이것이 신약성경의 결론이고 성경 전체의 결론입니다. 우리의 반응은 무엇이어야 합니까? "마라나타! 아멘, 주 예수여 오시옵소서" 하고, 신랑을 기다리는 신부처럼 간절한 마음으로 고백해야 합니다. 우리의 소망은 예수님께 있습니다. 이 세상은 공사장의 비계와도 같습니다. 영원을 건축하기 위해 곁에 세워둔 것입니다. 공사가 끝나면 철거해야 하는 것이 비계목입니다. 철거될 비계목을 아까워하지 말고, 장차 완공될 건물에 주목하십시오.

"주 예수여 오시옵소서!" 하고 예수님의 재림을 대망하며 기도하는 사람들 중에는 비정상적인 사람들이 있습니다. 시한부 종말론자들입니다. 잘못된 계시와 성경 해석을 근거로 날짜를 예측하고, 일상의 삶을 버리는 자들입니다. 역사상 이런 시한부 종말론자들이 수없이 많았습니다. 우리나라에도 1992년 10월 28일 예수님이 재림한다고 가정과 학교, 직장을 떠난 사람들로 소란스러웠던 다미선교회 사건이 있었습니다. 이들과 달리 예수님의

재림은 없다고 주장하는 사람들도 있습니다. 재림 불신론자들입니다.

"하늘에 계신 우리 아버지여 이름이 거룩히 여김을 받으시오며 나라가 임하시오며 뜻이 하늘에서 이루어진 것같이 땅에서도 이루어지이다"(마 6:9~10). 예수님이 가르쳐 주신 주기도문입니다. 이 기도문을 요약한 것이 바로 "주 예수여 오시옵소서"입니다. 그러므로 우리는 주기도문을 드리듯이 이 기도를 올려드려야 합니다. 하나님 나라의 완성이 우리의 기도요 꿈이요 비전입니다.

재림을 기다리는 삶은 어떠해야 합니까? 일상을 버리거나 세상을 도피하는 것이 아닙니다. 오히려 오늘 오시건 내일 오시건 반드시 오신다는 믿음과 긴박함을 갖고 일상에 몰입하는 삶입니다. 왜 몰입합니까? 주님을 증거하고 주님을 전파하기 위해서입니다. 어떻게 몰입합니까? 온 마음과 뜻과 정성을 다해 내 안에 주님을 모시고 사는 것입니다.

그러니 먹거나 마시거나 깨어 있거나 잠들거나 일하거나 쉬거나 다 주님 안에서 주님을 위하여 주님의 힘으로 사십시오. 그런 인생을 살기를 바랍니다.